ALFRED POLGAR

DAS GROSSE LESEBUCH

Zusammengetragen und mit einem
Vorwort von Harry Rowohlt

KEIN & ABER

Die Anordnung der Texte folgt der Chronologie ihrer ersten (unter Umständen textlich etwas abweichenden) Veröffentlichung. Im Inhaltsverzeichnis wird dieses Datum als erstes genannt. Die zweite, bei Nichtübereinstimmung angeführte Jahreszahl bezieht sich auf das Veröffentlichungsdatum der dieser Ausgabe zugrunde gelegten Textvorlagen.

Die ausgewählten Texte erschienen in der Polgar-Werkausgabe »Kleine Schriften Band 1–3«. Mit freundlicher Genehmigung der Rowohlt Verlag GmbH Copyright © 1982, 1983, 1984 by Rowohlt Verlag GmbH, Reinbek bei Hamburg

Die Texte »Deutsches Geschichts-Schulbuch 1939«, »Von Ribbentrop«, »Beethoven-Maske« und »Landstraße bei Wien«, erstmals erschienen im »Taschenspiegel«, mit freundlicher Genehmigung des Löcker Verlags, Wien

2. Auflage, Herbst 2003
Alle Rechte vorbehalten
Copyright © by Kein & Aber AG Zürich
Umschlagbild: Mit freundlicher Genehmigung
des Löcker Verlags, Wien
Umschlaggestaltung: Doris Grüniger, Zürich
Gesamtherstellung: Ebner & Spiegel, Ulm
ISBN 3-0369-5116-4

www.keinundaber.ch

Inhalt

Vorwort des Zusammenstellers 11
Der abgeschiedene Freund (1907/1926) 25
Leonhard hat ein Erlebnis (1907/1926) 27
Der verlogene Heurige (1909). 30
Die Dinge (1909/1926). 36
Drei unnütze Dinge (1912/1926) 40
Theaterabend 1915 (1915/1926) 43
Perspektiven (1916/1928) 46
Wien (1917/1919) 47
En passant (1917) 51
Bilder (1918/1928) 51
Nummer 28 (1918/1928) 53
Lyrische Betrachter (1918/1919) 55
Rückkehr (1918/1928) 57
Zigarillos (1918/1929). 61
Raubmörder in großer Zeit (1918/1929) 63
Buchbesprechung (1918/1929) 68
Der Posten (1918/1927) 70
Der Dienstmann (1918/1927) 72
Die lila Wiese (1918/1926) 75
Rothschild-Gärten (1918/1919). 78
Verantwortung (1919). 81
Park (1919/1929) 83
Wien, Dezember 1918 (1919/1929). 86
Soziale Unordnung (1919/1926) 90
Ein Heldenleben *aus großer Zeit* (1919/1928) 90
Republikanischer Hofgarten (1919/1929) 94
Die Ringer (1919). 97

Wahlen (1920/1929) 101
Aus einem Notizbuch 1920 (1920/1929) 104
Landstraße bei Wien (1920) 107
Kaiserliche Möbel (1920/1929) 110
Der Hase (1920/1927) 113
1921 (1921/1929) 116
Beethoven–Maske (1921) 123
Orchester von oben (1921/1926) 124
Ich bin Zeuge (1921/1948) 128
Denkmal (1921/1953) 132
Zoologie (Auszug; 1921/1927) 134
Gesang mit Komödie (1921/1926) 138
En passant (1921) 141
1922 (1922/1929) 142
Berlin, Sommer 1922 (1922/1929) 143
Teich (1922/1953) 146
Die Riesen (1922/1948) 147
Frühlingsrauschen (1922/1926) 149
1923 (1923/1929) 151
Sanierung (1923/1929) 154
Synkope (1924/1926) 157
Friedhof (1924/1948) 159
Führer durch einen Führer (1925/1935) 162
Dreißig Grad im Februar
Etüde in C-Dur (1926/1951) 165
Ein Antlitz (1926/1948) 168
Anfang vom Ende (1926) 169
Unterhalte dich gut! (1926/1927) 171
Die kleine Form *quasi ein Vorwort* (1926) 174
En passant (1926) 178
En passant (1926) 178
Exzentriks (1927/1928) 178

Mörder, wie sie nicht sein sollen (1927) 182

Zwei Uhr sechsunddreißig (1927/1954) 185

Begegnung (1927) 187

Reise (1927) 190

Meeresstille und glückliche Fahrt (1927/1928) 193

Richter-Schule (1928) 197

Schubert-Glosse (1928/1930) 200

»Der Mensch« (1928/1948) 203

Buch für alle (1928) 206

Die herrliche Natur und anderes (1928) 210

Stilleben (1928) 213

Am Strande (1928) 216

Standpunkte (1928/1953) 219

Der vollkommene Freund (1928/1953) 222

Vorleser (1928) 224

Militärischer Kommentar (1929) 227

Verfall (1929) 228

Sechstagerennen (1929/1930) 233

Grüne Woche (1929/1930) 236

Der Zeppelin (1929) 240

Der Weltmeister (1929/1930) 243

Vorstadtmärchen (1929) 246

Lotte bei den Löwen (1929/1930) 247

Varieté (1929/1930) 250

Auf Holz gemalt (1929/1953) 253

Die Zehn Gebote
Antwort auf eine Rundfrage (1929/1930) 256

Das Reh (1929/1953) 258

Ein Wort (1929/1930) 260

Namen machen Leute (1929) 262

Sexual-Reform (1930) 265

Nicht für es gebaut (1930) 268

Begegbenheit (1930/1948) 270

Pendelversuch (1930) 274

In der Klemme (1930/1951) 277

Zirkus (1930/1948). 280

Das Urich (1930/1953) 283

Anna (1930) 286

Begegnung (1930). 289

Eine kitzlige Frage (1930) 292

Sonnenklar (1930/1933) 295

Der zerstreute Professor (1930/1951). 299

Geschenke (1930/1933) 301

Dank an den Verleger *quasi ein Vorwort* (1930) 304

Abschied vom Freunde (1931/1951) 307

Diminuendo (1932/1948) 310

Der Debütant (1932/1933) 313

Drehorgel (1933). 316

Erste Liebe (1934) 318

Alles in Ordnung (1935/1937). 321

Tischnachbarin (1935/1937) 323

Abschied (1935/1937). 325

Toddy und die Schwämme (1935/1937) 328

Ein Tag (1936) 332

Mancher lernt es nie (1936). 336

Katastrophen (1937) 337

Illusionen (1937). 339

Der Kongreß tanzt (1937) 340

En passant (1938) 341

En passant (1938) 341

Zu einem Gegenwarts-Thema (1939) 341

Deutsches Geschichts-Schulbuch 1939 (1939) 343

Der Herrenreiter (1939) 347

Von Ribbentrop (1939) 350

Der Mantel (1943/1948) 354

En passant (1943) 370

Wien I, Stallburggasse 2 (1944/1948). 370

Der Österreicher *Ein Nachruf* (1944/1948) 374

Sonntag abend (1947/1948). 379

Ein Jahr im Studio (1948) 385

Münchner Prozesse (1949) 391

Cora (1951) 398

Der Egoist an der Grenze
quasi eine Legende (1951). 405

Ein unheimlicher Mensch (1952/1953) 410

Zeittafel 416

VORWORT DES ZUSAMMENSTELLERS

Neulich blickte Gerhard Henschel gedankenschwer in die Runde, welche aus Ralf Sotscheck und mir bestand, und fragte ebenso bang wie rhetorisch: »Was Polgar und Tucholsky wohl von unseren Kolumnen gehalten hätten?«

Ralf »Ralle« Sotscheck sagte, weil er weiß, was *rhetorisch* bedeutet, nichts, und ich sagte, weil ich weiß, was *bang* bedeutet: »Darüber würde ich mir mal keine Sorgen machen. Viel größere Sorgen würde ich mir darüber machen, was sie davon gehalten hätten, von Reich-Ranicki bzw. Raddatz herausgegeben worden zu sein.«

Denn größere Gegensätze als zwischen Polgar und Reich-Ranicki einerseits und Tucholsky und Raddatz anderseits sind nur schwer denkbar, und wenn sie allesamt jeweils Zeitgenossen wären, würde ich zu gern lesen, wie Tucholsky Raddatz die Luft rausläßt und Polgar Reich-Ranicki den Stecker rauszieht.

Nun könnte man einwenden: Aber jemand muß es doch machen. Aber wenn die's nicht gemacht hätten, hätte es sonstwer gemacht. Hat er ja auch. Bei Tucholsky war es Mary Tucholsky, bei Polgar war's der Weinzierl, und gegen die beiden kann man wirklich nichts sagen.

(Am 13. Juni 2003 hatte ich, was nur sehr, sehr bedingt hierhergehört, eine Lesung in Attendorn. Attendorn ist im Sauerland, mitten in den Niederländischen Voralpen und direkt neben der Attahöhle, einer berühmten Tropfsteinhöhle, in welcher Heines »deutscher Bär« Atta Troll höchstwahrscheinlich seine politischen Reden schwang, sollte meine Lesung stattfinden, direkt daneben, nicht innendrin. Dann hätte auch wieder die Regionalpresse geächzt, die Stalagmiten seien zu hart gewesen. Hätte sie nicht, denn zwischendurch spielte ein kregles Jazzquartett zum Tanze auf. Außerdem hatte die Regionalpresse Besseres zu tun; sie mußte mich nämlich interviewen. Zum Schluß fragte sie: »Als letztes fällt mir nix mehr ein, deshalb noch folgende Frage. Tucholsky schrieb einmal: ›Was darf Satire? Satire darf alles.‹ Nun frage ich: ›Was *kann* Satire?‹« Ich sagte: »In der ARD-Boulevardsendung »Brisant« habe ich gerade einen Bericht über die Beerdigung von Günter Pfitzmann gesehen. Satire *kann*, daß Pfitzmann sich ein Buch von Tucholsky hat in den Sarg legen lassen. Satire kann *nicht*, daß z. B. die öffentlich-rechtliche Berichterstatterin schon mal von Tucholsky gehört hat. Sie sagte nämlich, Pfitzmann habe sich ein Buch von Günter Tucholsky in den Sarg legen lassen.« Und mit Tucholsky wären wir auch schon wieder bei . . .)

. . . Alfred Polgar, und so behend man vom einen auf den andern und vom andern auf den einen kommt, so unterschiedlich sie auch waren, so berechtigt ist das, denn Emil Ludwig forderte bereits 1927 in der »Vossischen Zeitung« ein Doppeldenkmal im Geiste, wie das von Goethe & Schiller zu Weimar in Geröllform:

Weil Sie es sind, beide, die Zeit und Welt, Revolte und Resignation, Frauen und Staat, Auto und Musik, den allgemeinen Schwindel und das allgemeine Streben, Glauben und

Lüge, in immer neuen kleinen Bildern fangen, immer wieder ein Gleichnis auf der Straße, ein Beispiel im Herzen, eine Parabel in der Zeitung – und weil Sie, als echte Dichter, dergleichen immer gleich in seiner gottgewollten Form finden.

Und auch ich habe alle beide schon viel zu früh im Leben gelesen und vieles, besonders die unübersetzten und teils als unübersetzbar ausgegebenen französischen Zitate, nicht verstanden und »Das kommt schon noch, das kommt schon noch« gedacht und nachgeschlagen, was oft weiterhalf, und Erwachsene gefragt, was ein Fehler war, meinen Vater (Ernst Rowohlt, 1887–1960) z. B., nach der Bedeutung des Wortes *Partisan* (»Ein Kämpfer hinter der Front, du Vollidiot!!!«), und auch jetzt wieder mußte ich »sakkardierend« und »Ananke« nachschlagen sowie, in anderem Zusammenhang, »Paraklet«, und auch das – »Sakkardier doch woanders, du Heulsuse; die Ananke hat mich nicht zum Parakleten bestimmt!« – half prompt weiter.

Prädestiniert mich das jedoch wie keinen andern dazu, einen Alfred-Polgar-Reader zusammenzustellen?

Noch nicht so ganz. Es kommt noch etwas anderes, Zwingenderes hinzu. Ich besitze nämlich einen Brief von Alfred Polgar, und wie jeder, der einen Brief von Alfred Polgar besitzt (es besitzt nur außer mir keiner einen), gebe ich entsprechend damit an, daß ich einen Brief von Alfred Polgar besitze. Dies scheine ich einmal in Gegenwart des großen Robert Gernhardt einen Tick weit übertrieben zu haben, denn er sagte schwerstgenervt: »Ja, ja, *ja,* du besitzt einen Brief von Alfred Polgar.« »Allerdings«, sagte ich, »ich besitze einen Brief von Alfred Polgar. *Du* besitzt keinen Brief von Alfred Polgar.« Robert machte den geballten Balten, der er ja ist, und sagte: »Mäjne hat alle der Rrusse.«

Was gar nicht stimmt.

Was dagegen stimmt, ist, daß ich einen Brief von Alfred Polgar besitze, und dazu kam es so. Meine Mutter, die Schauspielerin Maria Pierenkämper, wohnte mit mir (6) in Wiesbaden, von wo aus sie nach Frankfurt ans Schauspielhaus pendelte (weshalb Harry Buckwitz bis zu seinem Tode vorsichtshalber unwidersprochen annahm, ich wäre nach ihm benannt), bis sie einem Ruf ans Zürcher Schauspielhaus folgte. In Herrliberg über dem Zürichsee wohnte sie bei den Hubers – Herr Huber war pensionierter Stromableser, ging aber jeden Tag noch seine Runde, weil er überall *for old times' sake* einen Schnaps bekam, während Frau Huber ganz im Gegenteil dazu den ganzen Tag pfiff, weil das das Hirn durchlüfte –, und ich wurde bei Frau Bopp in einer Kleinkinderbewahranstalt untergebracht, die angeblich nach Montessori-Gesichtspunkten geführt wurde, weshalb ich heute noch, wenn ich das Wort *Montessori* höre, es mir – wie das Logo der Glamrock-Gruppe *Kiss* mit SS-Rune vorstelle. Es war, wie ich bereits in meinen vergeigten Memoiren »In Schlucken-zwei-Spechte. Harry Rowohlt erzählt Ralf Sotscheck sein Leben von der Wiege bis zur Biege«, ausgeführt habe, die Hölle, und ich war so unglücklich, wie man als Mensch nur sein kann, habe aber immerhin gelernt, eine auch nach Montessori-Gesichtspunkten mustergültige Schnürsenkelschleife zu binden – etwas, was man der Grunge-Generation auch manchmal hätte wünschen mögen. In dieses Elend hinein lernte ich Alfred Polgar kennen, der mit seiner

Frau Lisl im Hotel Urban lebte, und dachte: »So einen netten Menschen habe ich in meinem ganzen Leben ja noch nicht gesehen«, was zwar mit sechs noch nicht so doll ist, aber immerhin. Ich war völlig verzaubert von dem Mann . . ., und wie schön er allein schon hieß: A L F R E D P O L G A R. Es war die reine Magie. Den erheblichen Altersunterschied überwand er wie im Zeitraffer, und manchmal dachte er sogar in meiner Gegenwart laut, als wäre ihm an meiner Meinung gelegen.

Als ich später die erste Polgar-Biographie von Ulrich Weinzierl, »Er war Zeuge«, las, stand da, so vernichtend er gegenüber Männern habe sein können, so bezaubernd sei er Frauen und Kindern gegenüber gewesen, und dann wurde eine ganze Reihe von Frauen zum Beweis herangeführt, aber kein einziges Kind. Da habe ich dem Weinzierl geschrieben, ein solches Kind wäre ich gewesen.

Zwei Jahre später kam Polgar nach Hamburg und schrieb über seinen Besuch:

Einmal war ich schon in Hamburg. Vor 27 Jahren. Meine Erinnerungen an diesen früheren Aufenthalt dort sind völlig verblaßt, so war ich im Herbst 1953 zum zweitenmal ein erstes Mal in Hamburg.

Den Charakter einer Stadt bestimmen nicht ihre Straßen und Häuser, sondern ihre Menschen. Die, denen ich in Hamburg zu begegnen die Chance hatte, waren ungemein freundlich, wohlwollend, großzügig im Geltenlassen andrer Meinung, tolerant (auch gegen Alkohol), und es war nett, mit ihnen beisammen zu sitzen, in anregendem Gespräch oder in anregendem Schweigen. Also halte ich Hamburg für

*eine ungemein freundliche, wohlwollende, weltoffene Stadt,
die zum Grundsatz einlädt: leben und leben lassen. Es
kann nicht schwerfallen, sich in Hamburg wie zu Hause zu
fühlen; und der Gedanke, es dort wirklich zu sein, hat sein
Verlockendes.*

Mein Vater ging mit ihm in den Ratskeller, und weil er
wußte, wie sehr ich Polgar liebte, durfte ich mit. »Polgar!!!« dröhnte mein Vater, »das raten Sie nie, wen ich
heute getroffen habe!!! Hundert Mark!!!«

Mein Freund Alfred sagte: »Das ist noch gar nicht
raus, daß ich das nicht errate. Mal sehen. Bei wem ist es
denn so unwahrscheinlich, daß er heute ausgerechnet in
Hamburg ist –, so unwahrscheinlich, daß ein Verleger«,
bedeutungsvoller Hiatus, »hundert Mark darauf wettet,
daß man ihn nicht errät.« Dann begann er blitzschnell –
man merkte gleich: Hier ist a jiddisches Gaonskeppl am
Werk – auszuschließen, wer es wirklich nicht sein
konnte, und sagte: »L. L. Matthias wird in diesen Tagen
aus der Emigration zurückerwartet und ist, soweit ich
weiß, ein Freund von Schiffspassagen.«

Mein Vater war be- und entgeistert zugleich, und
ich, vorlauter Rotzlöffel vom Mecki bis zur Sohle,
krähte dumm: »Alfred, das Geld kriegst du nie!«

Eine Woche später kam der bekannte Brief. Er ent-
hielt einen Hundertmarkschein und ging so:

Zürich, 17. November 1953
Lieber Harry!
*Damit Du siehst, daß Dein Vater ein Ehrenmann ist, auf des-
sen Wort Verlaß ist, schicke ich Dir die 100 Mark, die er mir
aus einer verlorenen Wette schuldete.*

Nun behalte uns, Lisl und mich, lieb, falls Du uns liebgehabt
haben solltest, was ich hoffe.
Mit deutschem Händedruck,

Dein Freund Alfred

Mein Freund Alfred starb am 24. April 1955, und als
eine Woche später mein Vater mit den Worten »Freudige Nachricht, freudige Nachricht!« das Zimmer be-
trat, fragte ich: »War Alfred nur scheintot?«

Ich hatte das ehrlichen Herzens gehofft.

Als nun Peter Haag mich fragte, ob ich, weil die sechs
Bände »Kleine Schriften« bei Rowohlt zuverlässig ver-
griffen seien, Lust hätte, ein Alfred-Polgar-Lesebuch
zusammenzustellen, jubelte ich sofort und laut.

Doch das war zu laut gejubelt gewesen. Und zu sofort, wie ich bald merkte. Denn zusammenstellen bedeutet auswählen, und auswählen bedeutet, daß einem
etwas weniger gut gefällt als anderes, und mein Freund
Alfred hat den Nachteil, nie einen Durchhänger geschrieben zu haben, jedenfalls keinen veröffentlichten,
und anderes ist nicht überliefert. Immer, wenn ich mich
widerstrebend dazu entschloß, einen Text weniger gut
zu finden, hörte ich mich krächzen: »Polgar? *Alfred* Polgar? Nehmwa nich.«

Ein Freund sagte, er habe mich vom Auto aus in einem Straßencafé sitzen, in einem blaßblauen Büchlein
lesen, hell auflachen, einen Bleistift hinterm Ohr her-
vorziehen, ins blaßblaue Büchlein krakeln sehen und
gedacht: »Der Mann ist mit sich im reinen.« Hat der
eine Ahnung.

Neulich sollte ich in einem Fernsehfilm von Bernd
Böhlich, »Liebe auf Bewährung«, mich selbst spielen,

eine Rolle, die man nur ganz schwer ablehnen kann: Stellen Sie sich mal vor, Sie sind der echte Hamlet und müssen sich ständig mitansehen, wie Sie von anderen Leuten gespielt werden. Da haben Sie doch irgendwann die Schnauze voll und sagen sich: »Das kann ich aber besser.« Bernd Böhlich sagte auch gleich: »Wenn Sie irgendwelche Zicken machen, finden wir ganz schnell jemanden, der Sie spielt.« »Aber nicht so billig«, trumpfte ich auf. So saß ich mit der wunderschönen, engelsgleich netten und blitzgescheiten Thekla Carola Wied in Berlin vor dem »Starbucks« in der Friedrichstraße, Thekla Carola Wied spielte eine Bibliothekarin, ich mich, und Bernd Böhlich sagte: »Wenn ihr euern Text abgeliefert habt, macht doch noch bitte ein bißchen Atmo und redet weiter.« Thekla Carola Wied fragte, nachdem wir unsern Text abgeliefert hatten: »Was schreibstn gerade?« Ich sagte: »Im Augenblick schreibe ich gar nichts, sondern ich stelle ein Alfred-Polgar-Lesebuch zusammen.« »Polgar! Wow!!« sagte Thekla Carola Wied (ich habe schon echte Bibliothekarinnen erlebt, die nicht wußten, wer Polgar ist), »wann soll das denn erscheinen?« »Wenn alles gut geht«, sagte ich, »im Herbst zur Buchmesse, und zwar bei Kein & Aber in CH-8004 Zürich zum Preise von . . .« »Cut und vielen Dank!«, rief Bernd Böhlich. »Ihr wart wunderbar.« Wir machten aber munter weiter Atmo, und ich sagte: »Ich hatte immer gedacht, ich hätte alles von Polgar gelesen, aber all die Theaterkritiken habe ich noch nie gelesen, so daß ich jetzt tatsächlich dafür bezahlt werde, endlich mal alles von Polgar zu . . .« Inzwischen hatten aber die bis dahin vorbildlich disziplinierten Berliner

Passanten, die ohne Gage Berliner Passanten gespielt hatten, spitzgekriegt, daß wir abgedreht waren, und (jetzt geht es in Klammern weiter, in Klammern, weil Polgar nicht mehr vorkommt, und weiter, weil die Geschichte noch nicht zu Ende ist und Polgar, der jetzt doch wieder vorkommt, wie er in meinem Leben sowieso immer wieder vorkommt, gesagt hat: »Geschichten kann man nie richtig erleben, nur manchmal, sehr selten, richtig erzählen«, und stürzten sich auf die beiden Publikumslieblinge. Eine Wortführerin sagte zu mir: »Ich verpasse keine Folge der ›Lindenstraße‹«, und fügte, tröstlich an Thekla Carola Wied gewandt, hinzu: »Aber Ihre Serie mit Günter Strack sehe ich auch sehr gern.« »Und wieder habe ich's geschafft«, sagte Thekla Carola Wied, »mit Witta Pohl verwechselt zu werden.« Nun war es an mir, sie zu trösten. »Ich wurde früher immer mit Fritz Teufel verwechselt.« »Aber noch nie mit Witta Pohl«, sagte Thekla Carola Wied. Der Produktionsfahrer fragte, wohin er mich bringen könne, ich sagte: »Danke, nirgendshin; ich fahr nach Hause.« »Wie wollen Sie das denn machen?« fragte er. »Mit der S-Bahn bis Zoo und dann mit der Eisenbahn bis Hamburg-Dammtor«, sagte ich. So was hatte er noch nie erlebt.) In der Eisenbahn las ich dann endlich wieder blaßblaue Büchlein, z. B. wie Polgar, der Kritiker, in »Der Knabe Homer« die Kritikerkollegen sah:

Homer, nebenbei bemerkt, hatte ein sehr gesundes Verhältnis zur Kritik. Er war ebenso zufrieden, wenn sie ihn rühmte: weil das die Zahl seiner Hörer mehrte, wie zufrieden, wenn sie ihn schmähte: weil er an den Verkleinerern abmessen konnte,

*wie groß er war. Und verachtetet sie in beiden Fällen aus der
Tiefe seines kundigen Herzens.*

Oder seinen Freund Egon Friedell:

*Als Egon Friedell fünfzig Jahre alt wurde, fand man das, mit
Recht, reizend von ihm.*

...

*In den Morgenstunden wurde er plötzlich ernst und äußerte
sich unvermittelt sehr abfällig über die Frauen, was ihn mit Peter Altenberg in Konflikt brachte. Einmal führte Streit über die
gleiche Materie sogar zu einer Ehrenbeleidigungsklage Friedells
gegen den Dichter, die mit den herrlichen Worten schloß: »Unter den wiederholten lauten Rufen ›elender Rotzbub‹ jagte er
mich mit geschwungenem Regenschirm mehrere Male um die
Stefanskirche herum. Zeugen: Mein Bruder Oscar und die
Prostituierte Anna Boschek.«*

Und dann bekamen wir in der »Lindenstraße« plötzlich
einen neuen Kollegen, den in Österreich, mit Recht,
weltberühmten Heinz Marecek. Kaum war ich seiner
ansichtig geworden, schon las ich bei Polgar die ent-
sprechende Stelle (in: »Der entzückende Mann im
Film«, 1932):

*Die einzigen Vertiefungen der Epidermis, die im Antlitz des
schönen Filmmannes vorkommen, sind sogenannte Grübchen,
welche, obschon klein und zierlich, den Frauen zum Massen-
grab werden. Hat sein Gesicht aber auch keine Falten, so kann
er es doch in solche legen, und insbesondere um die Lippen
herum tut sich in dieser Beziehung etliches. Schon ein leichtes
Krümmen der Mundwinkel, hinab oder hinauf, faltet in die*

*benachbarten Wangenpartien lieblich-schattige Täler, durch die
das Bächlein Schelmerei rieselt.*

Der Marecek, dem ich dies vorlas, wies es mit vollendet gespielter Bescheidenheit zurück und erinnerte mich an Feldmarschall Rundstedt (in: »Der Rommel-Film«, 1952)

*. . . der so dreinschaut, als könnte er nicht die kleinste Geisel
erschießen lassen.*

Und überall die wunderbar zärtlichsten Bosheiten. Auf dem deutschen Postleitzahlenverzeichnis steht das Motto EINHEIT GEMEINSAM GESTALTEN. Polgars (und mein) Motto könnte lauten: GEMEINHEIT EINSAM GESTALTEN.

Eine Wolke von Staubzucker hüllt die ganze Staats- und Liebesgeschichte ein, die mit Rührung, Poesie und Lebensweisheit gefüllt ist wie die seligen Schaumrollen mit weiland Schlagsahne.
(Über »Die stille Stunde« von Georg Terramare, 1918)

*Hingegen ist das erste Wachwerden erotischer Sehnsucht viel
feiner, naturverwebter, süßer in Wagners Siegfried vorplagiiert.*
(Über »Kain« von Anton Wildgans, 1922)

Er sieht sich Strindbergs »Wetterleuchten« (1924) an und erfindet die gültigste Aussage zum Thema Einsamkeit:

*Mit vielen feinen Stimmen redet die Stille, der Briefkasten
gähnt, die Laternenflamme summt ein Abendlied, das Telefon*

schreit manchmal auf, als störe ein Angsttraum seinen Schlaf, und die Alleebäume vor dem Haus sind Zypressen, obgleich sie Birken sind.

Manchmal sichert er seine Gemeinheiten auch juristisch ab (anläßlich von »Mrs. Cheneys Ende« von Frederick Lonsdale, 1925):

Den Gauner und Gentleman, der Mrs. Cheney das höhere Stehlen lehrt, macht Direktor Beer. Solche Rolle liegt ihm als Theaterdirektor naturgemäß nur zur Hälfte.

Und auch allen, die sich immer schon gefragt haben, warum das Leben so sterbensöde ist, kann geholfen werden (1930):

Selten bringt der Zufall etwas Dramatisches daher, das uns angenehm aufregt (angenehm, weil es die daneben betrifft, nicht uns selber), niemand auch kommt überraschend, läutet's zu ungewohnter Stunde, ist es der Gaskassierer oder ein Schnorrer, keine süße Nachbarin erscheint im Nachthemd, streichholzbedürftig, und gibt an, man nenne sie nur Mimi. Wie anders das Theater!

Nein, jetzt brauchen Sie nicht ins nächste Theater zu rennen. Bereits 1925 warnte Polgar vor dem »Regietheater«, dabei war das noch längst nicht erfunden. (Und bereits 1995 schrieb ich ins Gästebuch vom FilmFest Braunschweig: »Autorenkino, Regietheater, Befreiungstheologie –: Alles genauson Quatsch wie mittelscharfer Senf.«)

Lesen Sie erst mal, was jetzt gleich kommt. Und zwischendurch die Polgar-Biographie vom Weinzierl, dem wir zu verdanken haben, daß alles das, was jetzt gleich kommt, jetzt gleich kommt.

Hamburg, im Juni 2003

DER ABGESCHIEDENE FREUND

Wenn man lange genug lebt, gewöhnt man sich ans Sterben. Ja, dieser Ton des Ins-Schloß-Fallens der nie mehr zu öffnenden Türe fügt sich sogar harmonisch in die Symphonie der Welt. Es ist wie mit dem Schlagwerk im Orchester. Man darf der Pauke nur nicht zu nahe sitzen.

Das Gefühl der Freunde aber sitzt nahe, wenn der Freund stirbt. Was hieße sonst »Freundschaft«?

Niemand hatte Grund, sich über Donalds Tod zu freuen. Daß er aus Brot kleine Figürchen zu kneten verstanden, mit lustiger Charakteristik der Brotgesichter . . . nun, es ist ja bitter, ein Talent beim Freund zu wissen. Aber deshalb Groll übers Grab hinaus?

Der erste, der von Donalds Tod erfuhr, war Doktor Kurzbein. Er trat ans Fenster und sah in den rosigen Abendhimmel. Ein Durcheinanderfließen kalter und wärmerer Strömungen war in seinem Herzen. Er zündete eine Zigarette an, sog die Nüstern voll mit Rauch und spürte: »Ich rauche!« Nie im Leben hatte er beim Rauchen so stark das Bewußtsein gehabt: »Ich rauche!«

Fuchs und Reder spielten Domino, als die Nachricht kam. Reder warf vor Schreck einen Dominostein um. Fuchs erhaschte das, indes er sich jählings zum Katastrophenmelder wandte, mit einem in die jähe Wendung interpolierten Blick von der Dauer einer tausendstel Sekunde. Es war der Doppel-Blaß.

Michael dachte sofort: »Ich werde heute abend Swedenborg lesen . . .«

Die Kellner wurden angeregt durch Donalds Tod. In

den Sumpf ihres Sommerdaseins fiel die Botschaft bewegend, belebend. Es war immer wieder derselbe Kitzel, wenn man sagen konnte: »Herr Doktor, wissen Sie schon? . . .«

Beim Abendessen herrschte gedrückte, aber intensive Stimmung. Wie ein kräftiges Gestirn stand die Nachricht von Donalds Tod über dem Freundeskreis. Man rückte näher zusammen. Man kuschelte sich eng aneinander im warmen Dunst der Traurigkeit. Die Lebenden schlossen eine Kette, ralliierten sich gegen ein ungewisses, finsteres Etwas.

Dem Doktor Kurzbein fällt plötzlich das Wort: »Abgekratzt!« ein. Donald hatte die Gewohnheit gehabt, sich beim Sprechen das Kinn zu kratzen. Mit Anstrengung hält Kurzbein das Wort, das ins Freie begehrte, zurück. Doch kann er nicht verhindern, daß der unterdrückte Scherz als Grimasse in sein Antlitz tritt.

Frau Kurzbein hängt sich auf dem Nachhauseweg in Reder ein. »Armer Junge!« sagt er und streichelt ihre Hand. »Wird er seziert?« fragt sie und schiebt ihren Arm ein wenig tiefer in den seinen.

Fuchs meditiert: »Ich führe ein elendes Dasein, aber immerhin ein Dasein. Das Dortsein . . . wer weiß von ihm? Pilsner Bier bleibt Pilsner Bier.«

Michael freut sich auf Swedenborg.

Wie sie so nach Hause gehen, wirkt die Beschäftigung mit dem toten Freund, das Denken um ihn herum, als ein Motor, der ihnen fast die Mühe des Gehens abnimmt. Alle wandern um eine Schwebung elastischer, und der Weg ist zauberisch verkürzt.

Donald war wirklich gut gelitten. Wenn er kam, rief man: »Oho, Donald!« Er war heiter und machte die

andern heiter. Er war ein braver Junge, und jeder
wünschte ihm das Beste. Er konnte zuhören und ja sagen und erhöhte das Lebensgefühl der Freunde. Noch
da er um die letzte Ecke bog und verschwand, tat er
so.

LEONHARD HAT EIN ERLEBNIS

Nach dem ersten Akt war zehn Minuten Pause. Er benutzte sie zu einem Spaziergang im Foyer, auf und ab
zwischen den zwei großen Spiegeln, die immer glauben
machen, ein fremder Herr komme da entgegengeschritten. Ein Spazierstöckchen aus Rhinozeroshaut tänzelte
zwischen seinen Fingern. Es war von flockig-lichtgelber
Farbe, sah aus wie eine Stange gestockten Honigs.
  Die heutige Aufführung gefiel ihm nicht besonders.
Es war die vorletzte der Saison, und die Leute auf der
Bühne schienen gleichsam schon in Reisekleidern zu
spielen. Sie waren nur mehr halb bei der Sache, ihr
Geist schwebte schon um Bergeshöhn oder streckte sich
im Dünensand.
  Als Leonhard im Zwischenakt auf und ab spazierte,
freute er sich seines Glückes, Besitzer eines Parkettfauteuils zu sein. Wenn man die andern sah, die aus dem
Stehparterre kamen, mit roten Gesichtern, Schweißperlen auf der Stirne und zerknüllten Kragen, wenn man
sah, wie sie mit Seufzern der Erleichterung ihre Beine
geradestreckten, dann empfand man erst recht die eigene Parkettwonne. Die Menschen im Stehparterre,
oder die, die mit verrenkten Gliedern über Galeriebrüstungen hängen, die kommen gar nicht dazu, sich des

Theaters zu freuen, so voll Neid sind sie über den vielen freien Raum, den die Leute auf der Szene zur Verfügung haben.

Eine Glocke ruft das Publikum in den Zuschauerraum. Das Foyer wird leer. Der Portier lehnt seinen goldknopfigen Stab an die Wand, holt ein Glas unter dem Sessel hervor, trinkt lange, setzt schnaufend ab und streicht mit zwei großen, befriedigten Gebärden die Schaumreste aus dem Schnurrbart. In einer Ecke steht ein Mädchen und liest im Textbuch.

Hat sie das Klingeln überhört? Auf die Galerie gehört sie jedenfalls. Sie ist nicht parkettmäßig gekleidet.

Leonhard tritt auf sie zu: »Fräulein, Sie müssen sich beeilen, es hat schon einmal geläutet!« Sie sagt: »Ja, ja.« Eben läutet es das zweitemal, und Leonhard geht zu seinem Sitz.

Im nächsten Zwischenakt begegnet er wieder dem Mädchen.

»Fräulein, Sie haben Ihren Sitz wohl auf der Galerie?« sagt er.

»Ich bin nicht auf der Galerie.«

»Wo sitzen Sie denn?«

»Ich bin überhaupt nicht im Theater drin.«

»Ah, Sie warten auf jemand?«

»Nein!«

»Verzeihen Sie, daß ich Sie so ausfrage – aber was tun Sie denn im Foyer, wenn Sie niemand erwarten?«

»Ich höre zu.«

»Von außen?«

»Ja. Der Billetteur kennt mich. Er läßt mich gern bei der Türe stehen und zuhören.«

»Hört man denn hier die Musik so deutlich?«

»Ich lese im Textbuch mit und denke mir alle Stellen der Musik dazu, die ich nicht deutlich höre.«

Er schämte sich seiner Parkettbehaglichkeit. »Nun, wie sind Sie mit der Vorstellung zufrieden?« fragte er.

»Sehr!« antwortete sie, »es ist wunderbar.«

Es läutete zum Aktbeginn.

Wie richteten die Leute den dritten Akt zu! Diese Elsa mit den gedunsenen Armen! Dieser König Heinrich, der ein König Gambrinus war! Diese lächerlichen Mannen mit schlecht geklebten Bärten! Leonhard schloß die Augen und dachte an das Mädchen im Foyer. Die hat leicht »Wunderbar« sagen. Die liest sich ihre vollkommene, fleckenlose Vorstellung aus dem Textbuch heraus, mit einer wirklichen Elsa und einem wirklichen König und einem wirklichen Lohengrin, der von Monsalvatsch kommt und nicht von Brünn. Und wie? Sollte man am Ende nicht so das ganze Leben leben? *Von draußen?!* Sicher vor Enttäuschungen, in einem verklärenden Beiläufig des sinnlichen Bemerkens? Aber die Menschen sind glücklich, wenn sie einen Sitz in der ersten Reihe haben, und auch da noch schauen sie durch Operngläser.

Nach Schluß der Oper ging Leonhard speisen. Vor den Fenstern des noblen Restaurants standen ein paar Mädchen, sahen mit neidischen Blicken auf das Tableau im Schaufenster, in dessen Mittelpunkt ein toter Fasan glückselig lächelte, als freue er sich unendlich darüber, bald mit Preiselbeeren gegessen zu werden. Die Mädchen machten kehrt und gingen über die Straße zum Würstelmann.

»Diese Von-draußen-Logik haben immer nur die, die drinsitzen«, denkt Leonhard.

Das ergreift ihn sehr. Er will etwas Gutes tun. Er schenkt dem Pikkolo sein honiggelbes Spazierstöckchen.

Und wie er dann so ißt und auf die Glanzpünktchen seiner Lackschuhe starrt, sieht sein inneres Auge das kleine Mädchen vor sich, vierzig Jahre später, wie es seinen Enkelkindern mit verträumter Stimme erzählt: »Kinder, . . . einmal, in meiner Jugend . . . und dieser Herr hatte die feinsten Hände, die ihr euch denken könnt . . . Und er sagte kein Wort, verbeugte sich nur stumm . . . niemals habe ich ihn wiedergesehen . . .«

DER VERLOGENE HEURIGE

So gestaltet sich nämlich meistens das Schicksal des wirklich gerechten Mannes, der die Sache erst nimmt. –

Er war riesig dick, trug ein weiches Hemd, enorme, verhatschte Schuhe, einen schmierigen Filzhut. In seiner karierten Krawatte glänzte ein sehr großer, aus Perlmutter geschnitzter Hundekopf. Er hatte gewaltige, rote Hände und schnaufte wie eine überhitzte Maschine. Auf dem Antlitz schimmerte eine unendlich gutmütige Fröhlichkeit gleich einer Schicht Pomade, und die Augäpfel schwammen sanft in kleinen weißgrauen Pfützen.

Ich weiß nicht, ob er schon betrunken hierhergekommen. Jedenfalls war er es bereits, als ich ihn bemerkte. Und ich bemerkte ihn, weil er mit der Faust kräftig auf den Tisch schlug und schrie: »No an Wein, no an Wein, no an Wein will i hab'n.«

Er bekam den Wein und war dann eine Zeitlang ruhig, damit beschäftigt, sein Glas so einzustellen, daß die Reflexlichter der Gasflammen möglichst breit übers Tischtuch züngelten. Bis die Sänger aufs Podium kamen und mit einem Tonfall, der an Wärme, Innigkeit und Sehnsucht ausgereicht hätte etwa für »Sterben für dich ist Seligkeit«, sangen: »Denn ich schwärm' nur für Bier und Wein . . .« Hier gerieten gleichgestimmte Saiten in des dicken Mannes Brust ins Mitschwingen. Er machte einen ziemlichen Lärm und gab seiner Teilnahme an jener Schwärmerei nur für Bier und Wein so kräftig Ausdruck, daß alle sich nach ihm umsahen und mit Interesse den Tempi seiner wild umherschwimmenden Arme und Hände folgten.

Ein Herr im Zylinder machte »Pst!«

Es waren mehrere Herren im Zylinder da. Und Damen mit flachen Strohhüten, die wie ungeheure, gelbe, gerippte Palmblätter in einem Winkel von fünfundvierzig Grad an der Frisur klebten. Manche Herren waren glattrasiert und glaubten, sie sähen aus wie Engländer; aber sie sahen nur aus wie glattrasierte Mährisch-Schlesier. Die ganze Gesellschaft saß ziemlich weit rückwärts, weil vorn, bei der Musik, kein Platz mehr war: dort hatte der dicke Mann den besten Tisch besetzt. Vor ihm standen ein paar donauwassergrüne Flaschen; er hatte sie in Reih und Glied aufgestellt, und weil er immer so kurze kommandoartige Rufe ausstieß und manchmal fluchte, schien es, als ob er mit seinen leer getrunkenen Flaschen exerziere.

Jedenfalls fühlte er sich außerordentlich wohl; auf das »Pst!« kehrte er sich nur halb um und schrie: »Ich hab' niemanden beleidigt.« Er sagte dies ein bißchen oft, dreißig-, vierzigmal, wobei seine Stimme immer indignierter und vorwurfsvoller klang. Erst als die Musik »Toni, bleib' da!« begann, erlosch die Erinnerung an das kränkende »Pst!« in seinem Bewußtsein, und er half emsig den Sängern, Toni zum Dableiben zu bewegen.

Es war eines jener Lokale, deren ganzes Geheimnis in den zwei Worten steckt: Keine Pause! Hört die eine Kapelle auf, so setzt augenblicklich die andere ein. Nicht zur Besinnung kommen lassen, das ist das Wichtigste. Solcher Lokale gibt es viele in unserer frohen Stadt. Sie sind bis zum Rande mit Musik gefüllt, als lebentragendem Plasma. Wie nur ein wenig die Tür geöffnet wird, rinnt ein Stückchen Musik auf die Straße, packt den Passanten wie der Plasmafortsatz einer organischen Zelle das Futter und schleppt ihn ins Innere des Lokals. Dort wird die Stimmung der Gäste auf einen soliden, fest aneinandergekitteten Unterbau von musikalischem Lärm gesetzt. Es gibt keine Ruhelücken, über welche die Stimmung stolpern und ins Wackeln kommen könnte. Man muß gleich weggehen, wenn man es nicht aushält, oder sich dem Lärm, der Atmosphäre darwinisch »anpassen«. Ein Kampf ums Da-Sein. Man muß sich mit Alkohol imprägnieren, bis man lärmdicht ist, muß sich einen Rettungsgürtel von künstlicher Fidelität umschnallen . . . Aber der dicke Mann brauchte wahrhaftig keinen Rettungsgürtel; der war Naturschwimmer. Er soff unermüdlich, und der Rhythmus der Musik stieß ihn hin und her wie ein gefügiges Pendel. Manchmal, wenn der Rhythmus zu kräftig war, fiel der Mann vom Sessel. Auf dem Boden angelangt, verlor er nichts von seiner herrlichen Laune, sondern paschte gemütlich weiter. Seine riesigen Flossen rutschten zwar aneinander vorbei wie zwei unsicher bediente Tschinellen, aber einen Ton gab es doch.

So oft er vom Sessel herunterfiel, spähte gleich die hinten dislozierte Gesellschaft, ob der vordere Tisch schon endgültig frei sei. »Möchten S' nicht schon ham geh'n?« fragte der Wirt.

Vielleicht wäre er gegangen. Aber droben sang man: »Jetzt trink'n ma no a Flascherl Wein, es muß ja nicht das letzte sein.« Und das zog den auf dem Boden herumkriechenden Mann fast augenblicklich in die Höhe, stellte ihn auf die Beine, verhalf ihm zu einem entschiedenen Willen. Die Melodie kam wie zu seinem Entsatz herangesprengt. »Jetzt trink'n ma no a Flascherl Wein«, erklärte er. Ja, man spürte eine höhere Identität zwischen diesem Menschen und den Heurigenmelodien. Er und die Musik, das war gleichsam: die Materie und die belebende Idee. Und niemand könnte sagen, was früher dagewesen. Diese sentimentalen, verduselten, gutmütig-rohen Weisen schienen ein musikalischer Abguß seiner Natur, und seine Natur schien nach dem Rezept dieser Texte und Melodien zubereitet. Sein Rausch aber und das folgende Unheil waren: die Geburt der Tragödie aus dem Geist der Musik.

Neue Gäste kamen. In der sanft bergaufsteigenden Straße, die zu dem Heurigengarten führt, trabten Fiaker an, oder Automobile stürzten mit funkelnden Azetylenaugen durch das Gittertor. Der Hauptwitz war, daß in allen diesen Gefährten mehr Menschen saßen, als darin Platz hatten. Manchmal saß einer verkehrt auf dem Bock, oder einer stand im Wagen. Meistens war das ein Leutnant . . . Und es wurde immer schwerer, die Gäste im Garten unterzubringen.

Inzwischen hatte der dicke Mann ein Weinglas an der Tischkante zerklopft. Direkt infolge Aufforderung der Musik, die »Heut' hau'n wir alles z'samm« spielte.

»Also jetzt geh'n S'«, sagte der Wirt. »Sie san ja schon b'soffen.«

»Heut' hab' i scho mei' Fahnl, heut' is m'r alles ans«, antwortete das Quartett für den Dicken.

Aber so schamlos verleugnete der Wirt seine Musik, daß er grob sagte: »Ihnen wird nix mehr eing'schenkt, weil S' ka Geld mehr hab'n«, während die Duettisten oben prinzipiell erklärten: »Es is alles ans, ob ma a Geld hat oder kans.«

»I zahl', was i trink'«, schrie der bedrängte Gast, stierte in seinen Taschen herum, grub eine Krone aus und hieb sie auf den Tisch mit der freimütigen Erklärung: »Da habt's mein letztes Kranl!« So sehr vertraute dieser kindliche Idealist den Dogmen der Heurigen-Weltanschauung.

»Marsch!« sagte der Wirt und packte ihn am Arm.

»Rühr'n S' mi net an – i bin a Athlet!« rief der Bedrängte und versuchte, seinen Bizeps Parade tanzen zu lassen. O, das wurde sein Verhängnis. Denn jetzt hatte man den Henkel, an dem man ihn greifen und hinauswerfen konnte. Man holte einen Polizeiagenten, und der Wirt erklärte sich für »tätlich bedroht«. Der Polizeiagent, der Wirt und zwei Kellner packten den frohen Zecher und trugen ihn im Eilschritt fort. Nichts nützte es ihm, daß er unaufhörlich, fast weinend beteuerte: »Ich hab' niemanden beleidigt.« »Geh ham zu deiner Alten!« höhnten die Kellner, während die heuchlerische Musik ermunterte: »Laß dei' Alte Alte sein!« Draußen war er.

Da habe ich also einmal den legendären Mann gesehen, dem wirklich alles eins ist, der bedenkenlos seine letzte Krone hergibt, der seine Alte ruhig Alte sein läßt, der nur für Bier und Wein schwärmt, der gern bereit wäre, der Welt eine Haxen auszureißen, der immer noch ein Flascherl Wein trinkt, weil es ja nie das letzte sein muß, der heut' erst übermorgen früh nach Hause kommen will, der eventuell entschlossen ist, alles zusammenzuhauen, weil er einen Schampus haben muß, der es »scharf« angeht, dem ein Räuscherl viel, viel lieber ist, als eine Krankheit oder ein Fieber, und dem kugelrunde Tränen in die Augen rollen, wenn er daran denkt, daß es einen Wein geben, er aber nicht mehr sein werde. Ich habe das personifizierte Wiener Volkslied aus der ersten Dekade des zwanzigsten Jahrhunderts gesehen, den Mann, der sich mit naiver Genauigkeit an die Regeln der Lebensfreude hält, die in zahllosen Lokalen und Gärten Sommer und Winter unermüdlich und eindringlich gepredigt werden. Und was war sein Schicksal? Man hat ihn schmählich hinausgeworfen . . .

Jetzt war der Tisch frei, und die Gesellschaft konnte nach vorn avancieren . . .

»Heut' trink'n ma no a Flascherl Wein«, sagte ein korpulenter Herr, der einen Zwicker trug und einen unangenehmen Teint hatte. Er war blaß, trotzdem er eigentlich rot war, und sah aus wie eine anämische Paradeis. Er bestellte Veuve Clicquot, demi sec, nicht zu kalt, und »gesalzene Mandeln«. Doktor Spitzer, der in der Gesellschaft war, verlangte vom Primgeiger: »George, spiel' einen Lanner-Walzer.« Er war mit ihm per du. »Mein bester Freund«, sagte er. Das warf so einen bohemischen Schimmer um sein Haupt und karessierte das Gefühl der

35

bürgerlichen Damen. »Ich liebe Lanner, er ist gleichsam der Höhepunkt nobler patrizischer Heiterkeit. Der musikalische Extrakt des besten Wiener Bürgertums.« . . . »Wie seltsam«, dachte das Fräulein, »daß er für Lanner schwärmt! Krakauer und Rosenzweig müßten ihm doch organischer sein.«

Der korpulente Herr aber ließ sich beim Wirt einen Tausender wechseln. Und dann ließ er sich für fünf Gulden Kronen geben. Und dann stapelte er die Kronen zu einem Häufchen vor sich auf, und dann sang er zehnmal hintereinander, indem er die Münzen einzeln auf den Tisch hinschmetterte: »Da habt's mein letztes Kranl!«

DIE DINGE

Ich bewohne ein kleines, stilles Quartier. Ich weiß nicht, wer nebenan, wer über und unter mir haust. Ruhige Leute jedenfalls; denn außer der verworrenen Unruhe der Straße dringt kein Geräusch in die Wohnung, aus der die Einsamkeit nie weicht. Wie ein Tier liegt sie lauernd in der Ecke. Ich liebe die Einsamkeit, aber die Einsamkeit meines Zimmers liebe ich nicht. Weil ich ein tiefes Mißtrauen gegen die Dinge in ihm, gegen Wände, Möbel, Bilder habe und mich ihnen ausgeliefert fühle. Es sind viele gegen einen. Ich spüre, daß sie mich anstarren und ahne Zeichen der Verständigung zwischen ihnen und pfeife sorglos, um ihnen zu zeigen, daß ich mich gar nicht fürchte.

Niemals öffne ich nachts, heimkehrend, die Wohnungstür, ohne ein wenig absichtlichen Lärm zu ma-

chen. Ich will nicht überraschen, besser: ich will nicht
überrascht werden. Wurde meine Abwesenheit vielleicht von den Dingen benützt, um Unfug zu treiben,
so sollen sie, rechtzeitig von meiner Nähe unterrichtet,
noch Zeit haben, wieder in ihre gewohnte dreidimen-
sionale Ordnung zurückzuschlüpfen. Ich will nicht erfahren, daß es den Dingen, wenn sie unbeobachtet sind,
am Ende möglich wäre, aus der Disziplin der Naturgesetze zu springen. Ich verlasse einer Reise wegen
meine Wohnung für längere Zeit, versäume den Zug,
kehre noch am selben Abend heim statt, wie geplant,
erst nach einem Monat. Und ertappe mich, wie ich den
Schlüssel ins Schloß stecke, dabei, daß ich von einer
unerklärlichen Beklemmung gepeinigt bin; von der
Furcht, meine Wohnung, die mich ja für lange Zeit weg
glaubt, in flagranti zu erwischen! Wie ein Ehemann, der
bei allzu früher Rückkehr dunkel sein Schicksal ahnt,
das nun erfahren zu müssen, was er, so wissenswert es
auch sei, doch lieber niemals wüßte. Alles ist, wie ich es
verließ, aber meinem mißtrauischen Gehirn scheint es,
als ob noch der letzte Hauch eines jäh verstummten
Lärms durchs Zimmer flöge. Wie der Lehrer, wenn er
sich rasch umwendet, in den plötzlich erstarrten Gesichtern seiner Buben noch ein Zucken der Grimassen wetterleuchten sieht, mit denen sie ihn hinter seinem
Rücken gehöhnt haben.

Nun ja, es ist Unsinn. Aber mein Mißtrauen gegen
die Dinge ist nicht von heute. Es hat seine Tradition. Als
Kind quälte mich die Vorstellung, daß die Dinge, sobald
ich mich nur abwende, diesen Mangel an Kontrolle
gleich zum Aufgeben ihrer Starrheit benützten und ir-
gendwie mit einer geisterhaften Welt in Verbindung trä-

ten. Was sollte den Tisch – so überlegte meine Angst – hindern, sich ein wenig umzutun im Raum, die Stühle, sich wie Igel einzurollen, das Bild, Fratzen zu schneiden, wenn sie nur die nötige Flinkheit besäßen, sich gleich wieder, sowie mein Auge auf sie fiele, in der alten Ordnung zu präsentieren? Und diese kindische Furcht fand später eine wunderbare Rechtfertigung, eine Art philosophischer Vertiefung in der Lehre, daß nur in uns als bemerkenden Subjekten die Dinge existent seien, und die Welt in ein dunkles Indefinitum verfließe, wenn nicht ein Gehirn sie einfasse und belichte. Die seltsame Furcht des Knaben dämmert jetzt wieder auf, wenn ich allein in meiner Wohnung bin. Kälte strömt durch das Rückenmark bei dem Gedanken, daß den Dingen vielleicht einmal die Laune kommen könnte, gar nicht auf die Abwesenheit meiner Blicke zu warten, um sich metaphysisch zu betragen. Wie, wenn ihnen plötzlich einfiele, daß man sich vor einem Schwächling keine Zurückhaltung aufzulegen brauche? Vor den Menschen beschuldigt, würde man *ihnen* glauben, die stumm und unbeweglich die Harmlosen spielen, und mich für närrisch halten.

Die Lampe erlischt. Und nun werden die Dinge schamlos munter. Jetzt rettet vor dem Grauen nur das Bemühen, alles rätselhaft Herumschweifende in die Schlinge eines logischen Zusammenhangs zu kriegen. Dieses Zeitungsblatt, das plötzlich zu Boden raschelt, hing wohl schon allzu weit über die Tischkante, sank lautlos immer tiefer und erzählte durch den hörbaren Schlußteil seiner Bewegung, daß es in Bewegung war. Dieses Knistern im Kasten – wahrscheinlich ist er schlecht verschlossen. Dieses Krachen der Tür – wohl ein Sprung im morschen Material. Dieses Pochen – ein Wurm im Holz. Wie erquickend, wenn eine ursächliche Verknüpfung hergestellt erscheint, wenn etwa das Geschirr im Kasten klirrt, weil unten ein Wagen über das Pflaster rumpelt! Das schmeckt dem Hirn wie reine Harmonie. Sanft ruht es sich im Frieden der heiligen Allianz zwischen Ursache und Wirkung.

Eben diese Allianz scheint in der nächtlichen Einsamkeit der Wohnung gestört. Die Zimmer sind voll von mysteriösen Geräuschen, von Knistern, Klirren, Zittern, von scharfen Lauten, als wenn Papier zerrisse, von Tönen des Zerbröckelns und Polterns, von spitzen Klängen und leise zischenden, als würden kleine Flammen durch kleine Wassertropfen gelöscht. Endlich kommt der Schlaf. Und ich träume von einem Mann, der, durch Ahnungen übersinnlicher Dinge gepeinigt, in seiner einsamen Wohnung bange den Tag herbeisehnt. Da hört er rätselhafte Geräusche im Nebenzimmer. Der Boden knarrt, wie wenn behutsame Füße darüber hintasteten, die Türe wimmert pianissimo, als würde sie mit ungeheurer Vorsicht geöffnet. Nein, dieses Ächzen des Bodens, dieses Lamento der Tür ist jenseits aller Mechanik. Ein letztes Aufgebot an Willenskraft, er dreht den Hahn der elektrischen Lampe: wahrhaftig – in der geöffneten Tür steht ein Mensch. Ein echter, leibhaftiger, fremder Mensch ist da, ein Dieb offenbar, ein Einbrecher, ein Mörder vielleicht. Und im Augenblick ist die Furcht des Überraschten geschwunden, macht einem Gefühle förmlichen Wohlbehagens Platz. Die Sache wird irdisch. Lieblich wie der Mond geht die Kausalität auf und strahlt friedvoll in alles Unerklärliche. Ein Mensch ist da, ein lebendiges Wesen, mit dem es die

Beziehung der Sprache gibt, ein Kamerad gegen alles, was Nichtmensch ist, ein natürlicher Bundesgenosse gegen die schleichenden Geheimnisse und Launen der Dinge!

Die Mutigsten lernen das Fürchten, wenn sie durch einen nächtlichen Wald müssen: überall geheimnisvolle Lebendigkeit, das Gefühl, von unsichtbaren Händen betastet, vom Atem naher Wesen gestreift zu werden, trübes Licht, das nicht Licht zu sein scheint, sondern das blinzelnde Auge der Finsternis. Das Leben des Neurasthenikers ist ein beständiger Gang durch solches nächtliche Waldinnere. Das Lebendige ist für ihn überlebendig, das Tote regt sich, das Lautlose bekommt Stimme, der Schatten Körper, die Dinge Blick und Atem. Ach, schickt den Neurastheniker nicht in die Einsamkeit, und verschafft ihm nicht »Ruhe«. Das heißt, ihn von den Menschen befreien, um ihn den Dingen auszuliefern!

DREI UNNÜTZE DINGE

I.

Ich besitze einen Browning.

Seit ich ihn besitze, fühle ich mich von Mordbereitschaft, Blut und Männlichkeit umwittert. Ich spanne Muskeln, die ich nicht habe, und stürze mich ohne Hemmungen in mancherlei Haß, den ich nicht empfinde. Seit ich eine ungeheure Energie in meines Schreibtischs Lade schlummern weiß, lache ich der Ohnmacht in meines Herzens Schrein.

Mein Browning ist gedrungen, grauschwarz glänzend. Ich ließ ihn beim Waffenhändler tüchtig einfetten; er sieht seither viel jünger und unternehmungslustiger aus. Sechs messinggelbe Patronen hat er stets in seiner stählernen Backentasche. Wenn man ihn mit dem entsprechenden Griff angeht, schnappt er zu, eine messinggelbe springt in den Schlund . . . Ich erklärte einmal dem Freunde am ungeladenen Revolver den Mechanismus. Als der Schuß in die Mauer fuhr, erbleichte er. Aber nicht so, wie man in Altenbergschen Skizzen erbleicht, sondern vor Angst. Sein Tod hätte mich sehr betrübt. Er hält mich für ein Genie.

Manchmal setze ich den geladenen Browning, Finger am Hahn, an die Schläfe. Wollüstig erfühltes Mißverhältnis: zwischen der Winzigkeit der Bewegung, die jetzt genügte, . . . und der Größe der Gewißheit, daß ich diese Bewegung nicht tun werde.

Mein Browning schläft, mit vollen Backentaschen, auf einem Stoß von Briefen der geliebten Freundin. Tückisch schweigend ruht er auf seinem zusammengedrückten, papiernen Kissen, fettglänzend vor Selbstzufriedenheit mit seiner Kälte, seinem Eisengrau und seiner Härte. Und träumt doch gewiß Warmes, Rotes, dicktropfig Sickerndes.

Durch das kleine, runde Loch, das ihm Auge, Maul und After in einem ist, sieht man in seine Seele. Sie ist schwarz, leer, kalt und eng.

Oft spielen meine Gedanken um die zierliche Todesmaschine. Ich gehe nachts auf einsamer Straße. Ein unheimlicher Mensch nähert sich, böser Pläne voll. Ich lasse ihn herankommen; dann hebe ich blitzrasch die Hand, und das Auge meines Browning stiert den Kerl an. Wie er läuft! Aber wenn er nicht liefe? Wenn er doch näher käme? Würde ich schießen? Ich glaube fast, eine Hand ohne Browning, aber zum Schuß entschlossen, ist eine bessere Waffe, als ein Browning in zögernder Hand.

Oft kommt mir der Verdacht, mein Browning sei wirklich nur ein Briefbeschwerer – weil er eben *mein* Browning ist.

II.

Ich besitze eine Geliebte.

Die schenkte mir mein Freund, der Buchhändler, der ohnehin schwer magenleidend ist. Aber mir tut eine Geliebte not. Von Geldsorgen allein kann ein Mensch nicht sein ganzes Elend bestreiten. Meine Geliebte hat außerordentlich viel Ähnlichkeit mit meinem Browning. Sie ist klein, blank und gefährlich. Sie liebt es, sich einzufetten, und sieht dann viel jünger und unternehmungslustiger aus. Sechs Projektile hat sie stets parat, zum Teil ebenfalls in ihren Backentaschen. »Selbstmord« heißt das eine, »Verlassenheit« das andere, »Träne« das dritte, »Du liebst mich nicht« das vierte, »Ich tue, was ich will« das fünfte, »Und die Opfer, die ich dir gebracht habe?« das sechste. Ihr Auge ist dunkelglänzend wie Pistolenmündung. Ich erklärte sie einmal meinem Freunde. Da ging der Schuß los und traf ihn in den Unterleib. Er erbleichte, wie man in Altenbergschen Skizzen erbleicht. Heute kennt er den Mechanismus schon besser als ich.

Manchmal ziehe ich meine Geliebte ans Herz und küsse sie auf den Mund. Wollüstig erfühltes Mißverhältnis: zwischen der Empfindung unendlicher Liebe . . . und dem sicheren Bewußtsein ihrer Endlichkeit!

III.

Ich besitze einen Willen.

Den habe ich von meinem Vater, der ein edler Mann war, nie seine Chance nützte, Recht tat und Unrecht duldete, sein Talent verdorren ließ und denen diente, die nicht wert waren, ihm zu dienen.

Mein Wille macht einen invaliden Eindruck. Aber das ist begreiflich. Kaum eine Niederlage meines Lebens, bei der er nicht dabei war, in den hintersten Reihen fechtend, als erster auf der Flucht, am längsten im Spital, am eiligsten bei der Kapitulation.

Das sind drei nichtsnutzige Dinge: mein Browning, meine Geliebte, mein Wille.

Aber, wenn sie einmal im richtigen Augenblick zusammenträfen, könnte es doch ein Feiertag werden!

THEATERABEND 1915

Um halb acht ist Beginn. Die gelblich beleuchtete Uhr auf dem Rathausturm, dem Theater gegenüber, scheint frei in der Luft zu schweben, so dicht hüllt der wässerige Nebel alles ringsum in graue Nichtsfarbe. Wie ein kranker Mond steht das Zifferblatt hoch oben.

Der Portier an der großen Freitreppe zieht seine Kappe vor den Theaterbesuchern. Sie gehen mit übertriebener Hast an ihm vorüber, als schämten sie sich, dazusein. Die Frauen tragen Schmuck – man hat die Empfindung: Beute –, und vor den Spiegeln im Garderobenraum zupfen sie sich ihr Haar zurecht, überpudern eilig das Gesicht, drehen den Oberkörper in sanften Schraubenwindungen. Sie sind sehr lieblich anzusehen, bunt, wirr und kunstvoll, lebende Attrappen, feine Dinge. Sie können die Augen rollen und lächeln und mit dem Kopf wippen und stecken in schönen, zärtlich angeschmiegten Schuhen und sehen überhaupt aus, als trügen sie ein feines Musikwerk im Innersten. Man spürt die Werkstatt, nach guter Seife und mildem Fett und warmem Wasser und süßem Tabakrauch duftend, von gläsernen und metallenen Kleinigkeiten blinkend, aus der sie hergekommen sind, die holden Spielereien. Wo sind ihre Besitzer? In einem Erdloch vielleicht, riechen nach Schweiß und Unrat, haben Läuse im Haar, der Regen klatscht ihnen ins Gesicht, und ihr Herz leidet unendliche Sehnsucht nach Gewesenem.

Das Parterre sitzt wohlgeordnet, in den ersten Reihen der Ränge liegt es wie Linien abgeschlagener Köpfe hinter der samtenen Brüstung. Der Vorhang schwebt hoch, und auf der Bühne entfaltet sich unheimliche Geschäftigkeit. Es riecht kalt und übel nach Staub, Stickluft, zersetzter Farbe. Weltenfern ist alles, gespenstisch überflüssig, gering, blaß, tonlos. Eine Leiche, in der Maskenleihanstalt als Leben herausgeputzt und beflittert, katzbuckelt um freundliche Ästimierung. Die Zuhörer hocken eng beieinander in dem geräumigen Unterschlupf. Sie sind hinter ihr Interesse für das Theaterspiel geduckt, wie Schutz suchend vor irgendeinem fern wetternden Bösen. Sie blicken starr auf die Bühne, aber es ist, als ob dies nicht der Bühne wegen geschähe, sondern weil sie einander nicht in die Augen sehen wollen. Eine Tür auf der Szene fällt krachend ins Schloß. Das klang wie ein Schuß, Herr Nachbar! Etwas Lustiges wird gesagt. Da läuft eine Welle von Gelächter durch den Saal, brandet in den Gesichtern und macht sie für ein paar Augenblicke in einer schiefen Grimasse erstarren. Bei einigen liegt das Zahnfleisch ganz bloß, und die Augen werden so klein wie Durchschlagsöffnungen eines Gewehrprojektils.

In der Theaterloge sitzt ein alter Schauspieler; unbeweglich, mit der starren Hoffnungslosigkeit des Verdammten sieht er auf die Bühne. In diesem Zimmer ging er einst herrlich auf und ab, seine Lippen formten diese Worte, seine Hand lag auf dieser Stuhllehne, um seine Beine klirrte fürstlich dieses Schwert, sein Lächeln durchsonnte den Raum. Das ganze Schicksal, das ihm gehörte, hat jetzt ein anderer angezogen wie einen hinterlassenen Rock. Der alte Schauspieler denkt, daß noch die Wärme und der Geruch seines Leibes in allen Falten dieses Schicksals hängen müssen. Unbeweglich blickt er. Ein Gestorbener, der von oben seinem eigenen Erdenleben zusieht.

Hundert Milliarden Meilen von ihm ist Krieg.

Auf die dunkle Szene kommt die Liebhaberin mit einem Licht in der Rechten. Sorglich hält sie die Hand vor. Eine seelenvolle Hand, von der Kerzenflamme rosig durchschimmert. Mit einem feinen Blutstift scheint die zarte Kontur der Finger nachgezogen. Diese Hände müßten gut dazu taugen, Toten die Lider zuzudrücken.

»Lustspiel«, sagt der Zettel. Das Gespräch auf der Bühne schlängelt sich in muntern Windungen um vielerlei: um Heirat, Liebe, Schüchternheit, Geld, Karriere, Frauenlaunen, Reisen und Lebensglück. Alle tun so, als wüßten sie ganz bestimmt, daß sie morgen noch dasein werden und nächstes Jahr auch noch. Der Bonvivant, dessen zwei zankende Freundinnen jetzt außer Atem dasitzen, sagt fröhlich zu dem eintretenden

Herrn: »Hier hat soeben ein Scharmützel stattgefunden, dort liegen die Verwundeten . . .« So sagt er.

Wie abenteuerlich ist das alles! Und gespenstisch! Wie wenn Wandelnden der Boden unter den Füßen weggezogen wäre, und sie spazierten in der Luft weiter. Von draußen tönen schwach die Schläge einer Turmuhr herein, das Geratter der Straßenbahn, der spitze Pfiff eines Rettungswagens. Ganz fein und fern nur hören ihn die Leute im Theater. Sie sitzen unter einer Glocke aus dickem Glas.

Ende. Die Glocke hebt sich. Auf der Straße ist Nebel und Nacht, von schmutziggelben Lichtpünktchen und -fäden durchwirkt.

»Süß war die M.!« sagt eine lange, spitznasige Puppe, ganz in braunen Pelz gewickelt.

»Sprich jetzt nicht, mein Kind, halte dir lieber das Taschentuch vor den Mund. Auf Ja und Nein ist man verkühlt.«

PERSPEKTIVEN

»Was schert der Tod des einzelnen!« sagte der Hauptmann, »wenn nur die Truppe der Fahne Ehre macht!«

»Was liegt am Schicksal eines Regiments, wenn nur die Stadt genommen und der Feind verjagt wird«, sagte der General.

Der Patriot sagte: »Und ob wir alle bis auf den letzten Mann sterben müssen, wenn es nur dem Vaterland zunutze kommt.«

Der weitblickende Kulturhistoriker blickte weit und sagte: »Selbst wenn ein paar Staaten zugrunde gingen . . . sie wären nicht vergeblich zugrunde gegangen. Europa würde sich auf sich selbst besinnen, und aus dem Blutbad gereinigt, neugeboren, emporsteigen.«

Der Weise strich mit kühlen Fingern den langen Bart: »Nehmen wir an, das alte Europa verfiele dem Chaos, wie wohl täte das in weiterer Folge . . . der Welt! Der Untergang Europas – jedem, der tiefe Zusammenhänge ahnt, wird das klar sein – brächte unserem Planeten reichsten Segen. Als Dünger auf dem Acker der Menschheit geopfert, verhülfe der tote Erdteil diesem Acker zu ungeahnt üppigem Gedeihen.«

Gott sprach: »Für mein Sonnensystem XXVII, arabisch 12, litera F, wird das Verschwinden des Planeten Erde einen großen Vorteil bedeuten. Vielleicht sogar wäre es gut, wenn ich die ganze Sonnensystemgruppe im Interesse höherer kosmischer Zweckmäßigkeit . . .«

»Mag alles hin werden, wenn nur mein Bub mit geraden Gliedern nach Hause kommt!« sagte Frau Müller und legte die Zeitung mit den Siegesnachrichten ungelesen neben die ungetrunkene Tasse Kaffee-Ersatz.

WIEN

Der Prater

Die großen Gasthaussäle, in denen sonst zum Klang einer schrillen, die ganze Disharmonie der Weltordnung erbarmungslos widertönenden Blechmusik die Paare zweieinig den Boden stampften, sind seit Jahr und Tag »Ubikationen«. Die runden weißen Tische mit den großblumigen roten Tischtüchern stehen über- und ineinander verkeilt im Garten, bei den nicht mehr brennenden zerbrochenen Gaslaternen, und aus der fröhlichen Tanz- und Trinkstätte ist eine traurige Schlafstätte geworden. An den Wänden hängen Tornister oder Rucksäcke, den Boden deckt Strohlager neben Strohlager; auf einem oder dem andern sitzt ein grauhaariger Mann in Soldatentracht und flickt seine Hose.

Draußen jammert und stöhnt die Drehorgel des Ringelspiels, aber ihr Jammern lockt keinen Gast.

Wo sind die Kinder hin, die sonst den Prater mit ihrer lauten Neugier belebten? Ein paar barfüßige Straßenjungen schauen durch die Glasscheiben auf die Kutschpferde, die starr und melancholisch zurückglotzen und nur leise, wie im Traum von einstigen wilden Rundgaloppaden, hin und wider schaukeln.

Die Drehorgel spielt noch den Operettenmist von anno 1914; obzwar grade in diesem Produktionszweig ein Nachlassen der schöpferischen Kraft während des Krieges nicht merkbar war. Aber die Drehorgel hat nichts zugelernt. Ihre alten Weisen klingen uralt; ein zertretener, verwester Melodienstrauß. Eine Musik, die so tönt, wie ganz ausgetrocknetes Heu riecht. Auch das waren einmal Blumen, Duft, Farben. Heute frißt's der Esel. Wenn es ihm die hungrigen Menschen nicht wegessen.

In den Gasthausgärten sitzen ein paar Frauen mit Kopftüchern, schweigend, und trinken »Kracherl!«. Das ist ein kleines Fläschchen Sodawasser, mit Himbeersaftersatz blaßrosa gefärbt. Wein ist teuer, und Bier eine Erinnerung.

Die Schießbuden sind ganz leer. Kein Mensch hat mehr das geringste Interesse am Schießen. Nicht mit dem Kapsel-, nicht mit Feuergewehr, nicht auf tote Figuren, nicht auf lebende Menschen.

Hingegen findet der Watschenmann Zuspruch. An seinen vollen Wangen entladen sich die in der Volksseele aufgepeitschten Proteste. Wienerische Revolutionsprophylaxe.

Am Eingang des Praters befindet sich die Kriegsausstellung. Das ist eine Ausstellung von allerlei unter den Begriff Krieg zu subsumierenden Dingen. Damit doch auch das Hinterland bißchen was hat von der großen Zeit.

Von der Berg- und Talbahn herüber tönt munteres Kreischen. Frauenstimmen. Es geht nämlich so rasch, so rapid rasch, so entsetzlich rasch bergab!

Und das Riesenrad dreht, aus alter Gewohnheit, leise knarrend seine gewaltigen Speichen mit den wie Früchte am Zweig hängenden Waggons.

Es gibt keine Kinder mehr im Prater und keine rotbäckigen Ammen im steifen Kattunrock und kein Bier und keine Soldaten mit der Virginia hinterm Ohr. Es gibt nur noch Kracherl und Staub und Ubikationen.

Und eine Kriegsausstellung.

Zuckerbäcker

Die Zuckerbäckerladen in der »inneren Stadt« sind gesperrt. Wien ohne Konditorei! Können Sie sich das vorstellen? Das ist etwa so wie Rom ohne Antike; oder Henri quatre ohne Spitzbart; oder ein deutsch-österreichischer Politiker ohne »voll und ganz«.

Hier spielte nämlich die Zuckerbäckerei eine weit größere Rolle als in irgendeiner Stadt der ehemals zivilisierten Erde. Unsere Literatur und Kunst fanden in der Sachertorte ihr Symbol, ihr wahrlich geschmackvollstes Symbol: zarter, wenig substantieller Teig und darüber eine etwas klebrige, schimmernde Glasur. In der Schriftstellerei hieß sie Geist.

Hier, in diesen kleinen Konditorzimmerchen auf dem »Kohlmarkt« versammelte sich die Schönheit und Eleganz der Stadt. Die zwangloseste Gemütlichkeit herrschte.

Wenn der Graf Viki – in der Konditorei nannte man die Aristokratie nur beim Vornamen – an einem der Tischchen keinen Platz fand, setzte er sich hinter den Ladentisch oder zur Küchentür und knabberte Süßes.

Hier wurde der beste Kaffee, die beste Schokolade, das wohlestschmeckende, zarteste Eis verabreicht. Hier fanden die Boutons der Kommerzienrätinnen nicht nur Bewunderer, sondern auch Schätzer (auf Krone und Heller genau), hier erregte eine falsche Perlenschnur keine Täuschung, sondern nur taktvoll-mitleidiges Lächeln.

Hier spann der Flirt Fäden, von denen manche frauliche Existenz in Höhen der Gesellschaft gezogen und manches männliche Vermögen glatt abstranguliert wurde.

Hier hielten Equipagen, deren Kutscher, die Peitsche unbeweglich aufs Knie gestemmt, aussahen wie Lords in Domestikenverkleidung. Hier flossen Milch und Honig, Schlagsahne und Fruchtsäfte zu den deliziösesten Bildungen ineinander, es roch nach zartem Parfüm und feinsten Liköraromen, jeder kannte jeden, Hochadel und Hochfinanz verkehrten reibungslos miteinander, und die ganze Gesellschaft, wie in einen unsichtbaren Schleier von Staubzucker gehüllt, schien selbst ein kunstvolles Produkt aus Gottes Konditorei.

Das ist nun vorüber. An vier Tagen der Woche ist der

Zuckerbäckerladen geschlossen, an den übrigen gibt es nur wenig Bäckerei aus schwärzlichem Mehl, Bonbontüten ohne Bonbons, Kaffee ohne Kaffee.

Die Fräuleins im Geschäft sagen: Es sind harte Zeiten! Graf Viki sitzt in Uniform auf dem Ladentisch – obzwar jetzt anderswo Platz genug im Lokal wäre – und macht ein gelangweiltes Antlitz.

Das süße Wien ist tot.

Daß es schon bei Lebzeiten nach Verwesung roch, war eine Folge seiner Süßigkeit.

EN PASSANT

Es gibt Verse, die sind »geborene Verse«, und Verse, die sind frisch geadelte Prosa. Laß dich nicht ein mit Parvenus!

BILDER

Es ist ganz außerordentlich, wie sehr sich die Russen in letzter Zeit verschönt haben. Ihr Antlitz, ihre Haltung, ihre Insignien haben sich zum Bessern und Edlern gewandelt.

Spiegel der Zeit und ihrer Menschen ist das illustrierte Blatt. Aus ihm kann man, ohne irgendwelchen Text zur Kenntnis zu nehmen, erfahren, was die Weltuhr geschlagen hat.

Vor einem Jahr noch sah der Russe in den Originalzeichnungen des illustrierten Blattes so aus: er stak in ungeheuern Röhrenstiefeln, hatte ein Gesicht wie ein finsterer Affe, die Backenknochen standen ihm so weit heraus, daß man den Hut dran hätte aufhängen können, aus einer Tasche guckte die Knute, aus der anderen die Wutkiflasche.

In der vor zwei Monaten gedruckten Nummer des illustrierten Blattes erschien der Russe bereits ohne Wutki und Knute. Er hatte einen schönen schwarzen Vollbart, die Stiefel saßen wie angegossen, die Backenknochen unterbrachen kaum das schwermütige Gesichtsoval.

Vor zwei Wochen – in Brest-Litowsk ging es glänzend – bot der Russe des illustrierten Blattes ein Bild ernster menschlicher Schönheit. Er trug keine Röhrenstiefel mehr, sondern Knöpfelschuhe. Aus der Tasche sah ihm ein Buch. Sein Antlitz strahlte in tiefem, reinem Feuer. Das Antlitz war slawisch, aber in edelstem physiognomischen Moll.

Gestern erschien das illustrierte Blatt wieder. Bild: »Die Russen begeben sich zur Verhandlung.« Der Vollbart – o Schreck! – struppig! Keine Knöpfelschuhe, sondern breite, verhatschte Schnürstiefel! Die Augen klein, mit einem Stich ins Tückische! Und rechts und links im Antlitz eine deutliche Tendenz zur Hutnagelbildung.

Da zog Trauer in mein Herz ob der offenbar schlechten Nachrichten aus Brest-Litowsk.

Ach, wann kommst du, holder Tag, da im illustrierten Blatt der Amerikaner nicht mehr ein Orang-Gebiß hat und einen Geierkropf, sondern ein Bild schöner männlicher Energie ist, im viereckigen Rock und stumpfbreiten Schuh den Typus gedrungener Kraft verkörpernd?,

da des Italieners Feuerauge unter dunklen Locken blitzt; da er nicht schmutzstarrend, ein verlauster schwarzer Gnom, den Dolch im löcherigen Rock birgt, sondern den faltigen Radmantel musikalisch um die Schulter geworfen hat?,

da der Franzose des illustrierten Blatts wieder, ein duftendes Spitzbärtchen am Kinn, federnd vor Anmut und Eleganz, im Macpharlan dahinschwebt?,

da der Engländer, hochstirnig und edelnasig, wieder Lord und Gentleman, der goldgelockten Lady ins Auto hilft und nicht, ein fletschendes Untier mit furchtbar langen Beinen und gigantischen Plattfüßen, das Antlitz der Erde, wie es im illustrierten Blatt abkonterfeit ist, schändet?,

wann kommst du, holder Tag, da der deutsche Professor mit wallendem Vollbart, Röllchen, Vorhemd und gewölbter Heldenbrust aus feindlichen Zeitungen rückkehrt in seine Friedensheimstätte, in das deutsche Witzblatt?

Im Auslagefenster des Zeitungsladens zeigt ein illustriertes Journal sein Titelbild: »Serben in Monastir.« Sie haben noch das Brigantengesicht, und aus der Hakennase quillt ein Tröpfchen.

Aber von Wanzen ist nichts zu sehen!

Sollte es wahr sein, daß ein serbischer Kronrat beschlossen hat, in Friedensverhandlungen einzutreten?

NUMMER 28

Der Lehrer, der Kaufmann, der Schriftsteller saßen um den Tisch ihres Spitalzimmers, tranken elenden »Hopfen-Trank« und erzählten einander das Grauenvollste, das sie im Krieg mitgemacht hatten.

»Das Fürchterlichste, was ich erlebt habe«, sagte der Lehrer, »war in N. im Belgischen. Dort hatten sich etwa fünfzehn Bewohner vor dem Bombardement in einen Weinkeller geflüchtet. Als wir dann in den Ort einzogen, suchten wir die Häuser nach versteckten Freischärlern ab. Dabei kamen wir auch in jenen Keller. Nun – stellen Sie sich das vor –, eine Granate hatte dort hineingefunden, die Menschen getötet und die vollen Fässer in Splitter geschlagen. Fünfzehn angekleidete Leichen schwammen in einem See von rotem Wein . . . Ich werde mein Lebtag keinen Rotwein mehr trinken können.«

Der Kaufmann berichtete: »Mein grauenvollstes Erlebnis spielt auch in einem Keller. Im Keller eines galizischen Häuschens, das durch viele Wochen von Russen besetzt gewesen war. Die Bewohner, ein altes Ehepaar, hatten sich in den Keller geflüchtet und dort, wer weiß wie lange, verborgen gehalten. Als wir sie fanden, waren sie tot. Verhungert, glatt verhungert. In einer Ecke lag ein leerer Vogelkäfig, und ein paar graue Federn lagen auf dem Boden verstreut. Eine solche Feder klebte auch dem toten Mann im Mundwinkel. Ortsbewohner erzählten uns dann, daß die beiden Alten zwei große Stare gehabt hätten. Der Vogelkäfig mit seinen Insassen war offenbar das einzige, das sie auf der raschen Flucht in ihren unterirdischen Zufluchtsort mitgenommen hatten. Dort mögen die Tiere – es gab ja weder Nahrung noch Wasser – gestorben und von den zwei Leuten verspeist worden sein. Oder vielleicht auch mußten sie die Vögel erst töten . . .«

»Ja, ja . . .« Der Lehrer schüttelte gedankenvoll den Kopf . . . »Das Martyrium des Viehs . . . das ist auch ein

Kapitel . . . der Mensch hat doch, geht's ihm noch so bitter, seine Philosophie. Und das Bewußtsein seiner Menschenwürde. Aber das arme Vieh . . .«

Der Schriftsteller erzählte: »Ich stand vor einer Musterungskommission, bei der wurde folgender Vorgang eingehalten: Die Leute traten nackt in einen Kreidekreis, der auf dem Boden gezogen war. Dort untersuchte sie der Arzt. Die Tauglichen übernahm dann, im Hintergrund des Zimmers, ein Unteroffizier. Er hatte eine blaue Kreide in der Hand, und mit der schrieb er jedem eine große Nummer auf die nackte Brust. Ich bekam die Nummer 28.«

Pause.

»Nun, und?« fragte der Kaufmann.

Der Lehrer meinte: »Sie wollten doch von Kriegsgreueln erzählen?«

Der Schriftsteller schwieg. Vermutlich schämte er sich, daß er nur so Geringes zum Thema beitragen konnte.

LYRISCHE BETRACHTER

Von Kriegsdichtern gibt es vier Spielarten:
die Sänger und Besinger des Kriegs,
die lyrischen Betrachter,
die Protestler,
die Schweigenden.

Ehre den Schweigenden! Ihr Stummsein durchklingt den Lärm der Zeit. Ihr Schweigen macht den Mördern den Prozeß. Es ist Anklage und Urteil.

Ehre auch den Mutigen, die Widerspruch erheben.

Kriegerische Musik gegen den Krieg: die kann man sich wenn schon durchaus musiziert werden muß, gefallen lassen.

Der sich auf den Kadaverberg stellt und singt: »Kein schön'res Los, als wer vorm Feind erschlagen«, der mag noch Dichter sein.

Aber wer die »Stimmung« des Totenhaufens in schöne Worte und edle Rhythmen einfängt, ist ein Leichenschänder.

Die lyrischen Betrachter – das ist die schlimmste Spezies.

Ihre Wehmut begeilt sich am Jammer der Welt. Aus dem Unflat des Geschehens destillieren sie Süßigkeit für ihr naschhaftes Herz.

Am Rande des Blutmeers trauerlustwandelnd, sehen sie nicht das Blut, sondern das Meer. Die Majestät des Meeres. Und beginnen, ob seiner Größe und Bewegung, in Ergriffenheit zu zwitschern.

Sie sehen nicht die Toten im Würmerbezirk, sondern das schwermütige Kreuzearrangement auf den Gräbern.

Sie riechen nicht die Verwesung, sondern den Duft der Blümchen, sprießend aus aasgedüngtem Boden.

Ihre Ohren zerreißt nicht der Schrei der Gemarterten: aber die Stille nach verklungenem Schrei träufelt Mollmelodie in ihr Gemüt.

Die Gebeine der Hingeschlachteten beschwört ihr lyrischer Ruf zu taktmäßigen, taktvollen Totentänzen. Am Feuer, darin Lebende geröstet werden, kochen sie schmackhafte Melancholien.

Wen die Mordorgie gar nicht erschüttert, der ist ein harter Kerl. Über den läßt sich reden, obzwar er ein Metallherz im Leibe hat. Wen sie aber so sanft erschüttert, daß seine Seele in metrische Schwingungen gerät, der hat gar kein Herz im Leibe, sondern einen Schwamm.

Ganz vollgesogen ist er von wonniger Rührung.

Viel ärger als die wilden Barden sind die milden Elegiker.

Viel ärger als die Fahnenschwinger sind die Florschwinger.

Viel ärger als die Trompeter sind die Harfenisten.

Äußerstes Mißtrauen gegen die Dichter, die der Krieg zum Dichten »anregt«!

Ist geistiger, literarischer Profit vom Kriege, gefühlzinsend in Poesie angelegt, weniger schmählich als materieller?

Er ist hundertmal schmählicher.

RÜCKKEHR

Der Gefangene, schon lange Zeit ohne Nachricht aus der Heimat, wurde von Angstvorstellungen gepeinigt, wie es wohl zu Hause aussehen möge. Die Wächter quälten ihn: »Bei euch geht alles drunter und drüber.« Und wen könnte es wundern, sagte sich der Gefangene, wenn es so wäre? Die Männer alle fort, im Feld, in Gefangenschaft, in der Kaserne, unter der Erde . . .

Der Gefangene war daheim Straßenbahnschaffner. In gewisser Hinsicht also ruhte er sich jetzt nicht nur vom Krieg, sondern auch vom Frieden aus. Der war Müh' und Plage gewesen. Zwölf, auch mehr Stunden des Tags im Straßenbahnwagen, immer auf den Beinen, zwischen schwitzendem Gesindel und hochmütigem

Bürgerpack sich durchzwängen, jedem Lumpen »Danke« murmeln für die zwei Heller übers Fahrgeld, die Verantwortung tragen, daß die Besoffenen nicht vom Wagen fallen, die Weiber nicht gegen die Fahrtrichtung abspringen und die Kinder, auf Bänke geklettert, nicht das Fensterglas einstoßen.

Ja, wenn ihm abends das Weib die Stiefel ausgezogen, den halben Liter Bier und die gestopfte Pfeife gebracht hatte, war es wohl sein gutes Recht, einen vollen, langen Seufzer der Müdigkeit aus dem Schlund zu lassen. Es war wohl sein gutes Recht, wenn die Frau über die harten Zeiten murrte oder eine schlecht gestopfte Pfeife brachte, ihr ein böses Gesicht zu zeigen und beiläufig zu sagen: »Weißt denn du, was Plage heißt? Und Verantwortung? Und Erwerbslast auf Männerschultern?«

Es war Müh' und Plage, freilich. Aber der Abendfrieden im Lehnstuhl hatte dafür seinen Wohlgeschmack. Man war zwölf Stunden Sklave draußen, aber dann zwölf Stunden Herr daheim. Man hatte für die erduldete Knechtschaft doch auch seinen moralischen Taglohn: er lag in dem Blick, mit dem Weib und Kind zu ihm aufsahen. Und wie sie zuhörten, wenn er die Dienststrapazen beseufzte, umwittert von Abenteuern mit Kontrolloren und Passagieren.

Dann sagte der Kleine: »Ich will auch Schaffner werden.«

Der Gefangene fühlte: es war doch schön zu Hause. Und oftmals wurde ihm ganz übel vor Bangigkeit und Heimweh.

Dann erlebte er's, wie die russische Erde barst, die Jahrhunderte einstürzten und ein ungeheurer Wirbel die Menschen durcheinanderschleuderte. Er war unter denen, die es über die Grenze warf.

Nun hatte er wieder Weib und Kind umarmt. Und erzählte von den Erlebnissen seines dreijährigen Exils. Und wie alle heimgekehrten Gefangenen war er mit dieser Erzählung bald fertig. Die drei Jahre schienen ihm nur eine riesenhaft aufgequollene Stunde. Was ginge denn in eine Stunde Großes hinein? In zehn Minuten hat man das Wesentliche mitgeteilt. Wenn er so abends von seiner Straßenbahntour nach Hause gekommen war, hatte er gewöhnlich mehr zu erzählen gewußt als jetzt aus drei Jahren Gefangenschaft.

Hernach kam die Reihe zu berichten an die Frau. Oh, es war schwer gewesen seit seiner Abwesenheit! Und jetzt sei sie selbst Schaffnerin und fahre zehn Stunden des Tags Straßenbahn, mit der Dienstmütze auf dem Haar und der Zwickzange in den kälteblauen Fingern. Und schlimm sehe es mit dem Essen aus. Bier gäb' es nur eine Stunde jeden Sonntagabend. Aber das sei gar kein Bier, sondern bitteres, gelbes Wasser.

»So? Schaffnerinnen auf der Straßenbahn? Viele?«

»Ein paar hundert werden's schon sein.«

Nun ja, der Krieg! Die Männer fort. Da müssen es die Weiber schaffen. Er verstand ganz gut.

Aber was er nicht verstand, war, daß ihm plötzlich so schien, als wäre der Fußboden wie Teig und er könne keinen Schritt auf ihm gehen, ohne einzusinken.

Vor dem Bett standen die Pantoffel: Zeichen seiner Hausvaterwürde und seines heiligen Ruherechtes.

Die Frau ging hin und zog sie an. Sie setzte sich an den Tisch, seufzte und erzählte von einem Herrn, der mit einer abgelaufenen Karte fahren und nicht eher habe aussteigen wollen, als bis sie einen Schutzmann geholt hätte. Und von einem aufsässigen Kontrollor. Und von einer Stockung auf der Straße, die drei Viertelstunden gedauert habe. Und was der Schaffner-Aventüren, -Mühen und -Kämpfe mehr.

»Einmal war's 45 Grad unter Null in Sibirien«, sagte er zaghaft. »Der russische Wachtposten hat einen blinden Hund gehabt, der hat Deutsche von Österreichern unterscheiden können. Nach den Deutschen hat er geschnappt. In Petersburg haben die Straßenbahnschaffner ganz dicke Pelze. Nur das Nasenspitzel schaut heraus.«

Die Frau hatte den Kopf auf die Brust sinken lassen und war eingeschlafen.

Vor Müdigkeit. Freilich.

Er sah sie an, und eine schwere Welle von Unbehagen ging durch sein Herz. Er wußte jetzt auch, warum ihm der Boden so teigig schien, daß er gar nicht den Fuß recht aufzusetzen getraute.

Man hatte ihn bestohlen, während er in Gefangenschaft war. Man hatte ihm seine Würde gestohlen. Seine Manns-Besonderheit. Seine Arbeits-Krone. Eine Dornenkrone zwar, aber immerhin eine Krone. Sein Königtum war abgeschafft. Wie das russische. Er hatte kein Recht mehr, Unterwürfigkeit, Pantoffel, andächtige Blicke, eine wohlgestopfte Pfeife, Achtung, einen Krug Bier zu fordern. Sein Kapital an Geltung war abhanden gekommen. Es zinste nicht mehr Respekt und Ehrfurcht. Sein Herrentum, ihm wie ein unsichtbares, Dienste forderndes Priesterkleid umgehangen, hing jetzt um die Schultern der Frau.

Es war ihm, als hätte er sie mit seinem besten Freunde

erwischt. Mit dem Freund, dem er verbunden gewesen wie seinem eigenen Ich.

So, von Zorn gepackt, rüttelte er die Schlummernde, daß ihr Kopf vom linken Arm, wo er ruhte, auf den rechten flog.

»Bring' mir meine Pfeife! Du!«

Sie stöhnte nur ein wenig im Schlaf, murmelte: »Erst aussteigen lassen!«

Fast hätte er geweint, so unvernünftges Mitleid überkam ihn mit sich selbst.

Und es ward ihm, wie oft in Sibirien, übel vor Bangigkeit und Heimweh.

ZIGARILLOS

Zigarillos heißt eine Zigarrensorte des k. und k. Tabakärars. Vor dem Kriege kannten sie nur wenige Zigarrenraucher. Heute kennen nur wenige Zigarrenraucher eine andere Sorte.

Was nämlich die Welt der Dinge anlangt, so hat der Krieg die Erniedrigten erhöht, die Kleinen, Unbekannten, Mißachteten zur Geltung gebracht. Im Reich der Sachen ist das Proletariat heute obenauf. Also wurden auch die Zigarillos populär, von denen vorher kein Mensch was wußte, und von denen die, welche was wußten, nichts wissen wollten.

»Zigarillos« klingt spanisch. Oder portugiesisch. Ich entsinne mich, daß das klassische Hauptwerk der portugiesischen Literatur »Os Lusiados« heißt.

Unverständlich, daß noch kein Patriot gegen die Namen unserer Rauchsorten protestiert hat. Wir rauchen ja fast durchaus feindliches Ausland! Cuba, Trabuco, Virginia, Ägyptische. Die beliebteste österreichische Zigarre heißt: Britannica! Bitte, da muß einem ja übel werden.

Zigarillos sind kleine herzige Zigarren. Fünf, sechs Stück von ihnen gehen in die hohle Hand. »Illos« dürfte eine portugiesische Diminutivendung sein. Also etwa Zigarrchen, Zigarrlein.

Die Zigarrlein haben keine Spitze. Man weiß nicht, wo man sie in den Mund stecken und wo man sie anzünden soll. Im Effekt bleibt sich das aber gleich.

Zigarillos brennen merkwürdig. Die Glut kriecht an einer Seite des Zigarrchens rapid rasch fort, an der andern bleibt sie stationär. Es sieht aus wie eine fressende rote Flechte. Wie ein Glimm-Ekzem. Oft auch brennt die Glut trichterförmig nach innen. Das Zigarrchen verwandelt sich dann in einen kleinen waagerechten Krater, der das tut, was bei einem Krater aus Zigarillosmaterie doppelt verständlich ist: er speit. Rauch und Funken.

Die Rauchentwicklung ist erheblich. Ein dicker, kriechender, schwärzlichgrauer substantieller Rauch. Es ist größte Vorsicht angezeigt, damit nichts von ihm in den Mund gerate.

Mit einer brennenden Zigarillos in der Hand kommt man durch das ganze Land. Jeder tritt bereitwillig zur Seite.

Manchmal hat die »Zigarillos« – ich weiß nicht, wie der portugiesische Singular heißt – keine Luft. Das ist der günstigste Fall. Man quetsche das Zigarrchen an der Spitze kräftig zwischen den Fingern, worauf seine Hülle abblättert. Dann stoße man eine Stricknadel so durch, daß sie abwechselnd links und rechts an der Seite hinausfährt. Hierauf schneide man sowohl oben wie unten ein etwa zentimeterbreites Stück ab, lege die also Gekürzte auf den Tisch und walze sie unter mäßigem Druck der flachen Hand einige Male hin und her. Was nach diesem Verfahren von dem Zigarrchen noch übrig ist, placiere man auf den Fußboden und stampfe es mit der Stiefelsohle zu Staub.

So wird man von einer Zigarillos den reinsten Genuß haben.

Vor meinem Tabakladen hängt seit Monaten ein Dauerplakat. Auf ihm steht: »Nichts Rauchbares!«

Es ist also immer noch die Chance, daß Zigarillos in dem Laden zu haben sind.

RAUBMÖRDER IN GROSSER ZEIT

Der Raubmörder Hirth wog 93 Kilo, als er ins Gefängnis kam. Auf der Anklagebank, ein paar Monate später, saßen nur mehr zirka 60 Kilo Hirth. Die Gerechtigkeit sagte: Noch immer um 60 Kilo zuviel! und verurteilte den Raubmörder zum Tode. Pereat.

Die Zeitungen aber sagten, er hätte sich würdelos und gemein-egoistisch und frech benommen; und der Staatsanwalt schleuderte diese harte Beschuldigung wider ihn: »Er hat (in der Untersuchungshaft) nichts anderes im Auge gehabt als sein leibliches Wohl, und sein einziges Ziel war gute, reichliche Nahrung.«

Wodurch allein schon, allerdings, der Mann, selbst wenn ihm gar kein Verbrechen zur Last gefallen wäre, sich weit von den Gerechten dieser Zeit geschieden hätte, die ja nichts im Auge haben als ihr seelisches

Wohl und deren Interesse ganz anderen Zielen zuge-
wandt ist als guter, reichlicher Nahrung.

Hirth hat auch die Schlechtigkeit begangen, für Leistungen, die man von ihm als Mordbeschuldigten forderte – Geständnisse u. dgl. –, als Gegenleistung Nah-
rungsmittel zu begehren. »Den Grad seines sittlichen
Tiefstandes«, sagt die Anklageschrift, »beweist ein
Schriftstück, worin er sich anheischig macht, das Ver-
steck des von ihm geraubten Geldes zu zeigen, wenn
man ihm vorher anständig zu essen gäbe.«

Solche Fraß-Erpressungsmanöver müssen besonders
das Ethos dieser großen Zeit zutiefst beleidigen, in der
selbst von geringen Leuten, von Tabakhändlern, Schu-
stern, Seifensiedern u. dgl., jeder Versuch, sie durch An-
bot von Eßwaren zur Abgabe ihrer Ware gefügiger zu
machen, empört abgewiesen wird.

Des Mörders Behauptung, daß ihm der heilige Antonius in der Zelle erschienen sei, wurde mit Recht als
Flunkerei gewertet. Derlei elende Versuche, sich bei
einem österreichischen Gericht einzuschmeicheln, sind
doch zu durchsichtig.

So entschieden aber die Würdelosigkeit, der moralische Tiefstand und der gemeine Egoismus des ewig
hungrigen Hirth zu verurteilen sind, so entschieden
muß man ihn auch gegen den Vorwurf der Frechheit,
deren er sich durch sein Betragen wider Präsidenten, öffentlichen Ankläger und Geschworene schuldig gemacht haben soll, in Schutz nehmen.

Hirth ist in diesem Punkt ein Opfer seiner volkstüm-
lich-derben, dialektisch-bildkräftigen Ausdrucksweise
geworden. Übersetzen wir sein rüdes Idiom in höfliches
Hochdeutsch, so erscheint seine Frechheit in wesentlich

milderem Licht. Es ergibt sich dann, daß er nichts anderes gesagt hat, als was jeder vor seinen Richtern Stehende im Innersten denkt und gerne sagen würde, wenn er hierzu den Mut fände und nicht fürchten müßte, durch so betätigte Wahrheitsliebe seine Situation erheblich zu verschlechtern.

Übersetzen wir die Sprache des Angeklagten: Hirth in die Sprache eines Angeklagten: Doktor Hirth.

Auf die Frage des Vorsitzenden: »Warum hat man Sie denn so traktiert bei der Polizei?«

Hirth (mürrisch)	Dr. Hirth (bescheiden)
»Was fragen S' denn? Sie san doch ka Heuriger.«	»Das ist wohl eine rein rhetorische Frage, Herr Oberlandesgerichtsrat! Herr Oberlandesgerichtsrat sind ein viel zu genauer Kenner der polizeilichen Wahrheit-Ergründungspraxis, um nicht zu wissen, zu welchem Zweck einem ausgehungerten Häftling, der gestehen soll, reichlich Speise und Trank verabreicht wird.«

Auf eine Frage des Staatsanwalts:

Hirth:	Dr. Hirth:
»Ich hasse Leute von der Polizei, weil sie schon viele Ungerechtigkeiten an der Menschheit begangen hat.«	»Ich hasse Leute von der Polizei, weil sie schon viele Ungerechtigkeiten an der Menschheit begangen hat.«

Auf eine Bemerkung des Präsidenten über eine belastende Zeugenaussage:

Hirth:

»Sie wissen eh', daß das alles a Lug' is. Aber Ihnen paßt es halt.«

Dr. Hirth:

»Es liegt im Wesen des normierten Prozeßverfahrens, daß der Herr Präsident – unwillkürlich und begreiflicherweise seinem engeren Berufskollegen, dem Herrn Staatsanwalt, mehr zugeneigt als der Verteidigung, unwillkürlich und begreiflicherweise auch ein wenig von der Jagdleidenschaft gegen das Wild: Angeklagter ergriffen – daß der Herr Präsident, sage ich, den die Sache des Anklägers stützenden Aussagen weniger A-priori-Mißtrauen entgegenbringt als den der Sache des höchst unsympathischen Angeklagten günstigen Zeugendispositionen.«

Präsident: »Bei so etwas gibt es keinen Irrtum!«

| Hirth: | Dr. Hirth: |
| »Haben Sie sich noch nie geirrt, Herr Präsident?« | »Errare humanum est. Auch der Herr Präsident unterliegt dieser menschlichen Bedingtheit.« |

Als, nach Verlesung eines schriftlichen Eß-Verlangens des Angeklagten, die Geschworenen lachen:

Hirth (unwirsch):
»Das is ja kein Schüler-
g'spiel, da gibt's nix zu
lachen. Ihr seid's aus-
g'fressen wie die Bären,
und i bin vor Hunger
ganz schwach.«

Dr. Hirth (wirsch):
»Ihre Heiterkeit, meine
Herren, ist sonderbar.
Hier geht es doch um
mehr für mich als um
Harlekinssprung . . .
Aber wie könnten Sie
auch, im Vollbesitz bür-
gerlichen Tugendgefühls,
satt und brav, vor den
Verführungen des Dä-
mons sicher, in die Seele
eines armen Teufels sich
hineindenken, aus dem
der Hunger den letzten
Rest von Bestialität her-
auspräpariert, den Erzie-
hung, Schicksal und bür-
gerliche Ordnung zu
entwickeln noch übrig-
gelassen haben.«

Allerdings hätte den Dr. Hirth der Präsident kaum so ruhig reden lassen, wie den Hirth.

Die Wahrheit läßt sich nämlich ertragen, wenn sie aus einer niedrigen Seele und einem schmutzigen Mund kommt. Sie ist dann durch solche Herkunft schon so kompromittiert, daß von Amts wegen zu ihrer Unschädlichmachung nichts mehr verfügt zu werden braucht.

BUCHBESPRECHUNG

Kürzlich war ich in Bolivia. Der Mensch hat nun einmal die Sehnsucht ins Weite, fort, zu neuen Ländern und neuen Sternen. Die Reise aber, nach St. Pölten etwa oder nach Vöslau, stößt heute auf allzu gewaltige Schwierigkeiten. Also wählte ich Bolivia. Das heißt: ich entnahm der Leihbibliothek das Buch des Dr. Theodor Herzog, Privatdozenten für Botanik an der Technischen Hochschule in Zürich: »Vom Urwald zu den Gletschern der Kordillere«.

Wenn ich nicht irre, hat Bolivia den Zentralmächten noch nicht den Krieg erklärt. Also darf ich sagen, daß das Reisen durch seine ungekannten Wälder und der Aufstieg auf seine unerstiegenen Berge sehr anregend sind, die Sinne erquickend und den Geist mit großartigbunten Bildern füllend.

Am schönsten ist's im Urwald. Weit und breit keine Menschen. Nur Tiere und Pflanzen, Hitze und endloser Regen und das Brüten der Einsamkeit. Was für Pflanzen! Schon ihre lateinischen Namen haben was Berauschendes. Es klingt so fern allem Gemeinen und Niedrigen, wie fromme Latinität, wie Andacht, wie ein Stück heiliger Urwaldliturgie.

Mit welcher keuschen Zärtlichkeit Dr. Herzog von den Pflanzen spricht! Er nennt sie nur beim gelehrten Namen und setzt hinzu: »die großblättrige«, »der feuerrot blühende«, »die stachelstarrende«, »die ockerfarbene« u. dgl. Es ist nüchtern und doch homerisch. Gesehen und empfunden. Beschrieben und ästhetisch gewertet. Es ist Wissenschaft und Liebe.

Den Schmetterlingen widerfährt nicht so umständliche Ehre. Aber ihre dekorative Bedeutung ist in helles Licht gerückt. Ihr »farbiges Getümmel« im hitzegebadeten, dampfenden Urwald wird gleißend lebendig.

Es gibt andere Tiere, die nicht des Boliviawanderers Entzücken wachrufen. Aber auch hier ist die Schilderung genußreich. Weniger lyrisch, mehr dramatisch. Wanzen daumengroß! Vinchucas ist ihr poetischer Name. Nachts »prasseln« sie auf den Boden der Hütte nieder, in der die alte Indianerin Gastfreundschaft gewährt. Prasseln!

Nette Geschichten hört man vom Ameisenbären . . . »Selbst der Jaguar soll zuweilen der Umklammerung dieses Tieres zum Opfer fallen. Im Tode noch schlägt ihm der Ameisenbär die Krallen so tief und unlösbar in den Leib, daß der Sieger in den verkrampften Armen seiner toten Beute verenden muß.« Das schaut heraus beim Sieg-Frieden!

Es gibt noch Indianer in Bolivia mit Pfeil und Bogen. Die wilden Stämme lauern im verfilzten Dickicht des Waldes. Ihre Widerhakenpfeile zischen plötzlich durchs Laub, todbringend. Die friedlichen Stämme roboten agrarisch. Sie spielen auch Hockey und tanzen in brauner Fast-Nacktheit ekstatische Tänze. Sie sind schön, gutmütig und leidenschaftlich gern betrunken.

Im Urwald von Bolivia ist es nicht gemütlich. Der Himmel schüttet Sturzozeane herab, Blitze zickzacken bündelweise nieder, der Wanderer wandert nicht, sondern ertrotzt sich mit Beil und Messer einen unendlich mühevollen Weg durch grüne, dornbewehrte Mauern. Die Hitze kocht ihm das Blut im Leibe zu wilden Fiebern auf, Vinchucas prasseln auf sein Ruhelager, Schweißbienen bedecken wie mit einem lückenlosen lebenden Schleier sein Antlitz und seinen Nacken. Es ist ungemütlich.

Aber ein Gefühl der innigsten Sehnsucht nach dieser wilden Wildnis durchflutet das Herz des Europäers. Wie schön ist primitive Roheit neben komplizierter! Wie paradiesisch die Strapaze des Urwalds gegen die der Zivilisation! Wie erträglich kann ein Leben in Schmutz, Gefahr und Drangsal sein, wenn die Natur und nicht Menschenwille es anbefiehlt! Wie romantisch ein Dasein unter Urwaldverhältnissen, wenn es nicht Gipfelpunkt der Kulturentwicklung ist!

Ach Bolivia!

DER POSTEN

Vor dem Hause steht ein Posten. Er steht da, sonst tut er nichts. Manchmal fällt ihm ein, es wäre doch eine Abwechslung, jetzt ein wenig auf und ab zu gehen. Dann macht er eine Viertelwendung (so scharf, als gälte es, ein Eck in die Luft zu biegen), geht auf dem schmalen Holzbrettchen, das zu solchem Zwecke vorhanden ist, bis an des Brettchens Ende, kehrt dort um, marschiert zurück und steht wieder eine Weile still, durch die unsichtbaren Gitterstäbe seines Luftkäfigs teilnahmlos die Straße beguckend.

So treibt er's zwei Stunden lang.

Wenn ein Vorgesetzter kommt, wächst der Posten um einen halben Kopf in die Höhe, sein Kinn reckt sich gen Himmel, der Blick wird starr, die rechte Hand gleitet an dem Gewehrriemen sausend abwärts. Man hört es förmlich wie ein Glissando von der höheren Tonlage in den Baß. Eine Sekunde steht der Posten da, als wär' er mit Kurare vergiftet. Dann löst sich der Respektskrampf, und der Soldat schüttelt kurz den Oberkörper, wie ein Hund, der eben aus dem Wasser kam.

Der Posten hat nicht nur ein Brettchen, sondern auch ein Häuschen. Ein sogenanntes Schilderhäuschen. Eigentlich ist es gar kein Häuschen, sondern ein Futteral. Ein hölzernes, auf dem Erdboden festgenageltes Menschenetui. Für einen Durchschnittssoldaten paßt es zur Not. Ein friderizianischer Grenadier ginge nur in Fortsetzungen hinein.

Ich weiß nicht, wer in dem Hause wohnt, vor dem der Mann Posten steht. Ich weiß nicht, ob überhaupt jemand drin wohnt. Aber ich weiß, daß der Soldat nur um der Ehre willen vor dem Tor steht. Um der Ehre dessen willen, der in dem Hause wohnen könnte, wenn er hiezu Lust hätte.

Dieser Mensch also, der da auf dem Brettchen hin und her marschiert, ist das reinste Dekorationsstück. Er heißt zwar »Wache«, hat aber gar nichts zu bewachen. Er ist nur ein Symbol.

Das heraldische Wappentier ist auch ein Symbol, aber

noch niemand ist es eingefallen, einem Edelmann, in dessen Wappen zum Beispiel der Löwe etwas tut oder hält, einen lebendigen, alle zwei Stunden ablösbaren Löwen übers Haustor zu fixieren.

Und so meine ich: die Ehrenposten, die nur dastehen, um eine Hochachtungsidee zu verkörpern, sollten nicht von lebenden, sondern von künstlichen Soldaten bezogen werden. Von Holz- oder Blechsoldaten. Weil man zu Dekorationsstücken nicht Wesen aus Fleisch und Blut, sondern nur totes Material verwenden dürfte.

Wobei ich noch darauf hinweisen will, welche dankbaren Aufgaben dem heimischen Kunstgewerbe durch die Erzeugung solcher Ehrenposten geboten würden.

DER DIENSTMANN

Mein Dienstmann ist alt und bucklig. Er trägt große Röhrenstiefel, einen dicken grauen Schal und Wollhandschuhe, die durch eine um den Nacken gelegte Schnur miteinander verbunden sind. Sozusagen: kommunizierende Handschuhe. Er hat eine rote, aufgequollene Nase und einen schwarzen Schnurrbart, dessen struppige Bürste die Oberlippe ganz verdeckt. In seinen wässerigen, runden Augen spiegelt sich unbedingte Treuherzigkeit.

Sein Standplatz ist an der Straßenecke. Vor der Apotheke. An den drei andern, durch die Straßenkreuzung gebildeten Ecken stehen auch Dienstmänner. Ein glattrasierter, ein langer, ein rotblonder Durchschnittsdienstmann. Die drei sind miteinander gut Freund, meinen Buckligen mögen sie nicht. Er hat ihnen kaum was

72

Böses getan, aber er ist billig. Er drückt die Preise. Nicht um den Kollegen schäbige Konkurrenz zu machen, sondern aus kaufmännischem Zartgefühl. Niemals wird er auf die Frage: »Was bekommen Sie?« anders antworten als: »Was der Herr meinen.«

Mein Dienstmann ist ein Muster an Takt. Kürzlich holte er mir die Uhr aus dem Versatzamt. Ich wartete beim Friseur. Er kam mit der Uhr und sagte laut: »So, da ist sie. Der Uhrmacher meint, jetzt wird sie schon richtig gehen.« Ich fragte: »Was haben Sie dafür gezahlt?« Er, vor Verlegenheit und so leise wie möglich: »61 Schilling.« Der Friseur empörte sich: »Na, so was! Jetzt kost' eine Uhr reparieren so viel wie früher a neue. Gauner, miserablige.« Der Dienstmann stimmte lebhaft zu, und die beiden sangen ein Klagelied auf die schlechten Zeiten. »Was bekommen Sie?« . . . »Was der Herr meinen.«

Er hatte ein hölzernes, schwarz und hohl gesessenes Bänkchen. Das stand tagsüber vor der Apotheke, nachts genoß es Gastfreundschaft in ihr. Es ereignete sich, daß dieses Bankdepot meines Dienstmanns abhanden kam. (Ich hatte gleich den Glattrasierten in Verdacht!) Der Apotheker schenkte meinem Freund als Ersatz einen alten Holzschemel aus der Küche. Der Dienstmann benutzte ihn zwei Tage lang, dann stellte er das Geschenk dem Spender zurück. Warum? Auf der Bank war oft neben dem Dienstmann der närrische Bettler gesessen, die Hände um den Griff seines Knotenstocks und den grauen Vollbart auf die Hände gelegt. Verstehen Sie? Der Schemel hatte nur für *einen* Platz. Vor der Sentimentalität, selbst zu stehen und den Bettler sitzen zu lassen, scheute der geschmackvolle

Dienstmann zurück. Das Umgekehrte wiederum vertrug sein gutes Herz nicht. Also schaffte er den Schemel ab. Der Held eines Hamsunschen Romans hätte nicht feiner handeln können.

Eines Tages anno diaboli 1918 war mein Dienstmann fort. Die Zeit verging, er kam nicht wieder. Ich dachte: Gewiß ist er tot. Er war ja schon sehr elend, der alte Bucklige. Oft, wenn er unter einer Paar-Kilo-Last keuchte, sagte er: »Ich taug' gar nichts mehr.« Wie alt mag er gewesen sein? So zwischen vierzig und hundert. Die Patina der Mühsal und Entbehrung auf solchem Antlitz macht eine Altersbestimmung schwer. Gewiß ist er tot. Gewiß hat ihm der Herr, der die Spatzen nährt und die Lilien kleidet und dafür sorgt, daß die Dienstmänner nicht in den Himmel wachsen, gesagt: Vierhundertneunundzwanziger, glaubst du nicht, daß es an der Zeit wäre, deinen Standplatz mit einem Liegeplatz zu vertauschen? Und der Dienstmann 429 hat natürlich geantwortet: »Wie der Herr meinen.«

Aber er war nicht zu den himmlischen Heerscharen eingerückt, sondern zur k. k. Infanterie, was freilich auf dasselbe hinauskam.

Eines Tages stand plötzlich wieder sein abhanden gekommenes, schwarz und hohl gesessenes Bänkchen vor der Apotheke. Und darauf saß, breit, der Glattrasierte. Und neben ihm an der Wand lehnte der Bettler mit dem Knotenstock. Und durfte sich nicht niedersetzen!

So ist das Leben.

DIE LILA WIESE

Soundso viele Meter über dem Meeresspiegel liegt die Kleewiese. Seit mindestens zweimal hunderttausend Jahren schon. Die Nacht wirft ein dunkles Tuch über sie, der Tag zieht es wieder fort. Die Wolke weint sich an ihrem Busen aus, der Sturm bestürmt sie, das Lüftchen plaudert mit Gräsern und Blumen. Der Nebel stülpt eine silbergraue, von schwachen Rauchfäden durchwirkte Tarnkappe über die Wiese, der Frost reißt ihr die Haut in Fetzen, die Sommersonne kocht sich ein Ragout aus Duft und Dunst.

Der Wiese ist das alles ganz lila. Kalt oder warm, feucht oder trocken, Leben oder Tod . . . sie duldet es in vollkommener Gleichgültigkeit. Das liegt schon so in der Natur der Natur.

Daß die Kühe sie berupfen, treten und düngen, scheint der Wiese nicht wesentlich. Auch nicht, daß Menschen sie ansehen und sich Verschiedenes dabei denken.

Viele kommen vorüber, achten ihrer nicht. Viele bleiben stehen, ziehen einen kräftigen Schluck Bergwiese in die Seele.

Die Bergwiese liegt da, läßt sich geruhig abweiden von Kuhmäulern und Menschenaugen.

Sie gibt jedem das Ihre, das das Seine ist.

Einer kommt gerade vom Friedhof: da ist es ein Brocken Schwermut, den er auf der Wiese findet.

Einer vom Mahl, Verdauungsglück in den Eingeweiden. Ihm rauschen die Gräser: Der Mensch ist gut.

Einer vom geschlechtlichen Exzeß: ihm predigt die Wiese sanfte Wonnen des Verzichts.

Einer aus dem Kaffeehaus, taumligen Herzens, vergiftet von Nikotin und Koffein und Nebenmensch-
Atem. Ihm bietet die Wiese einen Splitter vom Stein
der Weisen, der heißt: Natur!

Einer von der Landpartie mit der eigenen Frau; da ist
es ein anderer Splitter vom Stein der Weisen und heißt:
Fiche-toi de la nature!

Dabei kann der eine auch ganz gut immer derselbe
sein.

Jeder Wanderer glaubt, die Stimme der Kleewiese zu
vernehmen; aber er vernimmt immer nur seine eigene.
Am gründlichsten in diesem Punkt täuscht sich der
Dichter. Wär' er's sonst?

Jahreszeiten und Wetterlaunen der Menschenseele
läßt die Wiese so gelassen über sich ergehen wie Sonne,
Schnee, Nebel und den munteren Sausewind. Seufzen
und Lachen hört sie, das Tirilieren der Zärtlichen, die
Debatte der Botaniker, die Fachgespräche der Bauern,
das innere Geschrei des Lyrikers. Publikum!

Den Dichter aber wurmte es, als Publikum genommen zu werden wie die andern. Es paßte ihm nicht, daß
er ein Verhältnis zur Wiese hatte, die Wiese aber kein
Verhältnis zu ihm. Und dann: was hat denn ein Dichter
von seiner Beziehung zur Natur, wenn niemand weiß,
daß er sie hat?

Deshalb entschloß er sich, für die Kleewiese etwas
zu tun.

Abends sagte jemand: »Schön ist der Überzieher
des . . .« – »Nein«, rief der Dichter, »schön ist die Bergwiese!« Er belegte sie für seine Begeisterung, wie man
einen Platz belegt im Eisenbahnkupee.

Zu Pfingsten stand die Wiese, in freie Rhythmen ver-

wandelt, auf den Buchhändlerregalen: »Die lila Wiese«.
Davon hundert Exemplare auf Bütten, handsigniert.

»Die lila Wiese kann sich alle Gräser ablecken«, sagten
die Leute, »daß sie solchen Erklärer und Verklärer gefunden hat.«

»Ich kaufe mir noch heute eine Photographie.«

»Der Kleewiese?«

»Nein, des Dichters.«

Mehrere Forstadjunkten zogen in die Stadt, um beim
Verfasser Natur zu hören.

Ein Rabe, mokant wie Raben sind, gratulierte der
Wiese. »Sehr nett ist das, was Sie da über den Dichter
gedichtet haben«, sagte er.

Der junge Rechtsanwalt aber schenkte das Buch dem
goldhaarigen Fräulein Hilde.

»Ich bin ganz heiß geworden bei der Lektüre«, flüsterte sie, das Haupt an seine Schulter schmiegend. Behutsam legte der Anwalt die Hand auf die Hand des
geliebten Mädchens, sagte leise des Dichters Namen,
nichts sonst, wie Werther in gleicher Situation nur gesagt hatte: »Klopstock!«

Gewitterwolken standen über dem Kurhaus. Die Kapelle spielte: »O Katharina«. Und der Rechtsanwalt
hauchte einen Kuß auf Hildes kurz geschnittenes Haar,
hinten, wo es in ganz kleinen Borsten steht und schon
wieder seine natürliche Farbe zeigt.

ROTHSCHILD-GÄRTEN

Am Ende der »Hohen Warte« sind die Rothschild-Gärten.

Die »Hohe Warte« ist eine Villenstraße im Westen Wiens. Dort wohnen reiche Leute. In allen großen Städten schichten sich Wohlleben und Kultur westwärts, Elend und Roheit nach Osten. Das muß was zu bedeuten haben.

Dort also, auf der »Hohen Warte«, sind die schönsten Privatgärten der Stadt. Hinter edlen schmiedeeisernen Gittern ruhen sie wie kostbare Stücke Kunst-Natur, von einem Spezialisten der Schöpfung handgewebt und -gemalt.

Ich glaube, diese Gärten werden jeden Tag abgestaubt. Und die Käfer in ihnen mindestens zweimal des Monats gewaschen, die stahlblauen Laufkäfer (Carabus cancellatus) mit Sidol geputzt.

Sie haben was Hochmütiges und Ablehnendes, diese Gärten. Wenn sie reden könnten, würden sie durch die Nase reden. Sie spielen das Naturspiel nicht mit: für dergleichen sind sie viel zu gut angezogen.

Sie haben was von einem prämiierten Windhund, der in der Sonne liegt und vor Verachtung nicht einmal mit den Ohren wackelt, wenn ihn ein Gattungsgenosse beschnuppert.

Die Rothschild-Gärten aber sind überhaupt nur zum Anschauen da.

»Rothschild«, das klingt wie ein Indianername. Oder auch wie ein Name aus der germanischen Heldensage. Und die Legende dazu wäre beiläufig die: Irgendein Gott der Finsternis hatte es auf den herrlichen Recken

Soundso abgesehen. Deshalb schickte er seine drei unwiderstehlichen Diener wider ihn: Krankheit, Sorge, Zweifel. Der Recke, waffenlos, hatte nur seinen Schild aus rotem Golde zur Wehr. Er hielt ihn den drei Gesellen entgegen, und die, vom Schildglanz geblendet, konnten nichts wider ihn ausrichten.

Eine feste Burg ist unser Gold, ein' feste Wehr und Waffen.

Die Rothschild-Gärten auf der »Hohen Warte« aber sind eine gewaltige Allegorie: Huldigung der internationalen Flora vor dem Besitz. Festzug der Natur zu Ehren der Milliarde. Der Tanz um den goldenen Menschen.

Vielverschlungene Wege ziehen durch den mächtigen Park. Pfeile deuten die Richtung, die der Besucher zu gehen hat, Ketten sperren die zu meidenden Pfade. So ist das Leben! möchte ich sagen, wenn das einen Sinn hätte.

Von der Hügelhöhe des Parkes blickt man weit hinaus in den Heiligenstädter Bezirk. Aus langen Schornsteinbronchien zieht der schwarze Atem der Fabriken. Du merkst an seinem stoßweisen Kommen, wie's innen keuchen mag. Die Eisenbahn spuckt Ruß und Schlacke. Arbeiterviertel. Man sieht, wie's unten stinkt. Hier oben aber streicheln balsamische Düfte Herz und Nasenschleimhaut. So ist das Leben.

Die Wiesen im Rothschild-Park glänzen samtig. Kostbares Edelfell der Erde. Der Kies auf den Wegen ist so fein, als wäre er aus dem Zuckerstreuer hingeschüttet worden. Allenthalben Glashäuser, fashionable Gewächssiedelungen, größere Villen für speziesreiche Geschlechter, zierliche Einfamilienhäuser für den Hochadel der Pflanzenschaft.

Tretet ein und sehet: Wunder der Pflanzendressur!

In Orchideenhainen: danse tourbillon der Farben und Formen. Abenteuerlichste Blumenkleidermuster, gefleckt, getigert, gestreift, gepunktet. Üppigste und lieblichste Phantasien aus einer Wiener Werkstätte der Natur. Auf Blütenblättern Orgien in Tunkpapier- und Batiktechnik. Ein feiner süßer Duft von Verwesung streicht her.

Azaleen schmettern die wildeste Symphonie in Rot. Eine Zirkusnummer geradezu! Übermäßig wiederholte Lieblichkeit fließt da zu was Großartigem ineinander. Tausend Fuchsien läuten Unhörbares. Schneeball, Viburnum, baut ungeheure Pyramiden aus weiß- und rot- und blaßblauen Blütenkugeln. In Palmenhäusern dampft es tropisch, der Kaktus kramt seine lächerlichen Absurditäten aus. Die seltsamsten fleischfressenden Pflanzen sind da. Wenn sie auch einen Sprung nach Heiligenstadt riskieren wollten . . . wer weiß, ob sie fleischfressende Menschen sehen könnten.

Das Schönste aber sind die Glashäuser mit den Obstkulturen.

Da hängen Trauben, die sehen aus wie Bündel riesiger Glaskugeln, jede mit einer zarten Wachsschicht überzogen. Kirschen vom sanftesten Karmin bis zum schwärzesten Rot. Die protzige, geschwollene, saftüberfressene Ananaserdbeere, die repräsentative Kriegsgewinnerfrucht. Und die Ananas selbst, schon hoch duft- und aromaschwanger. Von der Decke baumeln die schlanken Sicheln der Edelgurken, Melonen runden aus Blätterdickicht ihren süßen Wasserkopf hervor, der Kürbis hat seine gelbliche Walze fast ausgeformt. Er muß nur noch die grünen Flecken ein wenig nachfärben.

Um all das schwimmt eine Atmosphäre feuchter Hitze. Die Fenster transpirieren. Das Glashaus ist voll schweigenden Lärms. Man hört das schwere Atmen der gekäfigten Natur, wie sie sich, unter der Hitzepeitsche, tummelt.

»Der Baron kann im Winter jeden Tag Trauben essen«, sagt jemand. Ja, das kann er, wenn er es übers Herz bringt, in diese unwahrscheinlichen Glaskugeln hineinzubeißen.

Armer Baron! Er hat die Jahreszeiten verloren wie Peter Schlemihl seinen Schatten. Ihm reift und blüht alles durcheinander. Er muß auf nichts warten. Wenn er will, setzt er sich am 1. Februar in den 15. August. Und hat Gurkensalat zu Weihnachten. Seine Ernte ist unabhängig von Klima und Wetter. Sein Garten auf der »Hohen Warte« mißt nur ein paar Joch und erstreckt sich doch über sämtliche Breitengrade. Sein Döbling liegt am Äquator. Er hat immer Schnittlauch. Und Ribisel zum Passahfest.

Und wenn seine Kinder singen: »Komm, lieber Mai, und mache . . .«, so tun sie das nur aus Wohlerzogenheit. Denn sie sind auf den Mai nicht angewiesen.

Ist das nicht traurig und komisch, daß einer den Mai nicht braucht? So hat, gottlob, auch der Reichtum seine betrübenden und lächerlichen Seiten.

VERANTWORTUNG

Die leitenden Staatsmänner und Generale übernehmen »die Verantwortung« für das Schicksal, das sie den Völkern auferlegen.

Aber was heißt in dem Fall: Verantwortung?

Einer ungeheueren Verantwortung müßte doch ein ungeheueres Risiko dessen entsprechen, der sie übernimmt.

Ein unterernährter, müdgearbeiteter Motorführer, der durch ungeschicktes Lenken seines Wagens ein Malheur anrichtet, wird eingesperrt.

Was geschieht dem Staatsmann, der durch ungeschicktes Lenken des Staatswagens ein Malheur anrichtet?

Er geht in Pension.

Wenn durch des Motorführers Verschulden ein Mensch getötet wird, wandert der Motorführer auf Jahre ins Gefängnis.

Wenn der Feldherr nutzlos, erfolglos Zehntausende seiner Soldaten in den Tod geschickt hat, was erwartet ihn?

Ein Häuschen im Cottage. Dort pflanzt er, in einem verschnürten Samtrock und das Käppi auf dem Haupt, Rosen. Seine Lieblingssorten. Und schreibt Memoiren.

»Ich übernehme die Verantwortung«, sagt der Minister so und so. Vor der Größe und dem kühnen Stolz dieses Wortes erbleichen die Zeitgenossen.

Aber es steht gar nicht das geringste dahinter.

Verantwortung ohne Sühne, deren Ungeheuerlichkeit der Ungeheuerlichkeit jener entspräche, ist ein leeres Wort.

Den Motorführer richten die Gerichte.

Den Staatsmann und den General richtet die Geschichte.

Sie überlassen ihr – so sagen sie im kritischen Fall – »ruhigen Herzens das Urteil«!

Großartig, was? Erschütternd, wie?

Der Herr Minister übernahm die Verantwortung? Halt, einen Augenblick! Wieviel Jahre Zuchthaus also, falls die Sache schiefgeht? Oder wie oft wünschen gehängt zu werden?

Was würde Exzellenz darauf antworten? »Ich überlasse das Urteil ruhig der Geschichte.«

Und in der Tat haben jederzeit die Verantwortlichen auch nur dann die Konsequenz aus ihrer Übernahme der Verantwortung ziehen müssen, wenn das Volk Geschichte gespielt hat.

PARK

Der große Park ist hochsommerlich aufgetan. Im Teich plätschert besseres Geflügel. Kleine Familien von Schwänen gleiten vornehm und in großer Schweigsamkeit spazieren. Der Storch steht auf zwei Beinen und schlägt aus Langeweile mit den Flügeln.

Beim Wetterhäuschen, wo auf vielen Zifferblättern abzulesen, wieviel Uhr es augenblicklich in den verschiedenen Großstädten Europas ist, sieht ein kurzsichtiger alter Mann nach, wie spät es jetzt in Paris und in London sein mag. Das genau zu wissen, wäre immerhin gut.

Der Kies der Parkwege glüht und leuchtet. Auf den Bänken bieten Frauen und Mädchen, das Haupt tief zurückgelehnt, mit geschlossenen Augen, in Duldsamkeit ihr Antlitz dem Feuer dar. Ihre Männer und Brüder tun derzeit etwas Ähnliches. Zu den Füßen einer jungen Dame, die verdrossen dreinsieht und einen grünen

Schirm zwischen sich und die Sonne hält, liegt ein schneeweißer Pinscher. Den Kopf unbeweglich auf gekreuzten Pfoten, begleitet er jeden Vorübergehenden mit Blicken, so weit er kann. Wie ein wohlerzogener Soldat, wenn der Vorgesetzte die Front abschreitet. Andere Hunde im Park suchen seine Bekanntschaft, stumm lehnt er ab. Nur wie ein zartbeiniger Airedaleterrier vorbeikommt, ein Rassehund, salutiert der Pinscher mit den Ohren.

Der Rassehund führt einen O-beinigen Offiziersdiener an der Leine.

Die Dame mit dem grünen Schirm blickt leer ins Leere. Auch sie sieht die Vorübergehenden nicht an, mitinbegriffen die Edelrassigen, sofern jetzt überhaupt Edelrassige in gepflegten Gärten spazierengehen. Ein Herr im Leinenanzug, das Einglas fest und doch lässig im Auge, setzt sich der Schlechtgelaunten zur Seite, wirft Feuerblicke. Die Dame senkt den grünen Schirm zwischen sich und den Bewunderer; da fällt die Sonne brennend über ihr Antlitz her. Und nun schwankt sie eine Weile zwischen dem irdischen und dem himmlischen Feuer und duldet am Ende doch lieber das irdische.

»Da verfluchte die Hexe den Ritter, und sein Schwert wurde stumpf, und sein Schild zerbrach in tausend Stücke . . .« Eine Gouvernante mit zwei Buben in Matrosenkleidern geht vorbei. An jeder Hand hängt ihr einer. Sie erzählt Märchen. Die Buben stoßen mit den Fußspitzen Steine vor sich her. Sie sind fett und rosig und hören nicht zu. Die Gouvernante ist hager und blaß, und das Märchen scheint sie sehr anzugreifen. Oder vielleicht ist es nur die Plage des Erfindens. Sie schleppt die beiden Zöglinge wie ein Hund das Wägelchen und geht immer rascher, als spule sich so der Faden der Erzählung leichter ab von ihrem armen Gehirn.

Ein Major mit Spazierstock stochert leutselig durch den Park. Er winkte den beiden Soldaten auf der Bank schon von weitem zu, sitzenzubleiben. Da sie miteinander nur ein Bein haben, machen sie von der Erlaubnis Gebrauch.

Dann steht der Major plötzlich still, die Märchenerzählerin bremst auch, die Dame mit dem grünen Schirm lächelt, das Gesicht des leinenüberzogenen Herrn leuchtet vor Schelmerei, und was an dieser Stelle des Parkes lustwandelt, macht halt und bildet Spalier: aus dem Wiesensaum, der den Teich umrandet, kommt der Storch herangestelzt, quer über die Promenade, auf eine alte Dame los. Dort nimmt er aus einer Papiertüte Brotstückchen in Empfang. Alles steht gerührt. Nur zwei graue Enten, die im Grase hocken, sehen mißgünstig zu. Ihnen gibt niemand etwas.

Wer fressen will, muß ungeniert zum Futter hin. Quer über die Promenade. Mittendurch zwischen Stiefeln und Schuhen.

»Dem geht's gut!« sagt der Herr in Leinen. »Nun ja, der Storch . . . ein Armeelieferant!«

Der grüne Schirm bebt taktvoll vor unterdrückter Heiterkeit.

Ein Lüftchen fegt den Parkweg entlang. Vor ihm her rollen Fetzen Zeitungspapiers zum Stamm der alten Fichte hin. Ein emailliertes Täfelchen sagt aus: Picea Alcockiana, Japan. Trotzdem ist der Baum sehr schön im bläulichen Schimmer seines Nadelwerks. Auf dem Zeitungsfetzen steht: ». . . immergrün leuchtet . . .« Wovon mag die Rede gewesen sein? Gewiß nicht von Nadelhölzern. Eine Kröte, neben der sich das Stück Papier angesiedelt hat, hüpft rasch in den Teich.

Der kurzsichtige Herr beim Wetterhäuschen stellt seine Uhr auf drei. Genau soviel ist es. Jetzt müssen gleich die Kriegsberichte erscheinen.

»Da ging ein Feuerregen nieder, und alle bösen Menschen mußten sterben. Die guten aber lebten herrlich und . . .« Die Gouvernante schwitzt von der Anstrengung des Märchenerfindens; je weniger ihr einfällt, desto geheimnisvoller klingt ihre Stimme.

Die Damen auf den Bänken sind schon ziemlich knusprig gebraten. Der Leinenanzug und der grüne Schirm gehen stadtwärts.

»10 000 Gefangene!« ruft es von der Straße her. Der Soldat mit dem einen Bein sagt zu seinem Nachbarn: »Die Blade da g'fallet mir!«

Der ohne Bein zieht kräftig an seiner Pfeife, spuckt aus und äußert sich abfällig über Frauen sowie über Welt und Menschen im allgemeinen.

WIEN, DEZEMBER 1918

Über der Stadt hängt eine schwere Wolke. Schwefliges Licht zuckt in ihrem Grau, die Ränder sind rotgesäumt.

Es endet, wie's enden mußte.

Oder hatte irgendwer geglaubt, der himmelhoch gehäufte Unflat des Krieges würde in ruhiger Arbeit wieder abgetragen und, mit Beobachtung hygienischer Vorsichten, in die Senkgrube des Vergessens geschüttet werden?

Fäulnis und Zerstörung liquidieren die große Zeit. Die lustige Kriegslegende ging, daß die Millionen Hingeschlachteter höchst zufrieden wären, als Dünger für eine bessere Zukunft der Übrigbleibenden faulen zu dürfen.

Aber die Toten sind nicht so gemütlich. Die Toten rächen sich.

Sie kreisen ein, sie belagern, sie schneiden die Hoffnungszufuhr ab.

Die Lebenden fühlen das Walten der Geisterfeme, ihr schuldbeladenes Herz friert vor Angst und Grauen. Eng beieinander hocken sie, suchen Schutz in der Gemeinsamkeit ihrer Furcht, kriechen unter das wenig wetterdichte Schutzdach eines Fatalismus, den die Not erfunden hat.

Das will heißen: die Wiener Kaffeehäuser sind voll wie niemals zuvor. Sie waren immer die Zentren des Wiener Lebens, jetzt sind sie die Zentren der Wiener Todesangst.

In Zeiten wie diesen ist die Ausdünstung des Nebenmenschen ein nervenstärkendes Fluid; und wenn zwei oder mehrere miteinander schlottern, gibt das doch ein beruhigendes Geräusch.

Die Zeitungen sind sehr tapfer. Von dem Licht der neuen Freiheit entzündet, sieht das Auge der öffentlichen Meinung blutunterlaufen drein. Die servilsten Mistblätter, die vierundeinviertel Jahre dem Hof und der Generalität den Krieg apportiert haben, schnappen jetzt republikanisch nach ihren Herren von gestern.

Endlich darf die Canaille jene, von denen sie canailliert wurde, en canaille behandeln.

Auch die Wiener Literaten sind durch die Ereignisse aus dem Gleichgewicht geraten.

Einige von ihnen helfen rote Garden bilden.

Neidische Ohnmacht-Menschen sagen: Angst vor dem Leise-Werden ihres Ichs und Namens sei es, was die Schriftsteller in die Lautheit der Straße stürzen heiße.

Da ist Peter Altenberg ein anderer. Indes die Welt zugrunde geht, schreibt er ruhig seine kleinen Dichtungen über ideale Hautcreme, über Hotelstubenmädchen, Schlaf und Abführmittel.

Redlicher Peter! Weiser Peter!

Allenthalben verschwindet nun aus dem Bild der Stadt das K. k. und K. u. k. Die Hoflieferanten verkleben mit schamvollem Papier ihre sonst in Goldlettern prunkende Würde. Und wie ins Herz geschossen, stürzen die bronzenen, hölzernen, gipsenen Doppeladler von Hausfassaden und Firmenschildern pflasterwärts oder verstecken sich hinter Tuchkapuzen. Welch ein Massensterben unter dem königlichen Geflügel, das in Klauen die gekräuselten Spruchbänder hält mit der Inschrift: Indivisibiliter ac inseparabiliter!

Heute gilt: gar kein Vogel in der Hand ist noch immer besser als ein Doppeladler auf dem Dach.

Bei Kriegsausbruch fielen im ersten Schreck die französischen Texte von den Geschäftslokalen Wiens, die »maisons«, die »modes et robes« und dergleichen. Dann wurde das Englische fortgekratzt, die »tailors and outfitters«, die »english spoken« und »english songs«. Es kam auch der Tag, an dem die italienischen Geschäfte sich schleunigst in »posadas españolas« verwandelten. Und schließlich geschah ein großes Unsichtbarmachen der »american bars« und »american shoes«. Die Streifen und Sterne verkrochen sich hinter graues Packpapier.

Und jetzt, als Schlußeffekt, wird, soweit nur möglich, das Österreichische gestrichen, abgekratzt, überklebt.

So sind wir, auf dem Wege der Verneinung, kosmopolitisch geworden.

In den ersten Tagen des neuen Deutsch-Österreichs gab es bekanntlich einen mächtigen Kokardenrummel. Aufgeregte Zivilisten verlangten von Soldaten und Offizieren, daß sie die Kokarde mit den kaiserlichen Initialien von der Kappe nähmen.

Die Militärs taten ihnen den Gefallen. Auch die hohen. Auch die höchsten.

Und dies war nun gewiß das Vernünftigste, was sie tun konnten.

Aber wenn man sich entsinnt, wie diese einsichtigen und konzilianten Generale hart und unnachgiebig darauf achteten, daß die anderen die beschworene bedingungslose »Treue bis in den Tod« hielten, zu Lande, zu Wasser und in den Lüften, wie pflichtbewußt und großzügig sie einsperren, hängen und füsilieren ließen, wo jene Treue schwanken wollte, wie fest und mutig sie auf den obligatorischen Heroismus der Untergebenen bestanden!

Es hat kein österreichischer General den Heldentod auf der Ringstraße erlitten.

Sondern als es hieß: herunter mit der Kokarde!

Da griff er erst nach der Kokarde
Und dann nach seinem Kopf.

Nach der Kokarde, um sie herunterzunehmen. Nach dem Kopf, um ihn oben zu behalten.

SOZIALE UNORDNUNG

»Was wünschen Sie zum Abendbrot?« fragte der Gefängnisdirektor den armen Sünder, der morgen früh am Galgen sterben sollte. »Sie dürfen essen und trinken, was und wieviel Sie wollen.«

»Schade!« sagte der Delinquent. »Schade!! Wenn Sie mich das drei Monate früher gefragt hätten, wär' der ganze Raubmord nicht passiert.«

EIN HELDENLEBEN

aus großer Zeit

Breitwieser ist von der Polizei erschossen worden.

Niemals mehr wird der Schreckruf ertönen:

»Breitwieser, Johann Breitwieser, hat seine Freiheit wieder!« Die Schauer, von denen das Rückenmark in diesen unsicheren Zeiten durchlaufen wird, sind um einen vermindert.

Breitwieser war unser tüchtigster, energischster, erfolgreichster Einbrecher. Wir hatten keinen besseren. Von ihm hieß es: Er kommt, sieht, nimmt. Er war Anhänger der reinsten Annexions- und Enteignungspolitik. Vor dem Schwung seiner Offensive bestand kein

Grenzschutz der Habe. Eiserne Kassen, Festungen des Besitzes, knackte er, wie der Feldherr Antwerpen knackte oder Nowo-Georgiewsk.

Er war wandelnde Lebensgefahr. Die bedrohlichste, seit es keine Musterungskommissionen mehr gibt. Er machte auf der Walstatt keine Gefangenen und gab keinen Pardon. Verräter oder des Verrates Verdächtige erledigte er in kurzem Prozeß wie ein kaiserliches Feldgericht. Niemals ergab er sich. War die Übermacht noch so groß, er schlug sich durch, zu den Seinen. Der Geist siegte über die Materie.

Im Schießwesen war er vorzüglich ausgebildet und hätte längst die rote Troddel verdient, die den Brustkorb des treffsicheren österreichischen Kriegsmanns schmückte. Mit seiner Munition sparte er, ließ den Feind herankommen und schoß erst, bis er scharf zielen konnte. Seine Hand zitterte so wenig wie sein Herz. Sein Revolver war immer geputzt, eingefettet, schußfertig. Nie trennte er sich freiwillig von der treuen Waffe. Mußte er sie entbehren, griff er zum Messer. Fehlte auch dieses, brauchte er seine Zähne. Genau im Sinne des militärischen Dienstreglements, 2. Teil, wo es vom »Nahkampf« handelt.

Welch ein Kriegsmann! In Gefangenschaft verriet und verleugnete er sich nicht. Kein Zwang brach ihn. Nur der Gedanke, frei zu werden und zum dritten, vierten und fünften Male ins Feld seiner Ehre zu ziehen, beherrschte Träumen und Wachen dieses Ich-Patrioten. Stundenlang marschierte er in seiner Zelle auf und ab, zum Takt des Liedes: »Die Vöglein im Walde, die singen, ach, so wunder-, wunderschön.« Und sein Herz schwoll von Kampfwut und Groll gegen die Feinde und

Ruhmbegierde. Und immer wieder glückte ihm waghalsige Flucht. Daß ihm hiebei von Bewunderern seines Heroentums opferfreudig Hilfe zuteil ward, ist nicht weiter erstaunlich. Reizte doch Breitwiesers entschlossene Person, von allen kriegerischen Tugenden umschimmert, naturgemäß auch zur Betätigung romantischer Kameradschaft. Obschon ihm nicht annähernd die Tötung so vieler Landsleute gelang wie etwa einem mittleren General, genoß er doch Heldenpopularität, und die Frauen zitterten vor wonnigem Schreck beim Gedanken an den siebenundzwanzigjährigen Jüngling, diesen echtesten Sohn einer großen Zeit. Die Behörden setzten Preise auf seinen Kopf, der heimatliche Galgen stürzte sich in Unkosten, um den wertvollen Bissen zu ergattern. Aber der Tapfere ließ die Scholle nicht. Niemals hat er Versuche gemacht, das Ausland zu erreichen. In zäher Treue hing er am Vaterland. Dort waren die Wurzeln seiner Kraft.

In der großen Kampagne focht er während einiger Monate unter Habsburgs Fahnen. Obschon er nicht nur physisch, sondern auch seelisch durchaus tauglich für das edle Kriegshandwerk und seinen Talenten, Eignungen und Tugenden die steilste militärische Karriere sicher war, litt es ihn doch nicht bei dem Tötungsgeschäft. Seine Menschenwürde empörte sich gegen das Vertierte der Schützengraben-Existenz wie gegen die maschinelle Massenmetzelei. Und das Lügnerische der offiziellen Kriegsethik erfüllte sein redliches Einbrecherherz mit bitterstem Abscheu. So beschloß er, dem häßlichen Beruf trotz allem winkenden Lorbeer zu entsagen. Kraft seiner überlegenen Intelligenz wurde es ihm leicht, schwachsinnig zu erscheinen und – da er als

Mannschaftsperson für die höhere Führung nicht in Betracht kam – nach Hause geschickt zu werden.

Daheim verrichtete er nun neuerdings Wunder der Tapferkeit, hieb und schoß sich aus verzweifelten Situationen immer wieder heraus und schlug, den Vorteil der inneren Linie nützend, alle konzentrisch angesetzten Stürme der Feinde – die gegen ihn unter den gleichen ideellen Vorwänden kämpften wie die Großmächte widereinander: Gerechtigkeit, Sicherung der Welt gegen Mord, Einbruch und Gewalt – nie erlahmend zurück.

Die Polizei war stets im Ungewissen, wo er sich aufhalte, was er plane. Indes sie ihn schon zu fahnden glaubte, ruhte sein Haupt wohlbehütet im Schoß einer heldenverehrenden Frau. Indes sie ihn zerknickt und angstfiebernd wähnte, stand er vor dem Spiegel, Hand im Westenausschnitt, und sprach: »Bin's, den alle Häscher suchen.«

Schließlich fiel er auf der »Schmelz«, dem Schauplatz zahlreicher Manöversiege der österreichischen bewaffneten Macht, nach erbittertem Widerstand in Gefangenschaft. Dieses Treffen vom 6. April 1918 wird, obgleich es schlecht ausging, stets ein Ruhmesblatt im Heldenbuche der Wiener Einbrecher bilden.

Im Dezember des gleichen Jahres hatte sich Breitwieser seine Freiheit neuerdings tollkühn zurückerobert.

Doch ein paar Monate später geriet er vor die Pistolen der Wachleute und ging zu Gott ein, als Einbrecher und brav.

Dem irdischen Richter war er so entzogen. Und der himmlische? Da hat er Chance, der junge Held. Vor den ewigen Richter kommt er nach alphabetischer Ordnung hinter Berchtold. Da wird sein Sündenpäckchen wohl federleicht wiegen.

»Breitwieser, du hast dich vergangen wider Leben und Eigentum deines Nächsten!«

»Herr, wie konnte ich glauben, daß dir an deren Schonung etwas gelegen sei? Hätte sonst deine Allmächtigkeit vier Jahre lang . . .?«

Worauf Gott unverzüglich eine Disziplinarstrafe über die unsterbliche arme Seele verhängen, aber sie dann ins Paradies laufen lassen wird, wo die Polizisten Palmwedel haben und die Einbrecher Maschinengewehre.

REPUBLIKANISCHER HOFGARTEN

Man tut etwas für den allgemeinen Lufthunger. Größere Posten von Atmosphäre sind enteignet und dem öffentlichen Atmungsbedürfnis zugänglich gemacht worden.

In dem steinumfriedeten Lainzer Tiergarten spazieren nicht mehr dünkelhafte Rehe und exklusive Wildschweine – erhöht vor anderem Getier durch ihre Bestimmung, wenn der allerhöchste Jagdherr ruft, auf dem Felde der Wild-Ehre sterben zu dürfen –, sondern ganz gemeine Menschen, die Holz klauen. Und wenn durch die Gitterstäbe, die den Hofgarten hinter der neuen Kaiser-Burg umsäumen, nun Wandelnde sichtbar werden, so sind das nicht Schatten verwehter Habsburger, sondern unterernährtes Volk, das da einen neuen Stadtpark bekommen hat, eine Oase in seiner furchtbaren Wüste aus Ziegelsteinen und Zeitungspapier.

Niemals vorher war dieser Garten profanen Beinen

zugänglich. Auch kaiserliche oder erzherzogliche Stiefel dürften ihn nur selten oder gar nie betreten haben. Schweigend und verschwiegen lag er da, hinter dem nie bewohnten Riesenfestbau des neuen Kaiserschlosses, eine große Ozon-Privatschatulle Seiner Majestät.

Auf der breitgeschwungenen, dem nun erschlossenen Hofgarten zugewandten Fassade des Schlosses steht in Goldlettern die Inschrift: His aedibus adhaeret concors populorum amor. Ganz frei übersetzt: Infolge ihrer Anhänglichkeit an die kaiserliche Burg mußten die Völker in Konkurs gehen.

Der republikanische Hofgarten sieht ein wenig verdrossen aus, unrasiert, ungekämmt. Wie einer, der von allzu frühem Besuch, noch schlafbefangen, geweckt wurde. Er konnte sich nicht einmal waschen. Das gemauerte Bassin, in die Parkmitte eingelassen wie ein Riesenlavoir, ist noch leer. Hecken und Buschwerk sind in langer Einsamkeit die Haare wild und wirr gewachsen. Ein paar Viburnumsträucher, vom Regen niedergeprackt, lassen ihre Blütenkugeln tief zur Erde hängen. Auf der Wiese sitzt eine ältere Dame und pinselt dieses Stück deklassierter Gartenpracht in ihr Skizzenbüchlein.

Im zügellos wuchernden Rasen sind kahle, ausgewetzte Stellen. Als ob selbst die Natur so verarmt wäre, daß sie sich kein neues Sommerkleid leisten könne, sondern das alte, durchgescheuerte vom vorigen Jahr tragen müsse.

Der ausgefranste Wiesensaum mischt sich mit dem sandigen Grau der Gehwege zur Brack-Erde. Wie Symbol verfließender Kastenunterschiede ist es. Hohe Bäume, Exzellenzen möchte man sagen, stecken die wipfeldichten Köpfe zusammen, sichtlich verdrossen über das

Plebejerzeug, das in ihrer höfischen Schattenkühle sich's bequem macht. Die Natur erwidert die Liebe der Menschen nicht übermäßig lebhaft. Sie bleibt, la nature pour la nature, lieber für sich.

Ganz so wie Franz I., Kaiser von Österreich, der im Hofgarten ein Denkmal hat. Er reitet ein rundliches, seiner erhabenen Last ernst-bewußtes Pferd, in Cäsarenhaltung, das Zepter aufs Knie gestützt. Der Sockel trägt eine Inschrift in steifer Latinität, besagend, der edle Monarch hätte sein Monument gerade an diesem abgeschiedenen Orte gewünscht »ut semper in conspectu Suorum esset«. Dieser Familiensinn übers Grab hinaus, diese Anhänglichkeit noch der Statue ist ja rührend. Nur zur Legende von der väterlichen Liebe fürs Volk paßt eine Denkmallegende nicht ganz, die eigentlich besagt: ». . . ne profanum vulgus videat.«

Jetzt muß der bronzene Kaiser das Volk doch bei sich sehen. Es blickt mit sonderbar glanzlosen Augen auf den bezepterten Reiter und denkt sich sein Teil über Monarchie, aere perennius und die Entwertung der Krone.

Ein paar Herren, in alter, schwarzer, nur der blanken Knöpfe verlustig gegangener Hofdienertracht versehen das Ordneramt im Garten. Sie haben glattrasierte Gesichter und sehen aus wie Sektionschefs in einem Leichenbestattungsministerium. Schweigend dulden sie, daß die alte Malerin, die den geknickten Schneeballstrauch abkonterfeit, mit ihrem Gesäß das Wiesengras plattdrückt, daß die Kinder im Riesenwaschbecken Zirkus spielen und daß Neugierige den Bauch des imperialen Bronze-Pferdes beklopfen, ob er so leer sei, wie ihr eigener.

DIE RINGER

Es finden wieder Ringkämpfe in Wien statt. In einem
Varietétheater. Nach griechisch-römischen Regeln. Die
starken Männer im Trikot treten wieder an zum Klang
des »Gladiatorenmarsches«. Ihr Haupt ist kahl- oder zumindest kurzgeschoren – der lockige Ringer muß ein
unerfüllter Mädchentraum bleiben –, ihre Nackenwir-
bel beschämen den Ichthyosaurus, ihre verschränkten
Arme beben leise vor gebundener Kraft (wie ein ste-
hendes, aber angekurbeltes Automobil), und unter
ihrem Schenkelschluß müßte die Kokosfrucht krachend
zersplittern.

Wenn die Ringer auf der Bühne stehen, machen die
Zuschauer einen kläglichen Eindruck. Alle sehen gleich
so schlapp, windig, dürr, gebrechlich, gering, so zum
Wegniesen aus.

Jedenfalls führe deine Freundin lieber zu den Lilipu-
tanern als zu den Ringkämpfern.

Die Ringer haben herrliche Beinamen. Zumindest
einen Meistertitel. Beliebt ist in Ringerkreisen das
Adelsprädikat »der Löwe«. Auch »der Riese« klingt
schmuck. Keine republikanische Verordnung wird diese
Nobilitierungen, die von ihren Trägern wahrhaft errun-
gen worden sind, anzutasten wagen.

Diesmal soll ein ganz fairer sportlicher Wettkampf
ohne Schiebungen, ohne Abmachungen sein. Herr Direktor, gestatten Sie, daß ich das nicht glaube. Ich
glaube vielmehr, daß wir einen Impresario und seine
Truppe vor uns haben, eine Truppe redlicher Schwer-
arbeiter, die umso besser bezahlt werden, mit je mehr
Laune, Originalität, Persönlichkeit und Wildheit sie

uns das Schauspiel eines erbitterten Ringkampfes vor-
mimen.

Besonders die Wildheit verdient Honorierung. Ohne
wilde Ringer wird der faire sportliche Wettkampf lang-
weilig und fade. Die wilden Ringer sind das Salz, der
Sauerstoff, das Ferment, das Karnickel. Sie geben dem
Publikum Gelegenheit, für die Tugend einzutreten und
das Laster mit Hohn und Unwillen zu überschütten. Ein
routinierter wilder Ringer ist mehr Geld wert als ein
zahmer Weltmeister. Wenn er die Augen rollt, hört
man's. Schon sein Gesicht bringt die Leute in eine für
den Kartenverkauf der kommenden Tage lukrative Erregung. Es drückt aus: Lieber will ich auf beiden Ohren
stehen, als jemals auf beiden Schultern liegen. Und am
Ende liegt er doch! Welcher Jubel ob des bestraften
Hochmuts, ob der gedemütigten Roheit, ob des Trium-
phes über die kraftprotzende Materie! Morgen: Ausver-
kauft.

Der wilde Ringer hat zornige Augenbrauen, und
seine Wangensäcke babbeln unmutig. Er muß schnau-
fen. Er muß fluchen. Er muß, wenn ihm der Gegner,
ein Sekündchen vor der Niederlage, entwischt, ein Gesicht machen wie der geprellte Teufel.

Ganz anders der Weltmeister. Über seinem Antlitz
liegt es immer wie Schatten eines gewaltigen Gähnens.
Das Ringen, ach, es langweilt ihn schon. Wenn er seinen Gegner um die Erde haut, daß der Arme halbtot
liegen bleibt, so erledigt er das wie eine Gefälligkeit, die
er nur höchst widerwillig erweise. Niemals sieht er den
Partner an, stets an ihm vorbei: »quantité négligeable«
spricht seine lässige Miene, obzwar diese quantité gelegentlich 150 Kilogramm beträgt. Es würde mich nicht

wundern, wenn der Weltmeister einmal, während er seinen Widerpart mit dem Zeigefinger der linken Hand an den Boden festnagelt, mit dem Zeigefinger der rechten den jungen Mann heranwinkte, der sich mit Bäckereien durch den Zuschauerraum schlängelt.

Was zwischen Meister- und wildem Ringer, hat sich schlechtweg zu plagen, zu stöhnen und splendid zu schwitzen. Manche Kämpfer ächzen herzbeklemmend. – Das Publikum, das soeben gegen die Wildheit eines wilden Ringers brüllend sich ereifert hat, bleibt ungerührt. Von der Galerie fallen ermunternde Zurufe: »Patz' ihm ane eini!« oder »Schmier' eahm ane!« So sind die Menschen. Wenn die Gladiatoren brutal werden, werden die Zuschauer weich, wenn die Gladiatoren weich werden, gleich ist der Zuschauer brutal.

Aber schließlich: Ringen ist nichts für Sensitive. Wie der wackere Aimable einmal dem tadelnden Schiedsgericht zurief: »Nous ne faisons pas l'amour!«

Französisch ist die internationale Ringersprache. Wenn der Kampfrichter sich einmischt, knattert ein »Qu'est-ce que c'est que ça?« auf ihn herab oder hinauf. Zu übersetzen etwa mit: »Was wär' denn jetzt dös?« Was die Zumutung anlangt, den Fuß vom Gesicht des Gegners einen Augenblick wegzugeben, so scheinen die Ringer sich auf *eine* höhnische Wendung als Antwort geeinigt zu haben. Aimable sagte in solchem Fall: »Oui, je vais le mettre dans votre poche!« Noël le Bordelais hingegen zog die Variante vor: »Oui, je vais le mettre dans la poche de mon gilet.« Ich finde auch die Bordelais'sche Variante netter. Der Kampfrichter von damals sprach nicht viel französisch, aber ganz gut. Wenn ihm gelegentlich ein Vokabel fehlte, half er sich halt aus. Er sagte z. B.: »Non, Sie hab'n ihn beim Fuß g'habt.« Oder: »Dös gibt's nöt. Sie waren par terre.«

Das Französische versöhnt auch den ehrgeizigsten Ringer ein wenig mit der erlittenen Niederlage. Es ist doch was, wenn man mittelst »bras roulé en souplesse« hingelegt wird! Der Mann, der so viele Jahre lang Kisten schupfte und Lasten trug, hat sich's auch nicht träumen lassen, daß er einmal mit so was Noblem um die Erde geschmissen werden würde. »Bras roulé en souplesse!« . . . Wenn ich nicht wüßte, daß das ein Ringergriff ist, würde ich es eher für eine ganz vornehme, komplizierte Fleischspeise halten.

Es ist nicht leicht, sich zu orientieren, wenn zwei Ringer auf dem Boden sind und in polemischer Absicht einen Knopf ineinander geschlungen haben. Die Sympathien der Zuschauer gehen da oft irre: Kaum freut man sich über die feste Position, die das Knie des einen Kämpfers eingenommen, muß man bedauernd erkennen, daß es der gekrümmte Daumen des anderen war. Um solchen Irrtümern vorzubeugen, engagiert eine umsichtige Direktion immer auch einen Nigger-Ringer. Da gibt's dann keine Mißverständnisse, sondern man hat die Position der Kämpfer schwarz auf weiß.

Der diesmalige Nigger-Champion heißt Zipps. Er erfreut sich – ich entsinne mich – einer wunderschönen Farbe. Nigger haben ja überhaupt eine schönere, natürlichere Farbe als die Weißen. Weiß ist degeneriert, künstlich, Tenor. Negercouleur ist männlich, Bariton. Wenn Zipps' Haut ein wenig transpiriert hat und leicht schimmert, glänzt sie wie Goldbronze. Er ist prachtvoll gewachsen. Keine Spur von Fett, kein Bauch.

Ja, der Bauch! Das ist das Ringer-Ende. Wie der

Brustkasten das Ringer-Glück. Dieser fast quadratisch ausgeformte Ringerthorax ist ein ungeheurer Speicher von Kraft, Energie, Ausdauer. Aber unterhalb wölbt es sich schon dräuend: ein ungeheurer Speicher von Schwäche, Müdigkeit, Ohnmacht.

Fast zwei Dutzend Ringer, oder, zum Durchschnitt von 100 kg gerechnet, zirka 24 Meterzentner Manneszauber bewerben sich diesmal um den ersten Preis der Konkurrenz. Wer wird ihn heimtragen?

Wollen wir den Impresario fragen? Vielleicht, vielleicht weiß er es!

WAHLEN

Gesetze sind heute, da nur durch ihre Umgehung und Überlistung das individuelle Leben behauptet werden kann, nötiger als je. Sie markieren die sogenannten gesetzlichen Wege, die der Tourist, um zum Ziel zu kommen, ja nicht beschreiten darf. Zwischen ihnen durch führen die richtigen Pfade. Kein Mensch würde ohne die Wegweiser der Gesetze im Dickicht des Heute sich auskennen, wo er durchzuschlüpfen, herumzukriechen, hinüberzuvoltigieren habe, um seines Wandels froh zu werden.

Unkompliziertere Zeiten fanden mit der Übertretung der wenigen Gesetze, die sie hatten, ihr Auslangen. Es reichte hin, die Entwicklung der Welt in Schwung zu halten. Zehn Gebote, promulgiert auf dem Berge Sinai, haben genügt, der Menschheit die lohnenden Abwege zu weisen, deren sinnvolle Verschlingung dann zum Grundriß wurde für den ganzen, wunderbar schiefen,

bunten und amüsanten Bau der Geschichte und Kultur-
geschichte.

In Österreich – wie lieblich liegt es zwischen dem
Manne Znaim und dem Kinde Preßburg da! – haben die
Gesetze noch eine spezielle Bedeutung. Sie sind nämlich
das einzige, das dieser arme Staat aus eigener Kraft und in
beliebiger Menge herzustellen vermag. Kein Wunder,
daß jede Partei sich müht, solchen blühenden Produktionszweig in ihre Hand zu bekommen.

Infolgedessen tagen und nächten jetzt allenthalben
Wählerversammlungen, und an Häusermauern, an
Hütte, Pissoir und Palast entfaltet sich das Bilderbuch
der Wahlplakate.

Wählerversammlungen sind Versammlungen, in denen Menschen gleicher Meinung zusammenkommen,
um zu dieser eisenfest in ihnen verankerten Meinung
herumgekriegt zu werden. Der Hörer wird dort von der
Überzeugung, die er hat, überzeugt und durch kluge
Reden zu dem politischen Bekenntnis, auf das er einge-
schworen ist, hingerissen.

Dem Wähler, der noch schwanken könnte, ob er sei-
ner unerschütterlichen Ansicht sein und sich zu dem
Glauben, den er glaubt, bekehren solle, versetzt das
Wahlplakat den entscheidenden Stoß in die politische
Richtung, der er angehört.

Welcher bürgerliche Demokrat zum Beispiel, entschlossen, bürgerlich-demokratisch zu wählen, vermöchte sich dem Einfluß einer Zettelreihe: »Wählt bürgerlich-demokratisch!« zu entziehen? Ob er will oder
nicht, er muß, wie er will, weil er nicht anders kann.

Noch stärker dürfte die Wirkung des *gezeichneten* Pla-
kats auf die Wählerpsyche sein.

Die Phantasie der Wahlplakatkünstler futtert aus dem Mist und Müll politischer Beredsamkeit. Sie malen Redewendungen.

Da kann man, koloriert, sehen: wie ein rücksichtsloser Sozialist die Steuerschraube zudreht, geplagten Bürgern das Letzte zu entquetschen. Oder wie einer dem Volk die Binde von den Augen nimmt. Oder wie trennende Grenzpfähle niedergelegt werden. Oder wie die Waage sich auf die Seite der guten Partei neigt.

Wie kläglich: Maler, die von der Sprache Bilder leihen! Die Phrase wird ins Zeichnerische verhaftet. Nun steht sie in ihrer ganzen platten Erbärmlichkeit am Pranger der Affichentafel.

Großartig ist die Bestialität, die in diesen gezeichneten Schlagworten, in diesen Schlagbildern stummbrüllend sich offenbart. Tritt, Blut, Hieb. Feuerunterlaufene Augen, niederkrachende Fäuste, zerstampfende Orang-Füße.

Man schaut den wahrhaftigen Roh-Stoff der Politik. Nimmt man hinzu die ganz von Kriegsrotwelsch durchseuchte Sprache der Wahlschriften und -reden: Kampf und Sieg, Walstatt und Scharmützel, wehende Fahnen, gestürmte Burgen, blanke Waffen und Schilde, zerschmetterte Feinde, eroberte Stellungen – so spürt man es in der Magengrube, daß politische Programme ihre Schwungkraft durchaus von der hinter ihnen lauernden muskulären Entschlossenheit beziehen.

Wie verhält sich die bürgerliche Gesellschaft zu diesen um sie blitzenden Wahlwettern?

Plakat (Brandfackel und zertretender Fuß): »Wählt kommunistisch!«

Plakat (blutige Faust und niedergeboxtes Juden-Allerlei): »Wählt christlich-sozial!«

Was sagt die bürgerliche Gesellschaft dazu?

Plakat (Herr mit Dame im Pelz): »Wir gehen ins Kasino Montecarlo. Dort spielt Macho.«

AUS EINEM NOTIZBUCH 1920

Das Parlament tagt und beschließt die Vermögensabgabe. Infolgedessen herrscht, besonders in der inneren Stadt, furchtbare Hitze. Eine panische Temperatur hat die Menschen befallen. Wachsweich ist der Asphalt in den Straßen. Der Schuhabsatz prägt seine Form hinein. Die Rettungsgesellschaft trabt ab und zu, und Leute, die der Hitzschlag getroffen hat, kommen kostenlos zu einer Wagenfahrt. In den Strombädern gibt es Menschenüberschwemmung, und die Stechmücken am Donauufer saufen sich toll und voll mit Wiener Blut (das einmal eine Operette war). Zusammenbaden der Geschlechter übt seine kulturelle Wirkung: es gewöhnt die Sexualität ab. In so schmutzigen und zerrissenen Kleidern die Menschen umherstreichen: ausgezogen sind sie immer noch häßlicher.

Übrigens gehen nicht alle in schmutzigen und zerrissenen Gewändern. Auf den Promenaden der Stadt entfalten die Frauen, die dort mittags wandeln, Kleider- und Schuhepracht, und aus Kettchen, Ringen, Nadeln, Broschen funkelt in Prismenfarben der Besitz. Woher haben sie ihn? So löst sich das Rätsel: Die Herren aus jener Fremde, wo die bessere Valuta wächst, sammeln hier, die Saugwirkung des Dollars, des Pfunds und

Francs nützend, Besitz. Um aber ihr Gewissen zu beruhigen, haben sie sich eine Art Galanteriesteuer auferlegt, d. h., sie geben von dem Errafften eine größere Quote an die Frauen ab. Diese wirken also geradezu als eine Kontre-Institution wider die Ausplünderung der Stadt. Sie stoppen den Ablauf unserer Güter und biegen ihn zurück zum Kreislauf. Sie nehmen den Beutemachern die Beute ab. Je mehr drum eine mit Schmuck behangen ist, desto mehr hat sie Anspruch auf die Ehrung: patria bene merita.

Nie waren die Frauen hübscher, geschmeidiger, reizvoller. Aus dem Zusammenwirken von Trübsal und deren Überkompensation durch Leichtsinn geriet ein sonderbar blind-lebensgieriger Frauentyp, der gehetzt ist von Bangigkeit, die Minute zu versäumen. Zwang des äußeren Lebens erwirkte zum Ausgleich eine Freiheit des innern, Enge der Lustmöglichkeiten eine Weite der Lustphantasie, vor der das Beiwort »grenzenlos« stehen darf.

Aus dem Landesgericht hören manchmal die Bewohner der Häuser ringsum einen Chor der Verdammten, der in allen Stimmlagen, vom Wutbaß bis zur hysterischen Fistel, »Hunger! Hunger!« singt. Das sind die Untersuchungshäftlinge, die, gepfercht in Zellen, schmachtend in Schweiß und Gestank, gegen das Dörrgemüse demonstrieren.

Dörrgemüse ist eine Kriegserfindung. Es schmeckt nach getrocknetem Kuhmist, und ein Herr der Firma Habsburg hat mit Dörrgemüselieferung an die Armee viele Millionen verdient. Die Soldaten wurden krank, der Erzherzog-Lieferant hieß, lustigerweise, »Salvator«.

Das Landesgericht aber stand schon in der Zeit, die wir den Frieden nannten und heute, Tränen im trüben Aug', die »gute alte Zeit« nennen. Es gibt in ihm viele kleine quadratische Räume. Jeder hat ein Luftloch. Hier sammelt die Gerechtigkeit – wie das Schulkind Maikäfer in der perforierten Schachtel –, was sich in ihrem Netz verfangen hat. Nun denke man sich alle diese Lebewesen, toll vor Wut und Ohnmacht an ihre Schachtelwände flatternd, zur Abendzeit eine Stunde lang »Hunger!« brüllen, kreischen, heulen. Die Bewohner der Straße können sich nicht anders helfen, als daß sie sich ans Klavier setzen und die trauliche Weise aus dem »Dreimäderlhaus« anstimmen: »Ja, so singt es, ja, so klingt es . . . in der Stadt, wo ich geboren bin.«

Kern und Pointe des Landesgerichts war ein kleiner dreieckiger Hof, in dem hingerichtet wurde. Die Republik hat die Todesstrafe abgeschafft. Für Österreicher, meinte sie, ist die Lebensstrafe bitter und abschreckend genug.

In der gleichen Straße, gegenüber dem Gericht, stand bis zu Kriegsbeginn eine Kaserne für die bosnischen Infanteristen, die dort, dem Klima der Kaiserstadt an der blauen Donau abhold, zu Hunderten tuberkulös wurden. Neben der Kaserne war und ist noch das große Spital. Ihm gegenüber eine Kirche, in der die besseren Leichen aus dem Spital nach katholischem Ritus behandelt werden. Weiter oben das Findelhaus.

Noch weiter oben das Hauptquartier der kommunistischen Partei. Auch die Straßen haben ihre Logik.

LANDSTRASSE BEI WIEN

Häuserzeilen, dem Rand der Großstadt entwachsen, gespenstisch lang und fahl hingewunden, wie Triebe der Kellerkartoffel. Gewimmel von Menschen, die gehen, als hetzte sie Angst und hemmte sie Furcht vor noch Ärgerem. Vorfrühlings-Spätnachmittag. Eine kühle Sonne leuchtet den Häusern in das welke, rissige Gesicht. Sie werden, je weiter ihre Reihe sich streckt, niedriger und kleiner. Die Straße duckt sich immer tiefer, kriecht in den Erdboden, verschwindet endlich ganz in Sand und zertretenem, entfärbtem Gras.

Hier entspringt die Landstraße. Das weißbestaubte, kilometerstein-gefaßte, Feld und Dorf und Städtchen und Länder aneinanderknüpfende Meßband, einst Reichsstraße geheißen. Der Krieg und seine letzte Schärfe, der Friede, haben auch dieses »Band« gekürzt, zerrissen.

Die Berglehne mit den zahllosen Baumstumpfen gehört noch zur Stadt. Sie sieht aus wie ein heidnischer Friedhof: hier liegt der Wald begraben. Es ist Sonntag. Menschen mit Säge, Axt und Sack ziehen hinaus, Bäume schlachten.

Die Landstraße schüttelt sie ab, läuft ihnen davon, strömt hin, weiß und einsam, endlich befreit von den trüben Abwässern des großen Menschenpferchs. Pappeln, unbelaubt und winterdürr, bilden Spalier. Ein Stamm abseits. Wind streift seinen Wipfel, macht ihn schwanken. Es ist, als ob ein eben in den Boden gelandeter Riesenpfeil verzitterte.

Schwarz-Weiß-Flächen dehnen sich: aufgeworfene Ackerschollen, Schnee in den Furchen. Drüberhin Ne-

bel, materialisierte Schwermut. Zwei Weiber, Tuch-
bündel auf dem Kopf, inmitten der Straße, eifrig Worte
kauend. Ihre Unterhaltung ist am Ende so wichtig und
wesentlich wie tiefsinnigste Debatte zwischen erleuch-
teten Gehirnen.

Dorf. Die Landstraße schneidet mitten durch. Die
Häuschen, zu beiden Seiten Platz machend, weichen
ihr aus. Ein paar ganz ängstliche sind den Hügel hinauf-
geklettert.

Männer in bäuerischer Tracht, Gerätschaften hucke-
pack, trotten daher, den Mund schief gezogen von der
Pfeife. Sie blicken auf den Wanderer im städtischen Anzug, als ob sie ihn ganz gern totschlügen, wäre nicht fa-
talerweise gerade Schonzeit.

Ein Auto mit dick Bepelzten knattert sie auseinander.
Die Pfeife wechselt in den linken Mundwinkel hinüber,
die Augen folgen dem Pferdekräftigen böse, gefährlich.
Wie die Mündung einer zielenden Waffe.

Der Autolärm hat Kinder herangelockt. Sie drohen
mit der Faust, heben Steine, suchen angestrengt zumindest ein steinschweres Schimpfwort, das nachgeschleu-
dert werden könnte. Früher haben die Landkinder
einem so beweglichen, amüsanten, fremdartigen, Mo-
notonie zerschneidenden Ding wie einem Auto zuge-
jauchzt, ihm mit Händen und Mützen gewinkt. Heute
reizt und ärgert es sie. Daß Menschen drin sitzen, ver-
leidet ihnen den Spaß an der lustigen, aufregenden Maschine. Kraft welcher Sendung oder Bestimmung sitzen
diese Menschen drin?

Auch die Kinder haben schon gelernt, die Erscheinungen als Symbole der Macht oder der Ohnmacht zu
deuten.

Vor dem letzten Haus der Ortschaft hocken zwei Alte, regungslos, Hände im Schoß gefaltet. Sie warten, daß es Abend wird. Das Beste vielleicht, was Menschen tun können. Weisheit und Stumpfsinn schließen hier die mystische Kette, darin alles Wollen eingeschaltet. Die Landstraße läuft weiter, hinein in Nebel, Finsternis, Ferne. Zwischen Pappeln und Häusern, städtisch verkleidet durch Städte, über Brücken- und Bahngleise, bergauf- und -abwärts, rund um Berge, an Fabrikschloten vorbei, die Kohlenruß in den weißen Staub mengen, an Villen, Schlößchen, Gärten, ganz durchsickert von gereinigter, destillierter, filtrierter »Natur«, an waldumrauschten Friedhöfen, wo das Totsein gar so viel Charme hat. Abendsonne färbt die dünn beschneiten Nadelwälder mit einem unwahrscheinlich süßen Rosa, an kolorierte Ansichtskarten erinnernd.

Einmal war Landstraßenwanderung Glück und Frohsinn, Phantasie dehnte den Weg ins Unendliche, nirgends stieß Flug der Seele auf sperrende Mauern, mit jedem Atemzug reiner Luft zog in die Brust Gefühl grenzenloser Freiheit, die mit Sinnen zu schmecken ja nur ein geringes technisches Problem wäre.

Jetzt ist solch bescheidene Freude mit dickem Grau überpinselt. Die Landstraße hat etwas Gehässiges, Krankes, Verdrossenes. Frohsinn ist Verbrechen. Phantasie Verrat an den traurigen, armen Tatsachen. Freiheitssehnsucht egoistische Regung.

Und wenn der Spazierer, heimkehrend, auf die Schar der Kobolde stößt, die, von Stücken geschlachteten Waldes den Sklavenrücken krumm, daherstapfen, schämt er sich auch der melancholischen »Stimmung«, ja selbst des Mitleids.

Liegt solches Mitleid nicht wie Watte um sein Herz,
abdämpfend den Schrei der gefolterten Welt?

Und ist Schwermut nicht ein Schlupfwinkel, si-
chernd vor den Hetzhunden der eigenen Seele?

KAISERLICHE MÖBEL

In der Wiener Mariahilfer Straße – durch die vorzeiten
so oft goldgeräderte Wagen fuhren, aus denen sichtlich
erfreut gedankt wurde – steht das »Hofmobiliendepot«.
Ein weitläufiger Bau, dessen Bestimmung war, den Re-
serve- und Ersatzmöbeln für die kaiserlichen Schlösser
Quartier zu geben. Sozusagen die Rumpelkammer Seiner Majestät. Aber eine Rumpelkammer, die etwa
dreißig langgestreckte Säle umfaßt und Werkstätten, so
groß wie Bahnhofshallen. Hierher, in die Werkstätten,
von den Betreuern des Depots »Spital« genannt, kamen
die schadhaften kaiscrlichen Möbel zur Reparatur.

In den Spitalzimmern ist es warm. Ein eiserner Ofen
erhitzt sich fürs Wohl der Stube, es riecht nach Holz,
Leim, Farbe, und der menschenfressende Götze Arbeit
zeigt sich als freundlicher Genius, Behagen bergend in
seines Kittels Falten.

In den Depotzimmern, vollgestopft mit vornehmem
Hausrat, mit Palastrat, ist es bitterkalt. Als ob der einge-
frorene Überfluß nie mehr tauen wollte. Es riecht nach
gar nichts, nicht einmal nach Staub, der doch auch in seiner Art was Lebendiges ist. So ganz ungemütlich können
nur Möbel aus einem verwunschenen Schloß sein.

Nach dem Zusammenbruch von o du mein Österreich kümmerte sich niemand um das Hofmobiliende-

pot. Aber die braven Leute, deren Obhut es anvertraut gewesen, Diener und Handwerker, obhüteten weiter, taten weiter ihren Dienst, staubten ab, schoben zurecht, stellten her, die Schlosser nieteten, die Tapezierer flickten, die Schreiner leimten weiter die Möbel der allerhöchsten Herrschaft, wenn auch inzwischen die Herrschaft selbst aus dem Leim gegangen war.

Jetzt haben die Leute vom Depot aus ihren Möbellagern eine Ausstellung gemacht. Das ging ohne viel Mühe. Sie hängten eine Tafel hin: »Es wird gebeten, die Gegenstände nicht zu berühren« und schrieben auf die Türen »Eingang« und »Ausgang«. Damit war im wesentlichen die Verwandlung eines Magazins in eine Ausstellung vollzogen.

Ihr Besuch ist lohnend und amüsant. In manchen Sälen sind die Möbel zu Wohnräumen zusammengestellt, die in ihrer frostigen Gewesenheit aussehen wie Totenmasken von Zimmern. In den vielen anderen Sälen stehen die Möbel speziesweise geordnet. Ein Auflauf von Tischen. Ein erstarrtes Meer von Nachtkästen. Eine unübersehbare Zusammenrottung von Stühlen. Eine Riesentropfsteingrotte von Lustern. Unter ihnen der ehrwürdige Greis, der einst von der Decke des alten Burgtheaters baumelte, und der gigantische Luster aus der Oper, den man wegnahm, weil er den Leuten von der vierten Galerie die Aussicht auf die Bühne störte.

Ein Saal zeigt die stattlichste Versammlung von Wiegen: historische, in denen spätere Kaiser und Könige zu schreien geruht, und andere, in denen nur ganz gewöhnliche Erzherzoge gestrampelt hatten. Tu felix Austria nube: das Mobiliendepot war gerüstet.

Es stehen auch noch Sänften im Depot, üppig gepolstert, mit den Tragstangen für die Lakaien. Wo sind sie hin, die schönen Zeiten, da der Kutscher sein eigenes Pferd war!

Unter den Möbeln gibt es wunderschöne Stücke. In verschiedensten Stilen, Empire und Barock und sämtliche bezifferte Louis. Biedermeiers bürgerliche Grazie aber schlägt alles. Neun Zehntel der Möbel zeigen seine geschweifte Behaglichkeit. Getischlerte Musik geradezu, Schubert in Esche.

Auch ein paar richtige Musealstücke hat das Hofmobiliardepot. So den Setzkasten und die Buchdruckerei-Utensilien Josefs II. Jeder Habsburger mußte bekanntlich ein Handwerk erlernen, damit er, falls es mit dem Regieren nicht ginge, sein Fortkommen fände. Wie sehr an das Fortkommen der Herrscher das Glück der Völker geknüpft ist, das haben wir leider erst erkannt, als es um zehn Millionen Tote zu spät war.

Als Clou der Ausstellung gilt mir ein Zimmerchen, in dem gar keine Möbel stehen, nur fünf Wachsfiguren: Typen der Hofdienerschaft. Ein Lakai, ein Türsteher, ein Büchsenspanner, ein ungarischer Trabant und ein Kammerdiener. Der Büchsenspanner hat einen gestutzten schwarzen Vollbart. Er sieht aus, als ob er Kaspar hieße. Der Lakai, der Türsteher, der Kammerdiener drücken in Miene und Haltung etwas hinreißend Allergehorsamstes aus. Der Ungar trägt einen aufgewichsten Schnurrbart und gleißt in Gold und Rot. Nur seine Hosen, aufblühend aus Lackstulpenstiefeln, sind weiß wie Terror.

Als Puppen, als Wachsfiguren, nehmen sich alle sehr respektierlich aus. Wirkliche Menschen, so angetan, könnte man sich nur in der Vitrine eines Fleischfigurenkabinetts denken.

Mein Führer erzählt, oft schon hätten Besucher beim Anblick der fünf geweint vor Wehmut.

Vermutlich, weil die Sonne, in deren Schein das Geschlecht der Lakaien, Türsteher und Leibkammerdiener gedieh, untergegangen ist. Was aber diese Sonne uns bedeutet hat, sieht sogar ein Kriegsblinder. Ja gerade der vielleicht sieht es ganz besonders scharf.

DER HASE

Der Schneidermeister Sedlak brachte Anfang November einen Hasen nach Hause. »Füttere ihn gut«, sagte er zu seiner Frau, »auf daß er fett und stark werde und wir zu Weihnachten einen Braten haben.«

Ob der Schneidermeister ». . . auf daß« sagte, ist nicht sichergestellt. Aber dem Sinn nach lautete seine Rede so, wie ich sie hier wiedergebe. Frau Sedlak selbst hat sie mir gleich andern Tages, nachdem der Hase ins Haus gekommen war, berichtet.

Frau Sedlak ist die bravste Frau, die jemals für eine fremde Wirtschaft Sorge getragen hat. Sauberkeit ohne Fehl wirkt ihre geschäftige Hand, und Kleider, Wäsche, Schuh, von ihr betreut, sprächen, wenn sie reden könnten, gewiß: »Mutter« zu ihr.

Sie besitzt kein Kind. Aber als der Hase kam, da hatte sie eins.

Sie erzählte viel von seiner Possierlichkeit und seiner Zutraulichkeit und wie er auf den Pfiff herbeikäme und mit welcher Neugierde und mit welchem Interesse er ihr mit den Augen folge. Und wenn er auch Schmutz und Arbeit verursache, sie trüge diesen kleinen Mühezuwachs gern um des Spaßes willen, den das Tier mit seinen Kapriolen und seiner nimmermüden Spiellust bereite.

Der Hase erhielt eine alte Kiste zur Wohnstatt und Abfälle von Küchenabfällen zur Nahrung. Die Küchenabfälle selbst kommen auf den Sedlakschen Mittagstisch.

Und der Hase gedieh. Er bekam einen Bauch und volle Backen. Frau Sedlak erzählte, ihrem Mann laufe das Wasser im Mund zusammen, sooft er das Tier nur ansehe. Ihr lief es in den Augen zusammen, wenn sie dachte, welchem Schicksal der Hase entgegenschwoll.

Daß er so mächtig Fleisch ansetzte, erfüllte sie wohl mit hausfraulichem Stolz, und daß dem Weihnachtstisch ein Braten gewiß, war ihr keineswegs eine unangenehme Vorstellung. Jedoch Frau Sedlak hatte auch ein Herz im Leibe, nicht nur einen Magen; und was des Magens Hoffnung, wurde des Herzens Not. Frau Sedlak vermutete, daß auch ihr Mann, obschon er's mit keiner Silbe und keinem Blick verriet, eine heimliche über-materielle Zuneigung für den Hasen im Innersten berge . . . aber ich glaube, das redete sie sich nur ein, von dem unterbewußten Wunsch getrieben, es möchte der Schneidermeister das Odium der Rührseligkeit auf sich nehmen und den Hasen begnadigen.

Der Schneider dachte nicht an derlei. Er setzte das Datum der Schlachtung fest und verpflichtete den Hausmeistersohn, der die große Kriegsmedaille hatte, zur Metzgertat.

Von dem Augenblick an, da das Urteil über den Hasen unwiderruflich gefällt war, begann die brave Frau über ihn zu schimpfen. Sie sprach von ihm nur mehr per »der Kerl«. Die ganze Wohnung stinke nach ihm, bei Nacht rumore er in seiner Kiste herum, daß man nicht schlafen könne – die Kiste würde längst dringend als Heizmaterial benötigt –, und soviel Kohlstrünke und Gemüsemist gebe es gar nicht, wie der Kerl auf einen Sitz verschlingen könne. Am Ende sei sie froh, daß nun bald Weihnachten käme und der lästige Wohnungsgenosse wieder verschwinde.

Auch über den Fleisch-Ertrag, den sie sich von dem Kerl verspreche, redete sie, doch mit so kummervollem Appetit in der Stimme, daß es klar war, sie übertreibe diese Einschätzung vor sich selbst, um mit dem Gewicht des köstlichen Hasenfleisches ihr Bangen zu erdrücken.

Dem Hasen selbst muß das Dilemma seiner Gebieterin aufgefallen sein. Oder gab ihm, der doch nun einmal dahin mußte, ein höherer Lenker, womit er der Frau für bewiesene Sorgfalt und Güte danken könne? Genug, er tat, der Hase, wie in solcher Lage ein psychologisch geschulter Hase auch nicht anders hätte tun können:

Er biß Frau Sedlak in den Finger.

Freudestrahlend berichtete sie: »Er hat mich in den Finger gebissen.«

Ja, gottlob, nun war unter das Todesurteil, es moralisch stützend, die todeswürdige Tat geschoben. Nun war das verpflichtende Freundschaftsband zwischen Frau Sedlak und dem Hasen von diesem selbst entzweigebissen. Nun war Appetit auf Hasenbraten: Gerechtigkeit. Fiat!

Sie schluckte trotzdem, die Schneidermeistersfrau, als sie von des Hasen Ende erzählte. Sie warf einen scheuen Blick zur Seite bei der Erzählung, als spüre sie, was das heißt, ein atmendes Wesen, einen unbeschreiblich rätselvollen, kompliziertesten, mit Gefühl, Bewegung, Gesicht, Gehör, mit allen heiligen Wundern des Lebens begabten Organismus zu vernichten, damit er von anderer Wesen Mäulern zerkaut und zu Nahrungsbrei eingespeichelt werden könne.

Und es hing noch wie Schleier trauernder Liebe um das Lächeln, mit dem sie sagte: »Schön fett war er.«

Das Fell ist zum Trocknen aufgespannt; es hat seinen Wert. Ein wenig Fett ist noch in der Speisekammer als Superplus des Feiertagsbratens. Die Wohnung stinkt nicht mehr nach tierischem Exkrement. Kein nächtliches Rumoren in der Küche stört den Schlaf der braven Leute.

Aber die alte Kiste ist nicht zu Brennholz zerhackt worden. Sie bleibt Kiste.

Denn Herr Sedlak ist entschlossen, wieder einen Hasen zu erwerben.

Und Frau Sedlak wird, vermute ich, sich vom Fleck weg seelisch so auf ihn einstellen, als ob er sie schon gebissen hätte.

1921

Das ist ein Herbst, wie er, so weit die Erinnerung der Lebenden reicht, noch nicht da war. Kein Mensch, der es nicht wüßte, sähe dem Jahr die neun Monate an. Es sieht aus wie sieben. Weich gepolstert ist die Luft. Man ruht aus, wenn man sich an sie lehnt. Licht und Wärme sind üppig hingegossen über jeden Tag: es sonnenscheint in Strömen, möchte man sprechen. Was grün war, ist noch immer grün, neu blüht die Kastanie, in Gärten spielen sommerlich die Kinder, strampeln Wiegensäuglinge sich den Flanell vom Leibe. Die Fliege summt, wie in Hundstagen stinkt es in der Straßenbahn, schmachtet das Herz nach Bier und Liebe.

Jedoch, was nützt das alles gegen die ökonomische Trübsal, die Wien blasen muß, übertönend alle Musik, deren es voll ist! Panische Flucht vor der Krone durchrast die Stadt, und keine Flucht gibt es vor solcher Flucht. Die tödlich erschreckten Preise klettern aufs Dach, aber die Banknotenüberschwemmung schwillt ihnen nach und treibt sie auf den Turm und vom Turm auf die Turmspitze und von dort ins Blitzblaue. Der fleißige Börseaner, der mit List und Wagemut aus 100 000 Kronen in ein paar Stunden 200 000 gemacht hat, muß erkennen, daß seine 200 000 genau so viel wert sind wie vor ein paar Stunden seine 100 000. Der brave Kaufmann, der zehn Waggons seiner Ware an den Mann gebracht hat, kann um den Erlös nur mehr fünf Waggons gleicher Ware anschaffen. Es ist ihm also dank guten Geschäftsganges geglückt, seinen Besitz um die Hälfte zu vermindern. Von solchen vitiosen Zirkeln, Trugschlüssen, Selbsttäuschungen, Irrwischen, Halluzinationen, Blendungen, banknotenblauem Dunst, Widersinnigkeiten, Fallstricken, Seifenblasen, faulen Fischen, Sand in die Augen und Labyrinthen ist unser wirtschaftliches Leben derart durchsetzt, daß weder der klügste Gauner noch der geriebenste Bankdirektor in dem Chaos sich zurechtfindet.

Es kommt vor, daß die beiden – wie die Geschichte von dem jungen Daniel Duim lehrt – im Dunkel der Transaktion plötzlich aufeinanderstoßen. Dieser Daniel hat,

vom Glauben an die Zukunft der österreichischen
Währung durchdrungen, die Wiener Valutaspekulanten
mit mehr als einer Milliarde hineingelegt. »Ein Daniel
kam, zu richten, ja, ein Daniel! O, weiser Richter,
wackrer junger Mann!« heißt es im »Kaufmann von Venedig«. Gern stelle ich mir den alten Duim vor, den un-
ermeßlich reichen Juwelenhändler in Amsterdam, wie
er dasitzt auf den Brillantensäcken, und wie in seinem
Busen der Groll ob der Streiche des Jungen durch-
flackert wird von Rührung über den Umsatz, den der
Junge erzielt hat. Shakespearisch! Shakespearisch denke
ich mir auch die Szene, wie der alte Duim – in seiner
Maske gewiß ähnlich dem König Lear – die Deputation
aus Wien empfängt, die ihn zur Gutmachung des Scha-
dens bewegen will. So spricht er:

> »Donnernd Gelächter tilgt der Worte Schall,
> Sprecht ihr von Ehre, Pflichten, Recht und Schuld.
> Sprecht von Geschäft! Wie käme das zu dem?!«

Und weiter:

> »Nicht einen Gulden, noch des Guldens Teil,
> Noch solchen Teiles Teil werd' euch zuteil!«

Und schließlich:

> ». . . zieht heim. Geb' euch Merkur,
> Der Gott der Dieb' und Händler, das Geleite,
> Mein ist das Geld – und euer sei die Pleite!«

(Trompeten hinter der Szene.)

Den Lebensmut der Wiener vermögen alle finsteren und bedrohlichen Tag-Gespenster nicht unterzukriegen. Theater und Kino haben keine üble Zeit, Kunst und Industrie, notleidend, wie beide sind, gehen Hand in Hand den beschwerlichen Weg des Verdienens. So wurde im Carltheater ein Stück nach dem Englischen des Knobloch gespielt, »the Lady's dress«, das von dem sehr hübschen Einfall lebt, zu zeigen, wieviel Abenteuer, Tränen, Leidenschaften an jedem Seidenfaden, an jeder Spitze, an jedem Knopf solcher Damenrobe hängt, wieviel Kummer in sie hineingewebt ist, von dem die Dame, die sie trägt, nichts ahnt. Das Theater versuchte, ein Modegeschäft zur Überlassung entsprechender Toiletten zu gewinnen. Endlich fand es eine Pelzfirma, die aber zur Bedingung machte, daß das Stück auf Pelz umgearbeitet werde. Dies geschah, und so begann die Komödie mit dem telephonischen Aufruf einer Darstellerin: »Ist dort Firma Soundso? – Bitte schicken Sie mir doch einen Ihrer unerhört preiswerten, so überaus geschmackvollen und kleidsamen Pelze.«

Das durchgepelzte Stück konnte nur einmal gespielt werden, denn bei der Premiere machten die Zuhörer furchtbaren Krawall. Ob dessen Urheber die beleidigte Konkurrenz in der Pelzbranche oder der beleidigte Kunstsinn gewesen, ließ sich nicht feststellen.

Alle Welt macht Geschäfte und jammert über die Schieber. Du glaubst, geschoben zu werden, und du schiebst! Die fremde Valuta steigt, wenn man sie braucht, und fällt, wenn man sie bekommt. In der vorigen Woche hatten wir eine Sonnenfinsternis, eine kleine unbedeutende österreichische Sonnenfinsternis. Die Schulkinder standen mit ihren Lehrern auf der Straße und sahen durch berußte Glasscheiben auf das populäre Gestirn. Von der Großartigkeit der kosmischen Mechanik erschüttert, gingen sie dann nach Hause und beschlossen, edle Menschen zu werden. Die Echtheit des Napoleon-Schreibtischs, den der dicke Bankier R. um dreizehn Millionen Kronen bei einer Auktion erstanden hat, wird angezweifelt. So echtwertig wie die dreizehn Millionen österreichischer Valuta wird er schon noch sein. In der Leopoldstadt ist ein Sprachlehrer verhungert; die Abendblätter widmeten ihm einen ehrenden Nachruf. Der Mensch ist aber auch in den Gefilden der Sättigung nicht unbedingt glücklich. So hat sich im Speisesaal eines Ringstraßenhotels eine junge Frau zwischen Entrecôte und Patisserie erschossen. In der allgemeinen Aufregung bewahrte der Geschäftsleiter seine Geistesgegenwart, indem er dem erregt heranstürzenden Rechnungsführer des Speisesaals zurief: »Sie bleiben bei der Kassa!« Ein Wort, das in seiner überlegenen Größe dem berühmten »La séance continue« gleichkommt.

Die romantische Ungarn-Fahrt Karls, unseres gewesenen Obertans, hat die Wiener Phantasie lebhaft beschäftigt. Es war in der Luft ein Krächzen wie von Doppeladlern, schlichte ehemalige Hoflieferanten hatten Visionen, und in der kleinen Lotterie wurde die Nummer 18 überbesetzt, welche nach dem ägyptischen Traumbuch das Lotto-Korrelat ist für: »ein Herr mit Bart. Eine Reise. Frische Semmeln.« Die Nachricht, daß der heimgekehrte Monarch seinem Wiener Wagenlenker hundert schweizerische Franken Trinkgeld gegeben habe, erzeugte in Fiaker-Kreisen eine legitimistische Bewegung.

Von den ungarischen Schicksalen Karls, dieses Saulus, der auszog, eine Krone zu suchen, und keinen Esel fand, der sie ihm verschafft hätte, ist ja die Welt unterrichtet. Die Regie des Unternehmens war offenbar mangelhaft. Würde der gewesene Kaiser gleich an die ritterliche Feuerseele in des Magyaren Brust appelliert haben, wer weiß, ob's ihm nicht geglückt wäre! Er hätte sofort, ein blitzendes Schwert in der Rechten, einen vergoldeten Apfel in der linken Hand, auf einem Schimmel vors Café Abbazia in der Andrassystraße reiten und dort etwas Lateinisches sagen müssen. »Abbazia« würde sich gewiß für ihn erklärt, die anderen Kaffeehäuser sich der Erklärung angeschlossen haben, und der kleine Rest von Budapest, der dann noch übriggeblieben wäre, hätte sich auch nicht lange bitten lassen. Regie ist Alles. Ohne Max Reinhardt soll man derlei Sachen lieber gar nicht anfangen.

Noch hatte sich die Aufregung über das Erscheinen des Monarchie-Gespensts nicht gelegt, da wurde die Stadt in neue Emotion gestürzt durch die Nachricht von bevorstehender Aufhebung des Sperrgeldes. Damit wird die Axt an den ruhmvollen Stamm der Hausbesorger gelegt, der in der Geschichte Wiens eine ähnliche Rolle spielt, wie die Weltesche Ygdrasil in der »Edda«.

Der Begründer Wiens war ein Hausmeister, verscheuchte durch sein grausliches Aussehen die wilden Tiere, bezog eine Höhle im Hochparterre des Kahlenbergs und verlangte von dem Nächsten, der hinein wollte, zehn Kreuzer. Die Ziegel mit der eingebrannten römischen X, im Schutt der versunkenen Vindobona entdeckt und von den Archäologen fälschlich als Beweis der Anwesenheit jener berühmten legio decumana Cäsars gedeutet, sind offenbar älteste Formen des Sperrgelds. Während der Völkerwanderung erwiesen sich die Hausmeister sehr nützlich, indem ihrethalben die Hunnen um Wien einen Umweg machten. Die Babenberger lohnten diese Tat – obschon durch sie der Fremden-Verkehr, an dessen Hebung der Stadt Wien schon vor ihrer Gründung sehr viel gelegen war, einigen Abbruch erlitt –, indem sie den Hausmeistern für ewige Zeiten das Privileg verliehen, bei jedweder Berührung mit dem Nebenmenschen von diesem zehn Einheiten der geltenden Münze zu fordern. Rudolf von Habsburg dann und seine Nachfolger stützten ihre Herrschaft vorwiegend auf die Hausmeister, was allein ein paar Jahrhunderte später den Dichter der Volkshymne zu der zuversichtlichen Zeile inspirierte: Österreich wird ewig steh'n.

Wenn es dann doch umgefallen ist, so geschah das nur, weil im Frühherbst 1918 die Hausmeister, durch einen Dolchstoß von hinten, an ihrem Lebensmark getroffen wurden. Die Behörden, die damals schon völlig den Kopf verloren hatten, bestimmten nämlich, daß jeder Wohnpartei auf Wunsch ein Hausschlüssel auszufolgen sei. So zog verderbliches Selbstgefühl in die Herzen, das sie schließlich reif machte, den Verführungen der republikanischen Irrlehre zu unterliegen.

BEETHOVEN-MASKE

Beethoven ist ein beliebter Wandschmuck. Wie Porzellanteller, Geweihe, Deckchen mit eingesticktem Haussegen. Er ist ein internationales Requisit der Zimmerbeseelung, verträgt sich mit jeder an die Wand genagelten Weltanschauung. Mit Lueger und Marx, mit dem Nußknackergesicht des Generals und der hohen Stirn des ehrwürdigen Rabbi Moses ben Maimon und dem schwermütig-militanten Polenschnurrbart des Umwerters aller Werte.

Er hängt am besten natürlich überm Klavier. Aber auch zu Häupten des Bettes macht er sich nicht übel, und selbst überm Vorzimmerschrank, auf dem das Eingesottene steht, wirkt er Raum durchgeistigend.

Zur Verdeckung von Mauerschäden nimmt die kluge Hausfrau lieber einen Beethoven größeren Formats. Zum Beispiel das bekannte Gemälde, das den Meister am Klavier sitzend zeigt, im Kreis entzückter Zuhörer. Insbesondere einer von ihnen – Arme um hochgezogene Beine verschränkt, das Haupt auf die Knie gestützt – hört ostentativ mit der Seele zu. Gern gewählt wird auch dieses Bild: der Beethovenkopf, in dessen Haarwald ein nacktes Liebespaar sich eingenistet hat. Pediculus capitis Beeth.

Aber beliebter als alle Bilder – selbst jenes, wo der Demokrat Beethoven den Höfling Goethe in Karlsbad einfach stehen läßt, oder als jenes, wo er mit fliegenden Rockschößen durch Döbling stochert, indes ihm gerade sichtlich die Eroica einfällt –, beliebter als alle Bilder ist zu Zwecken des Wandbehangs Beethovens Maske, die gipserne Kopie des Antlitzes, wie sie im Jahre 1812 der

Bildhauer Franz Klein formte. (Fälschlich redet man von einer Totenmaske.)

Über wieviel hunderttausend Klavieren auf dem Erdball dustert diese Maske, preisgegeben der sonate pathétique (hudel nicht, Melanie!) und vierhändigem Ansturm, der Symphonien ächzen und Ouvertüren splittern macht. Das ungewöhnlichste Antlitz, das Gottes Griffel je gezeichnet, ausgeliefert den Weibern und der Popularität!

Kein Dramatiker, dessen Szenarium vergäße, überm Klavier die Beethoven-Maske zu fordern. Im Wappen von Konzertagenturen dräut die furchtbare Stirn, als Firmazeichen von Instrumentenhändlern, auf Musiktaschen in Leder gepreßt, ins Holz von Notenständern geschnitzt, auf Exlibris von Operettentextbüchern, als Schutzmarke für Kolophonium, Klavierleuchter, Hörrohre, Vogelpfeifen und automatische Pianinos.

Wie wär' es mit einem Beethoven-Maske-Ball zur Feier der hundertfünfzigsten Wiederkehr des Tages, an dem der Meister die Finsternis der Welt erblickt hat?

Ernst ist die Kunst, heiter das Leben.

Noch heiterer das nach dem Tode, die Unsterblichkeit.

ORCHESTER VON OBEN

Auf dem Dirigentenstuhl sitzt ein berühmter Mann. Später einmal wird er tot sein, und dann werden die Leute, die ihn heute »Carmen« dirigieren sehen, sich erinnern, daß sie ihn »Carmen« dirigieren gesehen haben. Ich stelle mir vor, es sei schon so weit, fünfzig Jahre nachher. Wunschkraft der Erinnerung beschwört den heutigen Abend herauf. Ich erlebe ihn mit Farben und Geräuschen, als erlebte ich ihn eben jetzt. Töte den Augenblick und erweck' ihn wieder. Dann ist er, wie immer er sonst sei, zumindest durch das Wunder der Auferstehung wunderbar. Träume dein Leben!

Ich erinnere mich also ganz genau, daß ich vor vielen Jahren, im März 1926, in einer ersten Rangloge die Oper »Carmen« hörte. Der Diener sagte: »Küss' die Hand«, aber das sagte er eigentlich nicht mir, sondern der Loge, die er bediente, und deren Zufallsbestandteil ich an jenem Abend war. Er hatte schneeweißes Haar und rote, gutmütige Trinkeraugen. Heute blühen wohl schon Gänseblümchen aus ihnen.

In der Loge nebenan gab es eine wunderschöne, ganz lichte Frau. Sie aß, einen dumm-entrückten Ausdruck im Gesicht, Pflaumen mit verzuckerten Nußkernen. Vielleicht ist sie schon tot; oder hat einen Hängebauch; oder grast, sinnvoll inkarniert, als weiße Eselin.

Ganz deutlich entsinne ich mich noch des Orchesters. Ich sehe sie alle noch, die Gesichter und die Bewegungen, die Reflexe, die auf den Blechinstrumenten saßen, das Braun der schwirrenden Geigenkörper und der Riesenkäfer, die man Kontrabaß nennt. Ich sehe den Spinnenschritt der Violinistenfinger, die sonderbaren Raffgebärden, mit denen der Harfenist Töne aus seinem Instrument heranzog, und das feine Geflirr der Fiedelbögen. Wie lange Nadeln waren sie, die Musik nähten.

Der erste Geiger hatte einen dicken Schnurrbart im Mondgesicht. Eben während er dem Instrument etwas Süßes entschmeichelte, mußte er gähnen. Seine Seele war im Handgelenk beschäftigt: der verlassene Rest langweilte sich. Es war beleidigend. Wäre das Stäbchen des Kapellmeisters nur lang genug gewesen, ihn im Schlund zu kitzeln! Schreibtafel her! Ich muß mir's niederschreiben, daß einer Inbrunst machen und dabei gähnen kann.

Unter den Geigern war einer, der wollte ein widerspenstiges Notenblatt, ohne sein Spiel zu unterbrechen, mit dem Geigenhals bändigen. Das Blatt sprang, so oft er's auch festzuhalten versuchte, immer wieder hohl auf. Endlich hatte er Pause und die Hände frei. Aber er verschmähte ihre Hilfe, kämpfte weiter mit dem Geigenhals gegen das renitente Papier. So oder gar nicht! Ein starrköpfiger Charakter.

Die Trompeter kehrten in jeder Atempause ihre Trompeten um, daß die Spucke herausflösse. Unter ihren Pulten muß es im zweiten Akt schon ausgesehen haben wir mitternachts auf dem Fußboden des Café Central. Blechbläser sondern sehr viel Flüssigkeit ab.

Die drei älteren Herren, die Posaunen bliesen – daß das eine Lieblingsbeschäftigung für Englein sein soll! –, lasen Zeitung. Schweigend hing indes das Instrument am Seitenhaken des Pults. Wenn es wieder an ihnen war, zu blasen – sie fühlten mit Sicherheit den Augenblick nahen –, tasteten sie, ohne von der Zeitung aufzublicken, nach der Posaune. Die erste wieder zu blasende Note auf dem Notenpapier wurde mit dem linken Auge erfaßt, indes das rechte noch am Abendblatt klebte.

Das Horn aber schlief, wenn es Rast hatte, und drehte vorher immer die elektrische Birne über seinem Pult ab. Ein guter, sparsamer Hausvater.

Die Baßgeiger, in gleichen Abständen voneinander,

wußten mit ihren Pausen nichts Rechtes zu beginnen. In Bewegung boten sie einen unbeschreiblich parallelen Anblick, als wenn wer an einem Schnürchen zöge, worauf acht Ellenbogen im selben Winkel ausfuhren und acht linke Hände eine bis auf das Millionstel gleich lange Strecke abwärts rutschten. Wenn man sich, der Abwechslung wegen oder aus blankem Übermut, die Ohren zuhielt und sie so betrachtete, dann waren sie die Gruppe aus dem Tartarus, geschmiedet an die Wand, für irgendwelche Erdenbosheit zur Strafe des Sägens verurteilt.

Von oben besehen, machten die Orchestermenschen überhaupt den Eindruck bewegter Mechanismen. Sie taten Zweckmäßiges, vielleicht wider oder zumindest ohne ihren Willen, aber so, als ob sie's wollten. Sie waren ein gutes Abbild menschlicher Geschäftigkeit. Sie bliesen die Backen auf und ruhten aus und sägten und machten gutes Spiel zur bösen Miene der Notwendigkeit und spielten pathetisch und langweilten sich dabei und dachten an das Ende und trommelten und schliefen und waren Solisten und doch aufeinander angewiesen und lasen das Abendblatt und dienten einem höheren Willen. Gestern einem andern als heute und heute einem andern als morgen, aber gestern, heute, morgen mit der gleichen, gähnenden Inbrunst und dem gleichen, teils von außen, teils von innen bezahlten Streben nach Vollkommenheit.

Die Flöte sang eine wundervolle Passage. Dann putzte sie mit einem rotpunktierten Taschentuch die Nase. Ich kann nicht sagen, warum das rührend war, aber es war rührend. Ich hätte im Tonfall neuerer Dramatik hinunterrufen mögen: O Mensch! O Bruder!

Mein Nachbar in der Loge schloß die Augen. »Ich will die Musik«, sagte er, »nicht die Musikanten.«

Er war ein Unmensch, ein Bourgeois, ein feiger Genießer, ein Leben-Weglügner, ein Kapitalist und Logenabonnementinhaber. Er machte die Pupillen klein, wenn er glauben und lieben wollte.

Jetzt ist er wohl schon hin, und die Küchenschelle blüht aus seinen Augen.

ICH BIN ZEUGE

Ich bin Zeuge im Ehrenbeleidigungsprozeß.

Der Prozeß findet in einem feierlichen Saal vor Geschworenen statt, und die Zeitungen werden über ihn berichten. Vielleicht wird im Bericht hinter meiner Aussage stehen: (Bewegung) oder: (Heiterkeit). Vielleicht sogar wird mein Foto in der Presse erscheinen.

Jedenfalls habe ich mich sorgfältig für meine große Stunde präpariert. Ich bin auf jede Frage vorbereitet. Ich werde ohne Pathos antworten, in einem Tonfall, in dem Selbstbewußtsein und Bescheidenheit sich schmackhaft mischen sollen. Meine kurze Verbeugung vor dem Gerichtshof wird eine Würde haben, eine Unbefangenheit, eine nachlässige Sicherheit, die mir Ehre machen dürften. Ich will die Geschworenenbank und die Zuhörer mit einem Blick von interessierter Gleichgültigkeit streifen, der Distanz schafft, ohne herauszufordern. Ich werde den Präsidenten abwechselnd mit »Herr Präsident« ansprechen und mit »Herr Vorsitzender«. Es wird sofort ein Stromkreis von Sympathie zwischen uns geschlossen sein.

Ich wähle zur Verhandlung meinen gewendeten blauen Anzug, sanft spiegelnd an Knie und Ellenbogen, aber frisch geplättet. Er drückt Schlichtheit aus und stolzen Mangel.

Eine halbe Stunde vor Beginn des Prozesses schlucke ich zwei Kola-Pastillen.

Ich bemerke, eintretend in das Haus meiner Triumphe, absichtlich den uniformierten Menschen nicht, der das Gerichtstor bewacht. Er hält mich an. Meine Vorladung springt ihm vor die Nase, ich rufe: »Zeuge!« Beschämt muß er die Bahn frei geben. Ich bin kein Niemand, der zuhören will; ich bin ein Jemand, dem zugehört werden soll.

Im Vorraum treiben sich Niemande herum. Publikum. Es sieht mir, der ich elastischen Schrittes dem Zeugenzimmer zustrebe, neugierig nach. Ich habe Lustgefühle, mit etwas Beklommenheit untermengt.

Das Zeugenzimmer ist ein trauriger Raum, kalt und grau. Der Kleiderrechen ist schief gebogen, das Stroh der Banksitze hängt durchgerissen, die Wände schimmeln feucht, es riecht nach Trübsal und Bangigkeit.

Wenn man alles Herzklopfen, im Laufe der Jahre hier geklopft, summieren könnte, welchen Donner gäbe das!

Das Fenster geht auf einen Hof des Gerichtsgebäudes. Es regnet leise. Ein Justizwachmann, Gewehr umgehängt, patrouilliert. Hinter dem leeren Schiebkarren schlägt er sein Wasser ab. In Raten, offenbar aus blanker Langeweile, um sich die Wachezeit zu kürzen. Sträflinge, jeder auf der Schulter einen Strohsack, dem die Eingeweide heraushängen, gehen über den Hof. Hinter ihnen der Aufseher, das Schlüsselbund an langer, um den Leib geschlungener Kette. Mir fällt ein, daß mir Dostojewskij nicht einfällt. Es regnet leise. Die Gefangenen schauen geradeaus, mit Blicken ohne Ziel und Inhalt. Sie gehen wie Blinde, die ihren Weg kennen. Der hinten schreitende Aufseher sieht zu Boden, als hielte er nur die vor ihm wandernden Beine in Evidenz. Warum hat er keine Flöte, wie es sich für Hirten, schreitend hinter der Herde, geziemt? Im besseren Staat werden die Aufseher Flöten haben und die Sträflinge Glöckchen um den Hals.

Ein Sträfling mit Kübel tritt auf. Allein, ohne Wächter. Offenbar ein Vorzugssträfling, der Vertrauen genießt. Er ist mir unsympathisch.

Eine lange Weile bleibt die Szene leer; bis die Gefangenen mit den Strohsäcken zurückkommen. Die Säcke sind prall und dick, wie vollgefressen. Und doch habe ich den Eindruck, daß sie den Schultern der Tragenden jetzt leichter wiegen, als da sie schlaff hingen. Gefühl überstandener Arbeit kompensiert vermutlich den Gewichtszuwachs.

Nun sperrt man sie wieder in ihre Käfige. Ich aber bin frei, kann gehen, wohin ich will. Mein Herz ist froh. Ich decke es rasch mit meiner Brüder Not zu, wie man den Vogelkäfig mit einem Tuch zudeckt, um das Lebewesen drin zum Stillsein zu bringen.

Ich stelle mir vor, das Zeugenzimmer wäre Kerkerzelle und das Gewehr des Wächters für mich geladen, wenn ich entweichen wollte. Das gäbe eine Abwechslung, Kamerad Justizsoldat, wie? Ich denke mich zum Tode verdammt: morgen, in grauer Düsterfrühe, soll ich gerichtet werden. Ich wünsche mir intensiv, daß es nicht so sein soll – und es ist nicht so. Ich bin nur zu

Kerker verurteilt. Ich bin nur zu Arrest verurteilt. Ich bin überhaupt nicht verurteilt. Ich bin Zeuge in einem Ehrenbeleidigungsprozeß.

Türen fliegen auf. Menschenschwarm schiebt durch die Menge. Was ist denn los? Unterbrechung?

Nicht Unterbrechung: Ende. Die Gegner haben sich verglichen, der Prozeß ist aus.

So war es immer. Niemals bin ich geprüft worden, wenn ich gelernt hatte. Niemals kam ich dran, wenn ich wohl präpariert war. Niemals bin ich auf meinen Höhepunkten ertappt, in meiner vollen Bereitschaft erwischt worden. Niemals kam es zum Schießen, wenn ich scharf geladen war. Was fange ich nun an mit meinen eingelernten glänzenden Repliken? Makulatur all der Reichtum, der mein Gehirn schwellen machte. Wo bleibt jetzt meine heimliche entente cordiale mit dem Vorsitzenden, mein elastisches Auftreten und Abgehen, mein über gierig starrendes Publikum leicht hinwischender Blick?

In der Vorhalle nimmt die Menschenmenge mich auf, Wasser den versprengten Tropfen. Ich fließe, kein Jemand mehr, in den Mischmasch der Niemande ein.

Es regnet heftig. Schwer wie ein schlaffer, aufzufüllender Strohsack drückt der leere Tag. Vor einer Stunde noch war er voll und wog leicht.

Auf dem Asphalt liegt ein gestürzter Wagen. Der Kutscher streitet mit dem Wachmann. Vielleicht könnte man einen Zeugen brauchen?

Der Wachmann sagt: »Gehen Sie weiter. Bleiben Sie nicht stehen. Da gibt es gar nichts zu schauen.« Vor dem Gerichtshaus fegen zwei Sträflinge den Straßenkot zur Kanalmündung. Mir fällt Dostojewskij ein. Er hatte einen schwarzen Bart und eine riesige Stirn und kannte das Strafhaus Welt, nicht nur die Zelle Rußland, den Prozeß Mensch contra Gott, die Kläger, den Beklagten, die Richter, die Zeugen, die wahren sowohl wie die falschen und die, die niemals aufgerufen werden.

DENKMAL

Im Wiener Stadtpark steht ein Männlein ganz still und stumm, das hat von lauter Golde ein Röcklein um.

Nicht nur das Röcklein ist von Gold. Auch die Stiefel sind golden und die Hosen, das Gesicht, der Schnurrbart, das gekräuselte Haar, die Augen, die Ohren und die Hände. Der ganze Mann rundherum ist goldfarben. Er hält eine goldene Geige unters goldene Kinn geklemmt und einen goldenen Fiedelbogen zwischen goldenen Fingern.

Der goldene Mann ist Johann Strauß, der aus der populären Wiener Luft das feinste und duftigste musikalische Destillat hergestellt hat. Er steht da, wie er leibte. So groß war er, so schlank, so trug er den Schnurrbart, und so kräuselte sich ihm das Haar. Was vergänglich war an ihm, zeitgebunden und äußerlich, erschien monumental festgelegt und festgestellt.

Wenn man das Denkmal sieht, muß man an mancherlei denken, nur nicht an Strauß-Musik. Wenn man aber Strauß-Musik hört, muß man an das Denkmal denken. Das ist eine böse Konsequenz der bronzegewordenen Liebe.

Ein anderes Denkmal des Walzerkönigs, jenes, das, aere perennius, länger währt als Erz, steht bekanntlich schon längst überall, wo musikfrohe Menschen wohnen. Wenn er aber schon ein Denkmal hat, dauernder als Erz, warum dann noch eines, das höchstens so lange dauert wie Erz? Man sollte denen Denkmäler setzen, die sonst vergessen würden, nicht jenen, die schon ohnehin ihrer Unvergeßlichkeit sicher sein können.

Vielleicht sollte man überhaupt keine Denkmäler setzen. Aber das geht nicht wegen der Bildhauer. Die Antike errichtete ihren berühmten Männern noch bei Lebzeiten Denkmäler, zuweilen auch setzten die berühmten Männer solche sich selbst. Das hatte einen Sinn. Das hob das Ich-Gefühl und trug bei zur Popularität. Wenn Julius Cäsar Feiertag nachmittags mit seinen Tanten spazierenging, erlustigten sich die alten Damen daran, die Ähnlichkeit ihres Neffen mit seinen Bildsäulen zu kontrollieren, und Cäsar freute sich über die Freude der guten Frauen.

Späterhin verschluderte sich diese gesunde Praxis des steinernen Ruhms, und heute müssen verdiente Leute schon längere Zeit tot sein, ehe sie Denkmäler bekommen, von denen sie dann natürlich gar nichts mehr haben. Denn das sozusagen Geistige der Denkmäler verwittert ungemein rasch, viel rascher als das Materielle. Nach kurzer Zeit schon haben Denkmäler ihre Idee ganz verloren, ihr Inhalt rinnt aus, der Reiz zu Assoziationen, den sie anfangs übten, wird so schwach, daß er nicht mehr über die Bewußtseinsschwelle des Betrachters tritt, statt der unsterblichen Berühmtheit steht in starrer Pose eine gleichgültige Figur da, und bald ist die primäre Bedeutung des Denkmals ganz und gar überwuchert von seiner sekundären als Tramway-Haltestelle, Stelldichein oder Kinderspielplatz. Von allen Denksäulen, errichtet, um die Beziehung deren, denen sie gelten, zu dem weiter flutenden Leben aufrechtzuerhalten, erfüllen solchen Zweck nur die Litfaßsäulen.

Andererseits, auf ein paar steinerne oder bronzene Leute mehr, zu Pferd, zu Fuß, im Lehnstuhl, mit Buch, Fernrohr, Palette, Leier, Zirkel, Violine, ihre tote Grimasse in das lebendige Mienenspiel der Stadt mengend, kommt es nicht an.

Ich bin gegen Denkmäler, und es ist klar warum: Weil ich selbst keines bekommen werde. Mir sind die Monumente zu sauer.

Wenn die Sonne auf den goldenen Violinisten im Park scheint, funkelt er. Aber ich habe ihn kürzlich einmal im Regen gesehen. Ihr könnt euch nicht denken, wie traurig und arm-prunkvoll er aussah. Wie bemitleidenswert tot er da stand, der Unsterbliche.

ZOOLOGIE

Die Bremse

Die Bremse sieht aus wie eine große Stubenfliege. Nur ist ihr Leib schmäler, länger und grau, nicht schwarz. Sie hat einen Stachel (oder ist es ein spitzer Rüssel?), den sie gern in die Haut warmblütiger Tiere, also auch des Menschen, bohrt. Wo sie hingestochen hat, dort schwillt eine weißliche, rot geränderte Blase auf, die heftig juckt. An Schlaflosigkeit Leidende wissen diese Schwellungen zu schätzen, denn sie des Nachts zu kratzen ist ein wohlig irritierender Zeitvertreib und ersetzt phantasievollen Individuen die Geliebte.

Eine ganz arge Plage in der heißen Jahreszeit ist das

Bremsenvolk für Pferde. Der schändliche Mensch stutzt den Pferden aus fluchwürdigen ästhetischen Gründen die Schweife, und der verstümmelte Wedel hat einen zu kurzen Aktionsradius, als daß er überall hintreffen könnte, wo die Bremse sitzt und sticht und saugt. Mitleidig steigt der Kutscher ab, schlägt dem Roß mit flacher Hand auf Bauch, Lenden, Rücken. Seine Finger triefen dann von Pferdeblut aus zerquetschten Bremsenleibern.

Die Menschen haben es leichter, sich der Bremsen zu erwehren. Ihre Hände an den langen, beschwingten Affenarmen treffen jeden Punkt des eigenen Körpers, nach dem sie zielen.

Schwimmern freilich macht die Bremse trotzdem arge Beschwer. Gerade hier aber ist sie zu entschuldigen. Sie hat sich zu weit übern See hinausgewagt . . . wohin anders nun, um nicht zu ersaufen, sollte sie sich setzen als auf die bewegliche Menschenfleisch-Insel?

O Freundin! Es ist nicht Bosheit, es ist nicht Liebe, es ist Angst vorm Verlorensein im hoffnungslosen Ringsum, die die qualvollsten Anhänglichkeiten wirkt!

Die Maus

Meine brave Frau Sedlak ruft: »Um Gottes willen, eine Maus! Da läuft sie!«

Da lief sie, huschte huschelig hinter den Kasten. Scharf in die schmale Finsternis zwischen Wand und Kastenrücken lugend, sahen wir die Maus, die uns sah und, von der greulichen Erscheinung der zwei Riesengeschöpfe in Herz und Gedärm getroffen, einen Posten schwarzer Punkte auf den Boden sprenkelte.

Frau Sedlak bestand darauf, sofort den Hausbesorger zu verständigen.

Der Hausbesorger meinte, in einem Köfferchen könne sie mitgebracht worden sein, von der Reise. Oder im Kohlenkorbe aus dem Keller. Komplizen habe, seiner Ansicht nach, unsere Maus keine. So eine Maus sei oft plötzlich da, niemand wisse, woher.

»Verschwindet sie auch wieder so? Plötzlich? Niemand weiß, wohin?«

Eine Mausefalle wäre, folge man ihm, immerhin rätlich.

Ich wollte von Gewaltmitteln absehen. Möge die Maus, bis sie, vom Hunger benagt, die Nagende, nach üppigeren Gegenden auswandere, das Heim mit mir teilen. Doch die Hausgehilfin stellte kurzweg die Wahl: »Ich oder sie.«

Die Mausefalle wurde herbeigeschafft.

Ich tat, was ich immer als erstes tue, wenn eine neue, der Wissenschaft zugängliche Erscheinung neue Fragen in mein Leben wirft: ich schlug nach im Konversationslexikon.

Mein Gast führt, wie ward mir da, den Kosenamen mus musculus. Etwa »Mausmäuschen«. Also selbst die Wissenschaft sagt Mausi. Und ein Wesen, mit dem sogar die Latinität zärtlich ist, das sogar von der Hand der Forschung gestreichelt wird, soll ich morden lassen?

Lächerlich sind die Anklagen des Lexikons gegen das Geschlecht der Hausmäuse. »Sie wird durch ihre Naschhaftigkeit, mehr noch dadurch lästig, daß sie wertvolle Gegenstände, namentlich Bücher, benagt.«

Meine Maus soll Bücher haben, so viel sie will. Sie kann sich den Verlag aussuchen.

In die Falle lockt ein stark duftendes Stück geräucherten Specks. Endlich sehe ich einen nicht metaphorischen Speck, mit dem man Mäuse fängt. Daß es das wirklich gibt, was doch nur in der Sprache lebt! Es hat sein Ergreifendes, solches Zurückgleiten des Bildes in die Realität, solche Heimkehr der Phrase ins Vaterhaus.

Manchmal höre ich Knabbern und Knistern aus der Zimmerecke. Das ist die Maus. Ich habe mich an sie gewöhnt. Ich möchte nicht mehr sein ohne sie. Sie beschäftigt mich, wenn mich nichts beschäftigt. Ihre geheimnisvolle Lebendigkeit durchtränkt wie ein zartes Fluid die Luft der Stube. Sie macht das Zimmer um ein Nuancechen heimlicher und um eines unheimlicher. Wo sitzt sie, was treibt sie, was plant sie? Wie gefällt es ihr bei mir? Hat sie Angst? Ist ihr bange nach andern Mäusen, oder schätzt sie, unsozial, die Einsamkeit? Ich möchte nicht, daß sie in die Falle geriete, ausgeliefert werden müßte ihren Henkern. Nein, das soll keinesfalls geschehen. Eine leichte Knickung der schicksalhaften Metallfeder . . . Frau Sedlak kann sich's nicht erklären, wieso der Speck immer fort und die Maus nicht in der Falle ist.

Siebenmal holte sie sich den Speck, dann kam sie nicht wieder. Sie verschwand, wie sie gekommen war.

Kein Knabbern, kein Rascheln mehr. Es ist ganz still in der Stube, mäuschenstill geradezu. Warum ist sie nicht geblieben? Es ging ihr doch gut bei mir. Sie hatte Speck und Bücher und war sicher vor einer Welt, in der die Katze lauert, das Schweinfurtergrün und die biologische Versuchsanstalt.

In der Nachbarswohnung ist ein Exemplar von mus musculus gesichtet worden. Nicht die unsrige, eine viel kleinere.

Es gibt also Mäuse im Haus, Mäuse?!

Der Plural löscht alle Sympathie für das Einzelwesen. Die Natur mag es halten, wie sie will – meine Liebe gehört dem Individuum, nicht der Gattung. Dies gilt, was mich anlangt, für alle warmblütigen Tiere, nicht nur für Mäuse.

Deshalb habe ich die schicksalhafte Metallfeder wieder grade gebogen. Wenn nochmals eine Maus sich her verirrt, wird sie dran glauben müssen.

Ich gehe keiner mehr in die Falle.

GESANG MIT KOMÖDIE

Von der Stimme des Fräuleins sage ich nur so viel: »Eigentlich ist sie ein Mezzosopran.« Das kann man ohne besonderes Risiko von jeder Altistin sagen.

Hingegen erachte ich die Dame für eine geniale Schauspielerin. Ihr Talent offenbarte sich in des Wortes Bedeutung schon im ersten Augen-Blick. Wie sie mit sanfter Pupille den Saal überschaute und doch hierbei allen Bekannten quittierte, daß sie ihr Vorhandensein erfreut wahrgenommen habe, das zeigte schon die Könnerin.

Auch der zweite Augen-Blick der Sängerin war eine Meisterleistung. Er galt dem bebrillten, schüchternen, jungen Mann am Klavier und sagte nicht nur: Los!, sondern auch: Wir Künstler! Und nicht nur: Fangen wir in Gottes Namen an!, sondern auch feierlich: Betreten wir, o Freund, den Hain!

Von dem Begleiter wäre zu sagen, daß er diskret begleitete. Das ist so wie mit dem Mezzosopran.

Mit den Zugaben waren es zwoundzwanzig Lieder, die das Fräulein in den Saal schüttete. Blümchen, kunterbunt entrupft dem Irrgarten der Gefühle. Melancholie und Neckisches, Liebe, Tod, Freuden der Wanderschaft und das Kindlein im Sarge, Lenz-Tirili und Wintergrausamkeit, Hoffnung und Verzweiflung, Natur, einsames Stübchen, Donner des Wasserfalls und der Mutter Schlummerlied. Mühelos sprang die Sängerin von Stimmung zu Stimmung, aus dem Warmen ins Eisige, von Schwermut zu Übermut, aus italienischem Sanguinismus mitten hinein in deutsche Herzensnot.

Wenn sie Lenz sang, blühte ihr Gesicht, die Augen zwitscherten, und um den Mund spielten Sonnenreflexe.

Wenn sie sich in den Winter begab, wurde das Antlitz um viele Grade härter, die Schultern rückten fröstelnd näher zueinander, der Blick ging nicht in die Ferne, blieb zu Hause, hatte keine Lust, durch den Schnee zu wandern.

War das Lied traurig, war es noch viel mehr die Sängerin. Falte des Grams schnitt zwischen ihre schönen Brauen, die Wimpern gingen auf halbmast, das Haupt fiel in den Nacken zurück, in ein unsichtbares Kissen der Schmerzen.

Hingegen sang sie Schalkhaftes – das Gesicht ein weites, schimmerndes Lächeln – mit vorgebeugtem Oberkörper, näher, vertrauter heran an die Hörer, gleichsam: niemand braucht es zu wissen als ich und du.

Es war, sage ich, bewundernswert, wie die Sängerin von Lied zu Lied ihr Antlitz umbaute, wie sie alle Genres mienenspielte und den Schauplatz solchen Spiels – o höchst regulierbares Auge! – in mancherlei Stärkegrad belichtete oder abdunkelte, wie sie im Sturm des Liedes wankte, auf seinem sanften Lüftchen sich wiegte, Held war und bleiche Mutter und Fischerknabe und une drôle petite fille.

Auch meine Altistin ist gewiß durch die labyrinthische Hölle der »Methoden« gegangen, hat bei ein paar verdammten Narren und Närrinnen Geheimturnkünste der Bauchmuskulatur gelernt, das Singen aus den Schulterblättern, die Tongebung vom Zwerchfell her, das Luftsaugen in der Beckengegend, das Anlegen von Atemreserven in der Nasenmuschel, das Polieren des Klanges durch Wälzen über die S-förmig gebogene Zunge. Aber alle diese verruchten Fakirkünste deckt ihr schauspielerisches Talent. Man sieht nicht, wie sie's treibt. Das Gesangstechnische ist restlos eingebaut ins Mimische, in zweckvolle, scheinbar nur dem lyrischen Ausdruck dienende Leibesbewegung.

Ihre darstellerischen Höhepunkte jedoch erklomm das Fräulein während der klavieristischen Nachspiele. Diese Nachspiele sind eine Peinlichkeit. Die Sängerin ist schon fertig, aber sie darf ihre Miene noch nicht entspannen. Sie muß den inneren Ton halten, bis der Pianist ausmusiziert hat. Der Dank der Hörer hat schon die Arme geöffnet, die Sängerin ist bereit hineinzustürzen, aber sie muß noch ein Weilchen in der Luft schweben bleiben. Und überdies hierzu ein entrücktes Gesicht machen, als stünde sie ganz im Bann des Liedkunstwerkes, das da in mehr oder weniger Takten klavieristisch veratmet. Keine Kleinigkeit, sich mit Takt aus diesen Takten zu ziehen!

Das Fräulein benahm sich während dieser Nachspiele, dieser schweren Pausen, die ihr auferlegt waren, dieser mystischen Luftleere, in der sie zu verharren hatte, musterhaft. Sie begab sich mit dem Blick in eine

Ferne, wohin ihr keiner folgen konnte. Sie entschwand geistig und ließ nur ihren Körper als Pfand dafür zurück, daß sie nach Klavierschluß wieder komplett dasein würde. Ihre Mienen glätteten sich mit einer so exakt ausgemessenen Allmählichkeit, daß sie genau beim letzten Ton des Klaviers den Normalpunkt erreichten. Sie war während des Nachspiels selbst entrückte Hörerin, bescheidene Partnerin des Kameraden am Klavier. Sorglos kreditierte sie dem Publikum noch die paar Takte lang den Beifall, sicher, daß er durch solch kurze Verhaltung an Stärke nur gewinnen würde.

Ich weiß nicht, ob dem Fräulein der Rang einer großen Sängerin zukommt. Der einer großen Schauspielerin gewiß.

Die Stimme? Die Stimme ist eigentlich ein Mezzosopran.

EN PASSANT

In allen lehrhaft-frommen Erzählungen werden die, die Gott leugnen, so lange von ihm mürbe und mürber gemacht, bis sie endlich an ihn glauben. Elend, Sturz und Jammer bricht ihren Übermut. Gerade durch diese Praxis wird die Sache Gottes verdächtig. Er muß seine Geschöpfe erst wehrlos machen, ehe er sie niederwerfen kann. Keine Legende erzählt von einer partie égale, die er gewonnen hätte.

1922

Eine dreiundachtzigjährige Frau hat sich mit Lysol vergiftet, weil sie nicht länger warten wollte, die Buchhandlungsgehilfen streiken, abgeschafft sind die Lebensmittelkarten, von denen wir uns in Zeiten, da die Lebensmittel abgeschafft waren, ernähren mußten, Schneewind weht, eine eifervolle Jugendfürsorgebeamtin hat sich durch ihn nicht abhalten lassen, stundenlang vor einem öffentlichen Abort auf der Lauer zu liegen und dort Unsittlichkeiten festzustellen, was dann – der naturgemäße Abschluß von Klosettvorgängen – in die Zeitung kam, kürzlich trieb sich ein verdächtiger Schakal in Wien herum, offenbar im Glauben, es sei bereits soweit mit uns, aber noch sind wir nicht auf den Schakal gekommen, noch haben wir die Gobelins, und unsere Künstler wachen über sie, haben auch ihretwegen schon wieder vorgesprochen, das dumme Volk jedoch, roh und ungelehrig, wissen Sie, was es mit den Gobelins tut?, es wischt sich mit ihnen etwas aus, nämlich die Augen, die rot sind von vielem Weinen, das Bundesministerium für Inneres jedoch hat die Aufführung des Dramas »Himmel und Hölle« untersagt, weil »bei der heutigen leichten Erregbarkeit weiter Kreise der Bevölkerung und der gesteigerten Neigung zu ordnungswidriger Geltendmachung der Empfindungen zu befürchten wäre, daß im Falle der Aufführung Kundgebungen ausgelöst würden, welche sich als Störungen der öffentlichen Ruhe und Ordnung darstellen würden«.

Es sind harte Zeiten, aber die formulierte Erfassung ihres unruhigen Geistes als »gesteigerter Neigung zu ordnungswidriger Geltendmachung der Empfindungen« ist eine Köstlichkeit, die allen Lobpreisern Österreichs recht gibt. »Hast du von diesem Satz – das Land dir rings beseh'n – so wirst du, wie es ist – und wie's ihm ging, versteh'n.«

Der Schakal, der sich in den Straßen Wiens umgetan hat, war offenbar eine Hyäne. Sie ist hierhergekommen zwecks Befriedigung ihrer im Konversationslexikon festgestellten Neigung, »gräßlich zu lachen«.

BERLIN, SOMMER 1922

Alle Einwohner Berlins sind intensiv mit ihrer Beschäftigung beschäftigt. Alle nehmen sie und sich furchtbar ernst, was ihnen einen leicht komischen Anstrich gibt. Auch die Müßiggänger gehen nicht schlechthin müßig, sondern sind damit beschäftigt, müßig zu gehen, auch die nichts arbeiten, tun dies im Schweiße ihres Angesichts. Auf keiner Bank des Tiergartens sitzt ein richtiger Nichtstuer. Er liest entweder oder rechnet im Sand. Was in Berlin Stillstand scheint, ist, näher besehen, doch ein Marschieren, nur eben zeitweilig auf demselben Fleck. Den Berliner, so paradox es klingt, zwingt das Gesetz der Trägheit, rührig zu sein. Während mein Freund Siegfried Jacobsohn, der gefürchtete Theaterkritiker, ruhevoll in den sanften Spiegel des Lietzensees blickt, schreibt sein Unterbewußtsein Kritik über das matte Spiel der Wellen. Nicht einmal die Bohème, die, nach dem Untergang ihrer Stammburg, jetzt – ein Pilz, dem die Mauer abhandengekommen ist – im Exil des »Romanischen Café« schmachtet, hat sich zur Weltanschauung des absoluten Nichts-Tuns durchgerungen. Da haben es also die zugewanderten Wiener schwer.

Im Mittelpunkt der Stadt, ihr Wahr- und Wetterzeichen, steht der Dollar. Um die Mittagsstunde sieht alles hin und richtet sich danach. Von den Spannungen der politischen Atmosphäre im Reich wetterleuchtet es auf den Straßen nur unmerklich. Die Bevölkerung hat ins Gefühl der Sicherheit zurückgefunden, das nur manchmal durch den Taktschritt der zum Schutz jener Sicherheit vorhandenen Reichswehr erschüttert wird. Die scharfe linksradikale Propaganda, die einige Schaufenster durch Aushängung dynastischer und patriotischer Bilder betreiben, kann daran nichts ändern.

Der Berliner Verkehr hat die Dichte und Velozität der Vorkriegszeit wiedererreicht, vielleicht sogar schon übertroffen. Jeder zweite Börseaner besitzt ein Auto, wenn auch nicht lang, und sucht diese kurze Zeit naturgemäß tüchtig auszunützen. In den schnurgeraden Straßen ist Autofahren ja auch ein ganz besonderes Vernügen, in diesen Straßen, die nur deshalb ein Ende zu haben scheinen, weil das Lineal, das sie zog, zufällig nicht länger war oder weil dem Architekten die Geduld ausgegangen ist, noch mehr Häuser nebeneinander in ausgerichteter Linie hinzustellen. Hätte der unglückliche Krieg deutsche Expansions- und Kolonisationskraft nicht gebrochen, späte Urenkel würden es erlebt haben, daß der Kurfürstendamm mit Nummer soundso viel Millionen in Kurfürstendamm Nummer eins zurückgelaufen wäre . . . ein fester Gürtel, geschmiedet um die allenthalben zweckvoll abgeplattete Erde, daß sie nie mehr aus dem deutschen Leim gehe.

Vorbei, vorbei! Die Entwicklung nahm und nimmt andere Wege. Dort, wo die schönen Straßen jetzt, wie amputiert, enden, den Stumpf von Feld und Wiese überwachsen, breitet sich, die Stadt peripherisch umzingelnd und immer mehr nach innen drängend, eine romantische Zone, Burgen, Schlösser, verfallene Städte, Moscheen und Renaissancepaläste, Osterien, Ruinen, phantastische Gebirgsformationen, ägyptische, pragerische, indische Land- und Stadtschaften. Es sind, Zelt an Zelt gereiht, die Heerlager der Afa, Befa, Cefa, Defa, Efa usw. Täglich drängen neue kinotische Scharen heran, und bald wird das deutsche Alphabet gestreckt werden müssen. Der Film belagert Berlin, Überläufer strömen ihm in Massen zu, und die völlige Kapitulation der Stadt ist nicht mehr weit. Heute schon hat der vom Jupiterlicht verwirrte Fremde oft den Eindruck, das eigentliche Berlin sei Film-Imagination, im wesentlichen aus Pappendeckel, und die echten Häuser nur hingestellt, um ein wenig »wirkliche Stadt« vorzutäuschen. Man könnte auch sagen, ein einzig Filmband umschlinge alle Völker Berlins, das stärkste, seit die Dynastie gerissen ist. Seine Inschrift: Seid verschlungen, Millionen!

Berlin, lautes, eckiges, liniiertes, zerfilmtes Berlin, unsüße, unbarmherzige, scharfe, gierig wollende, mit Zähnen und Fäusten das Leben haltende und zwingende Stadt, ich denke liebevoll dein, wieder hinabgetaucht in die Stadt voll Staub und Wunden, in das fidele Grab an der Donau, in die gemütlichste Katakombe Mitteleuropas, wo man, daß Leben ist, nur an den Erschütterungen der Decke merkt.

TEICH

Der Teich ist klein. Aber wenn man, die Handflächen als Scheuklappen um die Augen wölbend, das Gesichtsfeld verengt und so die Ufer wegschneidet, kann man träumen, er sei unendlich groß. Auf das Träumen allein kommt es an.

Am klügsten wäre vielleicht, die Augen ganz zu bedecken.

An einer Stelle biegt der Teich, sich verjüngend, um den Hügel, spielt: einsame Küste. Hier wäre ein hübscher Ort zur Zwiesprache mit Gott, wenn man ihm irgend etwas zu sagen wüßte und wenn er Lust hätte, zu hören und zu antworten.

Eine schmalästige Föhre schüttet unermüdlich ihr Spiegelbild in das Wasser. Ein Brückchen macht anmutig kreuzhohl über der unermeßlichen Tiefe, die einen halben Meter beträgt.

Laßt uns an diesem stillen Ufer das Kanu verankern, die Ruder einziehen und, rücklings gelagert, von Grillen rings umzirpt, vergessen, daß die Welt ist, wie sie ist, und daß sie überhaupt ist.

Zwei Schwäne gleiten vornehm spazieren, in tiefem Nachsinnen. Wächter der Schweigsamkeit. Teich-Heilige. Manchmal tauchen sie die Schnäbel mit priesterlicher Gebärde ins Wasser; wie in Weihwasser.

Auch ein Storch ist da. Sachte schlägt er mit den Flügeln, fächelt sich Luft zu. Wie einen Zollstab kann er die mennigfarbenen Beine biegen und strecken. Unendlich langsam und vorsichtig, als ginge es über millimeterdünnes Eis, stelzt er durch das Wiesengras.

Am Ufer dösen schmutziggraue Enten. Sie blicken

den weißen Schwänen nach und murmeln: Es wird ein Schwan sein, und wir werden nimmer sein. Schwäne werden nämlich sehr alt, viel älter als Enten. Es gibt welche im Laxenburger Park bei Wien, die erinnern sich noch, wie Kaiser Ferdinand ihresgleichen mit Semmelkrumen fütterte. Deshalb erhielt er von der vaterländischen Geschichtsschreibung den Beinamen: der Gütige.

Kürzlich wurde einer der Schwäne, ein Greis von neunzig, nachts ermordet und aufgefressen. Er soll gesungen haben in seiner Sterbestunde.

Aber ich glaube, es war der abendbrotselige Mörder, der gesungen hat.

Vom Ufer führt ein ganz schmaler Steg ins Wasser. Rechts und links schaukeln Boote. Ihre Namen klingen flink, anmutig, fliegefroh:

Eines heißt: »Möwe«. Eines: »Pfeil«. Eines: »Libelle«. Und ein hellblaues heißt sogar: »Lisl«.

DIE RIESEN

Wo sind sie hingekommen, die Starken, das gigantische Geschlecht der Möbelpacker und Klavierträger, die friedvolle Seitendeszendenz Fasolts und Fafners, langsam und schwer und sicher, den Kindern und Mägden hold, nicht achtend der Zentner, dampfend von Gutmütigkeit und Wein und Schweiß und Knaster? Nicht mehr wuchtet ihr Stamm auf der Erde Rücken.

Es waren gewaltige Männer. Sie trugen blaue Schürzen und struppige Schnurrbärte und in der Hosentasche zweidezimeterlange Taschenmesser. Mit diesen sprengten sie Kisten und spalteten Bretter und schnitten Speck und kratzten den Pfeifenkopf leer. Sie hatten braune Glatzen und rote Stirnen und brummelten in einem ganz tiefen Baß vor sich hin. Oft unterbrachen sie das leichte Spiel ihrer schweren Arbeit und gingen frühstücken. Tropfenden Schnurrbarts kehrten sie wieder, die Stirn um etliches röter. Schwer dröhnte ihr Schritt. Mit Langmut duldeten sie, daß die Kinder sich im Fangspiel an ihren Beinen wie an Pfosten festklammerten oder sich mit den Möbeln hochtragen ließen.

Meistens hießen sie Karl.

Einem fiel, als er niesen mußte, das Klavier auf den Fuß. Er brummte unwillig. Der andere sagte: »Seit wann bist du denn gar so heikel?«

Sie hatten Bärenkräfte und Seehundsgesichter und den Paßgang des Elefanten und ein Bernhardinerherz und ein Menschenschicksal. Wenn sie ihren Knacks weg hatten und nicht mehr schleppen konnten, warf sie der Unternehmer hinaus, und die Fleischfresserin Tuberkulose biß sich an ihnen fest.

Dem Kinde waren sie Wesen aus Fabelland. Sie lebten gewiß nicht in Zimmern, sondern in Höhlen und hatten einen mächtigen König, dem sie die Feinde erschlagen mußten. Gewissermaßen stimmte das ja auch.

Wo ist es hingekommen, das Gigantengeschlecht der Möbelpacker und Klavierträger?

Es zog aus, seinem König die Feinde zu erschlagen und sich dabei von ihnen erschlagen zu lassen.

Von denen, die zurückkamen, sind ein paar in die Fremde gegangen und Ringkämpfer geworden und essen das schweißgetränkte Brot eines »Löwen von Barcelona« oder eines »Champion von Celebes«.

Die anderen wollen nicht mehr in Höhlen wohnen und hinausgeschmissen werden, wenn sie den Knacks weghaben. Nicht die Riesen, das ganze Volk, das schleppt und zieht und trägt, brummelt unwillig.

Es muß ihm etwas auf den Fuß gefallen sein.

Worüber manche den Kopf schütteln und vorwurfsvoll fragen: »Seit wann bist du denn gar so heikel?«

FRÜHLINGSRAUSCHEN

Es gibt ein Klavierstück von Sinding: »Frühlingsrauschen«, ein gefälliges Stück, überall zu Hause. Eine klavieristische Butterblume, caltha palustris pianof. comm. Heimpianisten werten die Nummer hoch; sie versetzt Ellbogen wie Gemüt in beglückend weiche Schwingungen. Angenehm flutscht das von oben nach unten und von unten nach oben, schwillt an, schwillt ab, säuselt, stürmt, verhaucht und braust daher und dahin ... also kurz: Frühlingsrauschen.

Schwer ist die Nummer nicht. Immerhin muß man schon spielen können, um sie spielen zu können.

Irgendwo in meiner nächsten Nähe haust ein Wesen, das spielt manchmal in der Morgenstunde »Frühlingsrauschen«. Halbe Monate verhält sich das Wesen ganz still. Dann kommt eine Tagereihe, da Morgen für Morgen der Frühling über die nachbarlichen Tasten rauscht. Ein paar Wochen Pause ... plötzlich, acht Uhr früh, das bekannte Rauschen ... und dann wieder viele Tage nichts.

Es ist, als ob das unheimliche Geschöpf nur manchmal auftauchte, einen tüchtigen Schluck Frühlingsrauschen zu sich zu nehmen, und dann wieder für längere Zeit verschwände.

Beunruhigend und verwirrend an dem Tun des seltsamen Menschen ist, daß er nie etwas anderes spielt als jenes Frühlingsrauschen. Er bringt nur dieses einzige Stück hervor. Er gibt keinen anderen Klavierlaut von sich. Und könnte es doch (da er dieses kann), wenn er nur wollte. Welcher Fluch lastet auf der beklagenswerten Kreatur, daß ihren Tasten tastenden Fingern alles zu Frühlingsrauschen wird?

Ich kann nicht genau bestimmen, woher der Klavierklang kommt. Jedenfalls aus einer Wohnstatt unter der meinen. Die rechts von mir hegt einen europabekannten Dichter, der nicht Klavier spielt, der nur die Leier schlägt, und dies mit Recht. Und links gibt es kein Quartier mehr. Erst zwei Stockwerke tiefer stößt das Haus an das Nachbarhaus. Über meiner Wohnung das Dach, drüber Dunst und Rauch, drüber atmosphärische Luft, drüber der reine Äther und über ihm, Brüder, muß ein guter Vater wohnen. Diese Gegenden kommen also nicht in Frage. Der Spieler sitzt tiefer, erdnäher. Vielleicht, wahrscheinlich, ist es eine Frau. Oder ein Irrer. Ein Geschöpf, durch schreckliches, durch süßes Erlebnis verfallen der Pièce . . .

Warum, Unfaßbarer, immer nur das eine Stück? Warum niemals »Die Mühle im Schwarzwald«? Oder »Träumerei«? Oder »Blümlein traut, sprich für mich«?

Der Fall ist, wie immer betrachtet, problematisch. Es wird Leute geben, die sagen, er sei überhaupt nicht zu betrachten, er sei unbeträchtlich.

Aber ist das nicht gruselig, schmerzhaft, das Weltbild trübend, daß einer ein Klavier hat, spielen kann und seit acht Jahren niemals, niemals etwas anderes spielt als »Frühlingsrauschen«? Die Welt steckt gewiß voll Monomanen, z. B. Verdienern, die mit ihrem Geld alles mögliche machen könnten und doch mit ihm nichts machen als wieder Geld verdienen, oder Liebenden, die ihre Phantasie jahrzehntelang zur Verklärung ein und derselben Gans mißbrauchen. Aber diese Traurigen expliziert zur Not das Wort: Leidenschaft.

Wie jedoch verstehe ich den musikalischen Dämon, der, in Menschenhülle gebannt, als einzige Nahrung die Butterblume kaut und wiederkaut?

Ich verstehe ihn ganz und gar nicht.

Er ist eine Pointe, zu der die Geschichte durchaus fehlt.

Sie hinzuzuerfinden wäre leicht. Aber die Entwicklung geht ja dahin, den Leser von Bevormundung durch den Schriftsteller zu befreien. Dies ist wesentliche, vielleicht wesentlichste Forderung neuer Geistökonomie.

1923

In Wien geht ein besonderer Wind von besonderer Unausstehlichkeit, lärmend und ohne Richtung, die schäbigen Fittiche voll Staub und pulverisiertem Pferdemist. In einer und derselben Straße ist es auf der linken Seite windstill, auf der rechten tobt der Sturm. Und umgekehrt. Oder links pfeift der Südwest und rechts der Nordost. Kein Mensch kennt sich aus.

Der Windigkeit des öffentlichen Klimas angepaßt ist das politische Leben dieser Stadt, die sich nicht entscheiden kann, ob sie nach links oder rechts zugrunde gehen soll, aber mit Entschiedenheit den Grundsatz festhält: sterben und sterben lassen. Jeder könnte hier nach seiner Fasson hin werden, wenn nicht die Polizei ihm diese Freiheit einengte. Insbesondere die Selbstvergiftung durch Alkohol ist ihr ein Dorn im Gemüte. Mit sportlichem Eifer sammelt der Schutzmann Trunkene, und tagtäglich wird kundgemacht, wie viele ihrer aufgelesen wurden.

Nebst dem Alkohol gefährdet nichts so sehr die Steuerzahler wie die Sinnlichkeit. Deshalb hat das Mutterauge des Gesetzes auch diese Materie in sein Blickfeld einbezogen. Die Gerichte, darüber aufgeklärt, daß es in den separierten Zimmern der Gastwirtschaften manchmal separiert zugehe, verhängen Strafen über die Wirte. So hat das hiesige Kopulationsbedürfnis es derzeit nicht leicht. Wohnungen gibt es keine, die Hotels werden durch Razzien unsicher gemacht, durch das Schlüsselloch der chambres particulières lugt der Detektiv, und Wald und Wies' sind eingeschneit. Wohin sollen also die Wiener mit ihrem Dionysischen?

Gegen gesteigerte Not hilft nur gesteigerte Arbeit, sagen die Lehrer der Welt. Sie wissen nicht, wie oft Faulheit nur Konsequenz tiefer edler Abneigung ist gegen einen Fleiß, der Unzulängliches produziert. Und stünde es nicht besser um die menschliche Gemeinschaft, wenn manche Kategorien von Tätigen dafür entlohnt würden, daß sie nichts tun? Der ganze Weltkrieg wäre erspart worden, hätte man nur Politiker, Militärs und Journalisten für ihre Gage zur Leistung verpflichtet, nichts zu leisten. Wieviel Kraft und Arbeit konsumiert z. B. die sogenannte Literatur! Ein einziger fleißiger Dichter:

wieviel Setzer, Buchdrucker, Buchbinder, Briefträger, Leihbibliotheksbeamte und kollegiale Federn setzt sein Dampf nicht in Bewegung? Ist es nicht schade um so viel verpulverte Kalorien? Müßig gehen ist subjektiv und objektiv lange nicht so verderblich wie müßig arbeiten, schlimmer als die unnützen Nichtstuer sind die unnützen Tuer, und dem Geiste käme es zu hohem Nutzen, wenn mancher Fleißbold bezahlt würde dafür, daß er die Hände öfter in den Schoß und seltener auf die Schreibmaschine lege.

Obgleich dem so ist, obgleich die Krone nur mehr ein Dezimalpunkt, Papier und Druck teuer, die Menschen edler Geistigkeit, wie sie die Presse keltert, abhold sind und der Winter grimmig dräut, grünt es doch im Zeitungswald. Neue Blätter sprießen. Jeder bessere Krösus will seine eigene Zeitung, und nicht nur sonntags, im Topf haben. Als ob der neue Reichtum einem zornigen Jehova-Diktat gehorchte: Aus Papier bist du geworden, und zu Papier sollst du wieder werden! Aber vielleicht ist solch wunderliches Verlangen nach dem eigenen Journal auch aus einem Machthunger zu erklären, aus einem Herrsch-Willen, der, da er dem Bild der Welt nicht Linie und Farbe bestimmen kann, doch zumindest das Spiegelbild seinem Geschmack unterwerfen, und, wenn schon nicht über der Welt Stimme, so doch über dieser Stimme Echo zu gebieten verlangt.

Die große Erscheinung des Wiener Tages ist Breitbart, ein israelitischer Athlet, der Ketten zerbeißt, mit blanken Händen das Eisen schmiedet, solange es kalt ist, und sich ein Auto über die Brust fahren läßt. Nachdem er dies ein paarmal getan hatte, konnte er sich eines kaufen. In dem Varieté, in dem der Mann seine Künste zeigt, ist allabendlich eine Erhitzung, ein Aufruhr, eine Ekstase, die beweisen, daß der Wiener auch im ramponierten Zustand der Heldenverehrung fähig ist. Und recht behalten jene, welche sagen, das Volk lechze nach dem Mann mit der starken Hand. Zuweilen, wenn Breitbart auf der Straße spaziert und nichts zu suchen im Sinne hat, geschieht es, daß ein steckengebliebener Lastwagen seine Aufmerksamkeit erregt. Dann nimmt er die Deichselkette des Wagens zwischen die Zähne (wobei er nur achtgeben muß, daß er sie nicht durchbeißt) und zieht den Wagen wieder flott. Daß es ein Jude ist, der über solche Muskelkräfte verfügt, gibt dem Fall seine besondere Pikanterie: zu verblassen droht vor dem Davidstern das Hakenkreuz. Um Breitbart zu paralysieren, ist deshalb auch schleunigst Ludendorff nach Wien gekommen. Auf eine Konkurrenz mit dem gewaltigen Lodzer Schmied wird er sich aber kaum einlassen, denn so strenger Prüfung, wie sich ihr Breitbart jeden Abend unterwirft, so scharfer Kontrolle durch Wissenschaftler, Berufsgenossen und Sachverständige der Eisenfresserei dürften seine Leistungen schwerlich standhalten.

SANIERUNG

Die Sanierung, unaufhaltsam fortschreitend, übt ihre Wirkung auch auf die Jahreszeiten. Was war das noch für ein ekelhafter Herbst im Vorjahr, und wie steht er heuer da! In den Gärten spielen, von gutgenährten Spatzen umzwitschert, fast ebensolche Kinder, ohne

Überrock eilen der Geschäftsmann, der Gelehrte, der Künstler zur Börse, das Laub fällt zwar, der Ordnung halber, traurig von den Bäumen, aber mit einer warmen, gemütlichen, das Herz streichelnden Traurigkeit, die Kohlenhändler ballen das Fäustchen, und wer keinen Pelz hat, lacht sich in jenes. Das Jahr, obschon im elften Monat, will nicht den Herbst gebären.

Dieses gebesserte Klima – wer weiß, wie lange es dauert? – nützt die Stadt, um aufzublühen. Wien hat sich in letzter Zeit sehr verändert, es ist geradezu zum Wiedererkennen. Allenthalben treibt das Pflaster und setzt neuen Asphalt an, dem nächtlichen Lichterpark sind zahlreiche Glühbirnen herangereift, ein frischer Autobus streicht belebend durch die Straßen, und die in Lethargie verfallene Stadtbahn wird sich bald wie elektrisiert gebärden. Mit solcher äußeren Regenerierung hält die innere der Bewohner gleichen Schritt. Das Dogma: »Der Wiener geht nicht unter« hat seine Feuer- und Kälte-Probe bestanden, und auf ihm als sicherm Fundament baut sich die neue Lebensreligion, der alten zum Verwechseln ähnlich. Essen und Trinken, lange Jahre hindurch mit dem Stigma der peinlichen Notwendigkeit behaftet, sind wieder ein Kult, das Rindfleisch spaltet sich in seine zahlreichen wienerischen Varietäten, in der Revue des großen Tingl-Tangls erregt die aufziehende Deutschmeisterkapelle solchen Jubel, als wäre Lemberg noch in unserm Besitz, die Studenten randalieren gegen die jüdischen Professoren, einen haben sie aus dem Hörsaal getrieben, obgleich schon sein Name, er heißt Kappelmacher, ihm Anspruch auf studentische Pietät sichern sollte, denn wo wären Glanz und Anse-

hen der deutschen Studentenschaft ohne die Kappelmacher?, das Barock fühlt sich wie neugeboren, und im
vornehmsten Sanatorium Wiens spritzte eine Pflegerin
nach vierundzwanzigstündiger Dienstzeit ihrer Patien-
tin statt Kochsalz Salzsäure in den Darm.

Ich spreche von diesem Vorfall nicht mit der sozialen
Träne im Auge, sondern weil er ein aufregendes argu-
mentum ad hominem, wie wichtig für das eigene
Wohlergehen das Wohlergehen des Nebenmenschen
ist. Alle Propaganda für Liebe und Güte verpufft, das
haben wir reichlich erfahren, ins Leere, und nicht an
humanen und sozialen Ideen wird die Welt genesen,
sondern an der Erkenntnis, daß der Altruismus eine
wichtigste Komponente des wohlverstandenen Egoismus ist. In diesem Sinn kann auch der Antichrist das Bibelwort akzeptieren: Was du dem Geringsten meiner
Brüder getan, das hast du mir getan.

Die Rekonvaleszenz der Stadt spiegelt sich klar in ihrer
Tagesliteratur. Vorüber die Zeit, da jeder Schreiber für
den Druck ängstlich darauf bedacht war, sein soziales
Alibi zu erbringen, seine Zugehörigkeit zu den Enterb-
ten zu betonen, gewissermaßen aus dem Stiefel, den er
schrieb, die Zehen vorgucken zu lassen. Das gute Leben
findet wieder Lobredner, das Gespenst des Untergangs
ist verscheucht, die Leute, die schon das Gras zwischen
den Pflastersteinen wachsen gehört haben, sind ertaubt,
über alle Lustlosigkeit der Wirtschaft siegt die Lust am
Leben, und ein Herbst, dessen Milde ohnegleichen ist,
versöhnt auch mit dem Tod, indem er lehrt, wie man,
wenn schon, in Schönheit stirbt.

SYNKOPE

Der Mann, der hinter dem Schlagwerk der Jazzband sitzt, hält es durchaus mit den Schwächeren. Ein Freund der geringen, der unbetonten Taktteile ist er. Er tut für seine Schützlinge, was er nur kann, schiebt sie in den Vordergrund, rettet sie, mit markigen Schlägen den Rhythmus teilend, wenn sie in diesem untergehen wollen. Etwas Justamentiges, Revolutionäres ist in seinem Getrommel. Gegen den Strich trommelt er.

Sein Schlagwerk hat es sich zum Gesetz gemacht, dem rhythmischen Gesetz nicht zu folgen, dem die brave Geige und das brave Klavier bis zum letzten Hauch von Darm und Metall gehorchen. Es tut, was es will, zigeunert durch die Zeitmaße. Wenn die anderen vier Tempi machen, macht es fünf.

Ich kannte einen Jazzbandspieler, der schlug auf das gespannte Fell sieben Synkopen in den Viervierteltakt und verrührte sie drin, mit Hilfe der kleinen Trommel, wie man ein Ei in die Suppe verrührt. Er hatte eine Hornbrille, sprach das reinste Südamerikanisch, warf die Schlegel in die Luft und klopfte indes, ihr Herabkommen lässig erwartend, seinen Part mit den Füßen. Die Instrumente genügten seinem Klangbedürfnis nicht. Er schlug mit beiden Stäben auf den Klavierrücken, auf den Fußboden, auf den eigenen Kopf, auf das Weinglas; alles ward ihm Trommel, Schallgelegenheit. Er stäubte unregelmäßiges Geräusch von sich, wie ein Hund, der eben aus dem Wasser kommt, Tropfen. Er schneuzte sich in Synkopen. So entlud er sich, ein Glücklicher, aller Unzufriedenheit, die in ihm war, und förderte doch, ein Musikant,

157

durch seinen Widerspruch die Harmonie, der er diente.

Die Synkope ist Salz und Würze der zeitgerechten Tanzmusik. Und nicht nur der Tanzmusik. Die Synkope ist ein Symbol unserer widerspenstigen Tage, das Symbol einer aus dem Takt geratenen Welt, die doch nicht aufhören kann und mag, in Brudersphären Wettgesang zu tönen.

Es macht sich allenthalben lebhafte Bewegung zugunsten der unbetonten Taktteile merkbar. Die Akzente verschieben sich, schwanken, stürzen.

Die kleinen Leute haben auch schon was mitzureden. Sie behaupten obstinat, daß sie da sind.

Der Rhythmus, nach dem die Himmelskörper kreisen, ist nicht so unverbrüchlich fixiert, wie wir dachten. Die Einsteinsynkope hat ihn auf ziemlich irritierende Weise gelockert.

Die Wissenschaft von der Seele legt auf das vom Bewußtsein nicht Betonte den gewichtigsten Ton. Die Maler nehmen den Akzent vom Sinnfälligen der Erscheinungen fort und legen ihn auf das Wesentliche.

Die Stückeschreiber liefern Stücke mit mehreren beweglichen Schwerpunkten, the syncopated drama.

Die Romanschriftsteller lassen die Kapitel ungeschrieben und schreiben das, was zwischen den Kapiteln steht.

Die Affekte werden, unter Obhut der Psychoanalyse, verschoben. Die Ware wird verschoben. Das Geld wird verschoben. Vom Sinn des Lebens ganz zu schweigen.

In der Hotelhalle sitzen die Damen und duften. Der Akzent des Gewandes ist dort, wo es nicht ist. Der

Rhythmus des Kleides wird durch die Betonung der Nacktheit synkopiert.

Frau Goldstein spielt mit Herrn Goldstein taktvoll die Ehepièce. Der Ton aber liegt auf dem Skilehrer mit den eisblauen Augen. Ehen ohne Synkopen gab es vielleicht zur Walzerzeit.

Die Musik der Sphären wird von einer Jazzband besorgt. Und der Mensch muß ganz neue Schritte lernen, wenn er zu ihr mit Grazie tanzen will.

FRIEDHOF

Der Père Lachaise, nicht weit vom Zentrum der Stadt, wo sie am lautesten kocht und die buntesten Blasen wirft, ist von den Friedhöfen Paris' der mit glorreichem Gebein üppigst genährte. Unter den Gewesenen, die seine Tiefe birgt, sind viele Genies. Dicht beieinander zerbröckeln dort in lehmiger Erde die sehr berühmten Toten, und hart im Raume stoßen sich Bronze, Stein und Marmor, die aus solcher Saat erwachsen sind. Für lebendes Grün hat dieser Friedhof wenig Platz, es ist fast, als ob die Versammlung hoher Steine nur ungern so etwas Leichtsinniges wie Natur, wie Blatt und Blume, unter sich duldete. Auch findet der französische Totenkult unbegreiflichen Geschmack an Kränzen aus Porzellan und Sträußen aus Majolika. Das abscheuliche Zeug, toter als tot, atmet eine schlimmere Kälte aus, als der nackte Erdhügel es täte.

Arbeiter im Acker des Herrn schaufeln, die Pfeife im Mund, morsche Kränze, verweste Blümchen, zerbogenes Drahtgeflecht, Stücke von Gipsengeln, Müll aus feuchten Blättern, Papier und Scherben auf einen großen Wagen. Sie wissen Bescheid über die Quartiere der berühmten Toten, aber wo Monsieur Balzac zu Hause ist, können sie nicht sagen, der Name ist ihnen fremd, der Herr bekommt fast nie Besuch. Mit Hilfe des Planes ist es schließlich doch zu finden, das vergessene Grab, geschmückt mit dem breitwangigen Löwenhaupt, das noch in seiner erzenen Ruhe voll unbändigsten Appetits auf Leben scheint.

Das sonderbarste Denkmal auf dem Père Lachaise hat der Journalist Victor Noir, der im Jahre 1870 vom Prinzen Pierre Napoléon, bei dem er als Kartellträger erschienen war, niedergeschossen wurde. Wie die Sache weiterging, und ob sie für den Prinzen Folgen gehabt hat, weiß ich nicht. Der arme Journalist liegt in Bronze auf seinem Grab, genau so, wie er damals, von der meuchlerischen Kugel getroffen, hingesunken lag. Die Figur, lebens- oder eigentlich todesgroß, ist mit grotesk-naturalistischer Treue nachgebildet, die sich bis auf den Gummizug in den Stiefeletten, auf die Passepoils der Glacéhandschuhe, auf den herausstehenden Latz des geöffneten Hemdes erstreckt. Der absonderlichste Teil des Monuments aber ist der Zylinderhut, der, wie eben den Fingern entglitten, ganz allein, halb seitlich, mit der Höhlung nach oben, zu Füßen der Figur liegt. Oh, daß dieser bronzene Mann einmal, wie der steinerne Gouverneur Don Juan, dem Mörderprinzen als Gast erschienen wäre, seinen bronzenen Zylinderhut in der Hand! Unheimlicher und gespenstischer als Gerippe und Totenschädel ist so ein isolierter Hut aus Erz, ein Zylinder für die Ewigkeit, den kein Wind fortrollt und kein Regen beschädigt. Umgeistert von höchst eindrucksvoller

Absurdität liegt er da, ein Stück unvergänglicher Vergänglichkeit, ein Zauberhut, aus dessen Höhlung alle Lächerlichkeit des Lebens und Sterbens heraufsteigt.

Von Söhnen deutscher Nation ruht ein Großer in der Erde des Père Lachaise, Ludwig Börne. Das Grab, auf dem es keine Visitenkarten p.f.v. gibt (wie auf dem des Pariser Zeit- und Exilgenossen Heine im Cimetière Montmartre), ist geschmückt mit einer Büste des außerordentlichen Prosaisten von David d'Angers. Was für ein geistgesättigter, von Leidenschaft des Denkens und Sagens durchleuchteter Kopf! Seine Linien sind so edel, anmutig, frei, im Sanften noch energisch, wie das Deutsch, das er schrieb. Auch ein berühmter Engländer liegt hier, Oscar Wilde, schon ziemlich am Ende des Friedhofs liegt er, dort, wo noch ein wenig Platz ist für neue Gäste. Er hat ein umfängliches weißes Grabmal, gestiftet von einer nicht genannten Lady. Vorn an dem mächtigen steinernen Block klebt und schwebt ein stilisierter Todesengel mit ägyptischem Profil, hinten aber sind mit erhabener Schrift in den Stein gemeißelt alle Preise, guten Noten und Zeugnisse, die der Dichter während seiner Studienzeit in Kollegs und Instituten erhalten hat. Er war ein Vorzugsschüler und muß besonders seinem Griechisch-Professor viel Freude gemacht haben.

Mehr Dichter, Maler, Musiker, Denker sind im Père Lachaise versammelt, als nötig wären, der Gottheit Demut beizubringen vor Glanz und Glorie menschlichen Ingeniums. Mehr siegreiche Marschälle und Feldherren sind dauernd angesiedelt in diesem Friedhof, als nötig wären, die ganze Welt in einen Friedhof zu verwandeln, und mehr brillante Politiker, als nötig wären, die Vorbedingungen hierfür zu schaffen. Ein großartig vielstimmiges Konzert des Ruhms klingt auf von den Steinen der Totenstatt.

Aber das Zwitschern von ein paar lebendigen Spatzen übertönt es.

FÜHRER DURCH EINEN FÜHRER

Es ist ein Führer durch Venedig. Für deutsche Reisende. Sein italienischer Verfasser heißt A. de Carlo; als Herausgeberin zeichnet Luigia Alzetta, verwitwete Zanco; der deutsche Übersetzer . . . Aber was sind Namen! Venedig hat schon anderes überstanden als diesen Führer. Zum Beispiel die Trennung von Österreich, oder den Einsturz des Campanile, oder den Tonfilm: »Wenn die Gondel träumt . . .« Es wird also auch diesen Führer überstehen, dessen Besichtigung als sehr lohnend zu empfehlen ist.

Gleich beim Eintritt empfangen den Leser »nützliche Anmerkungen«. Die erste lautet:

»Man kann die wichtigsten Privatplätze nur dann besichtigen, wenn die Eigentümer nicht in der Stadt sind; sie liegen zu beiden Seiten des Canale Grande.«

Kein Wunder, daß die Palazzi verfallen, wenn die Eigentümer zu beiden Seiten des Kanals liegen, statt sich ein bißchen um ihre Häuser zu kümmern.

Die Kirchen besieht man am besten morgens. Denn, sagt eine jener nützlichen Anmerkungen:

». . . das Licht ist dann viel besser als später, und man braucht dem Pförtner kein Trinkgeld zu geben.«

Gewissermaßen: Man hat da mehr für das Geld, das

der Besuch nicht kostet. Unser Führer vernachlässigt niemals über den ideellen Gesichtspunkten die materiellen. Als Fundamentalsatz stellt er auf:

»Man muß in den Läden immer handeln.«

Und an der Markuskirche zum Beispiel imponiert ihm am meisten, was sie gekostet hat:

»Die Markuskirche ist die kostbarste Kirche, welche überhaupt je existierte, ein Kunstschatz von unbezahlbarem Werte. Das Innere ist ein Kleinod nicht nur der Kunst, sondern auch in materieller Beziehung.«

Am Palazzo Vendramin rühmt der Führer die »Kosbarkeit des Marmors«, was aber gewiß »Kostbarkeit« heißen soll. Kosbarkeit ist eine Eigenschaft, die an der Begleiterin wohl sehr schätzenswert sein mag, für Marmor aber eigentlich unerheblich ist.

In Venedig sind nicht nur die Menschen, sondern auch die Dinge höflich und wissen, was sich gehört.

»Die erste Sehenswürdigkeit, welche sich Dir vorstellt, ist der Canale Grande.«

Er ist von zahlreichen Gondeln befahren, die so aussehen:

»Nur ein kleines Zelt erhebt sich in der Mitte. Alles ist in Schwarz und verbreitet ein geheimnisvolles Dunkel über das, was einst unter diesen Zelten geschah«,

und gewiß auch über das, was einst unter diesen Zelten geschehen wird. Wunderlicher Zustand: Der Raum breitet geheimnisvolles Dunkel über die Zeit!

Zu beiden Seiten des Kanals gibt es Paläste mit natürlich

»kostbaren Skulpturen, auf denen die Jahrhunderte ihren unnachahmbaren Eindruck hinterlassen haben«, was die venezianischen Antiquitätenfälscher aber nicht hindert, ihn doch nachzuahmen. So reiht sich Palast an Palast. Keiner, in dem es nicht etwas Veronese oder Tiepolo gibt, besonders Tiepolo, der

»seine fröhliche Natur verschwendete, sowohl in Farben als auch Linien«.

Weniger freundlich äußert sich der Führer über Veronese, von dem er sagt:

»Alle seine Werke tragen einen aufdringlichen Charakter von Genialität.«

Von Tizian gar nicht zu reden, der durch seine lästige Erhabenheit schwer auf die Nerven geht.

In vielen Palästen haben berühmte Männer gewohnt, zum Beispiel im Palazzo Mocenigo Lord Byron, der dort einige Gesänge seines »Don Juan« schrieb.

»An dieser Stelle wendet sich der Kanal«,

was man ihm nicht übelnehmen kann. Er ist dem Führer bisher treulich gefolgt, aber jetzt hat er genug. So bleibt ihm erspart, Ruhmredereien anzuhören, wie etwa:

»Die Bibliotheca Marciana ist durch eine komplette Sammlung aller modernen Bücher vervollständigt«,

(eine grausliche Vorstellung!), oder Renommagen, wie:

». . . die Lagune, in welcher sich das Azur des lachenden Himmels in tausend Farbennuancen widerschillert . . .«

oder Bitterkeiten gleich dieser:

»Wie alles andere, so arten auch die Stile in Venedig aus.«

Wenn sie das Leben in der Lagunenstadt schildert, bekommt die Sprache des Führers solchen Schwung, daß sie aus dem Gleichgewicht gerät:

»Wer in der Dämmerung die Riva hinunterschlendert und sich auf der Ponte delle Prigioni ein wenig verweilt, vor ihm die Lagune«,
und ein bißchen hinunterschaut auf das Treiben um sich, der bemerkt zahllose Menschen. In dem Menschenwirrwarr aber,
»in dem Menschenwirrwarr tummeln amerikanische Milliardäre«.
Was? Offenbar sich. Aber warum tummeln sie sich? Wenn ich amerikanischer Milliardär wäre, würde ich mich nicht tummeln, sondern mir Zeit lassen und öfters das tun, was nach dem Führer die Fremden auf dem Markusplatz tun:
»Der Fremde bleibt erstaunt stehen. Dazwischen flattern die Tauben.«
Manchmal ist es auch umgekehrt. Ich selbst habe Tauben beobachtet, wie sie, beim Anblick von flatternden Fremden, erstaunt, ja konsterniert stehen geblieben sind.
Sehr wahr sagt zum Schluß der Führer:
»Abends steigert sich der Zauber zur Trunkenheit.«
Nur ist das keine Spezialität von Venedig. Das kommt auch in Grinzing vor.

DREISSIG GRAD IM FEBRUAR

Etüde in C-Dur

Noch ist der Frühling roh, aber schon genießbar. Die Luft schmeckt nach unreifer Hitze, und es riecht nach Blumen, die nicht da sind. Ein paar Schweinchen laufen übern Hof, froh der Bewegung. Noch dürfen sie, in der

Vorfrühlingsphase der Schinken und Würste, deren wahrlich inkarnierte Idee sie sind, frei galoppieren. Der Tod persönlich, die Sense, das Messer, dem sie entgegenschwellen, im Stiefel, jagt sie mit Händeklatschen und freundlichem Scherzwort. Die Sonne probt, es geht schon ganz gut. Blank ist der Himmel, von der Farbe dünnen Glases, als wäre vorläufig nur eine erste Schicht Blau aufgetragen. Es ist warm kalt. Große Fliegen, verirrt in der Zeit, hineingefallen der Sommertäuschung, verhungern an Fensterscheiben. Über Baum und Strauch liegt ein Traum von Grünem; im neuen Moos, das den Waldboden deckt, wird er bereits smaragdene Wirklichkeit. Die Dorfstraße ist dicker, appetitlicher Kot, die Autopneumatiks haben lange Linien ihrer Ornamente in den nachgiebigen hineingedrückt. Wenn er hart sein wird, werden sie ihn zu Staub zermalmen: das ist das Los des Charakters auf der Erden. Überall strollen Hühner, neu in der neuen Sonne, lernen sich im Freien orientieren und die Gegend kennen. Gefrorene Pfützen, hier und da, warten auf das Unabwendbare. Wenn der Fuß ihr dünnes Eisdeckchen berührt, bricht es wie Glück und Glas: das ist Überwindung durch Gewalt. Wenn die Sonne es bestrahlt, schmilzt es hin: das ist Überwindung durch Liebe. An der Landschaft hängen Schneekrusten, Fetzen und Fäden eines zerrissenen, fortgewehten winterlichen Überwurfs. Aus der Kotlache trinkt ein Ententrio. Immerzu trinkt es, das kann nicht Durstlöschen, das muß Beschäftigung sein oder Spiel, oder sie wollen dem Tümpel, in dem der Himmel sich spiegelt, auf den blauen Grund kommen. Die Gänse hingegen, weiß sind sie und wollen es bleiben, suchen das fließende Wasser, sie machen sich's kalt, dann haben sie doppelten Genuß von der unwahrscheinlichen Februarsonne. Die Jahreszeit ist aus den Fugen. Durch den Wald, noch offen nach allen Seiten hin, schwärmen Licht und Luft in heitrer Freiheit, nützen die Chance, von keinem Laubgitter abgehalten zu sein. Den Dorfkötern ist das Wetterwunder ins Herz gefahren, sie schnappen nach den Sonnenstrahlen, kauen warme Luft und wiegen sich beim Gehen, als sei ihnen absurd leicht zumute. Entblößt liegt die Erde, aufgedeckt vom Sturm, mit ihrem Schlaf ist's vorbei und zum Aufstehen doch zu früh. Und von der Wärme überrascht, indes ihr der Frost noch in allen Gliedern steckt, kramt sie zögernd Frühlingssachen aus. Der Mensch aber hat Kopfschmerzen und Gelüste. Rührselige Sinnlichkeit befällt ihn. Sein Gefühl setzt Knospen an, in seinem Mystisch-Inwendigen rumort es wie von Keim und Wachstum. Es ist, als fielen ihm ein paar Jahre von den Schultern, die nun leichter tragen. Beglückte Ruhe spiegelt sich in den Augen der Kuh, die zum erstenmal nach langer Pause im Freien spazierengeht. Blickt sie sonst sanftmütig-stumpf, so blickt sie jetzt entschieden freundlich. Ich glaube, in ihrer schwabbelnden Brust schwabbelt so etwas wie ein pantheistisches Weltgefühl, und hätte sie das Mimische heraus, sie würde lächeln. Wann denn auch sollen die Kühe lächeln, wenn nicht bei dreißig Grad im Februar?

EIN ANTLITZ

So rollt das Leben zwischen Aufgang und Untergang, oft wird es Tag, oft wieder Nacht, und manchmal ist es auch am Tage finster oder hell in Nächten, und viele Gesichter drücken ihre Spur in die registrierende Schicht deines Hirns, die bald so aussieht wie altes Löschpapier, bedeckt mit tausend Linien, Zeichen und Klecksen.

Aber plötzlich wirft der launenhafte Stern, der dir leuchtet und deinen Weg bestimmt, seinen Strahl über ein Antlitz . . . und du weißt sofort, daß dies ein astronomischer Wink ist, dem du folgen mußt und wirst; auch wenn er dich ins Unglück führt.

So wohl tut das Antlitz deinem Blick wie Ozon deinen Lungen. Und wie dein Gefühl es greift und in sich zieht, spürst du Verwandlung. Deine Beziehungen zur Schöpfung und zum Schöpfer nehmen eine radikale Wendung ins Freundliche. Neue Lebensmusik klingt. Leicht wiegen all' deine Ketten, scheinen mehr Schmuck als Last.

Und wenn das nicht der Alkohol ist, mein Freund, dann ist es die Liebe.

Vor diesem Antlitz springen alle Türen deiner Seele auf: es tritt ein und nimmt Besitz. Tief ritzt es seine Züge in das wehrlose Herz, jedes Blutkörperchen, das durchrollt, wird so geprägt, nimmt das Zeichen ab, trägt es überallhin durch die weite, enge Welt, die du bist.

Das Leben hat ein Gesicht bekommen: dieses.

Schmerz und Freude erscheinen nun in dieser Maske. In dieses Auge blickst du, blickst du dem Schicksal ins Auge. Alle Fäden, die dein Traum von Glück spinnt, weben das Antlitz. Unabweisbar bestimmt es deine Pläne und Wünsche, Hoffnungen und Befürchtungen.

Es ist dir, was der Kerze die Flamme ist, durch die sie lebt und an der sie stirbt. Es verursacht dir Schmerz, für den es kein Heilmittel gibt, als immer wieder ihn selbst.

Da gibt es nichts als Abwarten. Bis der Strahl des Sterns, der dir den Wegweiser abgibt, wieder fortwandert von dem Antlitz und ins Leere fällt. Der Tag, an dem dieses geschieht, wird dir Frieden bringen und ein schönes Gefühl der Freiheit und Leichtigkeit, ein Gefühl des Neugeborenseins fast. »Wie wunderbar!« wirst du zu dir sprechen, »meine Liebe, die doch eins war mit mir, ist tot, und ich bin es nicht!«

Natürlich kann man an derlei verhängnisvollem Antlitz auch zugrundegehen. Aber Statistik und Erfahrung lehren, daß die Chance, es heil zu überstehen, nicht unbeträchtlich ist.

ANFANG VOM ENDE

Nun lebten sie Tür an Tür in dem stillen Gasthof am See und genossen, wie man so sagt, das Glück des Alleinseins. Sie dachte nicht an ihren Mann, und er dachte nicht an seine Frau, denn er hatte keine, und das war das Feine an ihm. Die Liebe konnte ihn wohl wahnsinnig machen, aber nicht dumm.

Deshalb tat er auch das Mannesmögliche, mit der Geliebten nicht (wie die festliche erotische Formel lautet) »eins« zu werden, sondern »zwei« zu bleiben. Er nahm sie als Gast in sein gastfreundliches Leben, und das hatte unendliche Vorteile für sie, denn es sicherte ihr dauernd alle Ehre, Aufmerksamkeit und Rücksicht, die ein liebster Gast beanspruchen darf, und unendliche Vorteile für ihn, denn sein Leben blieb sein Leben, und in seinem Reich, so groß wie Zimmer und Schlafraum, ging doch die goldene Sonne der Freiheit nicht unter. Wenn er sich die Zähne putzte, schloß er zuvor die Tür, daß sie ihn nicht schäumen und gurgeln höre, nie hieß er sie beim Spazierengehen warten, um hinter einen Baum zu treten (Pollitzers Ehe war so auseinandergegangen), und wenn er in ihrer Gegenwart was Schmutziges dachte, machte er saubere Augen, damit die es ihr nicht verrieten.

»Kommst du, Liebling?«

»Gleich«, sagte er durch die Türe, »ich muß mich noch einmal umkleiden. Mein Hemd ist zerrissen.«

Während er dann um Tabak für die Pfeife, einen freien Atemzug für die Seele und Borax für die Geliebte ins Dorf ging, nahm sie das zerrissene Hemd aus seinem Kasten und flickte es.

Er bemerkte gleich die Reparatur. Ein paar Sekunden starrte er gebannt auf die zwirnene Narbe. Sein Herz ging matt, und seine Miene war traurig.

»Nicht schön geflickt?« fragte sie liebevoll.

Da streichelte er ihr die Hände und sprach:

»Meine süße Freundin! Das hättest du nicht tun sollen. Dieser geflickte Riß bringt den ersten Riß in unsere Beziehung. Jeder Stich ein Stich in mein Nervensystem! Ich fühle mich von deiner Nähnadel aufgespießt à la papillon. Ach, du sollst nicht Gattin spielen, wenn dir unsere Liebe lieb ist. Bleib ein wenig fern, wenn du mir nah bleiben willst. Lohengrin verließ Elsa, nicht weil sie neugierig war, sondern weil er nicht leben konnte ohne

Geheimnis, weil er sich nur hingeben konnte, wenn er sich behalten durfte. So ist der Mann. Deine weibliche Fürsorge erschreckt mich tief. Heute geht sie ans Hemd, morgen an die Haut, übermorgen unter die Haut. Wenn du anfängst, dich um meine Wäsche zu kümmern, ist meine Freiheit in höchster Gefahr.«

So sprach er; aber nur in seinem Innern, unhörbar der Geliebten, aus der lautlosen Tiefe seiner Wahrheit, wo diese schon so kalt ist, daß kein Leben in ihr leben kann.

Laut sagte er leise: »Du lieber Kerl!«

Doch ihre Feinfühligkeit merkte was. »Woran denkst du? Du bist nicht gutgelaunt. Ist dir eine Katze über den Weg gelaufen?«

»Ja.«

Und Verwandlung setzte ein. Natur und Menschen, Haus und Landschaft änderten sich, ohne daß sie sich änderten, das Einfache wurde das Unzureichende, die Ruhe Langeweile, das Alleinsein Verlassenheit, der süße Vogelsang Morgenschlafstörung, und in der Wirtsstube die Bauern stanken mehr, als sie pittoresk waren.

UNTERHALTE DICH GUT!

»Natürlich sollst du gehen – was ist das für eine Frage? – Und bleib nur, so lange du willst, Lieber.«

Mit so sanften Worten, deren Helligkeit noch von einem Lächeln dahinter, als Reflektor, verstärkt wurde, ließ sie ihn für diesen Abend.

Er war schon auf der Treppe, da öffnete sie abermals die Tür, rief liebevoll: »Unterhalte dich gut!«

Ein vorsichtiger Mann wäre daraufhin umgekehrt.

Dieser Tollkühne stürmte weiter, hinein in das Glück der Solo-Stunden.

Nachdem er aber deren erste Wonnen genossen hatte, fiel Verstörung über ihn. Es schnitt was sein Inwendiges, als hätte er mit dem Bissen Freiheit, den ihm die Geliebte gegönnt, einen Angelhaken verschluckt. Er fühlte das Zerren der Leine und dachte nach:

»Natürlich sollst du gehen« . . . »natürlich«, das hieß, richtig gehört: dir scheint es natürlich, mich allein zu lassen, aber du hast recht, denn es wäre ja wirklich blanke Unnatur von einem Egoisten, wie du einer bist, auch an den andern zu denken. Und zu ergänzen war die Wendung so: natürlich sollst du gehen, da es dir solches Opfer wäre, zu bleiben . . . Dieses »natürlich« war nur an der äußersten Schicht, für ganz oberflächliche Schmecker, schokoladisiert und gleich darunter nichts als Bitterkeit.

»Sollst du gehen.« Das bedeutete: Alle Welt möge nur merken, was du für ein Schwein bist. Häufe nur Verrat auf Verrat, es ist gut so, enthülle dich in deiner Schlechtigkeit.

Der Zusatz aber: »Was ist das für eine Frage?« hieß, gut verstanden: Daß du nicht einen Augenblick zögerst, mir aufs Herz zu treten, wenn ich dir im Wege bin, ist doch keine Frage. Und in die toleranten Worte: »Bleib, so lange du willst, Lieber« war eingewickelt der Schlager: Laß sehen, wie weit deine Niedertracht geht.

Das ganz Gefährliche aber, die gesprochene Sublimatpille, die dreikantig geschliffene Wendung, die Dumdumbosheit war das hinterrücksige: »Unterhalte dich gut!« Das hieß in der Übersetzung: Verbringe einen gequälten Abend. Mein Leid stehe zwischen dir und der

Freude. Meine Verlassenheit verlasse dich nicht. Meine Träne falle in dein Bier. Und versalze dir das Süße. Unterhalte dich gut!

Er stieg tief hinab in den Brunnen der Meditation, wurde abwesend.

»Was hast du?« fragte der Kamerad. »Was beschäftigt dich?«

»Philologisches . . . Glaubst du, sie hat sich sehr geärgert, daß ich weggegangen bin.«

»Nein. Geärgert natürlich, aber nicht sehr.«

»Warum hat sie mir dann nachgerufen: ›Unterhalte dich gut!‹?«

»Das braucht dich nicht zu beunruhigen. Das sagen sie immer, wenn man sie zu Hause läßt, alle. Die Meinige sagt es, wenn ich mir die Haare schneiden lasse, sie sagt es, wenn ich zum Zahnarzt gehe, sie würde es noch sagen, wenn man mich zu meiner Hinrichtung abholte. Sie wird mir auf den Grabstein schreiben lassen: Unterhalte dich gut!«

»Wie erklärst du dir das? Warum die Bosheit? Sie weiß doch, daß ich mich nicht ›unterhalten‹ gehe. Warum tut sie so, als ob sie das glaubte?«

»Das ist keine Bosheit. Das kommt aus dem Instinkt, aus Bezirken unter der Bewußtseinsschwelle. Nämlich, so denk' ich mir's: die Dauer-Frau, deine wie meine wie jede, fühlt im Unbewußten, daß Ohne-sie-Sein schon an und für sich Unterhaltung ist.«

DIE KLEINE FORM

quasi ein Vorwort

Mein Buch: »An den Rand geschrieben«, kleine Erzählungen und Studien, hat sehr nachsichtige Beurteiler gefunden. Doch war der Titel nicht glücklich gewählt. Er regte manche an, aus der Bescheidenheit des Namens, den das Buch führt, auf Bescheidenheit des Inhalts zu schließen, andere wieder brachte er auf den zierlichen Einfall, daß meine Literatur, schriebe ich sie an den Rand, eben dort stünde, wo sie hingehört. Mit dem Schlagwort, das den Lesern der Titel in die Hand gab, schlugen sie mich, und das Stichwort, das er ihnen brachte, versetzten sie mir. Auch kamen, von der Wendung »an den Rand geschrieben« herbeigelockt, viele kränkende Assoziationen zugelaufen, wie: unscheinbar, nebensächlich, fern vom Kern, Notizen, Notizchen, Brosamen (süddeutsch: Brösel), Randleisten, Randschnörkel. Kurz, es lebte sich kritisch, auf meine Kosten, bequem vom Rand in den Mund; und ich lernte es sehr bedauern, daß ich dem Rat guter Freunde nicht gefolgt und mein Buch nicht »Die silberne Glocke« oder »Gewölk im Südsüdnord« oder schlechtweg »Silpelith rudert über die Erlen« betitelt habe.

Durch Erfahrung gebeugt, aber auch gewitzigt, nenne ich den hier vorliegenden zweiten Band: »Orchester von oben«. Da kann mir keiner was tun. Da werden die Beurteiler, wenn sie sich dran machen, genötigt sein, vom Inhalt, nicht vom Titel her zu urteilen, und wenn sie stechen wollen, dies wollen, dies mit ihrer eignen, nicht mit meiner Spitze zu tun.

Verderblicher noch als der Titel wurde den unter ihm

174

zusammengelegten Arbeiten *die kleine Form*, in die sie gefaßt sind. Meine armen Erzählungen bekamen es zu fühlen, daß zehn Seiten bedruckten Papiers, auf eine richtiggehende Waage gelegt (gleiche Stärke und gleicher Umfang des Papiers angenommen), entschieden weniger wiegen als tausend. Mühelos sprang in den Wertungen meines Buchs sein Leichtgewicht aus dem Materiellen ins Geistige, aus dem Unmetaphorischen ins Metaphorische über, und Lektüre, zu der man fünf Minuten braucht, legte den kritischen (wenn man so sagen darf) Gedanken nahe: Lektüre, wenn man was für fünf Minuten braucht. Als Stunden, meistens hieß es »Stündchen«, in die mein Buch tauge, wurden angegeben: das Stündchen nach dem Mittagessen. Das nach dem Abendessen. Das vor dem Einschlafen. Das in der Straßenbahn. Das verregnete Ferial-Stündchen. Als Orte, wo das Buch gut zu lesen wäre, wurden erkannt: die Sitzgelegenheiten um den winterlichen Kamin. Die sommerliche Wiese. Das Kanapee, die Ottomane, die Hängematte, der Fauteuil, die Chaiselongue, das Sofa. Als Position, die beim Lesen einzunehmen wäre: jede lässige, bequeme, entspannte.

Obwohl mich so mein konsequentes, mit mancher Qual verknüpftes schriftstellerisches Bemühen, aus hundert Zeilen zehn zu machen, zum Autor für Nachspeise- und Vorschlummerstündchen herabgesetzt hat, obwohl ich bittere Phantasien wälze, wie, hätte ich's umgekehrt versucht und hundert Zeilen immer zu tausend zerrieben und zerschrieben, wie ich also dann vielleicht dastünde, eingesenkt in den Fettnapf der Anerkennung, den ganzen Tag mit Honorare-Quittieren und Autogramme-Geben reizvoll beschäftigt, im Besitz eines Motorboots, eines goldenen Füllfederhalters und zweier schottischer Schäferhunde, denen ich die Namen der Helden meines berühmtesten Romans gäbe, nicht übergangen von den Rundfragen der Journale: Welches ist Ihre liebste Süßspeise? Was und vor allem warum arbeiten Sie?, abgebildet in der Illustrierten Zeitung und von Schwärmen süßer Frauen begehrlich umflattert . . ., will ich doch keineswegs behaupten, daß meinen Büchern Unrecht geschehe, wenn man sie als Bagatelle behandelt. Die so tun, werden schon wissen, warum, und ihre Meinung, sogar die falsche, gut und schön zu begründen imstande sein (was ja ein Haupt-Reiz und -Spaß des kritischen Metiers ist). Ich bin mir überdies wohl bewußt, daß auch in einer Geschichte von geringem Umfang gar nichts stehen und daß die kleine Form ganz gut ein Not-Effekt des kurzen Atems sein kann. Aber ich möchte für diese kleine Form, hätte ich nur hierzu das nötige Pathos, mit sehr großen Worten eintreten: denn ich glaube, daß sie der Spannung und dem Bedürfnis der Zeit gemäß ist, gemäßer jedenfalls, als, wie eine flache Analogie vermuten mag, geschriebene Wolkenkratzer es sind. Ich halte episodische Kürze für durchaus angemessen der Rolle, die heute der Schriftstellerei zukommt. Außer Debatte bleibt ja das Wunder des großen Werks, bleibt die Berechtigung der tausend Druckseiten für eine Vision, deren ideelles Riesenmaß in geringerem Raum nicht Erscheinung werden könnte. Aber wie wenige sind unter uns Schreibenden, die eine solche Genie-Portion an Raum beanspruchen dürften. Wer von Erzählern und Betrachtern hat so Großes zu sagen, daß er sich unmöglich kürzer fassen könnte, als er tut? Wo ist der Geist, dem gemeine Welt, sich ihm verbindend, so Wichtig-Neues von ihrem Chemismus offenbarte, daß solche Offenbarung zu fixieren die knappste Form und Formel nicht genügte? Ich meine, es müssen schon säkulare Gedanken, Welt-Gesichte von besonderster Klarheit und Tiefe, eine mehr als großartige Phantasie sein, für deren Unterkunft die Architektur etwa des Romans bemüht werden dürfte. Geringeres in dieser hohen Form scheint so lächerlich wie trautes Heim im Monumentalbau.

Das Leben ist zu kurz für lange Literatur, zu flüchtig für verweilendes Schildern und Betrachten, zu psychopathisch für Psychologie, zu romanhaft für Romane, zu rasch verfallen der Gärung und Zersetzung, als daß es sich in langen und breiten Büchern lang und breit bewahren ließe. Daß die Schriftsteller Zeit finden, weitläufig zu schreiben, kann ich zur Not verstehen: der Dämon treibt, Fülle drängt sie, der gewaltige Strom gräbt sich sein gewaltiges Bett. Da kann man nichts machen. Aber daß Menschen dieser tobenden, von nie erlittenen Wehen geschüttelten Epoche Ruhe und Zeit, innere Zeit, finden, weitläufig zu lesen, ist mir ein rechtes Mirakel. Ein großes Beben wirft um, was steht, versenkt das sicher Gegründete, treibt neuen Erdgrund hoch: wie vermessen, auf solchem Boden schwer und massiv zu bauen! Ewigkeiten erweisen sich als zeitlich, die solidesten Götter als Götzen, alle Anker sind gelichtet, kein Mensch weiß, wohin die Reise geht, aber daß sie geht und wie sausend rasch sie geht, spüren wir am Schwindel: wer wollte da mit überflüssigem Gepäck beladen sein? Ballast ist auszuwerfen – und was alles entpuppt sich nicht als Ballast? –, kürzeste Linie von Punkt zu Punkt heißt das Gebot der fliehenden Stunde.

Auch das ästhetische. »Schöne Literatur« mit geschwollnem Wanst ist ein Widerspruch im Beiwort.

EN PASSANT

Der kleine Sohn des Bankiers hat eine Eisenbahn geschenkt bekommen, mit Drehscheibe, Semaphoren und wirklichem Dampfmaschinchen.

Jetzt spielt er den ganzen Tag Generaldirektor.

Wunder. Ein Wunder wäre es zum Beispiel, wenn der Stein, den ich loslasse, in die Höhe schwebte.

Und daß er zur Erde fällt, ist keines?

EXZENTRIKS

Als verhältnismäßig blühender Knabe schrieb ich ein Theaterstück. Es war unerhört lustig, und ich mußte sehr viel über das Stück lachen. Wann immer es mir einfiel, platzte ich heraus, niemand wußte, warum. Mein Vater, der Künstler war, Musiker, behaftet mit der übelsten Göttergabe: mit unproduktivem Genie, zu schwach für das Große, zu groß für das Kleine, hatte, in solchem furchtbaren Zwischenreich vegetierend, wenig Sinn für Gelächter überhaupt und gar keinen für so unbegründetes wie das meine. Infolgedessen hielt er mich für schwachsinnig. Durch andere, bösere, Dummheiten bewies ich ihm später, daß ich das nicht sei.

In meinem Stück gab es nur Monologe. Jeder Spieler

sagte, ohne sich um den andern zu kümmern, frei heraus, was er eben dachte und empfand. Die Figuren gingen aneinander vorbei wie Spaziergänger auf der Straße. Lauter Sonderlinge. Unter ihnen gab es zum Beispiel:

einen Bauern, der, weil er Regen wünschte, zu enge Stiefel angezogen hatte. Dann schmerzten ihn nämlich die Hühneraugen, und dies galt ihm als Anzeichen für kommendes Schlechtwetter;

einen leidenschaftlichen Schachspieler, der (wie die Zigarrenverkäufer in Gasthäusern ihr Brett mit Ware) immer ein Schachbrett an Riemen umgehängt trug; der Partner, auf der andern Seite des Bretts, mußte rückwärts gehen, im Krebsschritt;

einen Mann, der im Umgang mit seiner Frau immer das Opernglas vor die Augen hielt, und zwar verkehrt, mit jener Seite, die das Objekt fernrückt und verkleinert.

Wirklich lachen – jenes Lachen, das den Druck der Lebensangst aufhebt – kann man ja, schon als Kind, nur über Exzentrik-Figuren, das heißt über Wesen, die aus der rationalen Ordnung gesprungen sind, grundsätzliche Narren, in deren sinnlosem Tun der tiefe Sinn lebt: den Götzen Vernunft so lächerlich zu machen, wie er es verdient.

Kinder selbst sind großartige Exzentriks. Auch die Tiere sind es. Kein Mensch parodiert das Menschliche so gut wie sie.

Lebt Baggesen noch, der Mann mit dem unentrinnbaren Fliegenpapier? Er trug einen Stoß von hundert Tellern über die Bühne, sie kamen ins Gleiten, aber sie fielen nicht, obgleich der lockere Porzellanturm so schief stand, daß die Zuschauer, den sicheren Fall für die nächste Sekunde erwartend, schon wonnignervös quietschten. Er trug seine Teller mit bezaubernd geschickter Ungeschicklichkeit, aber einen Millimeter vorm Ziel, als (und weil) er erleichtert aufseufzte, krachten sie zu Boden. Nur ein einziger Teller blieb ihm in der Hand. Den ließ er, jetzt war ja schon alles gleich, freiwillig fallen. Madame Baggesen, rund, mit knallroten Backen, hielt sich im Hintergrund auf und war verlegen. Sonst hatte sie nichts zu tun. Ihre Verlegenheit stand wie ein Mond, sanftes Licht über die wilde Szene gießend.

Und der große Billie Reeves, macht er noch immer den betrunkenen Gentleman in der Varietéloge? Das Programm mißfiel ihm sehr, jede Nummer erweckte seinen Widerspruch. Himmlisch das turbulente Phlegma, mit dem er ihn äußerte, und wie im Unfug, den er trieb, die Grenzerscheinungen der Betrunkenheit: hemmungslose Schlafsucht und hemmungslose Exzedier-Laune sich mengten. In der Loge gegenüber tobte ein zappliger Knabe mit Matrosenbluse, der vor Schadenfreude schrie und Salven von Apfelsinen auf den betrunkenen Gentleman feuerte. Sein Name war, zumindest behaupten das gelehrte Historiker des Varieté, Charlie Chaplin.

Exzentriks sind leibhaftige Pamphlete wider Würde, Ernst, Haltung. Dafür dankt ihnen unser Herz, befriedigt wie ein Subalterner, der des Gebots, das ihn sein Lebenlang drückt und beugt, ein Weilchen spotten darf. Exzentriks erlösen vom Übel der Schwerkraft. Sie verhelfen zu einer Vision vom Spielzeughaften der Welt . . . und so zu Kindheits-Glück. Unter ihren Griffen wackelt die Kausalität wie Baggesens Tellerbau; wenn sie einstürzt, ist das Musik unserem Hirn.

Das Heute hat viel übrig für Exzentriks, auch auf geistigem Gebiet, dessen Hochplateau den Spitznamen »Kunst« führt. Was sind Synkope, Hamlet im Frack, Jazz, die konstruktivistische Bühne, Sechstagerennen, der finstere Ulk der Geisterseherei und der ganze Arhythmus der Zeit anderes als Proteste gegen die Schwerkraft, als Versuche, zu teilen, was die sehr überschätzte Logik streng gebunden, als Auflehnung gegen die faden Gesetze der Wahrscheinlichkeit? Bedroht vom Absurden, schützen wir uns eben durch dieses, wie die Indianer das Gras anzünden, um dem Präriebrand zu begegnen.

Doch gehört zur rechten Exzentrik noch etwas mehr als Narrheit. Nämlich Humor, das heißt: die Fähigkeit, das Leben des Menschen als die kostbare Unterhaltung zu spüren, die es den Göttern bedeuten und bereiten mag. Humor allein kennt den archimedischen Punkt, von dem her die Welt aus ihren greulich knarrenden Angeln zu heben ist.

Exzentriks ohne Humor – man findet sie zum Beispiel unter neueren Dramatikern – sind was ganz Unheimliches und Fatales. Wie ein Zappelfisch auf dem Trockenen. Oder wie ein Blinder, der durchbohrende Blicke wirft. Oder wie ein Reiter in vollem Galopp ohne Pferd.

MÖRDER, WIE SIE NICHT
SEIN SOLLEN

Kürzlich haben sie einen freigesprochen, einen Metzger, der die eigene Frau mit der Hacke erschlagen, den Leichnam getreu nach den Regeln, wie's Brauch der Zunft, zerlegt und ihn stückweise ins Wasser geworfen hatte.

Frau Wimpassinger war ein böses Weib. Sie quälte ihre Umgebung mit Schimpf und Zank. Ihr Blick war Wut, ihr Wort Mißhandlung, ihr Atem Bosheit. Fünfzehn Jahre ertrug der Fleischhauer das, dann hieb er ihr mit der Hacke entscheidend und endgültig auf den Kopf. Nachdem er sie zerlegt hatte, untersuchte er, jetzt schon mehr fachlich-sachlich interessiert, ihre Galle. Dämonisches Bild: Wimpassinger, wie er die Galle der geschlachteten Frau besieht, den geheimnisvollen Urquell seiner Leiden, das Organ, in dem, nach gemeinem Glauben und Sprachbrauch, die Bosheit ihren Herd und Sitz hat. Es ist eine Shakespearesche Vision. Oder vielleicht mehr eine von Hans Henny Jahnn.

Der Gerichtshof war wider den Angeklagten, die öffentliche Meinung auch, und nur der Bestialität der Frau Wimpassinger verdankte es die des Herrn Wimpassinger, daß sie straflos blieb. Den Mord, wie seltsam, verübelte man dem Mörder weniger als die Zerlegung der Gemordeten. Als kleinere Schuld erschien, daß er mit dem Beil die lebende Frau, als größere, daß er mit dem Beil den Kadaver bearbeitet hatte. Im allgemeinen nimmt man es nämlich Mördern sehr krumm, wenn sie nach dem Mord sich pietätlos betragen, zum Beispiel ins Kaffeehaus gehen oder in die Schnapsbudike, um dort ihre Angst und Erregung saufend zu ersäufen. Man nennt das einen gefühllosen Verbrecher. Daß er seine Frau kaltblütig erschlug, verziehen sie dem Wimpassinger; daß er sich dann kaltblütig ihre Galle ansah, dafür hätten sie ihn gern eingesperrt. Denn so was ist kein Benehmen, und die Welt hat nichts übrig für konsequente Fleischhauer.

Ich finde, man ist bei der Beurteilung von Verbrechern überhaupt sehr anspruchsvoll. Nichtkriminellen läßt man alles mögliche durchgehen, und bei Übeltätern sieht man streng auf Charakter. Schauen Sie zum Beispiel das Weib an, das unterm Verdacht, die alte Milchmeierin mit einem Bierglas erschlagen zu haben, festgenommen wurde. Sie leugnet die Tat, wird's aber wohl, alles spricht dafür, gewesen sein. Doch hier soll nicht gesprochen werden von dem Verbrechen, auf das, sondern von dem Charakter, auf den die Polizei dem Weib gekommen ist. Es wurde festgestellt, daß die Beschuldigte in der Silvesternacht ein Sandwich gegessen hat, was allerdings schon ein eigentümliches Licht auf sie wirft . . . denn gehört ein Sandwich zu den gottgewollten, ordnungsgemäßen, klassenrichtigen Genußmitteln einer Bedienerin? Sprengt sie, so was essend, nicht den Rahmen, der ihr gezogen ist? Täte das eine Bedienerin, in deren Seele noch Gut und Böse unvermischt widereinander stünden? Aber nicht genug mit dem Sandwich. Aus der Sammlung charakterologischer Indizien, die die Polizei wider das Weib zusammengetragen hat, hebt sie als besonders schwerwiegend dieses hervor: die Frau war lebenslustig und hat sich gern mit Männern abgegeben. Einer Person aber, von der solches gilt, dürfe man wohl allerlei zutrauen. Man darf, gewiß.

Lebenslustig und nach Männern aus: von da bis zum Mord zieht sich zwar der Weg, aber es ist ein gerader Weg, der sich zieht. Und er ist schließlich nicht weiter als der von der Wurzel zur Frucht.

Fatal . . . aber ich sehe plötzlich in allen Menschen ringsum lauter Entwürfe zu Mördern. Bereitet ist ihr seelischer Boden, daß Übeltat auf ihm gedeihe. Ein Zufall, sprießt sie nicht hervor. Denn was sehe ich? Alle, besonders die Damen, sind lebenslustig, sogar wenn sie melancholisch tun, und betätigen sich gern geschlechtlich. Jene Bedienerin ist ein Waisenkindchen im Vergleich etwa zu den Leuten meiner Bekanntschaft. Denn von ihnen weiß ich nicht nur, daß sie lebenslustig sind und sich gern mit Männern abgeben oder mit Frauen oder mit beiden, sondern auch, daß sie gern gute Kleider tragen, wider den Nebenmenschen oft unschöne Nachrede führen, meistens mehr Geld haben wollen, als sie haben, relativ wenig beten, nur dann mit Lust bei der Arbeit sind, wenn sich die mit Passion deckt, lieber gut essen als gar nicht, ihre Mußestunden selten mit einem nützlichen Buch verbringen, die Tugend mit mancher Spottrede schmähen, vom Wirkungs- und Geltungsteufel gejagt werden und sich um die Mahnungen der Weisen einen Dreck kümmern. Sie sprechen hie und da, hör' ich, auch Unwahres, sie haben Geheimnisse, und jeder gönnt sich, sogar nicht nur am Silvester, mit Vorliebe das, was ihm nicht zukommt. Jeder hat gewissermaßen ein Sandwich, das wider ihn zeugt. Ja, genügt es nicht, sie insgesamt als der ärgsten Verbrechen fähig zu denunzieren, wenn ich sage (und ich kann es bezeugen): Sie haben einen Magen und ein Geschlecht! Sie atmen! Sie sind!?

»Dieser Mensch ist ein Mensch«: die Polizei scheint draufgekommen zu sein, was das für eine zerschmetternde Leumundsnote ist.

ZWEI UHR SECHSUNDDREISSIG

Vor zwanzig Jahren ist die Uhr stehengeblieben. An einem Frühlingstag, genau um 2 Uhr 36. Ich erinnere mich noch ganz gut, wie es mir, als gewohnheitsmäßigem An-ihr-Vorbeigeher, eines Abends auffiel, daß um sieben Uhr erst zwei Uhr sechsunddreißig war. Also seither stehen die Zeiger, immer ist es sechs Minuten nach halb drei, gewohnheitsmäßige Vorbeigeher blicken gar nicht mehr hin auf die Uhr, die in diesen Tagen das Fest ihres zwanzigjährigen Stillstandes feiern kann.

Es ist eine sehr große Uhr, etwa einen Meter im Durchmesser, zylindrisch geformt, und rechtwinklig, in Höhe des ersten Stockwerks, an die Mauer festgeschmiedet. Sie gehört dem Uhrmacher, der knapp unter ihr sein Schaufenster hat. Nie setzt hinter der Glaswand das Schwirren und Zirpen und Wispern aus, die eilende Geschäftigkeit, mit der das Uhren-Kleinvolk die Sekunden rupft und verschluckt, indes oben die Große, die Uhr-Kuh, laut- und bewegungslos, seit zwanzig Jahren zwei Uhr sechsunddreißig wiederkäut. Ihr Besitzer wird schon wissen, warum er sie nicht schlachtet, obgleich sie keinen Tropfen Zeit mehr gibt.

Ist schon eine Uhr, die geht, ein mit Symbolwerten behaftetes und von recht unheimlichen Assoziationen umdrängtes Ding, wieviel mehr ist das erst eine Uhr, die die Zeit ablaufen läßt, ohne von ihr Notiz zu nehmen oder zu geben. In der organischen Welt heißt ein Mechanismus, der von sich keinen Gebrauch mehr macht: tot. Ein Zustand von so furchtbarer Sinnlosigkeit, daß ihn die Natur, durch ihre Praktiken der Verwesung, möglichst rasch zu ändern trachtet. Von jener Absurdität des Totseins weht ein Schatten auch um die vor zwanzig Jahren stehengebliebene Uhr. Etwas Kaltes, Fatales gibt sie dem Haus, an dem sie festgenagelt, der ganzen Straße, deren Unwahrzeichen sie ist, und deren Bewohner ihr hartnäckiges Sechs-Minuten-nach-halb-drei nervös und übellaunig macht. Ihr Zifferblatt ist ein gespenstiger Spiegel, aus dem immer das gleiche herausblickt, was immer auch in ihn hineinblicken mag. Gleich einem Symbol kranker Zeit hängt sie da, die Uhr: Chronos hat den Appetit verloren und verweigert die Nahrung.

Aber das Besondere solcher beharrlich nicht gehenden Uhr, ihre geheimnisvolle, tiefere Pointe steckt woanders: nämlich darin, daß sie, einmal im Tag und einmal in der Nacht, in einem einzigen bestimmten Moment, obgleich sie seit zwanzig Jahren keine Zeit mehr angibt, doch die Zeit angibt! Bei der Uhr, von der hier erzählt wird, geschieht dies eben präzis sechs Minuten nach halb drei. In diesem Moment, alle zwölf Stunden einmal, erfüllt die Tote ihre Lebensaufgabe, indem sie ganz genau mitteilt, wie spät es ist. Sechs Minuten nach halb drei gehorcht sie dem Willen ihres Schöpfers, wird wahr, deckt sich restlos mit der Idee, als deren Ausdruck sie in die Welt der Erscheinungen trat, fügt sich harmonisch ins Gefüge der Mittel und Zwecke, tut, was sie tun soll, den Sinn ihres Daseins erfüllend.

Die Nutzanwendung ergibt sich mühelos: Alle Uhren zeigen richtig, man muß nur im richtigen Augenblick auf sie sehen. Alle Menschen sind gut, man muß nur die Chance haben, sei bei ihrer Güte zu ertappen. Für alles Schiefe kommt die Drehungsphase der kreisenden Welt, wo es das Gerade wird. Und bist du noch so mißtrauisch gegen die Liebe, in gewissen Augenblicken darfst, mußt du an sie glauben.

BEGEGNUNG

Diese Geschichte handelt von der Begegnung, oder eigentlich der Nicht-Begegnung, mit einer Frau, die auch damals in der Untergrundbahn zum Theater fuhr und die ich jetzt nicht beschreiben werde, denn was hätte der Leser schon davon, wenn er wüßte, wie sie ausgesehen hat, und warum sollt' ich ihn hindern, sie sich nach Belieben vorzustellen? Aufgabe des Erzählers ist es, die Phantasie hungrig zu machen, nicht, sie zu sättigen.

Mir gefiel die Erscheinung gegenüber. Sie machte, ein guter stummer Erzähler, die Phantasie hungrig. Sie tat optisch wohl. Sie wirkte auf das verlängerte Rückenmark, und nicht nur auf dieses. Sie gab Wachträumen Stichwort und Substanz. Sie schmeckte, aus der nahen Ferne, nach mancherlei, was den Nebenmenschen genießbar macht, nach Klugheit, Widerspruch gegen das Gewöhnliche, nach Salz und Zucker, auch nach schärferem Gewürz, und vor allem: nach mehr. Ihr Schweigen hatte angenehmen Klang. Locker gebunden ruhten Lachen und Traurigkeit im Gesicht der Frau. Ambivalenzia! sang es heimlich (mit leichter Saxophonbegleitung).

Also richtete ich gegen die Unbekannte ein volles Auge, die Mattscheibe der Absichtslosigkeit vorgehängt. Ich stellte dann den Blick auf: gebannt, mischte etwas Zärtlichkeitsessenz hinein, setzte einen Hauch von Ehrerbietung zu und ein Atom: »Ach, daß nicht sein kann, was doch vielleicht so schön wäre«. Sie, versonnene Gleichgültigkeit in den Mienen, regte sich nicht unter der Bestrahlung. Mein Blick traf den ihren nur in einem sehr flachen Winkel, drang nicht durch, sondern glitt tangential ab.

Offenbar hatte die Bemerkenswerte mich gar nicht bemerkt.

Im Theater, während des Zwischenaktes, sah ich sie wieder, versonnene Gleichgültigkeit in den Mienen, zur Seite eines Herrn, parlando auf und ab. Annäherung schien unmöglich. Das erleichterte meine innere Situation, denn ich kam nicht in die Lage, keinen Mut zu haben. Und dann sah ich sie nicht mehr, nie mehr. Sie entschwand und wurde Erinnerung, und bald nur mehr Erinnerung an eine Erinnerung. Sie floß ein in das Meer des ungelebten Lebens, dessen Rauschen himmlische Musik ist dem Jüngling, höllische dem Alternden.

Vierzehn Tage später aber kam der Brief, in dem sie Bezug nimmt auf Untergrundbahn und Theater und jener Begegnung, die das nicht war, gütige Worte widmet. Der Brief trägt keine Unterschrift. Das kennzeichnet ihn, so nett er ist, als Bosheit. Rufen und sich vor dem Gerufenen verstecken: so was tut nur ein Kind, das spielt, oder ein schadenfroher Mensch. Anonyme Feindlichkeit, das läßt sich zur Not verstehen. Aber anonyme Freundlichkeit? Vierzehn Tage zwischen Blick und Gegenblick . . . was sind das für Zeitlupenscherze? Das Leben, o Königin, ist zu kurz für so gedehntes Tempo.

Ein ganz winziges Abenteuer jene Begegnung, die keine war, ein Minus-Abenteuer geradezu, doch seiner Struktur nach genau wie die großen Abenteuer, die ich gleichfalls nicht habe. Auch in ihm, in solchem Nichts, solchem Stäubchen von Schicksal, spiegelt sich dessen besondere Norm, wie im kleinsten Kristall das Gesetz des Stoffes, aus dem er ist, sich spiegelt. Bei mir also pflegt es so zu sein: Erscheinung (Traum, Wunsch, Neugier weckend) taucht auf, beunruhigt das Nervensystem, zeigt sich, solange sie erreichbar ist, prinzipiell unerreichbar, entschwindet, zeigt sich, nachdem sie also unerreichbar geworden, prinzipiell erreichbar, winkt heran mit einer Gebärde des Abschieds und sagt zum Empfang: »Leb wohl.« Ach, wie ist der Tag doch reich an solchen alarmierenden Nicht-Erlebnissen. Jeder Blick, jeder Gedanke beschwört welche herauf, die Spannung zwischen dem, was ist, und dem, was sein könnte, ist gar nicht zu ertragen, aus unerreichbarer Ferne lächelt dir die schöne Möglichkeit, die das in der Nähe nicht war. Gott ist vorhanden, weil du von ihm nichts weißt, und das ganze Leben ein einziges, aufregendes Abenteuer, schon dadurch, daß es immerzu entschwindet.

Übrigens schrieb sie in jenem Brief: »Ich habe mich aufrichtig gefreut, daß Ihr Profil Ihren Schriften entspricht.« Ich weiß jetzt nicht: soll das eine Beleidigung sein für das Profil oder für die Schriften oder für beide?

REISE

Ich habe eine Reise und auf dieser Reise mehrere Beob-
achtungen gemacht, die allseits lebhafte Gleichgültigkeit erwecken dürften. Daher kann ich sie ruhig mitteilen. Ist es schon eine Anmaßung des Schriftstellers, den
Lesern, wildfremden, braven Menschen, die doch genug mit sich selbst beschäftigt sind, zuzumuten, daß sie
sich mit ihm beschäftigen, ihnen, die unter der Last eigenen Erlebens keuchen, noch das, was er erlebt, aufzu-
bürden, so wird diese Anmaßung ganz unleidlich, wenn
der Schriftsteller seinen Lesern Interessantes vorsetzt,
das sich, weil es das ist, unwiderstehlich in ihren Geist
hineindrängt, wodurch also diesem eine Art Zwangsfüt-
terung angetan wird.

Von meiner Reise, wie gesagt, kann ich ruhig erzählen. Sie war sehr schön, vollzog sich unter em-
pörend- aber angenehm-kapitalistischen Umständen,
nämlich auf einer Privatjacht, die an Sonn- und Feierta-
gen Preiwett-Jott ausgesprochen wird und so sanft da-
hinglitt, als liefe sie auf Wasserschienen. Der Kapitän
war ein reizender junger Engländer. Er hatte das Schiff
selbst konstruiert und den Bau geleitet; in seiner Kabine
das winzige Modell, haargenau dem erwachsenen Schiff
gleich, sah aus wie ein Jachtjunges unmittelbar nach der
Geburt. Der Kapitän hatte Grübchen in den Wangen,
ein Fernrohr und Schiffskarten, auf denen das Festland
in Form von ausgesparten weißen Flecken eine lächerliche Rolle spielte. Auf diese Weise kamen wir bis Konstantinopel. Es sind wunderschöne Augen, süß und
dunkel wie türkischer Kaffee, mit denen die Türkinnen
wegschauen, die Türken aber sitzen wirklich mit unter-

kreuzten Beinen auf Teppichen in jeder Preislage, rauchen Wasserpfeife und trinken den ganzen Tag Kaffee, süß und dunkel wie die Augen der Türkinnen. Doch derlei scharfe Spezialbeobachtungen gehören nicht in diesen vorläufigen Bericht, der nur ein paar allgemeine Wahrnehmungen gibt, Schaum des Erlebten, wie er in dem mit Eindrücken gefüllten Reisenden obenauf sich sammelt.

Wirklich froh in Österreich samt Burgenland, in Ungarn, Jugoslawien, Italien, Albanien, Griechenland und der Türkei, also vermutlich überall auf Erden, sind nur die kleinen Kinder. Etwa so bis zum zehnten Lebensjahr. Dann kommen sie auf den Schwindel, und ihre Züge, die reine Zeichnungen waren, werden Schrift, schließen ineinander zu Chiffren häßlicher Erfahrung. Das Antlitz der Erwachsenen ist schon ganz Text, aufreizender, langweiliger oder erschütternder; fröhlich kann er keinen machen, der ihn richtig liest. Ja, Weltreisende wie ich lernen erkennen, daß das Leben, excepté les enfants, überall Protest gegen das Leben ist, schlauer oder dummer, verstohlener oder offener Widerspruch, aber immer Widerspruch. Dazu wären noch viele traurige Bemerkungen zu machen. Doch das führte über Konstantinopel weit hinaus, in ein schwarzes Meer.

Die Tiere sind auch nicht lustig. Aber etwas, um das man sie beneiden darf, ist mir aufgefallen: sie sind national nicht geschieden, und das ganze Erdenrund ist für sie ein einziges ungeteiltes Sprachgebiet. Was ein Hund bellt, versteht ohne weiteres jeder Hund auf Erden, das Rindvieh aller Zonen hat dieselbe Grammatik und Syntax, die Zugvögel kommen bequem mit ihrer Muttersprache durch, wenn sie auf den großen Strich gehen von Nord nach Süd, und daher gibt es auch unter den glücklichen Tieren zwar große Philosophen, aber gar keine Philologen. Weiter habe ich auf meinen Reisen bemerkt, daß die Vorgeiger von Hotel-, Gast- und Kaffeehaus-Musikkapellen aller Zonen den gleichen Ausdruck pfiffiger Hingabe an den Rhythmus im Gesicht haben und die Klavierspieler alle den gleichen wurschtig-trüben Blick ins Leere. Geige und Geiger verhalten sich wohl zueinander wie Roß und Reiter, hingegen scheint zwischen Klavier und Spieler eine Beziehung zu herrschen wie zwischen Wagen und Pferd. Kakteen sind nur in Töpfchen schön, fern ihrer Heimat. Bei sich zu Hause, in Landstraßenerde wurzelnd, sehen sie greulich aus, zerbrochener, zerstaubter Plunder aus Großmutter Floras Rumpelkammer. Am Strand hat die Seele viel mehr vom Meer als auf dem Meer, wenn du ringsum nichts siehst als Wasser, siehst du das Wasser nicht, und etwas Enge braucht das Herz zum Gefühl unendlicher Weite. Antike Tempelruinen, Trümmerstätten, Stadions und Kolosseen soll man nur schlückchenweise und in großen Zwischenräumen zu sich nehmen, besonders schwer verdaulich sind Sarkophage, auch von Friesen, Architraven und Metopen verträgt man nicht viel auf einmal. Doch steht ihr hoher geistiger Nährwert außer Frage. In Museen ist es kühler als an Ort und Stelle der Ausgrabungen, die Wirklichkeit nimmt den Landschaften viel von dem Reiz, den sie im Kino haben, jeder Bach ergießt sich, wenn man ihn zu Ende denkt, ins Meer, wo immer Menschen sind, dort sind Götter, schreckliche und sanfte, alle Wege führen, über Rom, zur dunklen Persephonaia, leichter als anderswo, das ist nicht zu bestreiten, entquillt auf der Akropolis dem Mann mit Gymnasialbildung die Träne (hervorgepreßt vom Orgasmus unsinnlichen Gefühls), doch auch das umschleierte Aug' übersieht neben der alten Schönheit nicht die aufsteigende neue, d. h. zwischen den Säulen des Parthenon nicht die süßen Beine der Engländerinnen, die über die heiligen, bezaubernd hohen Stufen klettern.

MEERESSTILLE
UND GLÜCKLICHE FAHRT

Die Jacht hat vier ganz hohe Maste aus poliertem Holz. Zwischen ihnen spannt sich ein vielverschlungenes, graziöses Geflecht von Stangen und Stricken; es sieht so kompliziert und so zierlich aus wie das Geäder eines lichtdurchschienenen Blattes. Daß sich dieses Tauwerk nie verheddert, nie dem Seemann unlösbare Knoten aufzuknüpfen gibt, ist ein rechtes Wunder (was erlebt man nicht schon mit Schuhbändern!). Jede Stange und jeder Strick der Takelage haben einen Namen, der nach Sturm, Abenteuer, Matrosenlied, Salz und Knabentraum schmeckt. Bezaubernd ist der Wortschatz der Navigation! Ich stand an der Längsseite des Schiffes, sah ins Wasser und fühlte schlicht die Bewegung . . ., doch wie anders wurde mir, als ich erfuhr, ich stünde luvseits und an die Reling gelehnt!

Die Maste des Schiffes sind so hoch, daß es den Anschein hatte, wir würden unter der Brücke, die den Kanal von Korinth überspannt, nicht durchkommen. Aber der Kapitän lächelte nur auf englisch, als wollte er sagen:

es ist dafür gesorgt, daß die Maste nicht in die Brücken wachsen. Wir kamen bequem durch, zur Enttäuschung des Mannes, der oben auf der Brücke stand und sich schon diebisch gefreut hatte, uns splittern zu sehen. Über den Kanal von Korinth, von einem Meer zum andern so gerade gezogen wie ein preußischer Scheitel, ließe sich des langen und breiten erzählen, das heißt des breiten eigentlich nicht, denn er ist so enge, daß die Schiffe sich ganz schmal machen müssen, um nicht ihre Seiten an seinen steinernen Wänden abzuscheuern. Als wir durchfuhren, stand die sinkende Sonne gerade dem Ausgang des Kanals gegenüber, und ihre waagerechten Strahlen durchdrangen mit so leuchtender Schärfe die Meerenge, als wären sie das Messer, das diese Felsmauern eben entzweigeschnitten. In der Höhe schwebten große Vögel, die wir, da niemand widersprach, als Adler empfanden.

Unsere Matrosen erklettern aus sportlicher Passion die Maste bis zur Spitze. Weil sie das täglich tun, sind sie so mager. Man sollte tun wie sie. Eine Mast-Kur zur Entfettung.

Manchmal fährt das wundervolle Schiff mit Segeln, ich würde gern sagen: mit ausgespannten Schwingen, doch habe ich eine dunkle Empfindung, als ob das schon jemand einmal von einem Segelschiff gesagt hätte. Wie schön, wenn das schlanke Schiffchen mit ausgespannten Schwingen, von Wasser- und Sonnenglanz umsprüht, leicht und lautlos hingleitet, zierlich und doch kräftig, spielerisch und doch selbstbewußt die Wellen schneidet, eine hochgezogene Vollblutjacht, die viele Knoten pro Stunde läuft. Ich könnte angeben, wie viele, aber du, traurige Landratte von Leser, wüßtest dann doch genau so wenig wie vorher. Also lassen wir die Knoten. »Flying Cloud« heißt die Jacht, fliegende Wolke, ein Name, dem das Schiff und der diesem wie angegossen sitzt. Die fliegende Wolke wird mit Öl, nicht mit Kohle geheizt, kein Ruß, kein Gestank, sie ist nach den modernsten Grundsätzen der Jachtologie gebaut und gehört einem Herzog von England, der noch drei Schwestern von ihr im Stall haben soll. Sie ist die jüngste, und die Fahrt, von der ich erzähle, war ihr erster Stich in See, sozusagen ihr Jungfern-Stich. Es glänzte auch alles an und auf der fliegenden Wolke von Neuheit und Frische, man roch förmlich noch die Holzwolle, in der verpackt sie im Schächtelchen gelegen war.

Die Tage auf solchem Schiff sind paradiesisch, die Regie tadellos, mehr im Stil Reinhardts als Piscators, durchaus danach angetan, dem Gast, der gratis mitfährt, die Illusion zu schaffen, das Leben sei doch schön. Der Täuschung, daß es das sei, unterliegt man allerdings kaum leichter, als wenn man auf solcher Jacht im Frühjahr durch die griechischen Gewässer spazierenfährt, landend, wo es einem Spaß macht, genährt und gepflegt, als gelte es die Aufzucht einer kostbaren Hochrasse, wochenlang abgeschieden von aller Post und Zeitung (bis auf die täglichen Meldungen des Funkers), ausgeliefert einer watteweichen Ruhe, in die gewickelt du die Neurasthenie verlierst, wenn du sie hast, und bekommst, wenn du sie nicht hast, umgeben von lauter goldiger Natur und sagenschwerer Historie. Auf diese ist jedoch kein unbedingter Verlaß. Eines Abends, die »Flying Cloud« glitt fast ohne Reibung, wie auf Schlittenkufen, durch ein sanft murmelndes Meer, die sinkende Sonne vergoldete sechs Karo mit der Quartmajor, die auf dem Tische lagen, da trat unser Patron eilig herein und sagte nichts als: »Meine Herren, Ithaka!« Wir stiegen auf Deck und sahen mit bewegten Sinnen einen dunklen Küstenstreifen, den Rand des Stückes Erde, das dem listenreichen, aber trotzdem göttlichen Dulder Heimat gewesen. Andern Tages las ich in einem sehr informativen, zwecks Gebildetseins von mir mitgenommenen Buch, die Forschung wäre längst darüber hinaus, Ithaka als des Odysseus Geburtsort anzusehen. Ganz anderswo steht heute, von der Wissenschaft hingestellt, seine Wiege. Also waren die bewegten Sinne des Abends vorher sozusagen ins Leere gegangen. Doch was tut's? Bewegt sein ist alles, das Warum und Wohin eine Frage von sekundärer Wichtigkeit. Man könnte auch sagen: Auf die Wirkung kommt es an, Ursache ist Nebensache.

Das Schiff hatte acht Passagiere an Bord, keine Frau darunter. Infolgedessen herrschen Freiheit und Friede, jeder konnte tun, was er wollte, und besonders wer gar nichts tun wollte, fand hierzu die herrlichste Dauer-Gelegenheit. Der hagere Engländer übte stundenlang auf einer kleinen Matte den Schwung des Golfschlägers, der Gastgeber studierte die Schiffskarte, der Pariser Maler und der Schriftsteller aus Salzburg in der Bukowina spielten Karten, ich stand luv oder lee an die Reling gelehnt und dachte, ohne zu einem erheblichen Resultat zu kommen, über das Leben nach. Sonnenuntergänge hatten wir an jedem Tag mindestens einen, nie verlor das Schauspiel an Pracht und Größe, das Meer erglänzte weit hinaus, und schöne Gefühle der Einsamkeit durchzitterten das weltweit aufgetane Herz.

Diese Reise fand, das auch noch, im Mai statt. Es war in Griechenland im Monat Mai, der Himmel sogar des Nachts himmelblau, das Wetter an einem Tag prachtvoll, am anderen herrlich. Oft um die Mittagsstunde stoppten wir auf hoher See, und es entwickelte sich im Schatten der fliegenden Wolke lebhaftes Badetreiben von acht älteren Herren plus einem blühenden Kapitän. Dies zur selben Zeit, als in Berlin Schneestürme und Premièren wüteten. Das kommt alles vom Klima. Wer mit Herzogen von England gut ist, darf seiner spotten. Er setzt sich auf die »Flying Cloud« und fährt dem Frühling nach, der nirgendwo heitrer lächelt als im Griechenmeer und nur zum geringeren Teil eine kalendarische, zum größeren aber, wie mehr oder minder alles, eine Geldfrage ist.

RICHTER-SCHULE

Das österreichische Justizministerium läßt, auf seine Kosten, die Richter, die über Autoangelegenheiten zu judizieren haben, Autofahren lernen.

So erzogene Richter werden gute und gerechte Richter sein in Autosachen. Sie werden um die Verführungen der Schnelligkeit und der geschnittenen Kurve wissen, um die boshafte Arglist der Zufälle, die Blick und Hand des Wagenlenkers unsicher machen, sie werden ermessen können, wie leicht der Mann am Steuerrad, im Choc des gefährlichen Augenblicks, das Falsche tut, wie bald ihm geschehen kann, daß er die Vorschriften außer acht läßt und sündig wird vor dem Gesetz.

Eine Zeit verständnisvoller Judikatur dämmert herauf

für die Autofahrer in Österreich. Sie werden, haben sie gefehlt, vor Richter kommen, die sich in die äußere und noch mehr in die innere Situation des Angeklagten, wie sie war, als er die Tat beging, hineinfühlen und -denken können.

Sollte aber, was Autofahrern recht ist, nicht allen, über die zu Gericht gesessen wird, billig sein? Sollte nicht jeder Delinquent Anspruch haben auf einen Richter, der das Delikt, über das er urteilen muß, wohl versteht, der genau die Erde kennt, aus der es wuchs, oder den Himmel, von dem herab es fiel, der eine Konstellation wie jene, die den Menschen da vor ihm schuldig werden ließ, selbst schon durchgestanden hat und um die Brüchigkeit der Sicherungen weiß, die in solchem Fall den Guten davor bewahren, schlecht zu werden?

Um wieviel weiser etwa würde über Eigentumsvergehen der Richter urteilen, der vorher einen Elendskurs durchgemacht, die Staatsprüfung aus: bitterem Mangel, das Rigorosum aus: Hunger (samt allen zugehörigen Nebenfächern) bestanden, seine Übungen im Seminar, wo »Leben im Dreck« praktisch gelernt wird, hinter sich hätte und, dank ihnen, wüßte, wie unweigerlich steter Tropfen Not die Moral höhlt!

Jugendrichter, um das wahrhaft sein zu können, müßten schon als kleine Jungen in die Richter-Vorbereitungsschule getan werden, wo sie lernten, wie das ist, wenn man in Enge, Schmutz, Entbehrung aufwächst. Solche Kindheitserfahrung vertiefte außerordentlich die Fülle der Einsicht, aus der sie später ihre richterlichen Urteile schöpfen würden. Sie zögen dann, Recht sprechend, gewiß ins Kalkül, daß der Bursche da vor ihnen, der im Rennen ums Leben sich durch unerlaubte Mittel

vorwärts hatte helfen wollen, beim Start schändlich betrogen wurde.

Nach dem Muster: Autokurse für Richter in Autosachen ließe sich eine ganze Richterschule, in viele
Fachabteilungen gegliedert, denken. Also etwa:

ein paar Semester unglücklicher Ehe für Richter, die
über Ehebruch, böswilliges Verlassen und Übertretungen dieser Art zu urteilen haben,

ein Abstinenz-Kurs, mit Widerstandsübungen, ähnlich jenen, die der heilige Antonius zu bestehen hatte,
für Richter, die über Sittlichkeitsvergehen judizieren.

Lehrklassen zur Einführung in das Martyrium, das der
gemeine Mensch im Umgang mit Ämtern zu erdulden
hat, nebst praktischen Übungen: als Partei im Verkehr
mit Behörden (für Richter über Amtsehrenbeleidigun-
gen).

Die wichtigsten aller zu schaffenden Kurse wären
aber solche für passive Straferfahrung. Wissen denn die
Menschen, welche andere Menschen in den Kerker, ins
Zuchthaus schicken, ganz exakt, fühlen sie es in seiner
vollen Schwere, was das ist: Kerker, Zuchthaus? Haben
denn die Herren, welche wägen und überlegen: sollen
wir dem Kerl fünf Jahre geben, zehn, zwölf, fünfzehn?,
haben sie, indem sie so mit Jahren als Einheiten herum-
rechnen, eine Vorstellung davon, was es heißt, auch nur
vierundzwanzig Stunden, als Mensch-Tier, im Käfig zu
sitzen? Die Strafen fielen anders aus, wenn die, die sie
verhängen, etwas Praxis als Sträfling hätten, also das Los,
zu dem sie verurteilen, in seiner ganzen Qual- und
Schmerzensfülle imaginieren könnten.

Was die Todesstrafe anlangt, wäre eine Straferfahrung, im Passivum, kaum möglich. Und damit bereits

müßte die Frage, ob es eine solche Strafe geben solle, in ihrer eigenen Widersinnigkeit ersticken. Liegt schon eine gewisse Unmoralität darin, daß Richtermenschen andern Menschen ein Schicksal zuweisen, das sie selbst nur vom Hörensagen kennen, wie teuflisch absurd wird erst die Sache, ist jenes Schicksal, wie im Fall der Todesstrafe, von solcher Art, daß keiner, und hätte er die genialste Phantasie, auch nur es sich vorzustellen vermag. Oder weiß jemand, wie das tut, wenn man stirbt, und hat schon wer erzählt, wie es nachher ist?

Autokurse für Richter in Autosachen: die Morgenröte einer besseren Gerechtigkeit winkt mit Rosenfingern. Vorläufig allerdings nur mit dem kleinen.

SCHUBERT-GLOSSE

Schubert war ein Gefäß der Gnade. Das ist nicht Verdienst, sondern Glücksfall. Verdienst erwirbt sich der Begnadete (der wirklich nichts dafür kann, daß er das ist), indem er sein Genie nicht für sich behält, sondern mit ihm beiträgt zur Lust der Lebenden. In diesem Punkt hatte Schubert es leicht. Er mußte nicht wie etwa der Schriftsteller G. E. Lessing, dessen wir uns vor kurzem, treu dem dekadischen System, auch weitläufig erinnerten, alles mit Röhren und Pumpen mühevoll aus sich herausquälen. Sein Herz und sein Geist trieben in quellender Fruchtbarkeit, er mußte nur die Hände rühren, um zu ernten. Er neigte seine Seele den Erscheinungen zu, und Ströme von Musik flossen aus ihr in die also gesegnete Welt.

Etwas Klägliches liegt darin, daß Menschen einen

Menschen lobpreisen und ihm huldigen, weil er, als er wurde, die Götter bei Geberlaune fand. Doch gilt ja, genau besehen, das Lob den Lobenden, die im Individuum die Gattung rühmen und sich etwas drauf zugute tun, daß einer ihresgleichen so Hohes imstande war. (Vielleicht hat auch Religion ihre Quelle oder zumindest eine ihrer Quellen in solcher Lust am sublimierten Ebenbild.) Noch stolzer auf den ihr zugehörigen Großen als die Gattung ist naturgemäß die Spezies. Und darum feiert wohl alle Welt Schubert, aber nur in Wien stand im Schaufenster des Fleischerladens seine Büste aus gelblich-weißem Rindstalg.

Es wurde in Wien auch ein Theaterstück aufgeführt, dessen Held Schubert ist. Da sah man den unsterblichen Franz, angetan mit Genie, Brille und Backenbart, aber auch mit all' der Bescheidenheit seines rührenden Menschentums. Beethoven erschien auf der Bühne, setzte sich nieder und komponierte, wie das begleitende Orchester mitteilte, »Freude, schöner Götterfunken«. Dann stapfte er, die Hände auf dem Rücken und die Stirne in die so populären unwirschen Falten gelegt, von der Szene. Schubert aber rief: »Dös war der Beethoven! Niederkni'an! Niederkni'an!« So ein braver, geniefürchtiger Mann war er. Ob ich die Textstelle: »Endlich bin ich mit der ›Unvollendeten‹ fertig. Und jetzt auf zum Heurigen!« nur geträumt habe oder ob sie wirklich im Schauspiel vorkommt, weiß ich nicht mehr. Das Stück, viele Male en suite aufgeführt, wurde sehr gelobt von dem Musikkritiker, der es verfaßt hatte.

Noch nie ward ein armer Musikant so kontinuierlich geehrt wie Schubert hundert Jahre nach seinem Tode von seiner Geburtsstadt. Sie gab ihm sozusagen das ganze Jahr 1928 als Todestags-Geschenk. Die Pietäts-Industrie blühte, ungeachtet der miesen allgemeinen Wirtschaftslage. Sämtliche Behörden wurden an ihren Spitzen musikalisch. Es erschienen zahlreiche Schubert-Bücher, die sonst nicht erschienen wären, der Advokat Dr. K., der mit Backenbart und Brille Schubert so ähnlich sieht, empfing zahlreiche Glückwünsche, und keiner war, der in diesem Jahr eine Forelle aß, ohne daß ihm deren unsterbliche Vertonung durch den Sinn gegangen wäre. Das Schubert-Denkmal im Stadtpark wurde geradezu ein angesehenes Monument, die Seife mit dem »unabwaschbaren Schubertbild« – der Schmutz ging herunter, der Schubert nicht – kam in den Handel, und mit noch innigerem Schmelz als sonst erklang im Kino, wenn die verstoßene Frau durch den Schnee watete, oder der Geliebte Fliederblüten über den Wuschelkopf der Geliebten streute, die h-Moll-Symphonie. Die österreichische Münze gab einen Doppelschilling aus, der mit Schuberts Antlitz geprägt ist, dieses erschien auch in Teig, Leder, Holz, Porzellan, Metall, doch zu einer Zuckerbäcker-Spezialität wie Mozart, von dem die gefüllten »Mozartkugeln« sind, hat Schubert es nicht gebracht. Hierin wird das große Wien von dem kleinen Salzburg beschämt.

Nicht nur um der unsterblichen Werke willen hat die Stadt ihren Schubert ins goldene Herz geschlossen, sondern auch, weil er ein rechter Wiener war, mit Spitznamen und Dialekt, gemütvoll, leichtsinnig, die inkarnierte Liebe zu Wein, Weib, Gesang. Trotzdem hat er merkwürdigerweise, obgleich so tief in den Boden der Heimat verwurzelt, wohl Wiener Tänze geschrieben, aber kein einziges Wiener Lied, keine Melodie für die blaue Donau, für den Stefansturm, und nicht einmal vom letzten Abfall seiner Produktion kam etwas auf das fesche Wiener Madel oder den Grinzinger Wein. Vielleicht allerdings nur, weil es ihm an den rechten Textdichtern fehlte, wie erst eine spätere Kulturblüte sie gedeihen ließ.

Beim genialen Menschen ist es schon so, daß wohl die Heimat in ihm, nicht er, mit seinem höheren Leben, in der Heimat lebt. Das Genie ist Weltbürger, seinem Weltbürgertum gibt das engere Vaterland nur die Nuance. Mit Recht nennen deshalb alle Menschen, die Musik in sich haben, Schubert den ihren . . . ebenso aber könnte man auch sagen: »Alle Menschen werden Wiener, wo sein sanfter Flügel weilt.« Alle verstehen ihn, denn die Kunst des armen Schullehrers »vom Himmelpfortgrund« redet die Muttersprache der Welt, die unbegreiflich begreifliche Sprache elementaren Gefühls. Schöne Namens-Fügung, die Schubert auf Erden an die Himmelspforte setzte! Wenn man wortspielerisch so sagen darf: sein Notenschlüssel öffnete sie.

»DER MENSCH«

Da gibt es eine Ausstellung »Der Mensch«, die in Bildern, Präparaten, schematischen Darstellungen und bezaubernd anschaulichen Mechaniken den Menschen zeigt, wie er leibt und wie er lebt, wie er sieht, hört, riecht, schmeckt, fühlt, atmet, verdaut, sich abnützt und erneuert, wie sein Herz robotet, seine Nerven spielen, seine Nieren filtern, seine Muskeln schwellen, seine Haare sprießen, sein Darm und sein Hirn anmutig sich winden, kurz, die alles zeigt, was unter, in und auf der lebendigen Menschenhaut sich ereignet. Oh, es gibt Dinge zwischen Schädeldach und Fußsohle, von denen eure Schulignoranz sich nichts träumen läßt!

Vieles erfährt man hier von des Menschen Wohl und Weh und von dem Erstaunlichen, das die Maschine, die er darstellt, leistet.

Zum Beispiel gibt es da einen riesigen gläsernen Kübel voll Himbeerwasser, und dieses ist die Blutmenge, die das Herz in einer halben Stunde durch den Körper pumpt. Oder man sieht eine Eisenzange (an deren Hebeln ein 50-Kilo-Gewicht wirkt) vergeblich bemüht, eine Haselnuß zu öffnen, die unsere Zähne ganz leicht knacken. Was Kiefer imstande sind! Auch wird die Nahrungsmenge gezeigt, die ein erwachsener Mann mit dem Appetit und den Bezügen eines Normal-Bürgers zu Normal-Zeiten im Lauf eines Jahres durch seine Därme jagt. Käse ißt er verhältnismäßig wenig, einen halben Edamer pro anno.

Ja, das ist alles sehr schön und schauenswürdig, was »Der Mensch« zu schauen gibt . . . aber der Mensch ist nicht nur Körper, sondern, wie bekanntlich schon die indische Sankhyaphilosophie des Kapila lehrt, auch Seele. Und von dieser macht sich die Ausstellung gar nichts wissen. Schade. Ihre Methoden der Darstellung und Veranschaulichung, angewandt auf das Gebiet der Psyche . . . was für wunderbar lehrreiche, aufregende Schauobjekte gäbe das!

Zum Beispiel einen riesigen Kübel, angefüllt mit Papierfetzen, Staub und zerbrochenem Kram, um zu veranschaulichen, was während eines Lebens von durchschnittlicher Dauer die Seele eines Durchschnitts-Menschen an Illusionen ausscheidet. Daneben, als mikroskopisches Präparat: was sie von ihnen behält. Zur sinnvollen Ausschmückung wäre über dem Kübel bildlich etwa darzustellen, wie ein Jüngling mit tausend Masten in den Ozean schifft, indes über dem mikroskopischen Etwas ein Greis zu sehen wäre, still, jedoch auf gerettetem Boot.

Oder ein anderes Schauobjekt: ein Apparat, der zeigte, wie viele Proteste ein ausgewachsener Wille im Lauf von zwölf Monaten hinunterschluckt, a) ein gerader, unverkümmerter Wille, b) ein in erotische Beziehungen verstrickter.

Oder ein Maschinchen (von jedem Besucher selbst durch Druck auf einen Knopf zu bedienen), das sinnfällig machte, wie der Besucher aussieht und wie er – Druck auf den Knopf – aussehen müßte, wenn das Antlitz in der Tat Spiegel des Innern wäre. Oder eine Tabelle, die ersichtlich machte, welches Übermaß an Hirn- und Nervenkraft das reife Individuum tagtäglich verbraucht, um den Haderlumpen in sich zu bändigen. Nebst einer Zerlegung dieses erschütternden Vorgangs in seine Zwischenphasen. Oder eine Darstellung der langsamen, aber sicheren Abstumpfung, Lähmung, Ertaubung, nekrotischen Zersetzung des Urteilsvermögens durch regelmäßige Zeitungslektüre. Oder: was ein grundehrlicher Mensch in vierundzwanzig Stunden zusammenlügt, a) in der Großstadt, b) in Orten unter zwanzigtausend Einwohnern.

Schade, daß die Ausstellung den Menschen nur zeigt, wie er leibt, und nicht, wie er seelt.

Doch auch halb, wie sie ist, ist sie sehr interessant. Ganz verlegen wird der Mensch, sich so durchschaut zu sehen, ganz kleinmütig macht ihn die Vorstellung, nichts zu sein als lauter Mechanik und Chemie. Aber dann denkt er an die Haselnuß mit dem ohnmächtigen fünfzig Kilo Gewicht oder an den Kartoffelberg, den er in zwölf Monaten verschlingt oder an den rastlosen Fleiß seines Röhrensystems, an die unermüdliche Arbeit seines Inwendigen, auch wenn das Auswendige noch so faulenzt – und gleich ist er wieder arrogant.

Wer in diese Ausstellung geht, geht in sich. Und kommt nicht ohne ein erhebliches Mehr an Demut und Hochmut wieder heraus.

BUCH FÜR ALLE

Was macht den Menschen zum Objekt öffentlicher Meinung? Zum Gegenstand der Beachtung und Betrachtung von vielen? Ungewöhnliches Erleben oder ungewöhnliche Leistung.

Es muß nicht einmal Leistung sein, aus der die Welt Nutzen zieht: ein schönes Verbrechen, eine Torheit größeren Stils, ungewöhnliches Pech, ein Rekord geben Zutritt in das Interesse der Allgemeinheit. Wer aus ihr solistisch herausfällt – durch eigenes Gewicht oder vom Schicksal gestoßen –, den nimmt sie zur Kenntnis.

Eine Ausnahme machen da nur Theaterleute. Sie sind die einzigen Lebewesen, deren Arbeit allein deshalb schon, weil sie getan wird, vor breiter Öffentlichkeit Beachtung widerfährt. Es gibt keinen Beruf sonst, dessen Ausübern allemal, mit Lob oder Tadel, attestiert würde, daß sie ihn ausüben. Niemals liest man in der Zeitung etwa: »Gestern hat Doktor X. einen Blinddarm herausgeschnitten. Die wohldurchdachte, gekonnte Leistung verdient unseren Beifall. In kleineren Aufgaben bewährten sich die bildhübsche Operationsschwester und der Spitalsdiener.« Oder: »Das Auftreten des Verkehrsschutzmannes Heinrich, Ecke der Budapester- und Kurfürstenstraße, gestaltete sich erfolgreich. Klarheit und Anmut seiner Zeichengebung lassen nichts zu wünschen übrig, nur könnte vielleicht das Tempo etwas besser sein.« Oder: »In der Restauration ›Grill für Alle‹ gab es Sonnabends, bei gutbesuchtem Hause, zum erstenmal türkisches Filet mit Morcheln-Croquettes. Köchin: Mathilde Lehmann. Das Publikum zeigte sich von dem Gebotenen befriedigt; wir bleiben aber dabei, daß Frau Lehmann kaum mehr als eine utilité ist. In dem kleinen Getränkezuträger Otto reift – der Referent glaubt, sich hierin nicht zu irren – eine beachtenswerte Kraft für das Fach der Kellner mit Suada heran.« Man könnte sagen: Schauspieler machen eben Kunst, deshalb wird jedes Stück Arbeit, das sie liefern, öffentlich beurteilt. Das könnte man sagen. Darauf ließe sich vielerlei entgegnen, der Entgegnung vielerlei erwidern, und so ginge das hin und her, eine lange Weile, die sich unaufhaltsam verbreitete. Lassen wir also den Einwand. (Es erleichtert das Schreiben sehr, daß dem Schreiber niemand dazwischenschreiben oder in die Feder fallen kann. Der Redner hat es schlechter.)

Schauspieler sind im allgemeinen nicht gut bezahlt, darum ist ihnen das Glück des Erörtertwerdens, als einer Art sublimierter Gage, zu gönnen. Weniger zu gönnen ist es einer Gruppe von Erscheinungen, die, gar nichts leistend, ja selbst der elementarsten aller Mühen – der: zu leben – enthoben, sich doch ins Blickfeld der Öffentlichkeit drängeln; nämlich den Figuren aus berühmten Romanen und Theaterstücken. Psychologen und Charakterdeuter setzen sich auf ihre Spur, sie werden gegen das Licht gehalten, zerlegt, mikroskopiert, in ihren Bedingtheiten aufgetan, vielen Prüfungen, wie die Seelenchemie sie kennt, unterworfen. Da steht nun die Frage auf: warum sollte, was solchen Niemanden, erfundenen Wesen, Phantasiegestalten und Schemen recht ist, den Erscheinungen der Wirklichkeit, den Kreaturen, die leibhaftig sind, nicht billig sein? Warum sollte das Geschöpf des Schreibtischs was voraus haben vor dem Geschöpf der Natur? Frau Sedlak, die morgens das Zimmer aufräumt, ist zumindest so interessant wie Dorothea Angermann, der Schneider Potzner gar nicht auszustudieren, mein Freund Mischka ein Unikum, ihr werdet nie mehr seinesgleichen seh'n. Sicher, es lohnte, von ihnen zu erzählen. Doch dies geschieht nicht, denn sie haben weder was geleistet, noch sind sie beim Theater, noch fand sich der Literat, der das wunderliche Gebild ihres Lebens durch Hineinstellen in eine Romanhandlung rettete.

Ich bin deshalb für ein Buch »Menschheit in Einzeldarstellungen«, kollaborativ verfaßt von allen, die in Worten darzustellen wissen. Hier wäre Eintritt nur den mit Ruhmerwerbung Nichtbeschäftigten gestattet. Hier gälte Leistung nichts, doch das Leben als Leistung. Hier würden nur Namen von solchen genannt, die sich keinen gemacht haben. Hier entschiede über Aufnahme oder Ablehnung das Sein, nicht das Tun des Individuums. Hier fänden die Außenseiter, welche die höchsten Quoten gezahlt hätten, wenn sie gekommen wären, die Künstler ohne Kunst, die Waldmenschen im Dickicht der Kultur, die Gottfopper und von ihm Überfoppten, die großen Abenteurer ohne Erlebnis, die auf der Flucht vor sich selbst als brillante Schnelläufer Enthüllten, die himmlich unbegabten Genies, kurz: wirklich interessante Leute fänden hier, ohne die trügerische Hilfe von Roman- oder Dramenschreibern, Asyl, das ihre Erscheinung vorm Vergessenwerden, vor dem »gefräßigen Regen« der Zeit behütete . . . soweit ein Dach aus Papier und Letternschwärze dies eben vermag.

Zum Beispiel Mischka! Mein Freund, unser Freund, euer Freund, aller Freund. Sollte von solchem Mann, einzig in seiner Art und den Menschen ein Wohlgefallen, nie die Rede sein, weil er wirklich vorkommt und nicht im Buch? Begnadet mit Talent zu vielerlei Talenten, Jünger des Lebens und dessen Meister, zu Hause, wo er zu Hause ist, aber daheim in der Welt, der Rührung voll und des Witzes, in dem Rührung sich auflöst, verliebt in die Liebe, unbestechlicher, beide Augen zudrückender Durchschauer, teilhaftig aller Freuden des Kenners und Kenner aller Freuden, fröhlicher, nimmermüder Wanderer durch Gebirg und Tal der Beziehungen, die Taschen voll Sympathie, Musik, Gefälligkeit, Humor, Zuneigung, Teilnahme und ähnlichem, womit man Menschen bindet, unvergleichlicher Illusionist einer Welt des Behagens und der Warmgefühle, genialer Spieler des Freundschafts- und Gesellschaftsspiels, immer ganz hingegeben der Szene, die eben gestellt ist, glaubend an ihren gemalten Himmel, scheinbar sein Herz für immer hängend an die Fiktionen des Stücks (das, wie er weiß, nach ein paar Stunden für immer aus ist) . . . dies und noch viel mehr und noch viel anderes und Besseres ist Mischka, über dessen Auftreten nie Referat geschrieben wird! Wahrlich, die Welt wäre um ein

kostbares Muster ärmer, verwischte sich, unabgezeich-
net, die Spur von seinen Erdentagen.

DIE HERRLICHE NATUR
UND ANDERES

Naturschilderungen, in schönliterarischer Absicht, sind
zwecklos. Wem Erde, Wasser, Stein, Pflanze, Tier – der
Mensch gilt nur in seinen primitiven Erscheinungsfor-
men als ordentliches Mitglied der Natur – nichts bedeuten, als was sie bedeuten, dem bedeutet auch ihre Spie-
gelung in Dichters Auge nichts. Wer hingegen die
sogenannte Naturliebe hat, dem sinken schon einfache
Worte wie: Berg, Baum, See, auch ohne angehängtes
Gewicht dichterischer Beschreibung, tief ins Gefühl,
die schlichte Aussage etwa: »der Mond scheint« löst sich
von selber, ohne daß der Rührlöffel des Poeten helfen
müßte, in der Phantasie des Empfänglichen, sättigt sie
mit gemäßen Vorstellungen und Bildern, durchfärbt das
Herz mit Mondfarbe wie ein Kristall Hypermangan das
Wasser mit Rotem.

Im hier erzählten Fall ist aber etwas Naturschilde-
rung, aus einem Grund, der sich noch ergeben wird,
notwendig. Es handelt sich um ein Wäldchen, sommerlich aufgetan, ein dichtes Gemenge von Laub- und Na-
delbäumen, mit Bergen rechts wie links als nahen Sei-
tenkulissen, und abgeschlossen von einem Bach, der,
aus der Höhe kommend, in seinem unteren Lauf, besonders wenn es längere Zeit geregnet hat, sich mit
Welle und Rauschen als Strom gebärdet. Am anderen
Ende beschließt den zauberisch freundlichen Wald ein

Zaun. Hinter ihm ist ein Garten, im Garten ein Haus. Und in einem Zimmer dieses Hauses liegt ein Mensch, mit Augen, deren Blau weiß ist vor Entsetzen, auf die Herren starrend, die ihre Vorbereitungen treffen zum Kommenden. Die Herren sind Ärzte. »Es dauert ein paar Minuten und tut nicht gar so weh«, sagen die Ärzte. Es dauerte drei Stunden und tat so weh, daß es noch weh tut und dem, der es mitempfand, weh tun wird bis ans Ende all seines Wohls und Wehs.

Mit-Leid, das nichts tun kann als sich bekennen, ist so quälend für den, der es hat, wie wertlos für den, dem es gilt. Also ist es klüger, nicht dabei zu sein, sondern in den Wald zu flüchten.

Ein schöner Wald, heimlich und schattentief. Smaragdnes Märchengrün füllt ihn ganz, durchrieselt von goldnem Schimmer, wie ihn das Blätternetz der Bäume aus der Sonne filtert. Es riecht nach heißem Holz, Nadelextrakt, mild-scharfen ätherischen Ölen. Geschäftigkeit kleiner Lebewesen spinnt ein hauchzartes Tongewebe um die Stille, mehr ihr zum Schutz als zur Störung, Vogelstimmen knüpfen Knoten und Schleifen in das Gespinst.

Noch ein Laut mengt sich in den Chor. Er kommt aus dem Hause hinterm Gartenzaun. Ein Mensch schreit dort. Es ist ein langer, langer, jammervoller Schrei, ein Schrei gemarterter Kreatur, ein Schrei, wie ihn das Unerträgliche dem, der es tragen muß, erpreßt, ein Schrei um Hilfe, um Erbarmen, um ein Ende. Plötzlich verstummt er, setzt plötzlich wieder an, gell und hoch, wird schwächer, nur noch ein Wimmern. Sekundenlange Stille. Dann beginnt es wieder, das entsetzliche, klagende, Welt und Leben, daß sie sind, anklagende Schreien. Messerscharf schneidet es durch die Luft.

Durch die weiche, grüngoldne Luft im sommerfrohen Walde. Wärme und Wohlgeruch, Blumen und Schmetterlinge, Blätterrauschen und das leise Zittern der Gräser unterm Gekraule von Millionen winziger Beinchen. Wie ein braves Kind spielt die Natur, sich selbst überlassen, Lärm vermeidend, um den guten Vater, der vielleicht schläft oder arbeitet, nicht zu stören.

Nur der Gemarterte dort im Krankenzimmer kennt keine Rücksicht. Er schreit. Laut und gellend, immer wieder, mit der letzten Kraft seines Körpers und seiner Seele, die sich schon langsam lösen voneinander. Feuer legt solcher Schrei an die Natur. Versengt er nicht Baum und Blatt? Hält der Wind nicht den Atem an vor Bangigkeit? Erschrickt nicht das brave Kind und läßt seine Spiele? Wacht der Vater nicht auf? Gibt dieser Schrei nicht das Zeichen, vor dem der schöne Zauber ringsum sich als fauler Zauber offenbaren muß, die Maske des Lichts abfällt von der Finsternis, das Frohe, Bunte, Blühende im Nu verdorrt, grau und leer hinsinkt wie Kundrys Garten?

Am Wald-Ende, wo das Bachwässerchen schon als wildes Gewässer die Steine scheuert, dort ist das Jammern nicht hörbar. Aber nichts hilft es, sich zu verkriechen vor dem Wehklagen, vor dem erbarmungslosen Schrei um Erbarmen. Eine Macht, stärker als Furcht und Mitleid, zwingt dazu, sich ihm zu stellen. Es gibt nichts außer ihm. Gegen solchen Naturlaut schützt keine Natur.

Längst ist er verstummt. Und steht doch noch in der

Luft wie ein erstarrtes Sausen der Peitsche, unter der alles Leben lebt.

Der Wald duftet nach Harz, Zyklamen, nasser Erde. Er atmet, sommerlich beglückt, tief und ruhig, lädt schmeichelnd ein, mitzuatmen.

Vierundzwanzig Stunden nachdem der Mensch für ewig zu schreien aufgehört hatte, ging ein Gewitter nieder. Der Donner schlug trocken, kurz, beinhart, als klopfte eine Knochenhand an Holz. Doch klang das gewiß nur in der Stimmung des Augenblicks so. Was bedeutet ein Mensch, lebend oder sterbend, der unendlichen Natur? Nichts. Trotzdem beziehen wir sie gern als interessierte Mitspielerin ein in unsere Possen und Tragödien, verwenden sie zur reicheren Ausstattung der Szene, in die wir unsere Freude und unser Elend setzen.

STILLEBEN

Garten am Meer. Rundum ist lauter Süden, preisgegeben einem unentrinnbaren Réaumur. Blumen hat der Garten nur im frühesten Frühjahr (dann tötet sie die Hitze), doch Grünes in unendlich vielen Schattierungen, zartes und grobes, mageres und fettes, keusches und geiles Grün. Der Ölbaum flimmert silbrig, Lorbeer ist ad libitum da. Auf manchen Bäumen hängt ein Teil des Laubes zu gelbem Zunder verbrannt, als hätte der rüstige Sommer einen Anfall von Herbst erlitten. Die stacheligen Schwerter der Agave haben schwarze, verkohlte Spitzen. Das Meer, vom Garten her und im Dunst und Licht des Mittags gesehen, scheint farblos, wie eingedickte Atmosphäre, wie Luft-Satz. Des Himmels Blau, ausgewaschen und von der Sonne gebleicht, ist weiß, der Mensch braun, die Situationen, in denen er sich befindet, knallrot bis aschgrau.

Das sind die Farben.

Zwischen Garten und Meer stehen niedrige, löcherige Felsen, von den Sommergästen Klippen genannt. In den Falten des Gesteins, von jahrmillionenlanger Höhlarbeit des Wassers eingefurcht, liegen Pfirsich- und Kirschenkerne. Nach weiteren paar Millionen Jahren werden die Falten gewiß noch tiefer sein. Aber was wird dann in ihnen liegen? Vielleicht wieder Obstkerne, falls das Obst jener Zeit noch Kerne haben und falls man sie noch ausspucken wird. Wer weiß, wohin die Entwicklung geht!

Auf der kleinen Wiese, begrenzt von Bäumen und Klippen, entfaltet sich das eigentliche Stilleben. Im Grase liegen: ein Zeitungsblatt, »fünf Hinrichtungen vollstreckt« sagt die große Titelschrift, ein Pingpongball, vom Hunde zerbissen, der umgestürzte Waggon einer Kindereisenbahn, zwei Paar Sandalen, ein Teller mit Brot- und Butterresten. Ferner sind zwei Streckstühle da und ein Grammophon. Jack Smith, der Wisperer, dessen Diskretion auch Sanfte rasend machen kann, verlangt mit gedämpfter Stimme nach a blue room, for two room, und teilt mit, daß ihm, seit er die Süße geheiratet hat, every day is holiday. Mann und Frau, hingelagert in die Streckstühle, lächeln bitter, das heißt sie lächeln nicht, aber bitter. Das Grammophon steht auf dem Rasen; so macht es den Eindruck, als ob die Stimme aus der Tiefe käme, aus einem Grabe. Ein Toter unter der Erde flüstert herauf, daß ihm every day holiday sei.

Wem auch eher als einem Toten wäre solche Übertreibung zu glauben?

Nun Stille, lange, vollkommene Ruhe. Von Zeit zu Zeit wird sie durch den Ausruf des Mannes: »Himmlisch, diese Ruhe!« gestört.

Zauberhaft schön ist der Rahmen, den Natur hier gespannt hat. Wie schade, daß er leer ist, denkt die Frau. Sie komponiert Bilder in den Rahmen, zarte und verwegene, solche mit zwei, solche mit vielen Figuren. Der Mann im Liegestuhl ist nicht unter ihnen.

Wüßte er es, es würde ihn nicht kränken.

»Himmlisch, diese Ruhe!« spricht sein Mund, und »hol' sie der Teufel!« flüstern aus der Tiefe seiner Seele, diskreter als Jack Smith, begrabene Wünsche und verscharrte Sehnsucht. Bald ist abermals ein Sommer um, und überhaupt, wie die Zeit vergeht! Nein, die Zeit vergeht nicht, die Zeit beharrt, aber ich vergehe (»und du, Gefährtin, natürlich auch«, denkt er konziliant hinzu). Ihm ist, als sei ihm auferlegt, langsam, immer mehr und mehr, an und in die Erde zu wachsen, Wurzel zu schlagen, unbeweglich zu werden, Pflanze. Mit Schrecken erfüllt ihn die Verwandlung.

Die Frau blickt auf den gestürzten Waggon der Kindereisenbahn. Sie schließt die Augen, versucht sich hinauszuträumen aus den Bindungen ihres Lebens, die liebenswert sind, aber hassenswert, weil sie Bindungen sind. Ihr Herz gibt Klopfzeichen wie ein Gefangener in der Zelle.

»Himmlische Ruhe hier!«

Auf der Wiese steht unter anderen hohen Bäumen ein Eichenbaum, umwunden vom zähen Strang der Glyzinie, die zur Blütezeit berauschend duftet. Wie eine

Boa constrictor hat sie ihre würgenden Windungen um den Stamm gepreßt, ihr Blattwerk in das seine mischend.

Glyzinien, sie nennen es Liebe.

AM STRANDE

Die Gäste gehen in weißen Kleidern, und das Leben freut sie, wenn auch manche hie und da über Magenverstimmung klagen und über das unpünktliche Eintreffen des Morgenblatts. Sie haben herzige Kinder und herzige Hunde, führen Konversation in mehreren Sprachen, spielen Tennis, Karten und mit der Liebe. Dem Meer, das Körper und Geist zum Bade lädt, widmen sie anerkennende Worte, seine Majestät, Gewalt, Schönheit wird in vielen Zwiegesprächen am Strande und abends auf der flutbenetzten Terrasse gerühmt, besonders das Gefühl unendlicher Weite, zu dem es verhilft, erschüttert auch Schweigsamen die Lippe. Bezaubernde Frauen sind unter den Hotelgästen, gute Väter, geduldige Mütter, Herren, die das Geschäft, mit dem sie Geld machen, aus dem doppelten F verstehen, sportgestählte Fräuleins, nachdenkliche Männer und solche, die sich von keinem was gefallen lassen, gute Menschen, die es nicht ertragen können, daß jemand in ihrer Nähe vor Schmerzen wimmere, Belesene beiderlei Geschlechts, und gewiß auch interessante Exemplare Mensch, vielleicht Bösewichter von Format oder Lebenskünstler mit besonderer Note oder Leute, die, wenn sie eine kleine Niedertracht begangen haben, sie nicht durch eine größere ausgleichen wollen.

Der Hotelier ist ein höflicher Mann. Ehe er, mit schelmischem Lächeln, grüßt, tritt er einen Schritt zurück. Seine Höflichkeit kompensiert die Mängel der Nahrung, die er verabreicht. Es wird einfach bei ihm gekocht und schlecht, aber die Speisekarte ist schön und abwechslungsreich. Dreimal in der Woche gibt es Salatblätter in angesäuertem Wasser, Dienstag heißen sie salade laitue, Donnerstag salade verte, Sonnabend salade de saison.

Nach dem Essen, wenn die Gäste ruhen wollen von den Strapazen der Erholung, spielt das kräftige ungarische Kind in der Halle des Hotels Klavier. Peter, die Dogge mit dem furchtbaren Gesicht, das aussieht wie eine deutsche literarische Polemik, vergräbt den Kopf zwischen die Pfoten, um nichts zu hören, doch der junge Mann, der den Lift bedient, ist dankbar für die Abwechslung, die ihm das Singen bedeutet.

Er ist blaß, wodurch man ihn, auch wenn er nicht ein so sympathisches Gesicht hätte, sofort von den braungebrannten Gästen unterschiede. Wenn er nicht beschäftigt ist, sitzt er in einer Ecke des Raums, den Kopf mit geschlossenen Augen an die Wand gelehnt, deren weiße Tünche dort auch schon einen Fleck hat, oder er marschiert langsam auf und ab, oder er liest. Und zwar: »Märchen aus Tausendundeiner Nacht«. Das Sonderbarste ist seine Haltung. Er hält die Arme an den Leib gepreßt wie ein Embryo, die Hände fallen schlaff aus dem Gelenk. In solcher Haltung, mit seiner Schmalheit und Blässe, macht er den Eindruck eines Menschenkindes, das, wäre es rechtzeitig gefragt worden, ob es geboren zu werden wünsche, nein gesagt hätte. Er hat, scheint es, Heimweh nach dem Mutterleib, aus dem er ins Exil gestoßen wurde. Dreihundertmal mindestens fährt er tagsüber mit seinem Lift auf- und abwärts, mit den Jahren gibt das eine furchtbare Strecke, so weit etwa wie von Mensch zu Automat, von Sinn zu Stumpfsinn. Wenn er oben ist, muß er immer wieder hinunter, und wenn er unten ist, immer wieder hinauf, ein rechtes Symbol für die Vergeblichkeit menschlichen Wollens und Nichtwollens. Stets zeigt er dasselbe weder freundliche noch unmutige Gesicht, das ich doch als einziges von allen Gesichtern, die ich an jenem schönen Strande erlebt habe, zeichnen könnte, wenn ich zeichnen könnte. Er ist wortkarg. Gewiß hat er sich noch niemals über die Majestät des Meeres geäußert, und es macht ihn auch kaum nervös, wenn die Zeitungen verspätet kommen. Eines nachmittags aber sah ich ihn in der leeren Hotelhalle am Klavier stehen und mit dem Zeigefinger auf den Tasten Melodie zusammensuchen.

Blaß ist auch der lange Kellner, der den schwarzen Kaffee zuträgt, als Unteroffizier gesetzt über eine schön geordnete Kompanie klirrender Kannen und Täßchen. Die Frackärmel und -hosen sind ihm viel zu kurz, oder eigentlich er ihnen viel zu lang, denn hier zog ja wohl das Kleid den Menschen ein, nicht er es an. Der Lange scheint das Aschenbrödel unter den Kellnern, ein geringer Anhang ihrer Gemeinschaft, wie sein Arbeitsding, der schwarze Kaffee, ein Anhang des Menüs. Alle sind besser gekleidet als er, schreien mit ihm herum, behandeln ihn wie einen Stief-Menschenbruder.

Jeden Abend, gegen 8 Uhr, kommt die kleine bucklige Schneiderin, überm Arm ein paar geplättete, gerichtete, von Flecken gereinigte Kleider, in denen die Damen nach dem Souper tanzen werden. Man wartet schon immer sehr ungeduldig auf die Bucklige. Ihr Gesicht ist (wie das des Mannes, der den Lift bedient, und des langen Kellners, der den Kaffee zuträgt) von Ausdruck verlassen, ein Mienenspielplatz, der nicht benützt wird. Wenn sie im Flur dem Portier begegnet, Gästen oder gar dem Hotelier, geht sie am Lift vorbei die Treppen hinauf. Sieht es aber niemand, dann öffnet der junge Mann, ohne Wort oder Zeichen der Einladung, die Aufzugtüre, und die Schneiderin, ohne Wort oder Zeichen des Danks, folgt dem stummen Anerbieten.

Wenn ich an das Strandhotel denke, so denke ich an Hitze, an ferne »Eins-zwei«-Rufe des Schwimmlehrers, an eine amorphe Masse von Speisenden, Plaudernden, gut Aussehenden, an drei Gespenster, vor deren blasser Wirklichkeit die braunbackige ringsum gespenstisch erschien, und von denen eines Märchen las.

Hätte ich, um bei Märchen zu bleiben, Geld, so würde ich der buckligen Schneiderin ein Automobil kaufen, dem Kellner einen Frack nach Maß, dem Liftmann aber das Strandhotel, wenn auch vielleicht eine seiner ersten Chef-Anordnungen wäre, Personal und Lieferanten die Benützung des Aufzugs zu verbieten.

STANDPUNKTE

Der schlechte Klavierspieler spielt jeden Abend in der Bar des Landhotels Tanzmusik und anderes.

Das Gros der Gäste: Immer dieselben Sachen. Ganz mechanisch hackt er sie herunter. Wie ein elektrisches Klavier. Grammophon oder Radio wäre vorzuziehen.

Warum sucht sich das Hotel keinen besseren Spieler?
Der Pensionspreis ist hoch genug.

Der Hotelier: Ich werfe ihn hinaus. Hoffentlich bringe
ich es übers Herz, den alten Mann auf die Straße zu setzen. Einen so billigen Klavierspieler finde ich so bald
nicht wieder. Schließlich, im Takt spielt er, das genügt.
Aber wo steht denn überhaupt geschrieben, daß ich
Musik haben muß? Nächstes Jahr hebe ich Musikbeitrag
ein.

Ein Tänzerpaar: »Mit dir zu tanzen ist kein Vergnügen.« – »Warum tust du es?« – »Um nicht zu sehen, wie
du gelangweilt dasitzt und durch die Nüstern gähnst.« –
»Warum zwingst du mich dann, Abend für Abend her-
zukommen?« – »Wirf mir nur wieder die Opfer vor, die
du mir bringst.« – »O mein Gott!« – »Und das geht
nicht, daß du dem Klavierspieler nie etwas gibst.« – »Für
die Musik?« – »Egal, der arme Kerl plagt sich die ganze
Nacht für dein Vergnügen.« – »Vergnügen ist gut gesagt!«

Der Kellner: Gut hat es der: Tagsüber nichts zu tun,
schlafen, so lang man will, und immer sitzen dürfen!
Herrgott!

Die Frau des Klavierspielers: Herrgott! Ich lebe ja schon
nicht mehr vor lauter Angst. Zeitig soll er ins Bett, und
das viele Sitzen ist gar nicht gut für ihn, hat der Doktor
gesagt. Und hernach geht er noch ins Wirtshaus. Im
Herbst kündigt man ihm bestimmt. Was dann? Wer
nimmt heutzutage solchen alten Kracher? Und etwas
anderes als Klavierspielen kann er ja nicht. Freilich, *das*
kann er! Nein, ich hätte keinen Musikanten heiraten
sollen.

Ein Musiker: So weit kann es kommen mit unsereinem. Heute noch bei Hindemith, morgen schon bei »Ain't she sweet«! Immerhin verdient er sich mit Klavierspielen sein Leben. Bei meinem letzten Konzert waren neunzehn Leute.

Ein zwiespältiger Gast: Mir tut der Klavierspieler leid. Ich möchte, daß der Wirt ihn behält, und, weil sein Spiel mir auf die Nerven geht, daß er entlassen wird. Ich geniere mich seinethalben, ihm etwas auf die Tasse zu legen, und geniere mich meinethalben, ihm nichts auf die Tasse zu legen. Ich möchte gern wissen, auf welche Weise er zu dem Metier gekommen ist . . . obwohl mich das eigentlich nicht besonders interessiert. Kommen die Leute in die Bar, weil dort Musik ist oder obgleich dort Musik ist?

Der Kater auf dem Dach: Jede Nacht dieses ohrenzerreißende Gewinsel. Es verjagt mir noch die Kleine mit dem weißen Fleck auf der Schnauze. Daß sich die Menschen nicht schämen, ihre Brunst so unmelodisch zu äußern!

Das Klavier: Das Opfer bin ich. Wahrhaftig, ich habe Grund, so verstimmt zu sein, wie ich's bin. Wieviel große Musik schlummert in mir – und bleibt unerweckt. Gibt es ein traurigeres Schicksal, als um seine eigenen Möglichkeiten, um allen höheren Zweck, dem man dienen könnte, betrogen zu werden? Ein kleiner Trost nur, daß es dem Individuum, das auf mir herumdrischt, auch nicht viel besser geht. Das Leben spielt ihm so miserabel mit wie er mir.

Der Klavierspieler: Die Leber war sauer und zu fett. Geschieht mir recht, warum geh ich nicht lieber zum Lampelwirt. Beim Heindl kann man sich die Seele aus dem Leib reden – machen sie die Zwiebel doch nicht anständig braun. Dienstag gibt's Blutwurst. Was ist heute? Gestern war Donnerstag, ist heute Freitag. (Im Rhythmus von »Ain't she sweet«, das er eben spielt): Ta Ta Ta – Tatarata Tata Ta – Ta Tata Tata Tata – Ta Ta Ta – die Leber war zu fett – und die Zwiebel war nicht braun – ich geh nicht mehr zum Lampel – zum Lampelwirt.

DER VOLLKOMMENE FREUND

> »Il n'y a pas d'amis, il y a des moments
> d'amitié.« *Jules Renard*

Einmal, Lieber, muß ich dir doch danken für deine Auffassung und Übung von Freundschaft.

Als redlicher Mann, der du bist, begnügst du dich damit, dem Freund die trostvolle Sicherheit zu geben, daß sein Wohlergehen dein eigenes nicht störe, tust aber niemals so, als ginge dir jenes über dieses. Du markierst, heißt das, in keinem Fall eine Zuneigung, die so groß wäre, daß sie die elementaren Satzungen der menschlichen Natur aufzuheben vermöchte. Du weißt, daß Freundschaft keine Nutz-, sondern eine Zierpflanze ist. Du spielst nie die Komödie, als glaubtest du, Gefühl könne die Grenze, die einen Egoismus vom andern streng scheidet, niederlegen. Du willst nicht das Absurde: Verschmelzung der beiden, sondern das einzig Mögliche: gute Nachbarschaft. Dein eigentliches Ich-Geheimnis gibst du dem Freund nicht preis und machst keine aussichtslosen Versuche, hinter das seine zu kommen. Du erachtest und achtest Freundschaft als einen schönen Pakt, der hält, wo er *nicht* bindet, und leicht ungültig wird, sowie sich einer der Partner auf ihn beruft. Du weißt, daß Freundschaft ein ungemein gebrechliches Ding ist, erwachsen auf dem Schwächegefühl des einzelnen gegenüber der ungeheuren Majorität von andern, eine Stützungsaktion des armen, hilflosen Ich, eine Schutzmaßnahme des Menschen gegen die Menschheit, ein Bund von Teilen wider das Ganze.

Du kennst die feineren Techniken der Freundschaft: das Ausweichen, das Nicht-Fragen, das Wegsehen. Du läßt dem Freund nicht Gerechtigkeit widerfahren, wie sie *deine* Gesetze statuieren, sondern duldest, daß er nach *seinen* Gesetzen irre. Du ziehst ihm nicht die Krücken weg, an denen er humpelt, zerstörst nicht das komplizierte, kunstvoll gefügte System von Mißverständnissen und Täuschungen, in das sein Leben eingeflochten ist. Eben weil du die Kleinheit, die Schwäche, die Not des Freundes durchschaust, spielst du achtlos über sie hinüber, legst keinen Finger in offene Wunden, denn das machte sie höchstens unrein, kommst nicht mit der Wahrheit, die doch nur wie das Ärztewort träfe, das dem unheilbar Kranken sagt, er sei's. Du gibst ihm, dem Freund, lieber gute Lügen, die ihn stärken, als harte Aufrichtigkeiten, die ihn schwächen und zerstören. Dein Witz schont in der Seele des Freundes die Stellen des geringsten Widerstandes. Du tust ihm den Gefallen, ihn zu sehen, wie er gesehen werden mag, und läßt nobel die besten Gelegenheiten vorübergehen, ihm zu zeigen, du sähest ihn, wie er leider ist.

Deine Freundschaft hat keine Räusche, in denen sie verspricht, was sie nüchtern nicht hält. Und also, wenn du zeitweilig Abschied nimmst vom Freunde, so gehst

du von ihm wie aus deiner Wohnung, in der du Heim-
gefühle zurückläßt und in die du wiederkehren willst,
nicht wie aus einem Hotelzimmer, an das dich nichts
mehr bindet, wenn du mit deinem Gepäck draußen
bist.

Kurz, du bist ein vollkommener Freund, behaftet nur
mit dem einen einzigen Fehler, daß es dich nicht gibt.

Aber schon der Gedanke, daß es dich, und zwar ohne
jede Vergewaltigung der Naturgesetze, doch eigentlich
ganz gut geben könnte, hat sein Trostreiches.

VORLESER

Was ein Scheffel ist, weiß ich nicht, aber daß ich, als
Vorleser von Selbstgeschriebenem, mein Licht unter ihn
stelle, weiß ich.

(Einen Augenblick! Im Begriff, meine Erfahrungen
als Vorleser zu Papier zu bringen — zu Papier bringen:
was für eine sinnreich-boshafte, auf Makulatur anspie-
lende Ironie der Sprache! –, merke ich, daß solcher Bericht von dem Pronomen »ich« ganz durchspickt sein
müßte. Nun ist »ich« aber ein empfindliches Wort, man
soll es nur sparsam in die Feder nehmen; die alten Latei-
ner, so selbstbewußt sie waren, vermieden überhaupt,
sich seiner zu bedienen. Deshalb also geht meine Mitteilung von hier ab in der weniger heiklen dritten Person weiter.)

Der Vorleser, von dem die Rede ist, stellt sein Licht
unter den Scheffel, weil er ganz bewußt schlecht vorliest. Nicht mit Absicht, sondern innerem Zwang ge-
horchend. Lassen wir dahingestellt sein, ob er's besser

könnte, wenn er wollte; jedenfalls hat er unüberwindliche Hemmungen, gut zu lesen. Es widerstrebt ihm, durch Akzent, Pause, Tonfall auf Reize der eigenen Arbeit wie mit ausgestrecktem Finger hinzudeuten. Er kann sich nicht selber so protegieren. Es ist ihm unmöglich, den Hörern Zeichen zu geben, wie heiter, rührend, stark ihm selbst das Selbstgeschriebene vorkäme, sie gleichsam auf Knien seiner Stimme zu beschwören, daß es ihnen auch so vorkommen möge. Die Methode des guten Vorlesers, der bei dem beziehungsvollen Satz beziehungsvoll mit dem Ton blinzelt, bei dem rührenden die Rührung, aufsteigend im eigenen Schlund, nur mit sichtlicher Anstrengung zu drosseln vermag, bei der munteren Wendung aber seiner Stimme direkt eins auf den Klang geben muß, damit sie nicht ins Zwitschern gerate – diese Methode, die nichts unter den Tisch fallen läßt, ist meinem Vorleser fremd. Er bringt es nicht zuwege, vor Publikum sich selbst eine Liebeserklärung zu machen, noch dazu eine mit detaillierten Zärtlichkeiten. Wenn ein Autor das eigene Œuvre schön vorliest, ist es, als höre man zwischendurch sein zärtliches Flüstern: »Ja, wem gehört denn das Geisterl da?«

Solche verschämt-arrogante Hemmung, seine Sache gut zu machen, ist das eine große Manko meines Vorlesers. Das andere ist, merkwürdig genug, nicht so sehr Befangenheit, als vielmehr eine Neigung, aus der Befangenheit plötzlich hinabzugleiten ins Wurschtige. Mein Vorleser kommt bald an den Punkt, wo er das Lampenfieber überwunden hat. Dann fällt dieses aber auch gleich ganz tief, bis unter die Contenance: eine Messung ergäbe sublampenfebrile Temperatur. Dem

Vorleser selbst macht sich das als Schlafsucht des Willens fühlbar. Ein betäubend starkes, konzentriertes »und wenn schon« durchdringt ihn ganz, bleierne Gleichgültigkeit senkt sich auf sein Hirn, nur noch automatisch laufen Aug' und Lippen den Text entlang, die Hörer verdämmern zu unwirklichem, bloß hingepinseltem Publikum, kühl steigt das Überflüssige der ganzen Sache dem Vorleser bis ans Herz hinan, Wunsch und Absicht betten sich zur Ruh' im weißen Schoß der Lethargie . . . und erst nach Schluß einer Vortragsnummer der blitzende Applaus beziehungsweise das donnernde Schweigen rütteln den Mann auf dem Podium aus seiner Gelähmtheit.

Eine Erklärung für das beschriebene Phänomen wäre vielleicht diese: indem der Vorleser sein Produkt im Munde führt wie der Vater das Kind an der Hand, überfällt ihn plötzlich tiefe Unlust am Familienleben. Er empfindet das Gezeugte als Last, die ihm anhängt, ihn verpflichtet und seiner Freiheit Schranken sctzt. Das innere Band zwischen ihm und dem Sprößling reißt, er verliert ihn aus dem Gefühl . . . er schleppt das Kind nur noch mechanisch hinter sich her auf der Promenade.

Vor kurzem erst bestand mein Vorleser sein Debut. In einer kleinen Stadt, die sich ungemein freundlich benahm. Die liebenswerte Familie, welche den Saal, man kann nicht gut sagen: füllte, hatte den Mann vorher zum Abendessen nachher geladen, und so war der Kontakt zwischen Vorleser und Zuhörern schon da, als jener ihn herstellte. Er hielt zu Beginn des Abends eine kleine Stegreifrede, die hier wiedergegeben sei, weil sie ein Muster darstellt, das von jedem Autor jeglicher Literatur, der's zum erstenmal öffentlich macht, ungeändert gebraucht werden kann.

»Ich lese heute zum erstenmal öffentlich, lege vor Ihnen meine Jungfernschaft als Vorleser ab. Obwohl mir die gute Mutter alles gesagt hat, was da bevorsteht und daß es ganz ohne Schmerzen nicht abgehe, bin ich doch ein wenig unsicher. Erstens, weil ich nicht weiß, ob, was ich schreibe, überhaupt zum Vorlesen taugt – das Beste liegt in der Luft zwischen den Zeilen, und wenn es nicht gelingt, diese Luft mitschwingen zu machen, bekommen Sie gewissermaßen nur die schlechtere Hälfte des Textes zu hören –, und zweitens, weil ich nicht weiß, ob *ich* für mein Geschriebenes der richtige Sprecher bin, ob ich ihm als Vorleser vielleicht eher schade als helfe oder am Ende keines von beiden, und dann die komische Figur eines Reiters mache, der neben seinem Pferdchen herläuft. Jedenfalls bitte ich Sie um Nachsicht. Es wäre mir peinlich, wenn Sie von diesem Abend sagten: ›Heute war ich zweimal bei einer Vorlesung des P.: zum ersten- und zum letztenmal.‹«

MILITÄRISCHER KOMMENTAR

Wie erkennt der Zeitungsleser – wissend, daß ja doch nicht immer gesiegt wird, daß es auch Schlappen und Niederlagen gibt –, wie erkennt er aus der Glosse des Kriegsfachmannes, ob das glossierte Schlachtfeldereignis ein für uns gutes oder schlechtes war? Aus dem Inhalt kann er es nicht erkennen, denn der ist immer der gleiche; wohl aber aus der Form. Hier einige Winke:

Einfache Satzstellung ist ein schlimmes, invertierte ein gutes Zeichen. Zum Beispiel:

»Gestern fand im Süden des Reiches eine der größten Schlachten statt.« Schon faul! »Der Schlachten größten eine fand in des Reiches Süden gestern statt.« Gut steht es!

Vorangestellte Genitive lassen überhaupt immer eine optimistische Deutung des Schlachtberichtes zu: »Die Streitmacht des Zaren . . .«: Ungünstig. »Die zarische Streitmacht . . .«: Partie remise. »Des Zaren Streitmacht . . .«: Da war es ein Erfolg.

Sehr zu achten hat der Leser auch, ob der militärische Glossenschreiber die Dinge beim Namen nennt oder sie umschreibt. Gerade und nüchtern redet er nur, wenn es schiefging. »Die italienischen Truppen . . .«: O weh! »Das welsche Schwert . . .«: Da haben wir's ihnen gegeben.

Der vernünftige Zeitungsleser wird, hält er sich an diese Fingerzeige, nach der ersten Zeile der »militärischen Betrachtung« seines Journals bereits wissen, woran er ist, und sich die weitere Lektüre der Betrachtung schenken.

Wenn er ganz vernünftig ist, wird er allerdings auch schon die erste Zeile nicht lesen.

VERFALL

Dem gefräßigen Österreich sind viele Zähne ausgebrochen worden, damit es nicht mehr beißen könne. Geblieben ist der mächtige Stockzahn Wien, durch und durch kariös. Das Email abgesprungen; die Wurzel faul;

»die Krone« bekanntlich ganz und gar weg. Die Stadt zerbröckelt sachte, unaufhaltsam.

Die Häuser

Seit vielen Jahren gibt es keinen Nachwuchs. Keine neue Menschenwohnung, kein blankes junges Haus wächst aus dem unfruchtbar gewordenen Boden. Und die alten fügen sich ohne Widerstand in das Schicksal des Verwitterns und Vermorschens. Ihre Gesichter sind rissig, grau, wie zernagt von Schmutz und Tränen. Was schief werden kann, wird schief. Was rosten kann, rostet. In ärmeren Stadtteilen tritt an Stelle des Glases im Fensterrahmen Holzverschalung, in den ganz elenden Vierteln ersetzt Zeitungspapier die fehlende Scheibe. Farbe blättert ab, und Stuck zerbricht. Die schwebenden Gerüste an den Häusern, besetzt mit Männern, die schaben und pinseln und putzen, Pfeife im Mund und Papiermütze auf dem Kopf, sind nirgends mehr sichtbar. Kelle und Spaten haben Ruhezeit. Wie außen ist es innen. Von den Mauern springt der Mörtel, ohne daß ihm gewehrt würde, die Höhlung der ausgetretenen Stiegenstufen wird täglich tiefer, die Treppenlampen tun zerbrochen ihren matten, reduzierten Dienst, an den Türen baumeln halbe Namenstäfelchen, die Glockenzüge funktionieren nicht, auf den Gängen werden der Kacheln weniger, der Löcher mehr, und der Lift weigert seine Herz und Lunge schonende Hilfe. Wer ist heute in Wien so üppig, seine Zimmer frisch malen oder mit Tapete bekleben, seine Türen streichen, seinen durchlöcherten Fußboden flicken, für seinen baufälligen Ofen einen neuen setzen zu lassen? Alles ist abgenutzt, schadhaft, hinfällig, die Moral wie die Möbel. Es geht freilich auch so. Unser Herz hat viel zu sehr an den Dingen gehangen. Unser Leben war viel zu sehr Ausstattungsstück. Aber zwischen gar zu schäbigen Kulissen macht die Komödie doch keinen rechten Spaß.

Die Straßen

In den Asphalt haben Regen und Pferdehufe Löcher geschlagen, die Granitwürfel sind längst ein Stück nach unten oder oben aus der Ebene gewichen, in die sie der Pflasterergehilfe seinerzeit gebunden hatte. In weniger begangenen Straßen sprießt aus Steinritzen das Grün des Verfalls, Ruinengras, Friedhofsgras. Auf den eingezäunten, seit Jahren in Schlaf gebannten Bauplätzen wächst es meterhoch, und die Kinder spielen dort »Räuber und Gendarm« oder, wenn der Regen genug Pfützen spendet, »Dschungel«. Staub und Kot wechseln miteinander ab, die Straßen zu vergewaltigen. Und der Wind, der von den dreihundertfünfundsechzig Tagen des Wiener Jahres dreihundertsechzig zu durchwehen pflegte – urbs venenosa aut ventosa –, scheint noch um einiges hartnäckiger geworden. Das muß seinen mystischen Grund haben, mit der himmlischen Preisgegebenheit der Stadt zusammenhängen. Den Sozialdemokraten kann man in diesem Fall nicht gut die Schuld geben. Des Nachts werden die Straßen so weit erhellt, daß man merkt, wie finster sie sind. An hohen Masten schaukeln, seit langem blind, die Kugeln der Bogenlampen, leere Attrappen, vergessener Tand vom einstigen Lebensfest. Das Fuhrwerk rasselt, ohne Licht, auf eisen-, nicht gummibereiften Rädern daher, von Pferdegerippen oder stinkendem und rußendem Benzinersatz bewegt. Unrat, österreichisches Geld, Zeitungspapier und andere Nonvaleurs und Großstadtabfälle spotten des einsamen Straßenfegers, der sich manchmal schatzgräberisch bückt, ein zerkautes, weggespucktes Zigarrenfragment zu bergen. Das Geld läßt er liegen.

Kaffeehaus

Die Löffel sind aus Blech, die Servietten aus Papier oder gar nicht, die Teller von Sprüngen dicht genetzt, die Gläser an den Rändern schartig gezackt, die Messer locker im Griff, zu Dolchen schmalgeschmirgelt und stumpf wie Urwieners Geist. Die Tische wackeln greisenhaft, in ihren Tuchüberzügen klaffen Löcher, oder sie sind geflickt mit Zeug in allen Farben, erinnernd an Dorfbettelkinds Hose. In den Streichholzbehältern gibt es keine Streichhölzer, in den Brotkörben kein Brot, in der Zuckertasse klebt ein nasses Sacharinpillchen. Von den Schachfiguren fehlt die Hälfte, die verbrauchten elektrischen Birnen glühen ohnmächtig gelb, und der Samt der Stühle ist von allen im Café gebotenen Dingen das fetthaltigste. Das Telephon ist verdorben, die Zeitungen ausgeblieben und dein Winterrock, den zu tragen du dich schämtest, von einem, der sich seiner nicht schämte, weggenommen worden.

Die Uhren

Die Uhren auf den Straßen, an Kirchtürmen und öffentlichen Gebäuden, gehen vor oder zurück oder gar nicht. Mancher fehlt das Zifferblatt, mancher ein Zeiger, mancher beide. Die, welche ein Schlagwerk haben, schlagen nach Laune. Die Zeit ist aus den Fugen, die Uhrmacher können nichts dafür. Die Einrichtung der nachts beleuchteten Uhren ist längst abgeschafft, und die kleinen Uhren an den automatischen Waagen längst in Rost und Staub erstickt. Hingegen gibt es noch, glaube ich, die Kontrollsteckuhren der Straßenbahn, die an den paar Tagen, an denen die Wagen mangels Kohlenmangels verkehren, Zeugnis von der bis auf die Minute genauen Einhaltung des Fahrprogramms geben. Die Uhren an den Wetterhäuschen der öffentlichen Gärten stehen still, die Barometer dort zeigen unveränderlich »Veränderlich«, die Thermometer sind ausgeronnen, und die Hygrometer haben die Arbeit endgültig eingestellt. Wer, bitte, interessiert sich denn auch noch für unseren Feuchtigkeitsgehalt?!

Die Menschen
Die Menschen machen böse Mienen zum selbstverschuldeten Spiel. Ihre zerlöcherten Seelen sind mit Zeitungspapier verklebt wie die zerlöcherten Fenster der Vorstadt; und, schwankend im Winde gleich den Bogenlampen auf hohem Mast, träumen sie, leer und blind wie jene, von versunkener Herrlichkeit. Sie sind voll bitterer Verneinung einer Gegenwart, die die logische Folge einer von ihnen durchaus bejahten Vergangenheit ist. Sie sind zugrunde gegangen an dem, was war, und klagen, daß es nicht mehr ist. Jede Schaufel Erde, die auf den Leichnam fällt, dessen Fäulnis und Verwesung ihre Luft verpestet, fällt ihnen aufs Herz. Sie ziehen das Mirakel der Wiederauferstehung den Strapazen der Neugeburt vor. Sie sind stehengeblieben und unerleuchtet wie die Uhren der Stadt. Sie sind mit ihrem Übermut und ihrer Depression, ihrer Lebenslust und ihrem Weltschmerz nicht nur Zeugen für den Verfall dieser Stadt,

sondern auch Zeugen für solchen Verfalls strenge Logik und innere Notwendigkeit.

Die ewigen Sterne

Die ewigen Sterne über der Stadt sind in Ordnung. Die Schwingenspitzen des Schwans glänzen in alter Herrlichkeit, das W der Cassiopeia flammt in unverminderter Kraft, aus dem Gürtel des Orion ist kein Edelstein gebrochen, und glanzvoll aufgeschirrt, Räder und Deichsel von lauterem Gold, steht der große Wagen auf seinem Standplatz. Unser Sternenzelt ist noch intakt.

Von der anderen Kantschen Gewißheit, dem Sittengesetz in unsrer Brust, möchte ich das nicht so sicher behaupten.

SECHSTAGERENNEN

Über die Psyche des Sechstagerenners wissen wir wenig. Da tappen wir ganz im dunkeln.

Was geht vor in der Seele des unseligen Mannes, der, Planet geworden, eine Ewigkeit von sechs Tagen und sechs Nächten lang, immer wieder und wieder die vorgeschriebene gleiche Reise rundum tut? Wie vertreibt er sich die Zeit? Denkt er an sein fernes oder nahes Lieb? Klammert sich sein schwankendes Gefühl an den Rhythmus der Fahrt, wie das des gelangweilten Eisenbahnreisenden an den Rhythmus des Zuges? Ist ihm bitter zumute, philosophisch oder gar nicht? Wenn die Rufe der Zuschauer ihn hetzen, gibt sein Herz stumm die einzig passende volkstümlich-rauhe Antwort, oder murmeln seine Lippen sie in artikulierten Worten vor

233

sich hin? Glaubt er, von überhöhter Kurve auf seinem Rade waagrecht in den Raum hängend, mit unerschütterlicher Frömmigkeit an die Zentrifugalkraft? Verwirren sich ihm nicht die Tage und Tageszeiten? Ach, indes er etwa »heute!« fühlt, ist es schon morgen oder noch gestern, und ohne daß er es merkte, wird Tag von Nacht, Nacht vom Tage überrundet.

Drei Stunden Schlaf, alle vierundzwanzig Stunden einmal, sind ihm vergönnt. Von dieser kärglichen Schlafgebühr kommt noch, ähnlich wie von der Gage Steuer und Krankenkasse, etliches in Abzug: die Zeit fürs Rasieren (keinem der Fahrer ist am Schluß der sechs Tage ein Bart gewachsen), für kleine und große Seite, für die Lektüre der wichtigsten Theaterkritiken und für derlei Kultur-Notwendigkeiten mehr, wie sie auch der schlichte Sechstagefahrer nur ungern missen mag. So recht erquickend dürfte der kurze Schlaf wohl nicht sein, denn indes der Körper ruht, windet der Geist, welcher nicht so leicht abzustoppen ist, gewiß unablässig weiter die furchtbare Ellipse, bzw. deren spirituelle Spur unterm Schädeldach.

Es wurde beobachtet, daß zuweilen Sechstagefahrer, während sie die Bahn dahineilen, auf ihrer Maschine schlafen. Schlafen, vielleicht auch träumen! Deshalb vermutlich, weil sie träumen, fallen sie im Schlaf nicht hinunter vom Rad . . . denn was anders könnten sie wohl träumen, als daß sie auf dem Rade sitzen und Sechstagerennen fahren? Hier fließen wirkliche Welt und die Gaukelbilder von ihr, wie der Schlaf sie heraufbeschwört, in eins zusammen, und auf besonders signifikante Art erweist sich die Richtigkeit der wiederholt geäußerten Vermutung, daß das Leben ein

Traum sei (Calderón), sowie auch umgekehrt (Grillparzer).

Für Speise und Trank verwenden Sechstagefahrer nur wenige Sekunden ihrer kostbaren Zeit. Sie nähren sich hauptsächlich von weichen Eiern, Volksgunst und sogenannten Punkten. Getränke werden ihnen von eigens hierzu bestellten Helfern während der Fahrt gereicht, in schmalen, metallischen Hohlzylindern, welche die Dahinjagenden, nachdem sie getrunken haben, trotz aller Hast und Erregung des Kampfes äußerst vorsichtig wegschleudern, achtend, keinen der Helfer auf den Kopf zu treffen. Ein Beweis, daß der selbstverständlichen Rauheit des Sportsmanns auch Zartgefühl ganz gut sich verbinden kann.

Nicht viel Geld vermutlich, aber dreieinhalbtausend Kilometer legen die Männer solches Sechstagerennens zurück. Ein weiter Weg! Umsäumt von den Charakterköpfen der Zuschauer, unter denen sich auch prominente Dichter und Schauspieler befinden, bietet er wenig landschaftliche Reize. Ist es schon erstaunlich, daß Menschen es aushalten, stundenlang dazusitzen und dem obstinaten Herumfahren der Radler zuzusehen . . . was soll man erst zu der Unempfindlichkeit und Zähigkeit dieser Radler sagen, die immer wieder, viele hundert Male in der Stunde, vor denselben Gesichtern, unter denen sich, wie gesagt, oft auch prominente Antlitze befinden, vorbei müssen? Ist es da ein Wunder, daß selbst diese Kaltblütigen gelegentlich in Raserei verfallen und, als hetzte sie die Furie, dahinjagen? Sie tun das nicht, wie man uns einreden will, um die Konkurrenten zu überholen, sondern im hoffnungslosen Bemühen, den Anblick der Zuschauer loszuwerden.

Das Sechstagerennen mit dem Leben zu vergleichen, wird auch der Mindergebildete nicht umhin können. Die Ähnlichkeit zwischen beiden springt so heftig in die Augen, daß man diese schon krampfhaft schließen müßte, um jene nicht zu merken. Allerdings ist und geschieht kaum irgend etwas auf Erden, von dem nicht zu sagen wäre, das Leben sei wie es oder es sei wie das Leben, welches ja auch eben dieser seiner unvergleichlichen Vergleichbarkeit die hervorragende Rolle dankt, die es in der Literatur spielt.

GRÜNE WOCHE

Horaz schrieb, für die oberen Klassen des Gymnasiums, unter anderm den Satz: beatus ille qui procul negotiis paterna rura bobus exercet suis. Zu deutsch: Glücklich jener, welcher, fern dem Kurfürstendamm, mit seinen Privat-Ochsen die väterliche Erde pflügt. In »väterlicher Erde« ist das Adjektiv besitzanzeigend, wogegen es in der geläufigen Wendung »mütterliche Erde« das nicht ist. Doch dies nur nebenbei.

Großstädter kommen selten in die Lage, mit ihren eigenen Ochsen zu pflügen. Darum gehen sie gern in die landwirtschaftliche Ausstellung »Grüne Woche«, wo sie doch zumindest von Atem und Geruch jenes horazischen Glücks gestreift, von seiner Terminologie freundlich angerührt werden.

Die grüne Woche dauert zwei Wochen und erstreckt sich – du siehst, mein Sohn, zum Raum wird hier die Zeit – über vier Hallen, sowie etwas Freigelände. Im Freigelände wohnt eine herzige contradictio in adjecto, nämlich drei zahme Wildschweine. Durch die Hallen aber schwingen sich, schwer von Früchten tausendjähriger Mühe, von menschlichem Scharfsinn hochgezogen, alle Zweige bukolischen Lebens und Wirkens, und auch wem ihr Rauschen nichts Fachliches sagt, dem sagt es doch: Sommer! und singt ihm das hohe Lied von der mütterlichen Erde (siehe oben).

Das erste, was den Besucher beim Eintritt in die Ausstellung, ganz wie beim Eintritt ins Leben, empfängt, ist die Milch. Sie hat, zu schließen nach den ihr geltenden Lob-Zitaten, die die Wände zieren, eine gute Presse. Auch viele milchige Verse stehen da, mit der Klammer des Reims sich festhakend in Ohr und Gemüt des Vorüberwandelnden.

»Am längsten währt die Ewigkeit,
Abrahmen ist 'ne Schlechtigkeit.«

Oder:

»Von der Wiege bis zur Bahre
Ist die Milch das einzig Wahre.«

Genauer müßte der Dichter eigentlich sagen: bis zur Bahre exklusive.

»Wie könnte der Mensch nur leben,
Wenn es nicht würde Käse und Butter geben.«

Pure Wahrheit. Die Konstruktion »wenn – würde« tut ihr keinen Abbruch und macht die Milch nicht sauer. Wunderlich berührt der Vers:

»Nur Fleiß und Zentrifugenkraft
Erhalten die Genossenschaft.«

Das ist reines Milch-Barock.

Bei so flüchtigem Rundgang wie dem meinen durch
die Ausstellung bestimmt natürlich der Zufall, was an
der Angel des Blicks hängen bleibt. Also können von
der Fülle interessanter Gegenstände aus dem Bezirk der
Landwirtschaft, wie ihn die grüne Woche weit er-
schließt, diese Mitteilungen keinen Begriff geben, um
so mehr als auch viele Objekte da sind, die nicht eigentlich zur Landwirtschaft im engeren Sinn gehören, wie
etwa Nähmaschinen (vermutlich hier vorhanden wegen
der verführerischen Laut-Assoziation zu: Mähmaschi-
nen), »Kein Aufbügeln der Hosen mehr nötig«, Zigarren, Wochenend-Blusen und dergleichen mehr. In Erinnerung blieben mir: »das deutsche Ei«, die praktischen
Drehmöbel, welche gestatten, jedes Zimmer in einer
halben Stunde in ein Schlafzimmer zu verwandeln, der
Pflug, der zweihundertundfünf Stöße in der Minute
macht, die Ausstellung des Vereins der Zeltfreunde Te-
gel unter dem wundervollen deutschen Motto: »Hier
herrscht Ordnung im Walde«, die Mädchen in ländli-
cher Tracht am Spinnrocken und der junge Mann bei
ihnen, dessen Ziehharmonika die Arbeitenden mit
Musik ölt und ihnen den Fleiß leichter macht; die ap-
petitliche, saubere Nahrung, die ein modernes Schwein
zu fressen bekommt und von der man wirklich, nicht
mit dem bittern Unterton, wie sonst oft in Berlin, nur
sagen kann: ein rechter Schweinefraß! Was hätte mein
Kind für Freude an der herzigen Bewässerungsanlage en
miniature, oder an den vielen goldigen Küken, die,

trunken von Wärme und noch ein wenig betäubt von dem überraschenden, ungewohnten Erlebnis des Lebens, durcheinanderpurzeln, Wollknäuel auf Füßchen, das Weichste vom Weichen, das Gelbste vom Gelben. Es gab 1927 einundsiebenzig Millionen Hühner in Deutschland, davon 50 Millionen zu Zucht- und Produktionszwecken, davon zehn Prozent Hähne, also 5 Millionen Hähne gegen 45 Millionen Hennen. Und sie schaffens doch! Die Halle II gehört ganz den Hühnern. Es scheint dort eine Prüfung gewesen zu sein, denn an den Käfigen hängen Tafeln mit »Sehr gut«, »Gut«, »Befriedigend«. Manche Kandidaten haben gar keine Note bekommen, auf ihrem Täfelchen steht nichts, bekümmert sitzen sie da (was werden die Eltern zu Hause sagen?) oder fressen und exkrementieren in zynischer Gleichgültigkeit. Ich veranstaltete aus eigenem eine kurze Krähkonkurrenz, die mit Längen von dem Hahn Nr. 442 gewonnen wurde. Seinen rasiermesserscharfen Hahnenschrei übertönte nur, außer Konkurrenz, der »Uhu«-Schrei des jungen Mannes vom Ullsteindienst.

Laienbesucher (o, es gibt Dinge zwischen Saat und Ernte, von denen eure Schulweisheit sich nichts träumen läßt!), die, der Materie fremd, dem Anschauungsunterricht der Ausstellung nicht leicht zu folgen vermögen, können doch manches lernen von den vielen Schrifttafeln, auf denen Grundsätze der Landwirtschaft in prägnante Formeln gefaßt sind. Etwa: »Jedes gebildete deutsche Mädchen muß Maid gewesen sein«, oder: »Ein großes, langes und breites Becken ergibt eine gute Beinstellung.« Das gilt von der Kuh, aber die Sentenz hat eine zarte Aura von Gültigkeit fürs Leben überhaupt, und es kann nicht schaden, sie im Gedächtnis zu bewahren. Weiß denn wer, wie und wohin ihn das Schicksal wirft, und ob solche Maxime nicht auch ihm irgendeinmal von hohem Nutzen sein kann?

DER ZEPPELIN

Vor länger als fünfzehn Jahren schon erklang, in der »Musteroperette« (von Polgar und Friedell), das Lied:

> »Zepp, Zepp, Zeppelin,
> Komm doch nach Wien!«

Jetzt erst ist er gekommen. Das heißt, einmal war er schon da, vor fünf Wochen, aber nachts, die Zeitungen nahmen das dem Dr. Eckener übel, denn »das verzeihen euch die Wiener nie, daß ihr um ein Spektakel sie betrogen« (Schiller, Friedrich von). Diesmal erschien das Luftschiff gegen 9 Uhr morgens, und alles verlief, wie es sollte. Worauf war die ganze Bevölkerung? Auf den Beinen. Was ließen die Leute? Ihre Beschäftigung. Und wo ließen sie sie? Im Stich. Einen ungewöhnlichen Anblick aber boten die vielen Menschen auf den Dächern. Sehr merkwürdig, solches Nebeneinander von Hausparteien, die doch sonst nur übereinander sind, in der Fläche. Aller nachbarlicher Hader schwieg: auf dem Dach gab es keine Parteien mehr, nur noch Deutsche. Es sah aus, als wäre Überschwemmung, und die Menschen in die Höhe geflüchtet vor der steigenden Flut, und alle winkten heftig, damit die Retter sie bemerken. Greise und Kranke aber hatten sie, nach spartanischer Praxis, unten gelassen. Schade, daß das Luftschiff nicht auch das gespenstische Haus überflog, wo Ferdinand Bruckners »Verbrecher« wohnen. Es wäre so hübsch gewesen, zu sehen, wie alle den Dialog stehen und liegen lassen und auf das Dach klettern, dem Zeppelin Winke-Winke zu machen. In Wien wurde entschieden lebhaft gewunken, und das hatte etwas Rührendes. Solches Winken ist ja ein Musterbeispiel selbstlosen Untertauchens in ein Kollektiv, denn als Individuum von denen da oben bemerkt zu werden, kann doch der Winkende nicht hoffen, und also winkt er nur, um als winziger Summand in eine Summe einzufließen, als Tropfen ein Meer zu mehren, als dienendes Glied einem Ganzen sich anzuschließen (Goethe, J. W. von).

Als der Zeppelin über Wien surrte, lag ich morgenwachträumend noch im Bett und blieb, in meiner Eigenschaft als Schriftsteller, liegen, denn was könnte ich über den Zeppelin, der – das steht doch nun einmal tausendfach fest – einen majestätischen Anblick bietet, sagen, das nicht über ihn schon gesagt worden wäre, womit ihn vergleichen, wenn nicht wiederum mit einer Wurst, einem Walfisch, einer Zigarre oder (psychoanalytische Ehrensache) mit einem Phallus?

Zwischen meiner braven Hausgehilfin und mir aber hat der Zeppelin Frieden gestiftet. Frau Sedlak ist ohne Fehler, bis auf einen einzigen: sie redet gern. Durch langjährige Übung habe ich es dahin gebracht, wohl zu hören, daß, aber nicht was sie spricht, und wenn der Tonfall ihrer Stimme jene leichte Krümmung annimmt, die den Interrogativsatz ziert, gebe ich einen unbestimmten Grunzlaut von mir, der »ja«, »nein«, »gut«, »schön«, »danke« oder so was heißen kann, ganz wie sie will. Kürzlich, an ihrem Namenstag, trat sie an mein, dank ihrer: reinliches Lager und sprach: »Ich hätte nur eine Bitte: daß mir der Herr antworten, wenn ich was sag'.« Wie bezeichnend für die Mentalität – auch solche schlichte Frau hat eine –, für das dialogische Bedürfnis der Guten, daß sie nicht sagte: ». . . antworten, wenn ich was frag'«, sondern: ». . . antworten, wenn ich was sag'«! Nachdem sie mir die Bitte kundgegeben, wandte sie sich um, ging an ihre Arbeit, und redete seitdem kein Wort mehr mit mir. Das schuf einen Zustand zwischen uns, der seine Vorteile hatte, aber auch sein Unheimliches. Wir fühlten beide die Spannung, jedoch mit einer Charakterstärke, wie man sie oft gerade bei einfachen Naturen findet, widerstand meine alte Freundin all den vielen Versuchungen, den Mund aufzutun. An jenem gesegneten Morgen nun geschah es, daß sie, sie konnte nicht anders, es war stärker als sie, plötzlich in den Schrei ausbrach: »Der Zeppelin!« Es war wie in der »Judith« von Hebbel, wenn der Stumme mit einemmal die Sprache wiederbekommt, worüber die Juden ganz paff sind und (aber das ist schon aus der besseren »Judith«, aus der von Nestroy) rufen: »Was ist das? Das Stummerl red't?!« – »Der Zeppelin!« schrie Frau Sedlak, und ich sagte »mmm«, und sie sagte, er sähe aus wie eine Wurst, und ich sagte, »mmm«, und so gab ein Wort das andere, die Spannung war gelöst, feiertäglich wurde uns zumute, obschon ein so gemeiner Donnerstag war, und der Zeppelin hatte wieder einmal seine Sendung erfüllt, zu verbinden und zu überbrücken.

Mittags erschien er nochmals über Wien, sein tiefes Dröhnen schleifte wie eine breite, weiße Schleppe durch die Stadt, wirbelte überall Menschen auf, fegte aus Zimmern an die Fenster, aus Lokalen auf die Straße.

Er bot einen majestätischen Anblick. Frauen winkten, analytisch orientiert, mit Taschentüchern, viele Leute sagten, er gliche einer Zigarre, andere wiederum meinten, er sähe aus wie eine Wurst. »Oder wie ein Walfisch?« . . . »Ganz wie ein Walfisch!« (Shakespeare, William).

DER WELTMEISTER

Wir haben einem Weltmeister zuschauen dürfen, wie er meisterte. Cochet, dem besten Mann von allen, die auf Erden Tennis spielen. Er kam, wurde gesehen und siegte. Im Handumdrehen, wie man bei solchem Genie des Fore- und Backhand mit zwiefachem Recht sagen darf. Cochet ist ein reizender junger Mann, unkomödiantisch und bescheiden, ohne aufgetragene Zeichen und Mienen der Souveränität, dem Spiel hingegeben wie einer Sendung, die zu erfüllen er sich berufen weiß, und seiner Sache immerzu so sicher, wie ein Vogel immerzu sicher ist, daß er fliegen kann, weshalb auch beide, Cochet wie der Vogel, den Gegner seelenruhig nahe herankommen lassen: ein paar Schläge mit dem Flügel, beziehungsweise mit dem Racket, und sie sind fort. Cochet hat auch dieses mit einem Vogel gemeinsam, daß er an zwei Orten zu gleicher Zeit sein kann. So beweglich ist er. Niemals aber macht er eine überflüssige Bewegung, eine wunderbare Menge von Spann- und Willenskraft hat er in sich aufgespeichert und schaltet mit diesem Reichtum ebenso ökonomisch wie großzügig. Er spielt, als wäre der Kampf nur eine aufregende, bald mehr, bald minder gedehnte Formalität des

Sieges. Tennis-Athene hält den Schild über ihren Liebling, darum bleibt er auch in der Not, also bei 0:40 im
dritten Satz nach zwei verlorenen, so gelassen, als
gähnte nicht einen Schritt vor ihm der Abgrund der
Niederlage. Seine Transpiration, auch während des hit-
zigsten Gefechts, ist gering, bei Seitenwechsel zieht er –
nichts ist bei einem Weltmeister unwichtig – die Hose
zurecht, seine Schuh- und Kragennummer ist 39, er hat
daheim ein Sportgeräte-Geschäft, in seiner Kindheit
war er Balljunge, mißlingt ihm ein Schlag, zuckt er
durchaus nicht mit keiner, sondern mit einer oder mehreren Wimpern, gibt manchmal auch mit dem Racket-
rand dem Boden einen kleinen Streich, als wollte er sagen: o du Schlimmer!, aber das tut er wohl nur dem
Publikum zulieb, das Reflexbewegungen bei Großen,
Nerven bei Helden, Menschliches bei Weltmeistern
gerne hat.

Die Zuschauer waren mit großer Ambition beim
Spiel. Zu nett, wie die langen Reihen der Köpfe, als
würden sie an einem Faden gezogen, mit dem Ball hin
und her gingen, auch saßen zahlreiche hübsche Frauen
in konzilianter Haltung auf den Tribünen, es gab so viel
im Detail zu schauen, daß der Blick das Ganze gar nicht
recht umfaßte; man sah gewissermaßen den Wald vor
lauter Beinen nicht. So verlief das Fest des weißen
Sports – schade, wegen des Farbeffekts, daß sich noch
keine Neger offiziell an ihm beteiligen – durchaus harmonisch. Die Deutschen, treu ihrer jahrtausendalten
kriegerischen Tradition, schlugen sich großartig, wehr-
ten sich bis zum letzten Hauch von Mann und Frau,
obwohl doch nur ein Spiel auf dem Spiele stand, das
hohe Können siegte, der Tennisplatz wurde zum Treff-

punkt der Nationen auf ihren Wegen zu Kraft und Schönheit, es gab Kampf ohne Streit, der Besuch stand auf der Höhe, weshalb auch die Sonne lachte, und die Sieger bekamen silberne Krüge, Trinkgefäße, Tassen. Die meisten Cochet. Was tut der Mann mit den vielen Bechern, die er so zusammengewinnt? Liebt er die stolzen Preise, wenn auch das Zimmer von Bechern überschäumt? Mama Cochet schlägt gewiß entsetzt die Hände über dem Kopf zusammen, wenn der Sohn jetzt wieder so beladen nach Hause kommt, und ruft: »Henry, teures Kind! Weltmeister! Ich weiß ja schon nicht mehr, wo ich sie unterbringen soll!«

Wie sieht es innen aus in solchem Unbesiegbaren? Wie lebt es sich auf einer Höhe, von der es kein Höher gibt? Wie fühlt sich ein Tennisweltmeister im Zimmer, im Wasser oder in sonst einer der vielen Lebenssituationen, in denen sein besonderes Können – einen Tennisplatz hat man ja nicht immer bei sich – virtuell bleiben muß. (Besser dran in dieser Hinsicht sind etwa Weltmeister im Kunstpfeifen.) Gewiß, auch Weltmeisterschaften haben ihre Unbequemlichkeiten ... aber ein tolles Gefühl muß es schon sein, in irgendwelchem Bezirk menschlichen Tuns, und sei es auch nur Tennis, gar niemand neben, alle unter sich zu wissen, als Spitze einer Pyramide zu ragen, deren Basis fünf Erdteile berührt.

Mit Bewunderung nennt des Weltmeisters Namen, wer ein Racket schwingen kann. Das sind zahllose. Denn viele tausend Meilen Tennisnetz spannen sich über die zivilisierte Erde, täglich, stündlich umhüpfen Millionen kleiner Bällchen den großen Ball, die Kinder schon, zumal jene aus sogenannten guten Häusern, lernen Tennisspielen (wie sie früher Klavierspielen lernten, bis Grammophon und Radio den Unfug abschafften), auch die Alten, die das Spiel niemals gespielt haben, sagen, weil sie sich sonst schämen müßten, in ihrer Jugend hätten sie's gespielt, sogar Börsenbesucher und Lyriker treiben Tennis, denn es ist ein Sport ohne Gefahr, die Gegner kommen einander körperlich nicht nahe, zumindest nicht auf dem Tennisplatz, die Bewegungen, welche das Spiel erfordert, sind schön wie Flügelschlag und Raubtiersprung, das weiße Kostüm ist kleidsam, die Terminologie bezaubernd, der einzige ästhetische Nachteil, der bei beharrlichem Tennis sich einstellt: Verdickung des Handgelenks, wird mehr als aufgewogen durch sicheren Fettverlust, und selbst Nichtspieler können es bei diesem Sport zu etwas bringen, zum Linien-, vielleicht gar zum Schiedsrichter! Oder zum Balljungen, von denen jeder, seit Cochet, den Weltmeistertitel im Tornister trägt.

VORSTADTMÄRCHEN

».. . da kam der Prinz herangefahren in einem Wagen aus lauterem Golde. Acht Schimmel zogen den, und auf ihren Köpfen wippten scharlachrote Federn, und ihr Geschirr war aus purem Silber und mit Edelsteinen besetzt . . . Hörst du zu?« fragte die Mutter.

»Ja«, antwortete das Kind und blickte teilnahmslos.

»Die Prinzessin aber ritt ihm entgegen auf einem Falben. Sie trug ein Kleid aus Brokat und einen Gürtel aus Perlen, jede so groß wie eine Nuß, und ein Diadem aus Smaragden und Rubinen, und die Hofdamen mußten die Augen mit ihren Schleiern bedecken, so blendete sie der Glanz. Und zwanzig Jungfrauen streuten Rosen . . . Du hörst ja nicht zu«, sagte die Mutter.

»Ja«, antwortete das Kind und blickte teilnahmslos.

». . . die streuten Rosen auf den Weg. Und da hob der Prinz die Prinzessin vom Pferde, und sie traten in das Schloß, das aus lauter Jaspis und Quarz war, und kamen in einen Saal, in dem hunderttausend Kerzen brannten . . .«

»Ja«, sagte das Kind.

». . . Und die Diener brachten auf goldenen Schüsseln Fleisch und Kuchen und Obst . . .«

». . . Hörst du zu?« wollte die Mutter fragen, aber der Märchenglanz in des Kindes Augen ersparte ihr die Frage.

LOTTE BEI DEN LÖWEN

Lotte zieht es zu den Löwen. Sie, das überfeine Mädchen, hat eine merkwürdige Sympathie für diese räuberischen, breitnäsigen Geschöpfe. Seltsam, welche Menschen welche Tiere bevorzugen! Mein verehrter Freund, der Wiener Burgschauspieler Straßni, ein Mann von außerordentlicher Zartheit der Erscheinung und des Wesens, ein rechter Dünnhäuter, liebt Elefanten! Er behauptet, die indische Philosophie entschleiere sich ganz erst dem, der den indischen Elefanten kenne. Der grause Mörder Haarmann hegte und pflegte Zwitschervögelchen. Der enorme Schriftsteller F. empfindet Freundschaft für kleine Hunde, recht kluge Menschen wiederum haben oft eine tiefe Zuneigung zum Menschen und wissen sie aufs listigste zu begründen.

Lotte zieht es zu den Löwen. Sie redet mit ihnen und behauptet, daß die Bestien ihr aufmerksam zuhören. Es ist schwer, da zu widersprechen. Wer sieht in Löweninneres? Wer weiß, ob nicht diese Katzen, gleich den zivilisierten Menschen, die Technik heraushaben, mit gespannter Aufmerksamkeit nicht zuzuhören? Auch sie hausen ja in ehelicher Gemeinschaft, in welcher, wie die Forschung festgestellt hat, jene Technik sich besonders leicht und gut entwickelt. Lotte hat tiefes Mitleid mit den Wüstenmajestäten, die da hinter Gittern schmachten müssen, beraubt ihres königlichen Rechtes, nach Lust auf Beute zu jagen. Sie nennt das Tierquälerei. Von dem alten Löwenweibchen, das viertelstundenlang, sein eigenes Monument, ruhig dahockt und über die Leute an den Käfigstäben hinwegblickt, sagt Lotte, es starre in unendliche Weiten, die Gefilde der fernen, freien Heimat mit der Seele suchend. Wenn der alte Löwe, seine weichen Promenaden unterbrechend, sich auf die Hinterbeine stellt und die vorderen hochstreckt, deutet Lotte dies als erotische Sehnsuchtsgebärde. Die Differentialdeutung, es handle sich da vielleicht um eine Art von Händeringen, Pfotenringen über die trostlose Langeweile der Gefangenschaft, lehnt sie ab.

Lotte ist überaus konziliant im Auslegen löwischen Tuns und Lassens. Weil sie, das ist es, heimliche Verwandtschaft zu dem furchtbaren Geschlecht in sich fühlt. Ihr Vater erzählt, sie hätte als zweijähriges Kind, zum erstenmal vor den Löwenkäfig geführt, sofort »Miau« gesagt, also nicht nur die Tierklasse augenblicks erkannt, sondern auch gleich deren Idiom gesprochen.

Sie ist die Heldin jener Anekdote von dem kleinen Mädchen, das vor dem Bild »Christenverfolgung unter Nero«, welches die Angehörigen der neuen Sekte den Löwen preisgegeben zeigt, in Tränen ausgebrochen sei und, auf einen allein kauernden Löwen im Bilde weisend, gerufen hätte: »Ach, Papa, der arme Löwe da hat keinen Christen!« Lottes Art und Äußeres spiegeln Löwenhaftes. Ihre Augen, von der Farbe lichtdurchschienenen Flaschenglases, wechseln, wenn sie zornig blickt, ins Vitriolgrüne hinüber. Ihre Locken flattern weizen- bis safrangelb von der edlen Stirne. Sie geht auf leisen Sohlen und kommt auf noch leiseren, weiß und scharf leuchtet das untadelige Gebiß, stilfremd scheint nur (offenbar, damit man's nicht so leicht errät) die sanfte, schmalgeflügelte Nase. Stolz ist das Fundament von Lottes Bescheidenheit, sie ißt gern Beefsteak tartare, oft sitzt sie minutenlang ruhevoll und blickt – durch ihren alten Löwen, der die Pfoten ringt, hindurch – in unendliche Fernen, das Land der Freiheit mit der Seele und manchem andern suchend, ihre Rendezvous gibt sie sich beim Löwenkäfig, zwei ihrer Freunde heißen Leo, der eine ging von ihr mit den Worten: »Ich lasse mich nicht anbrüllen!« (wie charakteristisch, daß er: anbrüllen sagte, nicht anschreien!), leidenschaftlich gern liegt sie rücklings in brennender Sonne, und von der Liebe zum Haß sowie umgekehrt ist bei ihr nur ein Katzensprung.

Viele sehen sie falsch und deuten als schlechte Erziehung, was doch nur herrliche Natur ist. Weil sie nichts wissen von Lottes Zugehörigkeit zum Löwengeschlecht. Jeder Mensch hat ein Tiermuster in sich, heimlich durchschimmernd wie das Wasserzeichen durchs

Papier, und man kennt ihn nicht, ehe man nicht weiß, was für ein Vieh er ist. Aber welche Irrtümer auch da! Seit einiger Zeit liebt Lotte den groben Sechstagefahrer. Ihre Augen sind resedagrün, ihr Haar honiggelb, ihr Wesen Demut, ihr Gebiß leuchtet sanft-weiß wie die Fahne der Ergebung, und ihre Rendezvous gibt sie sich beim Antilopenkäfig. Ich habe immer geglaubt, sie sei eine Löwin, und jetzt stellt sich heraus, sie ist ein Gnu. Wie man sich in einem Menschen täuschen kann!

VARIETÉ

Ein Tanzpaar

Das Tanzpaar bewegt sich äußerst parallel. Gleich groß und gleich gekleidet, sind die zwei Tänzer wie ein Tänzer, durch Doppelspat gesehen. Wenn alle zwei so genau dasselbe tun, ist es, mitsammen, nicht zweimal dasselbe, sondern etwas ganz anderes, neues. Solches Wunder wirkt der Parallelismus. Er beruhigt das Auge und beunruhigt lustvoll das Gefühl. Die optische Beruhigung hat ihre tiefen Gründe, weshalb es einfacher ist zu sagen, sie versteht sich von selbst. Die Beunruhigung des Gefühls erklärt sich dadurch, daß keinen Menschen, der ein Herz im Leibe hat, das Schicksal der Parallelen, sich erst in der Unendlichkeit schneiden zu dürfen, gleichgültig lassen kann. Gerade deshalb allerdings, weil sie einander nie ganz nahe kommen, sind sie immerzu so schön d'accord: und das gibt jener Beunruhigung des Gefühls den lustvollen Akzent.

Die Gesetze des Parallelismus gelten nicht nur in der gemeinen Raumlehre, sondern ebenso und besonders in der Geometrie der menschlichen Beziehungen. Das Vergnügen am Soldatenwesen erklärt sich, unter anderm, auch dadurch, daß es beim Militär so parallel zugeht, im gleichen Schritt und Tritt.

Bei ihren Evolutionen, die ermüdend und schweißtreibend sind, kommen die zwei Tänzer oft in die Nähe der Kulisse. Aber sie dürfen nicht hinaus. Ich fühle ihren Schmerz mit, wenn sie immer wieder umkehren müssen vor der lockenden Pforte, zurück in die Strapaze, in die Feuerlinie, in den Scheinwerfer, in den magischen Bühnenkreis, aus dem es vor durchgetanzten kontraktlichen zwanzig Minuten kein Entrinnen gibt, wenn sie immer wieder fort müssen von der rettenden Kulisse, hinter der die Ruhe ist, das Entspannen der Glieder und Mienen, das Verschnaufen und die Geborgenheit.

Reck-Turner

Reck ist das schönste Gerät, und die Riesenwelle eine eleganteste, reinste Chiffre für Paarung von Kraft und Grazie. Die Riesenwelle zeigt sehr reizvoll, wie man über den toten Punkt hinüberkommt. Das kann man gebrauchen im Leben, besonders beim Dichten und in der Liebe.

Das leise lederne Knirschen der Reckstange ist: Gesang der Elastizität. Es klingt auch wie Seufzer der Materie, die sich unterm Griff der Menschenhand biegen und ihr gehorchen muß.

Die ersten Turner seinerzeit, im Gefilde hoch wohnender Ahnen, waren Turner am Reck, das heißt an dessen Ur-Form, dem waagerechten Baumast.

Diese wunderbaren Reckkünstler im Varieté, mit

kühnsten Rouladen und Voltigen um und über die drei Stangen und zwischen ihnen durch schwingend, übertreffen die Vorfahren, vom Ästhetischen ganz zu schweigen, an Gelenkigkeit und Schnelligkeit. Dabei haben sie nicht wie jene einen opponierbaren Daumen am Fuß, was das Turnen sehr erleichterte.

Einer von den beiden Reckkünstlern macht den Komiker. Seine Ungeschicklichkeit ist ein Gipfel der Geschicklichkeit. Der ernste Bruder – dem andern böse, wie man einem Kind böse ist, dem man gar nicht böse ist, sondern ganz im Gegenteil – droht dem komischen mit dem Finger. Wie rührend dieses winzige Stückchen verlegener Schauspielerei! Artisten sind redliche Leute und Könner. Es macht immer den Eindruck, als schämten sie sich, wenn sie, ihre schwere Kunst zu würzen, ein bißchen Theater spielen.

Jongleur

Auf welcher Stelle seines Körpers die Gummibällchen, die er in die Luft wirft, auch niederfallen . . . augenblicks sitzen sie fest wie die Frucht am Ast.

Wie macht er das? Ein tiefes Geheimnis. Löst man es auf in die Elemente: natürliche Begabung, lange Übung, höchstgespannte Aufmerksamkeit, bleibt noch immer ein durchaus unerklärlicher Rest.

Es ist widernatürlich, daß der Ball, der aus ein paar Metern Höhe auf das dünne Stäbchen in Jongleurs Munde fällt, so tut, das heißt: so gar nichts mehr tut, als wäre er in ein Netz gefallen; daß er sein kräftig gereiztes Bedürfnis, davon zu springen, zu rollen, sich um viele eigene Achsen zu drehen, sofort aufgibt, sich und sein innerstes Tempo verleugnet.

Was ist es, das aus dem Leib des Jongleurs durch das Stäbchen in den Ball flitzt, ihn hypnotisiert, lähmt?

Der Meister sagt, daß er, während er auf der Bühne arbeite, nicht an seine Arbeit denke, sondern an tausenderlei andere, ferne Dinge. Da hat man das Wesen des Genies: es kümmert sich um gar nichts, überläßt alles dem Dämon, der schon macht, was zu machen ist.

Immerhin übt der Mann täglich seine fünf, sechs Stunden: Fütterung des Dämons.

Der Jongleur bewundert die Kollegen vom Reck. Er kann es sich durchaus nicht erklären, wie solche Kunst jemals zu erlernen sei. Die Kollegen vom Reck bewundern den Jongleur, und beide den Mann auf dem Drahtseil, der beide bewundert. Das Publikum findet die Darbietung mäßig, der Direktor das Publikum zwar stupid, aber die Künstler weit überzahlt.

AUF HOLZ GEMALT

Das Bild, echt Öl, darstellend mein Antlitz im Dreiviertelprofil, nebst Kragen, Krawatte und etwas Rock, soll ein Geschenk sein. Es wird über dem Tischchen mit der Duck-Ente aus Porzellan und dem Rubinglas hängen, Wandschmuck sowohl wie Herzenssache, und oft wird sie davor, selbst schon in Hut und Mantel, fertig zum Weggehen, ein Weilchen stehen bleiben und es betrachten, manchmal liebevoll, manchmal böse. Wenn ich fort sein werde, zumeist liebevoll.

Indes der Meister Farben auf die Palette quetscht, bestaune ich seine Bilder. Es scheint mir nicht ausreichend: wundervoll, herrlich, großartig! zu sagen. Feineres Urteil, Beziehung zur Kunst verratend, tut not. Doch ich werde mich hüten. Ganz leicht könnte ein schrecklicher Unsinn dabei herauskommen, und den malt er mir dann mit strafendem Pinsel ins Gesicht. Hingegen sind schlechthin Gefühle, Stimmungen, erweckt durch Bilder, unüberprüfbar. Ohne Risiko kann man sagen: »Diese Landschaft macht mich froh, sie tut Süß-Beunruhigendes in mein Herz, eine glückliche Spannung, wie man sie beim Warten auf einen geliebten Menschen empfindet«; oder: »Diese Nackenlinie hat etwas merkwürdig Sommerliches. Wenn ich sie ansehe, muß ich an Frühstück im Freien denken.« Kann einer kontrollieren, ob das stimmt oder nicht? Könnte man's, die impressionistische Kunstdeutung hätte ein schweres Leben.

Gegenüber meinem Modellsitz und der Staffelei ist ein Spiegel. Ich kann in ihm genau verfolgen, wie ich allmählich werde nach meinem Ebenbild, wie mir, ganz im Sinn der alten Racheformel, erbarmungslos widergetan wird, Zug um Zug, Aug' um Aug'. Nichts nützt es, Seele in den Blick zu tun, ein bedeutendes Gesicht zu machen. Der an der Staffelei malt doch das Gesicht, das du hast, nicht jenes, das du machst, dein Müssen, nicht dein Mögen, deine untrügliche Oberfläche, nicht deine trügerische Tiefe.

Jetzt gräbt er aus dem Blechtopf ein tüchtiges Häufchen Weiß, tut es auf die Palette, wie Exkrement eines Riesenvogels liegt es dort. Für die Haare, leider, braucht das der Meister.

Ich möchte ihn zur Güte herumkriegen, ihn weich stimmen, damit er mir nicht gar zu weh tue, seinen Blick und seine Hand bestechen, ihm Schonung abschmeicheln, ähnlich wie man's beim Zahnarzt tut. Ich studiere des Meisters Mund, um ihm nach diesem zu reden. Aber das hat seine Gefahren. Denn treffe ich auf ein Thema, das ihn sehr interessiert, so wird er am Ende gar abgelenkt, und sein Ingenium kommt mehr ins Gespräch als ins Bild. Also erzähle ich Anekdoten. Er lacht. Vielleicht kristallisieren sich, durch den Pinsel fließend, dieses Lachen und die Trefflichkeit der Anekdoten zu Spuren von Sympathischem in meinem Antlitz. Ich versuche es auch mit Selbstverspottung, mokiere mich über mein Aussehen. Vielleicht rührt das den Maler. Vielleicht erliste ich so von ihm eine gefälligere Proportion meiner Züge, eine Stirn, die strenge gedankliche Tätigkeit verrät.

Fertig. Ich habe das fröhlich grinsende, gänzlich ungeistige Gesicht eines Handelsmanns, der zu wissen scheint, wie man Kunden hineinlegt.

Zum Glück gefällt auch dem Künstler das Porträt nicht. Besonders der Blick. Er kratzt – es ist gruselig mitanzusehen – die Augen aus, setzt andere ein. Meine eher konziliante Weltanschauung wird durch Vertiefung der Falten um den Mund ins hoffnungslos Pessimistische hinabgedrückt. Ich bin noch immer Handelsmann, aber schon nach dem Bankerott. Mir fallen Porzellan-Ente und Rubinglas ein; das Herz tut mir weh.

Der Meister, ein bedrohliches Messer in der Hand, sieht ohne Zufriedenheit auf mich und auf seine Arbeit, mit einem argen Blick, der zu sprechen scheint: Nicht das Bild ist mißlungen, du bist es. Hernach sagt er: »Wir wollen es noch einmal versuchen« und beginnt sein Werk von der Tafel herunterzuschaben.

Während er mit dem Messer über das Holz kratzt, er-

255

hellen sich seine Mienen. Jetzt ist wohl die rechte Vision, wie ich zu malen sei, in ihm aufgetaucht, jetzt weiß er es, jetzt hat er es.

Aber indem seine Hand einen Augenblick das Messer sinken läßt, sagt er: »Ich bin begeistert, wie fest meine Farben halten. Man kriegt sie kaum wieder vom Holz herunter.«

DIE ZEHN GEBOTE

Antwort auf eine Rundfrage

Von den Zehn Geboten sind eigentlich nur zwei: Gebote, die acht andern sind Verbote. Nur Nr. 3 »Du sollst den Feiertag heiligen« und Nr. 4 »Du sollst Vater und Mutter ehren« geben an, was wir tun sollen, die anderen Bestimmungen des Dekalogs sagen aus, was wir nicht tun sollen. Tiefer Sinn liegt in dieser negativen Fassung, die für des Gesetzgebers wundervolle Kenntnis der menschlichen Natur zeugt. Denn was verbietet er? Genau das, was wir, gäbe es kein Gesetz, ganz sicher täten, genau das, was zu tun Instinkt, Reflex, Natur (oder wie man sonst die Ur-Diktate in uns nennen will) gebieten.

So stellen sich Mosis Verbote dar als Verbote wider die Natur, als Ketten, an die der Mensch, zwecks Domestizierung, zu legen ist. Einem unverlogenen Lebewesen zumuten, daß es nicht töten solle, was ihm durch seine Existenz Ärger verursacht, daß es nicht vom Erreichbaren nach Gutdünken nehmen solle, soviel es braucht, daß es dem Lustgewinn, den ihm das Schlafen mit der fremden Frau böte, den Unlustgewinn, dessen er bei der eigenen sicher ist, vorziehen solle . . ., das heißt von ihm fordern: Sei nicht, der du bist! Eine ungeheuerliche Forderung, die auch nicht anders als unter Berufung auf einen göttlich-allmächtigen Eingeber durchzudrücken war.

Literarisch betrachtet, erscheint das steinerne Manuskript vom Berge Sinai als eine Sammlung ausgezeichnet knapper Maximen, die gut sind, weil sie ins Schwarze des Menschen treffen. Eine Hilfe für das Leben bedeuten sie nicht, denn sie verbieten die elementaren Methoden zur Deckung unserer elementaren Bedürfnisse, ohne zu sagen, wie denn sonst wir diese befriedigen oder zum Schweigen bringen sollten. Sie verlöschen das Führerlicht der Triebe und Instinkte, ohne ein anderes anzuzünden. Als Kritiker hätte ich ferner auszusetzen: den Dual in Punkt 6 (»Du sollst nicht ehebrechen«) und Punkt 10 (»Du sollst nicht begehren Deines Nächsten Weib«) sowie die illogische Abspaltung des Gebots 9: »Du sollst nicht begehren Deines Nächsten Haus« von dem folgenden Gebot »Du sollst nicht begehren Deines Nächsten Weib, Knecht, Magd, Vieh, noch sonst etwas, was sein ist«. Es scheint, als habe Moses mit seinen Geboten, das dekadische System vorausahnend, es durchaus auf zehn bringen wollen.

Trotz ihrer klaren Formulierung lassen die Zehn Gebote viele Auslegungen zu. Wie ist etwa das »Du sollst nicht töten« richtig zu verstehen, wenn der heilige Gesetz-Geber, gleich hernach, mit demselben Atem sozusagen, eine ganze Fülle von Vergehen und Übertretungen unter Todesstraf-Sanktion stellt? Auf solche Vieldeutigkeit, Unklarheit, Definitions-Unschärfe scheint symbolisch das Bibelwort hinzuweisen,

das der Herr zu Moses, ehe er ihm die Gesetze-Samm-
lung überreichte, sprach: »Siehe, ich will zu Dir kommen in einer dicken Wolke.« (2. Mos., 9.)

DAS REH

In der Waldlichtung stand plötzlich ein rehfarbenes
Reh. Es war angetan mit allen Attributen, die einem
Reh zukommen, zierlich, großäugig, schmalfüßig. Es
hielt den Kopf ein wenig schief, was die Anmut der Sil-
houette, die das Reh in die grüngoldene Luft schnitt,
nur noch erhöhte. Ganz unbeweglich stand es da und
doch entschieden flüchtig, gleichsam in starrer Eile, in
gestockter Schnelligkeit. Der Wald hielt still, wie um
sein Kind nicht zu erschrecken. Allem ringsum, der
Erde und den Bäumen, dem Licht und der Luft, tat das
Tier wohl. Hintergrund und Kulisse schienen es zufrieden, ihm Hintergrund und Kulisse zu sein.

Kein Wunder, daß die Erscheinung der liebenswür-
digen Kreatur, kaum hundert Schritte entfernt von dem
viel begangenen Promenadenweg, in einem Wald, in
dem Bänke stehen, Wegweiser, Körbe für Papier und
Abfälle, kurz, durch den der Atem der Zivilisation
weht, daß also das überraschende Reh, umwittert von
Natur, Freiheit, Scheuheit, die beiden Spaziergänger
traf wie ein feiner Satz à part in den Geschichten, die der
Wald erzählte.

»Ein Reh!« Sie rief das so hastig, als ob eine glückliche
Sekunde beim Zipfel gepackt werden müßte. Beide
blieben stehen und schauten gespannt auf das Reh,
obwohl ein solches nichts ist, was den neueren Men-

schen, gesäugt mit Benzin, angeht, außer er schießt oder frißt es.

Weil es so vollkommen bewegungslos dastehe, meinte die Frau, sei es vielleicht gar kein wirkliches Reh, sondern eines aus Sandstein oder Terracotta. »Schleichen wir uns langsam näher. Wenn es davonläuft, ist es ein richtiges Reh.«

Er war gegen solche Probe auf Sein oder Nichtsein. Lieber die falsche Annahme des freundlichen Phänomens als die Erweisung von dessen Richtigkeit durch sein Verschwinden. Mit der Liebe hielt er es ebenso. Prüft man genau, ob es die wirkliche Liebe ist, riskiert man, sie eben dadurch zu verscheuchen. Was hat man nachher davon, zu wissen, sie war's?

»Wären Sie imstande, ein Reh zu töten?« lispelte sie.

Er beteuerte flüsternd, daß er sich hierzu nur ungern entschließen würde.

»Sie haben nicht das Zeug zu einem Jäger, scheint mir.« Es war eine Spur von Spöttischem in ihrer Stimme.

«Und Sie, Sie könnten es schießen?»

Die Frau blickte zärtlich auf das Reh: »Von weitem – ja.«

Sie hatte den Kopf zur Seite geneigt wie jenes. Überhaupt gab es da Ähnlichkeiten. Der Mann fühlte heftige Sympathie für das Geschlecht der Rehe und heftiges Verlangen, sie zu bezeigen. Er griff ihre Hand, und sie hatte nichts dagegen. Sollte er sie nun an sich ziehen und – und so weiter? Er überlegte. Er war ein Pechvogel, dem schrecklich leicht Schicksal wurde, was als Episode gedacht war. Ohne daß er's merkte, lockerte er den Griff um ihre Hand. Er war wirklich kein Jäger.

Da machte das Reh einen Satz und entfernte sich. Der Wald sah mit einem Mal sehr nüchtern aus. »Gehen wir«, sagte die Frau, »es wird kühl.«

EIN WORT

Im Zimmer oben wurde Musik gemacht. Sie fiel, gereinigt und gedämpft durch dicke Mauern, auf den Leser im Zimmer unten. Die Töne kamen herab wie Flocken, weich und gewichtlos. In der Erzählung aber stand: ». . . Sie übernahm die Habseligkeiten des Toten.«

Vor diesem Wort »Habseligkeiten« blieb der Leser stehen, oder eigentlich liegen, gebannt wie Parsifal von den drei Blutstropfen im Schnee. Was für ein inhaltsschweres, bedeutendes Wort! Es fällt ins Gemüt und zieht dort Kreise, weithin verfließende.

Habe: das ist also etwas, an dem die Seele so hängt, daß sie gleich für immer bei dem Worte hängenblieb. Was sagt hierzu die Lehre von der Abstammung der Wörter? Sie würde, soviel ich sie kenne, ganz gewiß behaupten, das »selig« in »Habseligkeiten« habe gar nichts mit Seele zu tun; wer weiß, als was für ein langweiliges mittelhochdeutsches Suffix oder dergleichen es sich entpuppte. Fragen wir also lieber gar nicht. Etymologie ist eine furchtbare Wissenschaft, die holdesten Sinn- und Klangtäuschungen zerstört sie, blühende Wörter, von ihren kalten Fingern angefaßt, welken hin im Nu. Etymologie oder: die Unrichtigkeit des Wahrscheinlichen.

Woher also das Wort »Habseligkeiten« stammt, das müßte man wissen, um es sagen zu können. Woher es nicht stammt, das kann auch der Ungebildete, wenn er

nur einige bittere Erfahrung im Etymologischen hat, aus
dem Stegreif sagen: nicht von »Habe« plus »Seligkeit«.
Schade. Wie schön, wenn das Wort bedeutete, was es zu
bedeuten scheint. So echo-stark ist es, so fein übt es Kritik am Begriff, den es ausdrückt, strahlend rundum von
Sinn und Beziehung. Zwiefache Ironie steckt in ihm:
eine Haupt-Ironie darüber, daß Habe selig mache; und
eine kleine Neben-Ironie, daß solche Habe, nämlich so
geringe, dies vermag. Denn Habseligkeiten hat nur der
Arme, die Sachen von andern heißen »Besitz«, niemand
wird sagen oder schreiben: »O. H. Kahn stand im großen
Saal der Gemäldegalerie und besah friedevoll seine Habseligkeiten, insbesondere die echten Rembrandts.«

Habseligkeiten sind ein rührendes Um und Auf, ihr
Vorhandensein erzählt von dem, was fehlt, sie sind, was
die Ränder für das Loch sind, das Etwas, durch das ein
Nichts erst deutlich konturiert, erst recht sichtbar wird.
Sie werden gewöhnlich in den Kleidertaschen getragen
und waren niemals neu. Portefeuilles mit Geld zählen
nicht zu ihnen, hingegen tun das: Federmesser, Blei-
stiftstümpchen, Scheidemünze, Speisepulver in lädierter
Pillenschachtel, Zigaretten, Taschentücher aus Baum-
wolle, Brille. Monokel ist ein Grenzfall. Wenn es in der
Inflation erworben und dann aus lieber Gewohnheit
ins Elend mitgenommen wurde, kann es als Habselig-
keit angesprochen werden. Habseligkeiten bekommen
leicht das Persönliche, nehmen an von dem Menschen,
dem sie zugehören, riechen nach dem Schweiß seiner
Seele wie seiner Finger. Der Leser, als er las: »Sie übernahm die Habseligkeiten des Toten«, dachte: wenn einer stirbt, bleiben seine Habseligkeiten ganz verwaist
zurück. Besitz findet rasch neue Eltern, aber um Habse-

ligkeiten schert sich niemand mehr. Der, den sie selig machten, ist fort, und deshalb gehen sie auch bald ein, wie der treue Hund, der nach des Herrchens Tod sich hinlegt und verhungert.

Es gibt, dachte er, seine Trauer überwindend, weiter, noch andere Wörter, die auf »selig« enden, etwa leutselig, saumselig, glückselig. Alle ließen sich schön erklären, wenn die Etymologie nicht wäre. Und gar erst: glückselig, oder das von biblischem Hauch umwitterte: armselig! Hier wurde der Leser, infolge doch leider übermäßigen Bildungstriebs, schwach, so daß er in Kluges »Etymologisches Wörterbuch der deutschen Sprache« fiel. Ach, die schlimmsten Befürchtungen erwiesen sich als gerechtfertigt. Gar nichts hat jenes »selig« mit Seele zu tun. Es rührt her von der althochdeutschen Endsilbe »sal«, heute noch lebendig in Wörtern wie Labsal, Drangsal, Scheusal.

Der ganze Aufenthalt bei den Habseligkeiten wäre vermieden worden ohne das gedämpfte Klavier im Zimmer oben. Aber so ferne, halb abgeschiedene Musik, tönend wie Stimme aus einem diesseitigen Jenseits, füllt die Luft zauberisch mit Weichem, lockert das Herz und macht auch harte Leser geneigt zu Traum, Meditation und Liebe.

NAMEN MACHEN LEUTE

Unter diesem Titel erschien in den »Hamburger Nachrichten«, Abendblatt vom 21. September, eine Betrachtung über Pseudonyme. Der Betrachter zeichnet O. H. Er enthüllt Interessantes.

Zum Beispiel, wer Ferdinand Bruckner ist. »Ferdinand Bruckner, diese ganz geheimnisvolle Persönlichkeit, ist identisch mit Otto Kaus.« In Klammer fügt, mit leichter Ruhmredigkeit, der Verfasser hinzu: »(was hier zum erstenmal veröffentlicht wird)«. Gott, es hat schon einmal jemand eine Originalnachricht gehabt!

Mehr Grund, sich patzig zu machen, gäbe dem Mann von den Hamburgern eine andere Neuigkeit, die er als erster mitteilen kann: »Moissi heißt eigentlich Moses.« Auch du, Alessandro?! Ach, um vieles besser verstehen wir nun plötzlich das wehe Flackern im Aug' des Sängers, die Leidensspur, tief eingeätzt um den bittersüßen Mund: tausendjähriger Schmerz schnitt da seine Runen. Aber welche Ungeschicklichkeit auch, sich Moissi zu nennen, wenn man Moses heißt, auf der Flucht aus dem Namen gerade die kompromittierende Silbe mitzunehmen, eine Klangspur zu hinterlassen, die schlauen Köpfen die Verfolgung der Wahrheit so sehr erleichtern muß. Andererseits . . . Otto Kaus nannte sich Ferdinand Bruckner: was hat es ihm genützt? Er ist doch von den »Hamburger Nachrichten« erwischt worden. Freilich nur von diesen.

Aus den Mitteilungen O. H.s geht hervor, daß man von den meisten bekannteren Leuten der Literatur im zwiefachen Sinn des Wortes sagen darf, sie hätten sich einen Namen gemacht. Knapp formuliert: in den seltensten Fällen sind die Namen der Leute von Namen die Namen der Leute. Und wenn man schärfer auf ihre Namen sieht, als was entpuppt sich fast jeder dieser Leute? Als einer von unseren Leuten. Dabei ist die erschreckend lange Reihe getarnter Juden der Literatur, die die »Hamburger Nachrichten« aufzählen, noch immer sehr lückenhaft. Es fehlen so große Nummern wie zum Beispiel Jacques Perles, der sich als Shakespeare Weltruhm erlistet hat. Es fehlen die zahllosen drastischen Beispiele aus der Antike, der gerissene Herz Fleckel, der seine öden Oden unter dem Pseudonym Horatius Flaccus lancierte, Livius, durch den deutlich genug der Löwi schimmert, oder Ovidius Naso, hinter dem – keinen, der sein schmutziges Buch »ars amandi« gelesen hat, wird das überraschen – ein sicherer David Nass steckte. Von den deutschen Klassikern heißen manche auch recht dubios. Sollte, um nur einen fragwürdigen Fall herauszugreifen, das Ei, aus dem »Herder« geschlüpft ist, nicht vielleicht ein »Herzfelder« gewesen sein? Schiller, Charakter auch hier, blieb tapfer bei seinem verdächtigen Namen: Schiller.

Den Beschluß der aufregenden Pseudonyme-Zertrümmerung in den »Hamburger Nachrichten« macht ein charakteristisches Geschichtchen: »Alfred Polgar, Egon Friedell und Heinz Pol saßen, jeder für sich, in der Halle eines Berliner Hotels. Ein Page erscheint und ruft unter die wartenden Gäste: ›Ein Herr Pollak aus Wien wird am Telephon verlangt!‹ Wie von der Tarantel gestochen fuhren alle drei – Alfred Polgar, Egon Friedell und Heinz Pol – hoch aus ihren Träumereien und liefen stracks zur Telephonzelle. Sie hatten sich an den neuen Namen noch nicht gewöhnt.« Ich entsinne mich des Vorfalls in der Hotelhalle noch ganz genau, sehe es, als ob es gestern gewesen wäre, wie wir, jeder für sich, dasaßen, in Klubsessel und Träumereien versunken, und wie wir, als der Ruf erscholl: »Ein Herr Pollak aus Wien wird verlangt«, von etwas gestochen wurden. Es war die Tarantel. Die Beschämung dann beim Telephon, wo wir mit noch ein paar verschieden heißenden Herren, die gleichfalls auf den Ruf des Pagen hinzugeeilt waren, zusammenstießen, kann man sich denken. Friedell machte ein so leidvolles Gesicht, wie Alexander Moses als Fedja im letzten Akt des »Lebenden Leichnams«. Ihn wird es wohl von uns dreien auch am meisten kränken, jetzt in den erbarmungslosen »Hamburger Nachrichten« lesen zu müssen, daß er Pollak heißt (was dort zum erstenmal veröffentlicht wird).

SEXUAL-REFORM

In London tagte der Internationale Kongreß für Sexual-reform.

Ausgezeichnete Frauen und Männer, denen das Wohl der Menschheit am Herzen und im Sinne liegt, kämpften da gegen die dummen, kurzsichtigen, mehr Unheil stiftenden als verhütenden Gesetze, mit denen der Staat das Geschlechtliche reglementieren will, besprachen und berieten überdies, wie die Menschen durch Aufklärung, Rat, Fingerzeig und Gebrauchsanweisung dahingebracht werden könnten, ihr Sexuelles richtig zu führen (so daß sie der Gesetze, die es von außen her ordnen wollen, überhaupt nicht mehr bedürfen), wie man ihnen helfen könnte, sich zurechtzufinden im turbulentesten Bezirk des Lebens, wo so viele Wege und Abwege durcheinander laufen. Es wird sozusagen, im zwiefachen Sinn des Wortes: eine Verkehrs-Regelung angestrebt, die sich um so notwendiger erweist, als das Einbahnstraßenprinzip der Ehe nicht ausreicht, peinlichste Verwirrungen hintanzuhalten.

Die Tätigkeit des Kongresses mündete in vortrefflich gefaßte Resolutionen. Beruhigend ist, daß mit dem Kongreß die Kongreßmaterie sich nicht verflüchtigte. La sexualité continue.

Im Mittelpunkt der Beratungen stand die Frage der Sexualerziehung. Das Herumtaumeln im Irrgarten der Sexualität muß aufhören. Aber um sich dort nicht zu verlaufen, wäre es vor allem notwendig zu wissen: was ist Sexualität.

Nach einer treuherzigen Definition: »die Gesamtheit der Triebe und Bedürfnisse im Organismus, die zur Vereinigung mit einem Wesen anderen Geschlechts drängen«. Diese Begriffsbestimmung ist etwas knapp. Sie reicht nicht hin für die Fülle der Varianten und Verkleidungen, in denen jene Triebe sich gefallen.

Unangreifbar definiert das Konversationslexikon: »Sexuell: auf das Geschlechtsleben bezüglich (siehe dieses).«

Was Sexualität sonst noch ist, läßt sich ganz einfach mit wenigen klaren Worten sagen. Etwa so:

Eine Naturkraft, ein übersubstantielles Etwas, eine autonome, dem Willen unzugängliche, höchst schmerzlich-lustvolle Spannung im Nervensystem, ein Fluidum, das die organische, vielleicht auch unorganische Welt durchdringt und für deren Zusammenhalt so notwendig ist wie etwa die Gravitation, ein wesentlicher Teil des Lebens, von welchem Teil eine kühne Lehre fast behaupten möchte, er wäre größer als das Ganze, ein himmlischer Fluch sowie ein teuflischer Segen, lastend auf allen Sterblichen, ein starkes Licht am Wege, so stark, daß wir gar nichts sehen und in die irrste Irre stolpern (eine Führerrolle, die der Sexualität vom Geiste, aber ohne Erfolg, streitig gemacht wird), das Alpha und Beta der Liebe, ob auch ihr Omega, darüber gehen die Meinungen auseinander, ihre höchste Kraft und tiefste Ursache, die Pointe, aus der alle ihre Anekdoten wachsen, das sinngebende und zerstörende Prinzip in ihr (also beiläufig das, was die Flamme für die Kerze ist, die von ihr gekrönt und aufgefressen wird), der kräftigste Faden im Gewebe, in das Kunst, Kultur, Mode ihre wunderlich-bunten Muster sticken, die Mitspielerin, wo immer wir Schönes als schön, noch mehr, wo wir Häßliches als schön empfinden, die Sprache, in der das Tier und der Gott im Menschen sich miteinander verständigen, und zwar glänzend.

Dieses also wäre zu regeln, diesem Dämon die Dämonie auszutreiben, in das Chaos, das er schafft, Vernunft zu bringen und Ordnung in die erhabene Unordnung seiner Mittel und Zwecke, die so mörderisch und kreativ sind wie die Schöpfung selbst, so wenig durchschaubar wie der Zweck des Daseins überhaupt, so verwickelt wie die Knoten, mit denen Natur und Geist, Leib und Seele, Tod und Leben ineinander gebunden sind.

Als Tagungsort des nächsten Kongresses für Sexualreform dürfte Moskau oder Wien ausersehen werden. Wo der Kongreß des Jahres 2029 stattfinden soll, ist noch nicht bestimmt. Bestimmt ist, daß er einem unübersehbaren Komplex von Fragen gegenüberstehen und in vortrefflich gefaßte Resolutionen münden wird.

NICHT FÜR ES GEBAUT

Ein Mann in Berlin, der weder Obdach noch Geld hatte, sah sich, als es Nacht wurde, genötigt, einen Entschluß zu fassen. Auf der Straße bleiben, ambulant, im Winter, das wäre über seine Kräfte gegangen. Freunde, die ihm Unterkunft gegeben hätten, besaß er nicht. Betteln oder Stehlen könnte mit dem Gesetz in Konflikt bringen. Also vielleicht gleich hin zur Polizei? Aber so etwas ist immer riskant, auch wenn man ein tadelloses Kerbholz hat. Armut und Polizei vertragen sich nicht gut miteinander (diese ist ja hauptsächlich zu dem Zweck da, um vor übermütigen Einfällen, auf die jene kommen könnte, zu schützen), zwischen beiden besteht eine natürliche Abneigung wie zwischen Ratte und Hund, Auge und Faust, Phantasie und Vorschrift.

Wo findet man nun aber nächtlicherweile, mit Umgehung der Polizei und ohne Freunde, ohne Geld ein Dach überm Kopf?

Für den Großstädter kommen da verschiedene Örtlichkeiten in Betracht:

1. Die in den Straßen aufgestellten Telephonhäuschen (Fernsprechstellen). Sie schaffen wohl durch ihre trauliche Enge eine Art von Stübchen-Illusion, sind aber unbequem, und man kann jeden Augenblick gestört werden.

2. Die öffentlichen Bedürfnisanstalten bzw. jene ihrer Abteilungen, die der männlichen Bevölkerung umsonst zur Verfügung stehen. Auch hier ist, besonders im Karneval, auf halbwegs gesicherte Schlafruhe nicht zu rechnen.

3. Die Warteräume in den Bahnhöfen. Es ist klar, daß diese Lokalitäten als Nachtquartier weitaus den Vorzug verdienen vor den früher genannten.

Das sagte sich auch der Mann, von dem hier erzählt wird, und verfuhr danach. Schüchtern von Natur aus und in seinen Ansprüchen so mäßig, wie Leben und Not sie gemacht hatten, wählte er keineswegs einen der pompösen Bahnhöfe, wo zu großartig langer Fahrt gestartet wird, und die erfüllt sind von Welt und Ferne, also nicht etwa den Anhalter Bahnhof oder den in der Friedrichstraße, sondern einen schlichten, bescheidenen Bahnhof, den Potsdamer, von dem es knapp bis Erkner geht.

Im Warteraum dritter Klasse legte sich der Asylist auf eine Bank und erwartete den Schlummer. Jedoch bevor dieser kam, kam ein Bahnbediensteter und wies den zweifelhaften Fahrgast – der in der Tat nicht als Fahrgast, sondern als das strikte Gegenteil eines solchen angesehen werden mußte, insofern er ja nicht nur nicht, um wegzufahren, sondern geradezu, um dazubleiben, den Warteraum aufgesucht hatte –, wies also das fragwürdige Menschenkind aus dem Bahnhof, nicht für es gebaut. Der Einwand des Fortgewiesenen, er hätte durchaus keine andere Bleibe, traf ins Leere, rief aber einen Schupo herbei, der in das friedliche Gespräch etwas Amtshandlung einmengte. So kam der Vagabund doch zu einem Nachtquartier. Auf der Polizeistation.

Nicht umsonst! Denn hinterdrein wurde er von einem ordentlichen Gericht mit acht Tagen Arrest bestraft. Wegen Hausfriedensbruchs. Begangen durch den Versuch, im Bahnhofwartesaal zu nächtigen.

Das ist ein Lesebuch-Stück aus unseren Tagen. Es

sollte in den niederen Schulen durchgenommen, sein Inhalt von den Kindern in der Form a) der direkten, b) der indirekten Rede wiedergegeben, und an ihm der Scharfsinn der Knaben erprobt werden durch Fragen wie: »Was hätte jener Mensch, um zu einem Nachtquartier zu kommen, tun sollen?« oder: »Welche sittliche Nutzanwendung ist aus der vorgetragenen Erzählung zu ziehen?« oder: »Welchen Einfluß auf die Charakterbildung des Mannes dürfte jenes Erlebnis gehabt haben?« Auch an Themen für den deutschen Aufsatz – mit Verwendung klassischer Zitate – wäre die Erzählung nicht unergiebig. Es kämen da in Betracht etwa: »Heil'ge Ordnung, segensreiche (Friedrich v. Schiller)«, ferner: »Am Abend schätzt man erst das Haus (Joh. Wolfgang von Goethe)«. Und besonders, für die reifere Jugend, das Thema: »Verurteilung eines Obdachlosen wegen Hausfriedensbruchs, weil er im Bahnhofswarteraum nächtigen wollte« oder: »Urteil, du flohst zum blöden Vieh! (Shakespeare)«.

BEGEBENHEIT

In R. gab es eine Panne. Wir stiegen also aus und sahen uns Häuser und Menschen ein bißchen näher an.

Der Ort R., im Österreichischen, ist uralt, er datiert seine Anfänge in das dreizehnte Jahrhundert zurück. Allem großen Verkehr liegt er weit ab; auch von dem Gewirr der Schleifen und Linien, die der Auto-Schwarm über die Erde zieht, kreuzt selten eine das Städtchen. Die Straße, aus der es besteht, ist schmal und hat an ihrem Anfang und an ihrem Ende je ein steinernes Tor, beide gemauert im dreizehnten Jahrhundert. Wenn das Auto die Straße rasch durchfährt, sind gewissermaßen die Vorderräder schon aus der Stadt, indes die Hinterräder noch nicht drin sind. Auch die Kirche ist sehr alt. Daß sie in einem früheren Jahrhundert ein Raub der Flammen und in einem späteren renoviert wurde, braucht nicht erwähnt zu werden. Jede ältere Kirche auf dem Land hat wenigstens einmal gebrannt, das ist schon so Brauch und Bestimmung, um die keine ländliche Kirche herumkommt. Der Friedhof, gewissermaßen der Nutzgarten des Gotteshauses (denn auf fromme Gedanken bringt die Menschen vor allem der, daß sie sterben müssen), ist, wie die meisten Landfriedhöfe, lieblich. Zumindest ist er das von oben beschaut. Eben wird ein frisches Grab geschlossen, die Frau Schuhmachermeister liegt darin. Man hätte noch versuchen können, sie ins Spital zu schaffen und zu operieren, sagt der Totengräber, aber die Alte taugte schon kaum mehr etwas Rechtes bei der Arbeit, und so lohnte es nicht der Mühe und Kosten. Die Hinterwand der Kirche hat, wo sie den Boden berührt, eine kariöse Stelle, ein Loch, eine Nische, wo nebst dem Werkzeug des Totengräbers Menschenknochen liegen, Papierblumen und Totenschädel, auf deren Stirnbein mit Tinte der Name des Herrn oder der Frau geschrieben ist, denen der Kopf zugehört hat. Man könnte anders den Eigentümer auch kaum noch mit Sicherheit agnoszieren.

Von den zwei Wirtshäusern des Ortes, mit Hotelbetrieb, hat das größere ein Radio.

Eben, vier Uhr nachmittags, erheiterte es die heitere Gesellschaft um den langen Holztisch durch heitere Musik, wie sie das Radio um solche Tageszeit ins Ohr der Welt zu träufeln pflegt, damit die Arbeit muntrer fortschreite oder das Faulenzen noch erquickender werde, als es ohnehin schon ist. Die Tafelrunde, eigentlich: das Tafelrechteck, freute sich in ortstümlicher Tracht ihres Lebens. Der Hitze wegen hatten die Männer die Röcke abgelegt, jedoch wunderlicherweise die Hüte aufbehalten, breitkrempige schwarze Tuchhüte mit mehreren goldenen Troddeln dran. Die Stimmung war ausgezeichnet, das Gespräch lebhaft, zuweilen auch erhob sich mehrstimmiger Gesang, übertönt vom beinernen Geklapper der Krüge, wenn sie, aufs Wohl, weich-kräftig zusammenstießen. Insbesondere einem graubärtigen Mann mit Brille wurde von den Tafelnden zugetrunken. Er stand dann jedesmal auf, legte die Pfeife beiseite und leerte mit ernster Miene seinen Krug. Hernach putzte er, niedersitzend, die Brille. Offenbar feierte man seinen Geburtstag.

Vor dem Wirtshaus neben einem Wagen, dessen Pferde eben abgeschirrt wurden, warteten zwei kleine Mädchen auf das, was kommen würde, und heulten. Sie trugen Zöpfe, je einen über jedem Ohr, und in jedem Zopf eine große dunkelblaue Schleife. Nun, warum heult ihr so? Weil die Mutter gestorben ist, vor einer Stunde war das Begräbnis. »Das sind die Schusterskinder«, sagt der Kutscher und klatscht Stechfliegen tot, die auf dem Pferderücken ihr Trinkgelage abhalten. Der Mann mit der Brille ist der Vater. Und drinnen feiern sie keinen Geburtstag, sondern es ist der Schmaus nach dem Leichenbegängnis. So, durch Essen und Trinken, bekräftigen die Hinterbliebenen ihre Solidarität mit dem Leben. Vielleicht fühlt es sich geschmeichelt und bleibt lange.

Es begann zu regnen, und die zwei Kinder trabten, Hand in Hand, in die Wirtsstube. Man setzte sie an einen Nebentisch, sie bekamen Kaffee und Kirschenkuchen. Eine Frau aus der fröhlichen Gesellschaft zupfte die vier blauen Schleifen in den vier Zöpfen glatt und ermahnte die Mädchen, sich zu schneuzen. Die Jüngere schlief bald ein, den Kopf auf die Tischplatte gelegt, ein Stück Kuchen in der Faust. Die Ältere saß aufrecht und blickte starr in die Luft. Gewiß war sie ihrer Mutter ähnlich.

Dann brachen die fidelen Leidtragenden auf. Der Vater, schon nicht mehr ganz sicher im Schritt, kam an den Tisch der Kinder, nahm wortlos jedes bei der Hand und ging mit ihnen weg. Man wußte nicht, führte der Vater sie oder sie den Vater.

Inzwischen war die Panne behoben worden, und wir gingen zum Auto. Es stand infam überlegen da im dreizehnten Jahrhundert, glatt und geschliffen, Bogen und Pfeil in einem, und die Fliegen hatten nichts zu naschen an ihm. Als es beim Friedhof vorbei fuhr, grüßte der Totengräber, wir grüßten wieder, und die Reisegefährtin meinte, so einen Hut mit drei goldenen Troddeln hätte sie eigentlich erwerben sollen. Überhaupt sei der Ort süß.

»Möchten Sie hier gern ein paar Monate bleiben?«

Sie erwiderte schlagfertig: »Nein.«

»Warum nicht? Mit einem Menschen, den man liebt?«

»Liebe, auf die man angewiesen ist, weil nichts anderes da ist, verbraucht sich rasch«, sagte sie. »Was, bitte, macht man hier am Abend?!«

PENDELVERSUCH

Im Jahre 1850 erbrachte der französische Physiker Foucault durch seinen Pendelversuch einen neuen experimentellen Beweis für die Achsendrehung der Erde.

Es gehört zu den wesentlichen Charakterzügen eines Pendels, daß es seine Schwingungsebene im Raum unverändert beibehält. Befindet sich die Aufhängevorrichtung in fester Verbindung mit einem Objekt auf der Erde, so dreht sich diese gleichsam unter dem Pendel, welche Drehung von West nach Ost der Beobachter (wenn das Pendel genügend lang ist) als eine scheinbare Verschiebung der Pendel-Schwingungsebene von Ost nach West wahrnimmt. Also das ist der Foucaultsche Pendelversuch.

In Wien, wo man gegen die kosmischen Gesetze mit Recht einigermaßen mißtrauisch ist, wurde der Foucaultsche Pendelversuch schon einmal nachgeprüft, zu Anfang dieses Jahrhunderts in der sogenannten Rotunde im Prater. Es fanden damals gerade auf dem neben der Rotunde befindlichen Trabrennplatz Rennen statt, und natürlich gingen die Praterbesucher lieber zu diesen spannenden Wettläufen als zu einem kampflosen Walkover der Erde um sich selbst. Das Pendel hatte also wenig Zulauf und, wie ich glaube, auch keine gute Presse. Ich entsinne mich noch als eines sonderbaren Details, daß der Herr, der damals den Versuch leitete und erklärte, ein ganz kleines Pendel im Arm trug, ein Junges von dem Riesen, der aus der Kuppel herunterhing, ein süßes Pendel-Baby. Wozu er es brauchte, weiß ich nicht mehr.

Jetzt ist abermals das Experiment in Wien gemacht worden, vermutlich im Sinn der augenblicklich hier herrschenden Bestrebungen, den erschütterten Glauben an die Weltordnung wieder etwas zu befestigen; und da ich keinen Foucaultschen Pendelversuch auslasse, war ich auch wieder dabei. Das Experiment fand im Naturhistorischen Museum statt. Leider gab es wieder nur ein karges Häufchen von Zuschauern, das mit Augen sehen wollte, wie die Erde sich um ihre Achse drehe. Entweder glauben es ihr die Leute ohnehin, oder sie wollen das gar nicht wissen.

Genau in der Mitte der Museumsvorhalle war ein Stück des Bodens mit Zeichenpapier belegt. Darüber schwang das Pendel. Eine rote Linie auf dem Papier zeigte den Anfangsweg des Pendels an, eine blaue, die rote im Winkel von 15 Graden schneidend, den Weg, den das Pendel nach einer Stunde nehmen müsse. Es hing an einem Draht von 41½ Meter Länge und hatte als Schwungmasse eine mit Blei ausgegossene eiserne Kugel, weiland eine Bombe, die 100 Pfund wog. Die Aufhängevorrichtung höchst oben im Kuppel-Zenit möchte ich gern erklären, wenn man sie mir erklären möchte. Sie war jedenfalls sinnreich. Zu sinnreich für einen schlichten Zaungast der Physik. Am 28. Mai 1930, 10 Uhr vormittags, startete in Anwesenheit von zwölf Zuschauern, darunter einem Mittelschullehrer und einer Dame in Trauer, das Pendel. Um die Kugel war ein blaues Band geschlungen – in der Farbe jenem ähnlich, welches der Frühling wieder flattern läßt durch die Lüfte – und an das Band eine Schnur geknüpft, die das aus der Gleichgewichtslage gehobene Pendel an einem Eisenständer verankerte. Der Start ging so vor sich, daß die amtierende Museumsperson, beschattet von einem Hofrat der Naturwissenschaften, die dünne Schnur mittels eines Zündhölzchens durchbrannte. Zweimal mißlang der Ablauf. Erst das dritte Mal hielt sich das Pendel halbwegs an die vorgezeichnete rote Linie. Zwölf Menschen sahen ihm, das weich und lautlos in seiner luftigen Box hin und wider ging, andächtig pendeln zu und sprachen nur mit gedämpfter Stimme, um es nicht zu irritieren. Nach wenigen Minuten schon wich es ab! Alle, sogar der Hofrat, atmeten mit leichterem Atem. Es mußte ja abweichen, selbstverständlich. Wenn es nun aber – lieber Himmel, es gibt Dinge zwischen diesem und der Erde, die auch das exakteste Pendel verwirren könnten – wenn es nun aber doch nicht abgewichen wäre? Welche Verlegenheit und Bestürzung! Heutzutage geschieht ja so viel Unbegreifliches in der Welt, und warum sollten zu den positiven Überraschungen, die wir erleben, wie etwa, daß Schattenbilder plaudern oder daß man mit freiem Auge von hier nach Kalkutta sieht, warum sollten nicht auch verblüffende negative Überraschungen uns beschieden sein, wie etwa, daß die Schwerkraft plötzlich aussetzt oder auf einmal die Liebe keine Himmelsmacht ist, daß man mit gesundem Ohr die Stimme des Menschen nebenan nicht hört, daß man am hellen Tag den Nächsten, ja sogar die Nächste nicht sieht?

In neugekräftigter Gewißheit, die Erde drehe sich wie abgemacht um ihre Achse, verließen wir, die Dame in Trauer und ich, die hohe Halle. Draußen – ich kann als Schriftsteller von Profession die Bemerkung nicht unterdrücken –, draußen lachte die Maiensonne. Drinnen jedoch, an der Pforte des Museums, klebte eine Affiche: »Rettet den Wisent!« Es fehlt den Wienern nämlich ein Wisent. Für die Menagerie. Seine Anschaffung kostet 50 000 Schilling. Wer dazu beitragen will, daß der drückende Wisent-Mangel behoben werde, erwirbt einen sogenannten »Wisent-Schein« und mit ihm sich nicht nur ein Recht auf Eintrittskarten zu halbem Preis für den Schönbrunner Tierpark (das wäre das wenigste), sondern auch, wie die Affiche im Museum sagt, ein Verdienst um die Nachwelt.

IN DER KLEMME

Auf der Bühne sind zwei Zimmer nebeneinander hingebaut, durch eine Tür verbunden. Eine Normalbühne. Also fehlt den Zimmern die vierte Wand, die der Schauspieler natürlich als vorhanden annimmt und respektiert.

Es ereignete sich, in der Hitze des Spiels, daß die Heldin des Dramas, als sie von einem Zimmer in das andere zu gehen hatte, die Tür, die nach innen zu öffnen war, nach außen drückte. Die Tür, das war ihr gutes mechanisches Recht, leistete Widerstand, die Dame suchte ihn mit Kraftanstrengung, »mit Gewalt«, zu überwinden, die Tür blieb unnachgiebig, die Schauspielerin stieß und zog vergeblich. Das Publikum schwankte zwischen Lachlust, Mitgefühl und sekundärem Unbehagen (Verlegenheit auf der Szene bringt den Zuschauer in Verlegenheit), die Pause im Fortgang der Bühnenaktion wurde quälend groß. Endlich war die Tür so weit aufgezwängt, daß die Schauspielerin den Versuch wagen konnte, durchzuschlüpfen. Aber es ging nicht. Die Bedauernswerte blieb zwischen Tür und Angel. Wirklich, sie war, metaphorisch und im Sinn des Wortes, in der Klemme.

Wie sie aus dieser befreit wurde, das ist Nebensache. Ich meine nur, sie hätte doch gleich zu Beginn ihres Mißgeschicks lächerlich leicht sich selbst helfen können. Sie hätte ganz einfach, statt den Weg durch die Tür erzwingen zu wollen, durch die nicht vorhandene vierte Seite des einen Zimmers auf die freie Vorderbühne hinauszutreten, einen Schritt um die trennende Wand herum zu machen und durch die nicht vorhandene vierte des anderen Zimmers in dieses einzutreten brauchen. Die Zuschauer würden ihr den unwahrscheinlichen Weg nicht nur verziehen haben, sie wären, auch wenn sie gelacht hätten, sicher sogar ein wenig gerührt gewesen über den Vorfall; denn bei einem Kampf zwischen Mensch und Sache ist der Zuschauer am Ende doch auf der menschlichen Seite, und es liegt etwas Gewinnendes darin, wenn jemand, um eine Situation aus der Lächerlichkeit zu ziehen, mutig mitten in diese hineinspringt.

Aber warum hat die Darstellerin nicht den so bequemen Ausweg gewählt? Nur eine Sekunde hätte sie sich fortbegeben müssen aus der vorgespiegelten Welt, um sofort wieder in dieser zu sein. Sah sie vielleicht gar nicht den breiten, so leicht gangbaren Weg zur Rettung? War sie wie der in die Stube geratene Falter, der beharrlich gegen die Scheibe des geschlossenen Fensters fliegt und das andere daneben, das weit offensteht, nicht zur Kenntnis nimmt? Befand sie sich, die Arme, in dem so beliebten magischen Kreis, den das Theater um die Spieler zieht, und dem sie nicht entrinnen können, obschon keine materielle Grenze ihnen das verwehrt?

So kann es gewesen sein. Wahrscheinlicher aber ist, daß die Frau es einfach nicht wagte, auch in der hohen

Not des Augenblicks nicht, sich über die Fiktionen des Spiels hinwegzusetzen. Daß sie unüberwindliche Hemmungen hatte, die Annahme, da stehe eine vierte Wand, aufzugeben. Daß sie es nicht über sich brachte, dieses Vorgetäuschte, obgleich es doch ohnehin nur von dem gutmütigen Nichtsehenwollen aller Beteiligten, der Spieler wie der Zuschauer, lebte, einen Augenblick zu verleugnen.

Das Theater selbst nimmt es mit der Wahrung der Illusion nicht so genau, es gibt oft die Täuschungen, mit denen es vor aller Augen wirtschaftet, als solche preis. Aus Bequemlichkeit. Aus Übermut. Auch um der Pikanterie des Spiels mit dem Spiel willen. Seine eigentliche Wirkung geht ja doch vom Geiste aus, vom Wort, und alles andere sind nur Hilfslinien, die zu verwischen gar nicht der Mühe lohnt. Das neuere Theater läßt sie sogar absichtlich stehen, unterstreicht sie vielleicht noch, um ihre subalterne Geltung recht zu betonen.

Also: da die brave Schauspielerin lieber das Stück schmeißen als durch die vierte, nicht vorhandene Wand gehen wollte, war sie, mehr vielleicht, als sie es sonst sein mag: Menschendarstellerin. Sieht man nicht, so weit das kurzsichtige Auge reicht, die Menschen gleich ihr tun? Blamieren sie sich nicht, sind sie nicht elend, schwitzen sie nicht in der Klemme, nur aus verzweifelter Angst, einen Trug zu betrügen, den das Szenarium ihres Lebens vorschreibt? Lieber stehen sie ein Dasein lang schief, als daß sie das Gesetz der Illusion übertreten, in das sie eingezwängt sind: der Illusion des Berufs, der Begabung, der Ehe, der unwandelbaren Grundsätze, der gesellschaftlichen Geltungen und so weiter ohne Ende.

ZIRKUS

Die Kinder, sie sehen es gerne; die Erwachsenen bemühen sich, es zu sehen wie die Kinder.

Kleine Affen aus Gummistoff, zum Aufblasen, werden an das Publikum verschenkt und bereiten dem Empfänger eine Freude, die höher zu bewerten ist als das bißchen Geld, mit dem er sich die Freude in jeder Spielwarenhandlung verschaffen könnte. Denn Leistung zu empfangen ohne Gegenleistung bringt absoluten Lustgewinn, der von Sinn und Brauchbarkeit der Leistung unabhängig ist; er wird fühlbar als sanfter Schauer im Rückenmark, wie wenn eine Flügelspitze des Glücks es gestreift hätte.

Zum Beginn: großer Aufmarsch der Tiere. Ein schönes Stück gebändigter Zoologie trottet durch die Manege. Gefangene im Triumphzug des Siegers, Repräsentanten eines unterjochten Reichs. Als letzter im Sklavenzug geht, an eiserner Kette, ein gefesselter Vizekönig, ein Leopard, und schlägt mit dem Schweif keinen furchtbaren Reif, sondern läßt ihn menschergeben hängen.

Hernach werden Dressurwunder und Reitkünste gezeigt. Drei Mädchen – ihre Namen duften wie blaue Blumen: Dolinda, Elvie, Odette – bewahren, stehend auf alliterativ rundum rasendem Roß, ein Gleichgewicht, das die Zentrifugalkraft beschämt. Muntere Zebras, in ihrer natürlichen Sträflingstracht, spielen Ringelreihe-Spiele, an denen sich das Kamel, das Schiff der Wüste, so geduldig beteiligt, wie das Walroß, das Kamel des Meeres, am Ballspiel der Seelöwen. Diese haben die Konsistenz von riesigen Nacktschnecken und sind so durchdringend feucht, daß die Mutter sagte: »Beate, nimm das Taschentuch vor den Mund, sonst erkältest du dich.« Inmitten der Zebras und Kamele befindet sich der Spielleiter hoch zu Roß. Dieses, weil dem Gebieter Mensch verbunden, tut stolz, hat nichts zu schaffen mit Zebra und Kamel; es sitzt gewissermaßen selbst auf hohem Roß, das Roß. Demut der Pferde hinwieder lehren sechzehn Trakehner, hastig gehorsam dem Wink eines einzigen Mannes, den sie doch in ein paar Sekunden totstampfen könnten. Das können sie aber nicht, weil sie nicht richtig organisiert sind. Und wie erst erginge es dem Herrn in schmuckem Kapitänsdress, wenn die sechs Elefanten sich einmal verabredeten, ihn wie zufällig ein bißchen anzurempeln! Aber Elefanten sind gute Bürger im Zirkus-Staat, haben eine dicke Haut und lieben die Obrigkeit. Manchmal kitzelt der Kapitän mit der Spitze seines kleinen Stabs, die ein zartes grünes Federbüschelchen ziert, ihre Rüssel. Wer genauer hinsieht, bemerkt im zarten Federbüschelchen einen scharfen Widerhaken. Auch Affen treten auf, die sehr possierlich sind, und dies ganz unvergleichlich mehr, wenn sie tun, was sie wollen, als wenn sie tun, was sie müssen. Oben, im wunderbar unverwirrten Gewirr der Draht- und Hanfseile, in der Takelage des Zirkus, schwingen an vier Trapezen vier Herren im Smoking, übers Kreuz in der Luft die Plätze tauschend, wobei das erste- und das zweitemal einer oder der andere ins Netz hinunterfällt wie eine reife Frucht vom Trapez-Ast, doch das drittemal klappt die Nummer, und der Chef der Truppe darf den Arm ausstrecken zu einem großartig stummen: Voilà!

Empfindlichen Ohren ist es, als hörten sie durch den

lustigen Lärm der aufspielenden Zirkuskapelle noch eine andere, weniger lustige Musik: das Seufzen und Ächzen der genötigten Kreatur. Und kurioserweise scheint es, als würde solche Musik am deutlichsten vernehmbar, wenn die lustigen Clowns auf der Szene sind. Drei haben eine Solonummer: der eine von ihnen macht den Sprecher, im unverbrüchlichen, durch die Zeiten bewahrten Idiom und Tonfall des Hanswursts, die beiden andern spielen, als Elefant maskiert, einen solchen. Es ist der Höhepunkt, wenn die Hinterbeine mit den Vorderbeinen ins Raufen kommen: anschauliches Beispiel einer »gespaltenen Persönlichkeit«, sinnfällige Darstellung eines zerrissenen, mit sich selbst in Hader geratenen Ichs. Dann sind noch fünf, sechs andere Clowns da, als Salz in die Pausen gestreut, um diese schmackhafter zu machen. Der Humor, den sie nicht haben, hat sie, befiehlt ihnen, umzufallen, einander in den Bauch zu treten, zu torkeln und zu lallen. Sonderbarer Beruf! Wie kommt man zu ihm? Sind das Anfänger oder Aufhörer? Sind sie mit Lust bei der Lustigkeit, oder macht nur die Not sie zu Narren? Proben sie ihren Stegreif? Haben sie vorgeschriebene Rollen, oder hauen sie nach Laune, in der Eingebung des Augenblicks, dem Partner eine herunter? Sagt der Chef nach Schluß der Vorstellung: »Mein Lieber, wenn Sie nicht öfter über Ihre Füße stolpern, werden Sie bei mir kein alter August werden!«?

Clowns erscheinen immer in Elendstracht. Durchlöcherte Schuhe, zerschlissene Kleider, Hüte, die nur noch aus Krempen bestehen. Die Powertee ist offenbar ein Ur-Element der Komik. Und selbst der Teufel hat sofort zumindest einen Minimalanspruch auf Gelächter, wenn er als armer Teufel erscheint.

DAS URICH

Wenn man die Zeitung flüchtig liest, bleiben doch Wörter und Satzteile im Gedächtnis haften wie Stacheln der Klette am Kleid, wenn man über die sommerliche Wiese geht. Nicht leicht, sie loszubringen.

Es geschah mir sonntags beim Spazierenschlendern durch eine große Zeitung, daß dieses Satzstück hängen blieb: ». . . so spürt das Urich sich seiner übermächtigen Leidenschaften beraubt . . .«

Wo die Worte gestanden hatten, in welchem Zusammenhang, was vor, was hinter ihnen gewesen war, könnte ich nicht sagen. Sie waren aus dem Druckbild der Zeitungsseite ins Auge gesprungen, von dort ins Gehirn geglitten und hatten sich in diesem festgehakt. Nachts mengten sie sich in meine Träume. Mir erschien ein überlebensgroßes Urich, greulich anzusehen. Es schlug mit dem Schweif einen furchtbaren Reif, stellte sich auf die Hinterbeine, schrie jammervoll, daß es sich seiner übermächtigen Leidenschaften beraubt spüre. Ich sah das Ungeheuer ganz deutlich; aber nachher dann, im wachen Zustand, konnte ich es gar nicht mehr rekonstruieren.

Und seither nagt die Frage:

Wie sieht ein Urich aus? Zu welcher Tiergattung gehört es? Kommt es in unseren Breitegraden vor? Wird es gejagt? Läßt es sich domestizieren? Findet es als Zug-, Reit- oder sonstwie als Nutztier Verwendung?

Der große Brehm verweigert über das Urich jede Auskunft. Im Zoologischen Garten ist es nirgends zu finden. Auch versierte Kreuzworträtsellöser erinnern sich nicht, ihm jemals begegnet zu sein.

Der Name Urich klingt paläontologisch. Grau und Grauen der Vorzeit umdämmern ihn. Wahrscheinlich also ist die Kanaille ausgestorben. Das Naturhistorische Museum, befragt, ob es vielleicht Knochen, Zähne oder auch nur versteinerte Fußabdrücke eines Urichs beherberge, konnte leider nicht dienen. Auch im Konversationslexikon, wo alles vorkommt, kommt das Urich nicht vor. Es hätte dort seine Box zwischen Uribante, Fluß in Südamerika, siehe Apure . . . und Uridrosis (griech.), Harnschwitzen. Nichts da, keine Spur von einem Urich.

Also blieb mir zur Befriedigung meines Verlangens, eine Vorstellung von diesem unauffindbaren Tier zu bekommen, nichts anderes übrig, als mir selber ein Bild vom Urich zu machen. Ich wußte aus jenem Zeitungssatz nichts, als daß es »übermächtige Leidenschaften« hat oder hatte. Jedenfalls handelt es sich also um einen Warmblüter, höchstwahrscheinlich um ein Säugetier. Ich stellte mir das Urich etwa in Elefantengröße vor, aber (wegen der übermächtigen Leidenschaften) viel schlanker und beweglicher, hochbeinig, ein Phänomen an Laufgeschwindigkeit und Sprungelastizität, mit pferdeähnlichem Kopf, gewaltigen Nüstern, deren Schnauben selbst die mutigsten Tiere des Waldes in die Flucht schlägt, mit langem, drahtigem Schweif, den es dazu benützt, sich selbst die Flanken zu peitschen, mit messerscharfem Gebiß, tückischen, nie ruhig blickenden Augen und stachligem Fell, das bei jeder Berührung Funken gibt. So streicht es wohl, des Schlafs kaum bedürftig, durch die heimatlichen Jagdgründe, immer spähend nach Beute für seine überhitzten Passionen. Wehe der Hirschkuh oder der Gazelle, die ihm in die Nähe kommt! Rücksichtslos tobt es an den zarten Geschöpfen sein Temperament aus, und selbst die Löwin ist vor den übermächtigen Leidenschaften des Urichs nicht sicher. Kaum minder arg treibt es das Urichweibchen. Die Paviane selbst, so protzig und liebesbereit sie auch immerzu tun, klettern schleunigst hoch, wenn sein heißer Atem den Wald durchweht. Das Urich frißt gewiß alles, was ihm zwischen die schrecklichen Zähne kommt, es baut, wegen der Möglichkeit jederzeitiger Abkühlung, sein Nest in der Nähe kalter Quellen und wird oder wurde vielleicht von den Eingeborenen als Gott verehrt. Beraubt man das Urich seiner übermächtigen Leidenschaften, dann führt es ein klägliches Dasein, läßt sich mit der Hand fangen und lernt bald auf Zuruf folgen, Pfötchen geben und über den schäbigsten Stock springen.

So beiläufig war die Vorstellung, die ich mir von einem Urich machte.

Obschon keine Gefahr bestand, ihm in zivilisierter Welt zu begegnen, war es nachher doch eine rechte Erleichterung, als sich herausstellte, daß das Urich überhaupt nicht in der Natur vorkommt, sondern au contraire nur in der Literatur, beziehungsweise in jenem Zeitungsaufsatz eines berühmten deutschen Autors, aus dem es mir nackt, nichts vorn, nichts hinten, ins Bewußtsein gesprungen war. Beim Nachlesen des Textes nämlich entpuppte sich das Urich als Ur-Ich. Als das reine, der menschlichen Kreatur eingepflanzte Ego. Auch ein relativ selten und dann fast immer nur gezähmt anzutreffendes Vieh, der ganzen Aufregung und Neugier nicht wert.

Aber das kommt davon, wenn man nur flüchtig die Zeitung liest.

ANNA

Anna ist die Hausgehilfin, das Mädchen, Mädchen für alles. Den Titel »Dienstmädchen« hat die Demokratie wegen seines verletzend subalternen Beigeschmacks abgeschafft. Hingegen sagt man noch, zumindest in Wien: Dienstmann; weil nämlich in Verbindung mit dem Begriff »Mann« der Begriff »Dienst« etwas Würdigeres bekommt, die Vorstellung eines Tuns niederer Art sich ihm nicht so leicht assoziiert.

Zur Anna sagt man Anna, indes Anna zur Frau, bei der sie in Stellung ist, nicht Adele sagt, auch nicht Frau Popper, sondern »gnädige Frau«, obgleich sie keineswegs auf Gnaden der Dienstgeberin angewiesen ist, sondern zu ihr in einem ordentlichen Vertragsverhältnis steht. Sogar wenn sie in der dritten Person spricht, sagt Anna »die Gnädige«. In diesem Punkt haben es die deutschen Hausgehilfinnen demütiger als ihre englischen, französischen, italienischen Kameradinnen, deren Dienstsprache mit einem einfach Missis, beziehungsweise Madame oder Signora, ohne unterwürfigen Zusatz, ihr Auslangen findet.

Anna erhebt sich des Morgens zu früher Stunde, das heißt sie steht früh auf – »erhebt sich« ist nichts für eine Anna – und beginnt ihre Arbeit, wobei sie Schritte und Bewegungen dämpft, um niemand im Schlaf zu stören. Dafür geht Anna aber auch viel früher zu Bett als die Herrschaft, die oft erst in den Morgenstunden nach Hause kommt und ihre Schritte und Reden nicht dämpft, obschon Anna im Schlaf gestört werden könnte. Poppers sind keine schlechten Leute; sie denken nur nicht immer an Anna.

Wenn Anna etwas vergißt, versäumt, ist die Hausfrau ungehalten. Es würde nichts nützen, ihr mit warmem Blick einzuwenden: Soll gerade Anna fehlerlos sein und niemals irren? Wenn Anna Gefäße fallen läßt, sagt die Hausfrau: »Können Sie nicht aufpassen?« Wenn ihr selbst Gläsernes entgleitet, sagt sie nichts, sondern läutet der Anna.

Anna ist Stubenmädchen, Köchin, Zofe, Wäscherin und hat keinen Geliebten. Dieses kommt der Hauswirtschaft zugute, denn Anna träumt sich nicht weg von ihren Tätigkeiten. Kein fremder Stern verwirrt durch Anziehungskraft die Kreise, die ihr Sinnen und Mühen um Tisch, Herd, Waschtrog und die Garderobe der Gnädigen zieht.

Anna, obschon fast dreißig Jahre alt, ist ein Kind, das sich auch mit Geringstem freut, zum Beispiel mit einer alten illustrierten Zeitung oder mit einem Leichenbegängnis in der Nachbarschaft oder mit einer Karte für das Kino. Sie lebt vollkommen unberührt von den Strömungen der Zeit, deren Rauschen Poppers so oft nervös macht, sie hat keine politische, keine literarische Meinung und nur ein kleines Quantum Weltanschauung, die sich in den Satz zusammenfassen ließe: Es ist, wie es ist. In Annas Gemüt und Urteil wiegen alle Ereignisse gleich schwer, ein Erdbeben regt sie nicht mehr auf als ein in der Wäsche verloren gegangener Strumpf, fast könnte man sagen: nicht weniger. Sehr sonderbar ist die stets wache, doch nie verlangende Neugier, mit der sie die Zu-, Vor-, Zwischen- und Unfälle des Lebens ringsum zur Kenntnis nimmt, mit unbeteiligter, aber aufrichtiger Teilnahme gewissermaßen. Ihr Interesse hat für alles Verwendung und braucht nichts, hat immer

Appetit und niemals Hunger. Redete man Sanskrit zu Anna: freundlich gespannt würde sie zuhören und ohne Zeichen des Nichtverstehens. Wenn man so sagen darf: ihr Geist ist Suppe für jeden Schnittlauch.

Der Kern ihres Wesens ist Zufriedenheit. Eine absolute Zufriedenheit, die gar kein Womit braucht, um zu sein, eine angeborene, gottgegebene Zufriedenheit, die alles, was in Fühlweite kommt, mit ihrer freundlichen Farbe färbt. Manchmal weint Anna ohne Grund, manchmal lacht sie aus eben demselben. Heiterkeit und Traurigkeit der Anna haben allgemeine Gründe, Gründe, die in der Menschen-Luft liegen, und von denen die Anna angerührt wird, weil sie ein naturverbundenes Geschöpf ist. Sie liebt farbige Postkarten, Blumen, Eisenbahnfahren und im Winter Erinnerungen an den verflossenen Sommer.

Anna ist der ideale Nebenmensch. Sie hat ein Innenleben, aber davon verrät sie nichts. Sie hat ein Schicksal, aber nur wenn sie allein ist. Ihre vollkommen gleichmütige Stellung zu den Tatsachen und Fiktionen des Daseins gibt ihr etwas ungemein Kühles, Klares, Luftreinigendes. Annas Klima ist das beste! Darum hält sich der Herr die Ohren zu, wenn Krach ist zwischen Anna und der Gnädigen, worauf dann diese mit berechtigter Bitterkeit sagt: »Aber deine Ordnung willst du haben?« . . . »Nein, ich will sie nicht haben«, würde der Herr erwidern, wenn er ein Held wäre.

Was das Aussehen anbetrifft, ist Anna ein neutrales Mädchen mit vielem Talent zur Hübschheit, die an ihrer Erscheinung nicht Erscheinung werden, um ihre Person sich nicht versammeln kann, weil Anna immerzu beschäftigt ist. Wenn Anna Zeit hätte, wäre sie bald anmutig. Wenn sie Zeit und Geld hätte, wäre sie nach kurzer Übung reizend.

Die Gnädige hat leicht schön sein, weil sie die Anna hat, das Mädchen für alles, das ihr jede Arbeit abnimmt, die häßlich macht, den Teint verdirbt, die Hände und die Haut.

Ach, was wäre die Anna für eine Anna, wenn sie wie die Gnädige eine Anna hätte!

BEGEGNUNG

Auf der Straße tritt mir ein Mann in den Weg: »Erlauben Sie, ich will zu Professor Fränkel.«

»Zu was für einem Fränkel?«

«Zu Professor Fränkel, wegen der Nieren.«

»Ja, bedaure, ich weiß nicht, wo der wohnt.«

Der Mann macht eine Gebärde, als wiese er eine ungebührliche Zumutung von sich: »Ich soll wissen? Ich bin aus Memel.«

Am Kinn hängt ihm ein dünner grauer Vollbart, der schief steht wie vom Wind auf die Seite getrieben. Er ist gut gekleidet, trägt eine wattierte Weste mit langen Ärmeln, auf dem Kopf ein Käppchen. Brille. Die Hände sind weiß, die Fingernägel schwarz. Die Hosen haben eine scharfe Bügelfalte und sind unten ausgefranst. Er sieht soigniert ungepflegt aus.

Wir gehen ins Kaffeehaus, um im Telephonbuch die Adresse von Professor Fränkel zu finden. Mein neuer Bekannter stellt sich vor. Er ist ein frommer litauischer Jude, der nach Berlin gekommen ist, ausdrücklich um, wie er sagt, kein Geschäft zu machen. Sondern wegen

Professor Fränkel. Er gibt mir eine Visitenkarte. Darauf steht sein Name und unter dem Namen ein längerer Satz in fremder Sprache. Der Mann aus Memel übersetzt ihn mir: »Ich vertilge Mäuse, Ratten, Wanzen.«

»Kann man damit gut verdienen in Litauen?«

Er öffnet den Mund, zeigt auf ein paar Goldzähne im Oberkiefer: »Das hab' ich alles damit bezahlt.«

Er ist im Besitz von Anerkennungsschreiben höch- und allerhöchster Herrschaften. Unter anderm von einem aus dem kaiserlichen Rußland, wo er gastiert und die Ratten in Riga vertilgt hat.

»Vertilgen Sie nach einer besonderen Methode?« – »Ich hab' meine eigene.« – »Wie ist sie?« – »Geschäftsgeheimnis.«

Dieser Mangel an Vertrauen kränkt mich. Darum sage ich ihm: »Entschuldigen Sie, Sie sind doch ein frommer Jude? Wie können Sie lebende Wesen töten? Das ist doch im Gesetz verboten?«

Der Mann aus Memel scheint nicht erschüttert. Er lächelt überlegen. »Ich habe in den Schriften genau nachgesehen, was ich darf und was ich nicht darf. Hören Sie zu! Es gibt Wesen, welche sein sollen und welche nicht sein sollen. Etwas Feldmäuse zum Beispiel sollen sein, weil sie die Ackererde locker machen. Aber zuviel Feldmäuse sollen nicht sein, weil sie die Saat auffressen. Also die zuviel sind, die darf ich töten.«

»Und wie ist das mit den Ratten?«

»Ratten? Was wollen Sie von den Ratten? Ratten sind große Mäuse!«

»Und wie steht es mit den Wanzen?«

Da denkt er eine Weile nach. Dann, indem er mit dem Finger behutsam eine Kurve in die Luft malt, als zeigte er der Logik den kleinen Umweg, den sie machen müsse, spricht er im Tonfall der Weisheit: »Wanzen darf man töten, weil dadurch brave Menschen zu Verdienst kommen.«

Gut gebrüllt, Mann aus Memel! Faßte er da nicht in einen knappen Satz den tieferen Sinn aller Kriegs-Ideologie?

«Wie viele Menschen leben bei Ihnen zu Hause vom Wanzen-Vertilgen?«

»Ich bin der einzige.«

»Da sind Sie also vielleicht einer der Gerechten, derenthalben die Welt besteht?«

Er macht ein Schulterheben und Händebreiten, das bescheidene Ergebung in den Willen des Herrn ausdrückt, neigt den Kopf auf die Tischplatte. »Keiner der sechsunddreißig Gerechten weiß, daß er einer der sechsunddreißig ist.«

Daß es deren genau sechsunddreißig gibt, ist mir neu. Ich bin überrascht, daß es so viele sind, hätte auf weniger getippt.

Aber der Mann aus Memel behauptet, so stehe es geschrieben. Er sieht kränklich aus, hat Schmerzen in den Nieren. Nierenschmerzen müssen sein, wegen des Professors Fränkel, wie der Professor Fränkel sein muß wegen der Nierenschmerzen.

Es ist alles sehr zweckmäßig verzahnt im Mechanismus der Welt.

EINE KITZLIGE FRAGE

»Mein Herr!

Sie erweisen mir die Ehre, in einem aus Ville d'Avray vom 2. März dieses Jahres datierten, vier Seiten langen, eigenhändig geschriebenen Brief – er kann aber auch, ich weiß das nicht mit Sicherheit zu unterscheiden, hektographiert sein –, Sie erweisen mir die Ehre, folgende Frage an mich zu richten:

›Quelle est votre maxime de vie ou votre devise?‹

Diese Frage, wie Ihr wertes Schreiben mitteilt, richten Sie an die zeitgenössischen Schriftsteller der ganzen Welt. Aus der langen Reihe der Autoren, die geantwortet haben, nennt Ihr Brief etwa hundert Namen. Eine wahrhaft imponierende Liste! Was gut und teuer ist im literarischen Bezirk der Zeit, steht da nebeneinander, in schlichter Aufzählung, Ruhm von Ruhm nur durch ein Komma getrennt. Eine mächtig klirrende Kette von Ganz- und Halbedelsteinen, Prachtstücke darunter aus dem geistigen Schmuck, mit dem die Welt von heute paradieren kann. Und dabei sind diese hundert Namen (die allein schon, so auf Ihrem Briefpapier versammelt, über dieses eine Widerschein des literarischen Sternenhimmels legen, der uns Jetzigen leuchtet) nur Stichproben aus der Fülle der schreibenden Prominenzen, die Ihrer Frage Antwort gegeben haben. Sie zählen solcher Antworten bis zum 2. März 1930 bereits 1900! Nur ein törichter Pessimist könnte bezweifeln, daß sie es auf 2000 bringen werden. Haben Ihnen doch – es sei denn, Ihre Rundfrage liefe bereits seit sechs Jahren um die Erde – sogar längst Entschwundene geantwortet, wie etwa Mr. Anatole France, auf dessen Grab die Erde

schon so hart geworden ist, daß das Blümchen Vergiß-
mein in ihr gedeiht.

Es kann nur von Nutzen sein, über eine bedeutende
Sache die Meinung möglichst vieler Köpfe zu hören,
zumal solcher, die berufen sind, eine Meinung zu haben. Und wo wäre ein Thema, das lebhafter als das Ihre
den Wunsch wecken könnte, die Stellung der hohen
Geister von heute zu ihm zu erfahren? Was gäbe es für
ein größeres gemeinschaftliches Maß aller Lebenden als
das Leben? Welche Rundfrage hätte einen würdigeren,
wichtigeren Gegenstand als dieses? Nicht einmal eine
Rundfrage über den Tonfilm! Selbst auf diese noch
könnte einer oder der andere Schriftsteller, der die
Lächerlichkeit nicht scheute, erwidern, die ganze Materie sei ihm gleichgültig. Aber nicht hinter Gleichgültigkeit kann sich verstecken, wer befragt wird, wie er über
das Leben denkt. Da käme Schweigen einem Ausknei-
fen gleich, einem Bekenntnis umfassender Ratlosigkeit,
und es spräche, es schriee aus solchem Schweigen die
fundamentale Untauglichkeit des Schriftstellers, einer
zu sein. Ein Mann der Literatur, der keine maxime de
vie hätte! Das wäre etwa so wie ein Hund, dem der Ge-
ruchssinn fehlte, oder ein Chauffeur ohne Führerschein.
Darum haben Ihnen auch bis zum 2. März dieses Jahres
von denen, die für die Menschheit Lektüre ersinnen,
schon 1900 – eine stattliche Zahl! – Bescheid gegeben.
Unter ihnen ein paar Tote.

Sehr fein ist Ihre Frage so gefaßt, daß die Antwort
präzise sein muß: ein Grundsatz; oder ein Wahlspruch.
Deshalb haben Ihnen auch bisher von den zeitgenössischen Schriftstellern, die mitsammen einen furchtbaren
Haufen ausmachen, nur 1900 – eine dürftige Zahl! – ge-

antwortet. Gewiß, über kein Thema läßt sich leichter etwas oder vieles sagen als über das Leben. Aber diese Aussage in einen einzigen Satz zu pressen, der doch nicht weniger enthalten müßte, als den Extrakt aus den zusammengetanen Extrakten der Weltanschauung, des sittlichen Bekenntnisses und der Lebenserfahrung des Schreibers, in einen Satz, der sich wahrlich gewaschen haben müßte, und zwar mit den Quintessenzen aus allem Glauben und Wissen der Person, die sich zu dem Satz als zu ihrem Grundsatz fürs Leben bekennt: – also das hat seine ernsten Schwierigkeiten. Wie ernste, habe ich jetzt selbst, seit Empfang Ihres Schreibens auf gieriger Suche nach einer Lebensmaxime, erfahren. Jeder Grundsatz erwies sich entweder als zu weit oder zu eng, zu bequem oder zu schwer, zu beschämend gering oder zu offensichtlich verlogen. Jede Richtschnur hing locker oder strangulierte.

Im allgemeinen dürfte auch der berühmte Schriftsteller, wenn er seine Beziehung zum Leben genau und redlich überprüft, finden, daß er zu ihm so steht wie zum schlechten Wetter: er wartet, bis es aufhört. Und verkürzt sich die Wartezeit mit lust- oder nutzbringender Beschäftigung. Aber die maxime de vie, die aus solcher Erkenntnis sich sublimieren ließe, wäre doch zu kläglich, als daß ich sie Ihnen anzubieten wagte. Wo nimmt man eine zulänglichere her? Jedes Lebewesen ist doch, wenn ich nicht irre, nur eine Emanation des Lebens, verhält sich zu ihm wie der Lichtstrahl zur Lichtquelle: wie lächerlich, wenn jener Grundsätze haben will, nach denen er mit dieser verfährt! Zur maxime de vie, die ein Mensch als für sich halbwegs gültig erachten könnte, taugte wohl nur eine aus der eigenen Daseinserfahrung gewonnene. Und selbst sie müßte den einschränkenden Zusatz tragen: bis auf weiteres. Weiß man denn, welche Erfahrungen nachkommen?

Es ist nicht verwunderlich, geehrter Herr, daß auch Autoren, die schon aus der Welt fort sind, an Ihrer Enquête sich beteiligt haben. Eigentlich wären ja zur Antwort auf Ihre Rundfrage nur Tote berechtigt und in der Lage.

Als meinen Wahlspruch bitte ich vorzumerken: ›Alle Menschen sind mangelhaft, ausgenommen die Damen.‹ So sagt Wilhelm Busch. Es gilt mir als maxime de vie, meinen Bedarf an ernster Lebensweisheit bei den großen Humoristen zu decken.«

SONNENKLAR

Du findest meine Nervosität bereits unerträglich. Und willst ihre Gründe wissen. Schön.

Es fing damit an, daß du Herrn . . . durchaus nicht kennenlernen wolltest. Das war schon ein Symptom dafür, wie sehr du dir des gefährlichen Reizes seiner Nähe bewußt warst und wie du in der Entfernung das einzige Mittel sahst, den Funken am Überspringen zu verhindern. Hernach, als das Zusammentreffen doch nicht zu vermeiden war, behandeltest du das fragliche Individuum äußerst kühl und zurückhaltend, was, naturgemäß, seinen Wunsch, diese Kühle in Wärme zu verwandeln, aufs lebhafteste steigern mußte. Zu mir bist du in seiner Gegenwart nicht um eine Spur weniger gut und freundlich, als du es sonst immer bist: wahrlich eine diabolische Methode, dem andern einzuheizen, ihn schmecken zu lassen, wie nett es sei, von dir geliebt zu werden! Und im Gespräch mit ihm trägst du eine Unbefangenheit zur Schau, die dem Mißtrauen, was hinter dieser Unbefangenheit stecken möge, weitesten Spielraum gibt. Erinnerst du dich deiner Erwiderung, als er sagte, jenes Theaterstück gefalle ihm? Du sagtest, daß dir das Theaterstück auch gefalle! Ein Aneinanderschmiegen der Meinungen, ein geistiges Zusammenrücken, das von einem körperlichen nicht mehr weit entfernt war. Und als er von seiner Freude an Boxkämpfen sprach, da erklärtest du deinen Abscheu vor diesen: eine Kreuzung der Ansichten also, die ihr penetrant Sinnliches in sich hatte. Du vermeidest seine Blicke, und wenn sie nicht zu vermeiden sind, begegnest du ihnen mit unbeteiligtem Auge, niemals wagst du das leiseste Zeichen verborgenen Einverständnisses, beim Hinausbegleiten aus dem Zimmer, wenn er – oh, er weiß schon, warum – hinter der übrigen Gesellschaft als letzter zurückbleibt, gehst du als erste voran, gibst ihm nicht das winzigste Stückchen Gelegenheit, dir ein heimliches Wort oder einen Spezialblick zuzulisten, kurz und schlecht: du bist immer und überall bestrebt, deine Stellung zu ihm durch dicke Schwaden von Gleichgültigkeit zu vernebeln, du tust so sehr alles dazu, Verdacht nicht aufkommen zu lassen, daß ein rechtes Lamm im Geiste sein müßte, wer ihn nicht faßte. Wenn er dich telephonisch anruft, kommst du ans Telephon und sprichst ganz konventionell mit ihm – aber was so ein konventionelles Gespräch bedeutet, das wissen wir, die um die Liebe und ihre Mimikry der Gleichgültigkeit wissen – oder du kommst nicht ans Telephon: und was soll der Mann da denken? Wie soll er deine Scheu, ein

Telephongespräch mit ihm zu führen, deine Angst vor etwas so Harmlosem (hinter dem nur hysterischer Argwohn Besonderes vermuten könnte) sich erklären? Daß du mit mir in Lokale gehst, wo wir ihm begegnen müssen, ist schon eindeutig genug. Aber manchmal treibst du die Schamlosigkeit so weit, mich allein gehen zu lassen und zu Hause zu bleiben! Natürlich, so schön ungestört daheim, da läßt es sich wohlig an ihn denken und von ihm träumen, am besten im Bettchen, in das du, allein zu Hause, dich höchst auffällig früh und gern begibst. Ist in Gesellschaft von jenem Herrn die Rede, dann beteiligst du dich an der Debatte mit einer Wurschtigkeit des Tons und Tonfalls, die Bände spricht, was sage ich, Bände: Bibliotheken!, und machst dazu ein Gesicht, als ob du kein Gesicht machtest. Oh, mein Herzchen, diese Art, keine Maske vorzunehmen, ist die feinste Maskerade, und wie muß dir jener Mensch nahegehen, daß du, wenn auch nur sein Name fällt, sogleich dich ihrer bedienst? Kürzlich fragte ich dich gerade heraus, überfallartig: Möchtest du mit Herrn . . . gerne schlafen? Ich war maßlos gespannt, ob du die Verlogenheit haben würdest: »nein«, den unverschämten Mut: »ja«, oder die sophistische Tücke: »was sind das für alberne Fragen?« zu antworten. Und was antwortest du? »Sekkier' mich nicht!« Eine Wendung, würdig eines mit allen Salben geschmierten Aals. (Entschuldige das Bild, aber ich bin sehr aufgeregt.) In letzter Zeit häufen sich die Anzeichen, daß du zu innerst aufgewühlt bist. Zum Beispiel tatest du etwas, was du nie zuvor getan hast: du gingst wählen! Du, bei deiner Faulheit und asozialen Weltanschauung durchs Fernglas! Ein zwingender Beweis dafür, daß du in einer abson-

derlichen Nervenanspannung lebst, die sich in irgend-
welcher Aktivität zu entladen sucht. Und wie wähltest
du? Zentrum! Ich müßte nicht Abonnent der »Psycho-
analytischen Bewegung« sein, wenn ich solche Wahl
nicht zu deuten verstünde. Was überhaupt dir zuzu-
trauen und wie elastisch in deinem Ich-Bezirk der
springende Punkt der Punkte ist, das merkte ich jetzt
wieder bei der Lektüre jenes Romans, von dem ich dir
erzählt habe. Dort wird ein Mann geschildert, der, lebte
er in Wirklichkeit, und gerietest du in Reichweite seiner erotischen Strahlung, deine Gefühle unweigerlich
in Brand setzen würde. Sehr schmerzhaft fühlte ich das
beim Lesen! Ich muß dir sagen, mein Schatz, wenn ich
dich während der Lektüre bei mir gehabt hätte, ich
hätte dir eine heruntergehauen.

Soll ich dir noch mehr Symptome für deine heftige
Zuneigung zu dem bewußten Individuum aufzählen?
Das stärkste Symbol wohl ist: die Ruhe, mit der du jetzt
meine Darlegungen anhörst. Wären sie falsch, würdest
du dich gegen sie auflehnen, obschon solche Auflehnung nur bewiese, daß dir das gute Gewissen fehlt, sie
gelassen hinzunehmen. Also, warum ich nervös bin,
kannst du jetzt verstehen. Dabei schweige ich davon,
daß es mir ganz so vorkommt, als diente dir die offen-
sichtliche Beziehung zu Herrn . . . nur dazu, mich von
der richtigen Fährte, die zu einem andern Mann deiner
Bekanntschaft führt, abzulenken. Ein wahres Glück bei
all dem, daß ich nicht eifersüchtig bin.

DER ZERSTREUTE PROFESSOR

Von dem Göttinger Professor der Mathematik H. werden viele Anekdoten erzählt, die sein sonderbares Irregehen im Labyrinth der Alltäglichkeiten zum Gegenstand haben. Er versinkt in Grübelei und Spekulation manchmal so tief, daß die Außenwelt ihm entschwindet. Er ist immer mehr in Gedanken als in der drängenden Wirklichkeit. Und da die Gedanken eng beieinanderwohnen, irrt er sich leicht in den Türen. Auch ist es oft, als ob sein Geist die Beziehungen zum Körper abbräche, diesen achtlos stehenlassend, wo er gerade steht, so wie der übliche zerstreute Professor den Regenschirm.

Ein Schüler des Gelehrten traf ihn auf einem Waldspaziergang. Der Professor stand regungslos, das Haupt gesenkt, inmitten einer vom Wege abseitigen Baumgruppe, in tiefstes Sinnen verloren. Der Schüler beobachtete ihn lange, ehe er wagte, den Lehrer anzusprechen, mit vieler Entschuldigung, daß er den Denkprozeß störe, den eben der Professor einem gewiß schwierigen Problem mache. »Schwierig wie jede Entscheidung, junger Freund. Aber das Problem wird Ihnen unwesentlich vorkommen. Ich überlege, an welchem dieser vielen Bäume ringsum ich mein kleines Geschäft verrichten soll.«

Eine lächerliche Geschichte. Aber insofern der Betrachtung wert, als in jenem Zögern des Professors seine Überzeugung sich kundgab, daß zwischen allem, durchaus allem Geschehen rätselhafte Zusammenhänge sind; daß keine, auch nicht die winzigste Tat gesetzt werden kann, die nicht ihre Folgen hätte und diese wiederum die ihren und so fort in unendlicher Reihe; daß keine Bewegung erlischt, ohne Ursache neuer Bewegung geworden zu sein, kurz also, daß in gar keinem denkbaren Fall, auch nicht im allergeringfügigsten, die Frage: »So oder so?« mit der Antwort: »Es ist gleichgültig, ob so oder so« zu erledigen ist.

Die schönste Geschichte, die von dem Professor erzählt wird, ist diese: Er war mit seiner Frau bei Freunden zum Abendessen eingeladen. Als das Ehepaar aus dem Hause trat, bemerkte die Frau, daß ihr Mann kein tadelloses Hemd anhatte. »Du mußt ein anderes Hemd nehmen«, sagte sie. Er ging, so zu tun, ins Haus zurück, kam aber nicht wieder. Frau H., nachsehend, wo er denn bleibe, fand ihn ausgekleidet im Bett liegend, friedevoll des Schlafs gewärtig. Er hatte nämlich, als er das Hemd ablegte, wie er das sonst natürlich vor dem Schlafengehen zu tun pflegte, sich in ebendiesen Tätigkeitsablauf hinein verirrt. Er war, von der Handlung des Hemdausziehens weg, in falscher Richtung weitergegangen. Er war am Kreuzweg, markiert durch das abgelegte Hemd, in die unrechte Spur geraten.

Ein krasser Fall von Zerfahrenheit. Aber nicht nur Professoren der Mathematik, auch gemeineren, allgemeineren Menschen widerfährt es, daß sie, Ziel und Absicht ganz verlierend, von einer Handlungsreihe in die andere hineingleiten, nur weil in jener eine Zwischenstelle zu passieren war, über die auch diese führte. Unser Erdenwandel ist ein verwickeltes System von zwangsläufigen Ablenkungen. Ohne es zu wissen, in Zerstreutheit des Gemüts und der Nerven, sagen wir B, nur weil wir A gesagt haben . . . und merken zum Ende erschüttert, daß ein ganz anderer Text gültig dasteht als der, den wir leben wollten.

GESCHENKE

Man redete von gegebenem und erhaltenem Weihnachtsgeschenk, und jemand sagte, es sei heute schwer,
etwas zu schenken, was Freude mache, denn in den
meisten Fällen ärgere sich der Empfänger doch nur über
das Geschenk, weil viel lieber als dieses ihm das Geld
gewesen wäre, das es gekostet hatte.

Ein anderer widersprach: »Es ist nicht das Geschenk,
das Freude macht, sondern das Erlebnis des Beschenkt-
werdens, das Mirakel des plötzlichen Besitzes, der nicht
verdient, erworben, erarbeitet, erschwindelt wurde.
Kinder fühlen das genau, kraft der Fähigkeit ihrer Phantasie, aus aller Realität das Wunder herauszufiltern. Deshalb, wenn sie auch ganz gut wissen, daß der Vater die
Puppe im Laden gekauft und nicht der Weihnachts-
mann sie vom Himmel heruntergebracht hat: Zauberei
bleibt der Vorgang doch für sie.«

Einer am Tisch, geselliger Eremit und Skeptiker,
sagte, daß in heutiger Zeit und Welt Geschenke, die nur
den Zweck hätten, einen einzelnen zu erfreuen, überhaupt unsittlich wären.

Darüber nun, wessen Gabe die tauglichste gewesen
sei, einer Vielheit von Menschen Freude zu bereiten,
kam es zwischen den Teilnehmern am Gespräch zu einer jener Dreierkonkurrenzen, wie sie in vielen Legen-
den und moralischen Erzählungen stattfinden (der Erste
sprach . . . der Zweite sprach . . . der Dritte aber
sprach . . .), und bei denen immer der Dritte, der mit
dem Aber, recht behält.

Der Erste also sprach: »Ich habe das Geld, das ich
sonst für Weihnachtsgeschenke an Familie und Freun-

301

de ausgegeben hätte, unter die Bettler der Straße verteilt.«

Der Eremit schüttelte das Haupt. »Almosen? Die schaffen nur dem Geber Erleichterung, indem sie ein wenig die Säure binden, die der Anblick von Not in der Seele des Gutmütigen erzeugt.«

Der Zweite sprach: »Ich habe meiner Frau als Weihnachtsgeschenk einen Freibrief ausgestellt, demzufolge sie ihr Temperament nach Wunsch und Laune ausleben darf.«

»Das ist schon immerhin etwas. Soweit ich die gnädige Frau kenne, wird Ihr Geschenk vielen Herren Freude machen. Aber eine Freude, die durch das Bewußtsein, andere würden ihrer auch teilhaftig, sehr herabgemindert, ja geradezu in ihr Gegenteil verkehrt wird.«

Der Dritte sprach: »Ich bin Schriftsteller. Ich habe ein Theaterstück geschrieben. Meine Frau sagt, daß es gut ist. Es wurde aufgeführt und hatte Mißerfolg bei den zünftigen Beurteilern.«

Der Eremit lächelte freundlich. »Erzählen Sie weiter, lieber Freund.«

»Es hatte Mißerfolg, der ihm schwarz auf grau bescheinigt wurde und also (das liegt in der Natur derartiger Sache) Lustempfindungen bei vielen weckte, ein das Blut auffrischendes Behagen, wie es so ganz und gar umsonst, ohne Mühe, Gefahr noch Einsatz vielleicht nur noch etwa der Frühling beschert. Er, der Mißerfolg, gab Trost denen, die in der Lotterie des gleichen Betriebs (also hier: der Stückeschreiberei) eine Niete gezogen hatten, und erhöhte das frohe Ichgefühl derer, denen ein Treffer zugefallen war, er besänftigte die Unruhe auch

der Nichtinteressenten, die, bis zur Stunde des Miß-
erfolgs, doch von einem leisen Grimmen geplagt waren,
ob sie in diesem Falle gut daran getan hätten, Nichtinteressenten zu sein, er wirkte entspannend und befrei-
end, er erlöste manche, die nur auf die Gelegenheit ge-
wartet hatten, von dem Verdrießlichen solchen Wartens,
er setzte andere instand, sich den Druck langverhaltener
Mißgunst von der Seele zu tun, er belebte, wiederum
dem Frühling vergleichbar, die moralische Landschaft,
indem er gefrorene Brünnlein der Rankûne tauen und
fließen machte. So ein Mißerfolg hat es in sich, meine
Damen und Herren, daß er von den Köchen, die ihn für
die Tafel der öffentlichen Meinung herstellen, nach vielerlei verschiedenem Rezept zubereitet werden kann,
wie ein Weihnachtskarpfen, den manche gern in Pfeffer-
sauce mögen, manche wiederum lieber gesüßt, mit Ro-
sinen und Nüssen (auf polnische Art). Ob nun aber an
ihm, an solchem Mißerfolg, die Gourmets mehr die Ta-
lentlosigkeit genießen, als deren Folge er sich deuten
läßt, oder mehr das Pech dessen, dem er widerfuhr, oder
sowohl als auch, beides . . . in jedem Fall ist er schmackhaft und hat Nährwert für das Gemüt, das ihn sich zu
Gemüte führt.«

»Ich gebe Ihnen den Preis«, entschied der Eremit,
»aber nur, weil Sie der Dritte sind, der gesprochen hat.
Verdient hätten auch Sie ihn nicht. Denn erstens einmal
wird die Lust, zu der Ihr Geschenk vielen verholfen haben mag, aufgehoben durch den Kummer, den es Ihren
Freunden bereitet hat . . .«

». . . Darüber kann ich Sie vollkommen beruhigen . . .«

». . . und zweitens ist ja Ihr Theaterstück, wie ich

höre, gar nicht schlecht?! Das aber, mein Lieber, schüttet, wenn ich so sagen darf, einen vollen Wermutsbecher in den Freudentropfen, den sein Mißerfolg gespendet hat.«

»Also nicht einmal diese Genugtuung bleibt mir«, sagte traurig der Schriftsteller und versank ins Abendblatt, das von Elend und Katastrophen strotzte.

DANK AN DEN VERLEGER

quasi ein Vorwort

Das ist nun der zehnte, mit dem Auswahlband sogar der elfte Band Polgar, den Du, unerschrockener Ernst Rowohlt, dem deutschen Buchhandel, beziehungsweise seiner Kundschaft zumutest, man kann in diesem Fall auch sagen: zutraust. Es ist Zeit, daß ich Dir öffentlich danke für dieses Festhalten an einem Autor, dessen Bücher so gar nicht geeignet sind, das zu erregen, was Sensation heißt, und der für Deinen Verlag (das weiß ich mit ziemlicher Sicherheit) weder ein aufregendes Mehr an Ruhm noch (das weiß ich mit voller Sicherheit) ein lukratives Geschäft bedeutet. Es ist ja bekannt, daß Du Autoren, von deren Wert Du überzeugt bist, Verlegertreue hältst, selbst wenn kein moralischer oder materieller Erfolg sie rechtfertigt, daß Du, tapferer Mann aus Bremen, in Deinem Kauffahrteischiff einen größeren Posten Idealismus verfrachtet hast, den Du, auch wenn widrigste Stürme des Geschäfts Dich umwettern, ja selbst in des Schiffbruchs Knirschen, niemals, fast hätte ich geschrieben: nimmer, über Bord wirfst. Aber zu jenen Schriftstellern, für die

Du, aus frommem Glauben an ihre Auserwähltheit oder zumindest Berufung, den großen Kummer kleiner Auflagen wie den sanfteren Schmerz unsanfter Zeitungskritiken gelassen auf Dich nimmst, zähle ich ja kaum. Was ich schreibe, entspricht keineswegs so sehr Deinem literarischen Ideal, daß Du, aus innerer Notwendigkeit gleichsam, mich verlegen müßtest. Woher also seit nunmehr fünf bitteren Jahren diese immerwährende Bereitschaft, Spesen, Mühe, Sorgfalt, Geduld, Alkohol, Zeit und niemals sauer werdenden Humor an einen Autor zu verschwenden, um den, ehe Du Dich seiner annahmst, wahrlich kein Streit war zwischen den Verlegern, und den, seit er unter Deinem Signet fährt, Dir keiner sonderlich neidet? Ich glaube, Du schätzest an meiner Schriftstellerei, daß sie der natürliche, von keinem Zusatz aus der literarischen Küche verfälschte, von keiner Absicht als der geistigen bestimmte Ausdruck des Menschen ist, der sie verübt, und überträgst – »Affektverschiebung« – die Zuneigung, die Du für jenen übrig hast, auf sein Produkt, das mit ihm eins ist wie die Muschel mit dem Perlmutter, oder, wenn Dir dieser Vergleich zu nobel ist, wie die Schnecke mit dem Haus. Vielleicht hast Du auch nach dem ersten Versuch mit mir herausgekriegt, daß meine Art, das Spiel des Lebens zu betrachten, den Spielern in die gezinkten Karten zu schauen und das Geschaute ins Wort kurzzufassen, für manchen Leser ihren Reiz hat (auch für manchen Schreibenden leider), und hast Dir dann, aus Menschenfreundschaft, das Vergnügen gemacht, den Leuten das Vergnügen zu machen. Vielleicht auch bist Du in Deinem Laboratorium draufgekommen, daß meine Schriften einen zwar ganz billigen, aber lebenswichtigen und trotzdem in der heimatlichen Literatur nur äußerst spärlich vorkommenden, in der Chemie deutschen Geisteslebens kaum verwendeten Stoff enthalten, nämlich NaCl, und es war diese gemeine Substanz, die Dir so ungemein Appetit auf Bücher von mir erregt hat. Wie es auch gewesen und gekommen sein mag, genug an dem – »übergenug« werden Hämische sagen –, es sind solcher Bücher bisher elf aus Deiner Zucht hervorgegangen, jedes mindestens 300 Seiten stark, das sind 3300 Seiten, jeder Band durchschnittlich in einer Auflage von zumindest 5000 Exemplaren, das sind 16 500 000 Seiten, sechzehnmillionenfünfmalhunderttausend Seiten, mitsammen ein riesenhaftes Stück raschelnder Materie, ein bedrückendes bedrucktes Ungeheuer von Papier, ein glatthäutiger schwarzgesprenkelter Drache aus Pflanzenfaser, den Du großgezogen hast, für den Du die Verantwortung trägst und den Du füttern mußt, damit er Dich nicht frißt. Hier stehe ich, Du kannst nicht mehr anders!

Wenden wir uns, lieber Rowohlt, von solch erschreckender Vision wieder meiner Dankschuldigkeit an Dich zu, die öffentlich zu bekennen dieser Schreibe Sinn ist. Denn nicht zu geringem Teil ist es *Dein Werk*, wenn das meine Geltung erlangt hat, und daß jene sechzehneinhalb Millionen Seiten auf und über die deutsch lesende Welt gekommen sind, ist gewiß mehr Dein als mein Verdienst . . . das Wort hoffentlich auch als Masculinum verstanden. Mit wie viel sorgsam prüfendem und wählendem Interesse hast Du die elf Bände eingekleidet und geputzt, damit sie zumindest auf dem Regal eine Zierde jeder Bibliothek seien, wie warst Du hinterher und vorneher mit Anpreisung und Werbe-Ruf, was für verführerische Waschzettel hast Du komponiert, wie hast Du die Bände ausgerüstet für die stumme Kampagne im Schaufenster, was für lockende Bauchbinden ihnen umgetan, vor denen kein Auge unlüstern danach bleiben konnte, ins Innere des Exemplars zu dringen! Mit Witz und Erfindungskraft, mit allen Listen und Eifern verlegerischer Strategie hast Du meine Sache gefördert, die Trommel so für mich gerührt, daß ich stets von neuem es wurde. Elf Bände zeugen nun für Dein liebreiches Bemühen; und, wie ein Beurteiler kürzlich anmerkte, für meinen »Bienenfleiß«. Was haben dem Mann die Bienen getan, daß er sie um ihren sprichwörtlichen Kredit bringen will?

Mögen Dir, Vater Rowohlt, wenn Du Abschied nehmen mußt von hier, meine Werke zu den »guten Werken« zugerechnet werden, welche Einlaß sichern in das selige Gefilde der Verleger, wo die Auflagen unendlich sind, der Absatz ewig und die Pleite nie.

ABSCHIED VOM FREUNDE

Viele mit mir beklagen den Hingang des guten Freundes Konstantin zum Standesamt. Vor ein paar Monaten erst geschah es, und schon ist Konstantin so fern, so abgeschieden von allem, dem er früher zugehörig war, so entrückt dem Bezirk der guten Kameradschaft, daß nur noch Erinnerung seiner habhaft werden kann. Das freundschaftliche Gefühl, ausgestreckt nach ihm, erreicht ihn nicht mehr. Er ist da, um die Straßenecke herum da, und doch ganz und gar fort. Er spricht mit uns, Angesicht zu Angesicht, und es ist, als käme Gegenrede zur Rede, Antwort zur Frage von weither, auf gewaltigem Umweg, wie wenn einer seinem Nachbar um die Erde herum telephonierte. Konstantin erzählt von sich und verlangt vom Freunde zu wissen, aber die Erzählung hat das Gleichgültige einer Formalität, und das Verlangen schmeckt altbacken, saftlos, ein liegengebliebener Rest früherer Beziehung, schon ein wenig sauer und verschimmelt.

Konstantin, niemand kann das leugnen, hat es gut getroffen mit seiner Frau. Sie hegt ihn, umfriedet ihn, ist ihm Leib- und Seelengarde, die nichts durchläßt, was den Gleichtakt ihres Mitsammenseins stören könnte. Sie lieben einander, sind solidarisch gegen die übrigen, gegen das übrige, und stets, auch in Gesellschaft, allein. Eine Spezialluft weht zwischen ihnen, in der Licht und Schall besondere Brechung erfahren, eine Privatluft, die sich mit gemeiner, allgemeiner Atmosphäre nicht mischt. Ihr Gespräch mit Dritten ist chiffriertes Gespräch zwischen ihnen selbst, ihre Stille eine Geheimstille, die sie einander beziehungsvoll zuschweigen. Oft, in Gegenwart anderer, tauschen sie ein rasches, tropisch warmes Blickchen, wirft er ihr ihren Namen zu, bloß den Namen, ohne daß weiterer Text folgte. Es ist ein zärtlich verdröselter Name, der viel mehr Süßigkeit in sich hat als der richtige, wie die Rosine deren mehr hat als die Traube, und sie erwidert mit einem »Schluxi!«, das etymologisch schon gar nichts mehr mit »Konstantin« zu tun hat, sondern ihr einst gradewegs vom Himmel auf die Lippe fiel. Blickchen und »Schluxi«: das ist Betonung und Bekräftigung der einmal vollzogenen Addition des Ich und Du zu einem Wir, welches als ge-

308

schlossene, selbständige, nach heimlichem Gesetz krei-
sende Welt sich demonstrativ abgrenzt gegen alles sonstige Sein ringsumher.

Konstantin, ich muß es zugeben, gedeiht unter der
neuen Konstellation. Die Ehe schlägt ihm gut an. Sein
Wesen war rauh, jetzt ist es geschliffen, glatt und ruhig.
Viel Verwirrung brachte die Liebe in das Zeitmaß seiner
Tage, nun dient sie als Metronom, das den Rhythmus
eindeutig bestimmt und sichert. Er wollte und
wünschte heftig durcheinander, nun stört nichts mehr
die Ordnung des Wollens und Wünschens im Haushalt
seines Innern. Die Stürme der Begierden und Leidenschaften drehen ab vor Konstantins jetziger Zufriedenheit, auf sanfter Welle schaukelt behaglich das Schiffchen seiner Existenz. Meeresstille und glückliches
Auf-dem-Fleck-Bleiben. Er war ein Trinker und trinkt
nicht mehr. Ein Raucher und raucht nicht mehr. Ein
Unregelmäßiger und Willkürlicher: regelmäßig und
unwillkürlich ist, wie und was er heute tut. Er war zerrissen, jetzt ist er genäht, sieht aus wie ganz. Er verlangte
stets nach mehr, als er hatte, jetzt verlangt er das, was er
hat. Er fraß das Leben mit wildem Appetit, der unaus-
weichlich folgenden Beschwerden solchen Heißhun-
gers nicht achtend, jetzt speist er es in vorsorglich ein-
geteilten Portionen, hygienisch zubereitet, und nur, was
ihm bekommt, bekommt er. Er sah die Frau vor lauter
Frauen nicht, jetzt ist es umgekehrt und Konstantin
überzeugt, diese unnatürliche Optik sei die natürliche.

Er war einer, jetzt ist er ein halbes Paar.

Er war ein Kerl, jetzt ist er ein Schluxi.

Ach, sie haben einen guten Mann verheiratet! Und
mir war er mehr.

DIMINUENDO

Irgendwann, irgendwo auf Erden war großes Unrecht geschehen. Das empörte Gabriel, dem an einer Besserung der allgemeinen Dinge gelegen war, und er hielt es für seine Weltbürgerpflicht, gegen das Unrecht zu protestieren. Alle Gutgesinnten billigten den Entschluß, auch die Frau nickte ja, aber man merkte, daß ihr Zweifel durch den Kopf gingen, mit dem sie nickte. »Woran denkst du?« . . . »Ich denke daran, daß unser Bub eine neue Hose braucht, die alte ist nicht mehr zu flicken.« Gabriel lachte sein breites, herzliches Lachen. Als die Frau verwundert fragte, was es denn da zu lachen gäbe, streichelte er ihr nur, ohne zu antworten, freundlich übers Haar. Andere aber sagten gerade heraus, daß es Gabriel und ihnen jetzt nicht um zerrissene Hosen ging. Sondern um die *Menschheit*.

Gabriels Protest hatte Schärfe und Schwung. Wie ein Pfeil stieg er hoch in die Luft und fiel aus ihr wieder herab, eine Unendlichkeit weit vom Ziel. Nun, das war zu erwarten, und Gabriel nicht entmutigt. Noch weniger die Freunde. Sie zogen die Lehre aus dem Vorfall, daß man sich beschränken müsse, sich begnügen damit, ins Nähere zu wirken, die Wirkung ins Ferne folge dann schon. Zuviel des Unrechts ist auf der Welt, als daß es sich ausrotten ließe; aber vermindern läßt es sich, wenn jeder in seinem Revier Jagd macht auf die tausendgestaltige Bestie. Was für Prachtexemplare von Unrecht könnte Gabriel schon in der eigenen Heimat finden! Die Frau hatte Bedenken, ob solche Nähe des Ziels nicht den Jäger selbst gefährde. »Das heißt, die Sache aus kleinem Gesichtswinkel klein sehen«, erwiderte man ihr, »es geht aber um Größeres. Es geht um das *Vaterland*.«

Das Vaterland beziehungsweise die Gewalten, von denen es beherrscht wurde, nahmen Gabriel die Wahrheit übel, die er ihnen sagte, und drohten mit Verfolgung. Er ließ sich dadurch nicht beirren, schlecht zu heißen, was ihm schlecht dünkte. Als die Frau Zweifeln Ausdruck gab, ob es klug wäre, mit dem Kopf gegen die Wand zu rennen, fragte Gabriel erstaunt: »Womit denn sonst?!« Und die Männer waren sich darin einig, daß es gar keinen besseren Sturmbock gegen Mauern gäbe, als eben solch einen Kopf wie den Gabriels. »Du bist tapfer und gerecht, aber was kann das helfen? Die Lüge ist an der Macht, an der Übermacht, und mit dem Aussprechen der Wahrheit wirst du nichts erzielen als höchstens deine eigene Genugtuung darüber, sie ausgesprochen zu haben.« . . . »Das wäre schon immerhin etwas, liebe Frau. Und überdies: ich handle, wie ich muß.« . . . »Ganz abgesehen von dem großen Beispiel, das er gibt«, fügten die anderen hinzu, »und von der moralischen Stärkung, die sein Tun für Gleichgesinnte bedeutet.« . . . »Ja, aber . . .« . . . »Gar kein Aber. Es geht um die *Idee*.«

Die Machthaber im Lande zitierten Gabriel vor ihr Gericht. Als er Frau und Kameraden die Rede vorlas, die er dort zu seiner Verteidigung halten wollte, sagte die Frau: »Werden sie an ihm, wenn er so mit seinen Richtern ins Gericht geht, nicht noch ärgere Rache üben, als zu üben das Gesetz, wie sie es auslegen, ihnen ermöglicht?« Dieses Risiko bestünde allerdings, aber im Kampf, den Gabriel führe, müsse er es eben auf sich nehmen. »Kampf?! Die Partie ist doch so entsetzlich ungleich, daß man von Kampf gar nicht mehr sprechen kann. Ist das noch Kampf, mit bloßer Hand ins Rad der Maschine zu greifen? Die Maschine läuft weiter, die Hand wird zermalmt . . .« »Eine Heldin bist du nicht, liebe Frau.« Sie gab erbittert zu, es wäre ihr vollkommen egal, ob man sie dafür hielte oder nicht, und schwer nur ließ sie sich davon überzeugen, daß wohl sie so denken könne, aber nicht Gabriel. Denn worum ging es? Um den Repräsentanten der *Partei*.

Als man schon wußte, daß ein Schuldspruch gewiß sei, trat die Sorge in den Vordergrund: Was soll mit der Ortsgruppe XII (deren Seele Gabriel war) geschehen, wenn er fort ist? Jetzt ging es schon nur noch um die *Ortsgruppe XII*.

Das Urteil schickte Gabriel für lange Zeit ins Gefängnis. Trotz vielen Möglichkeiten und Gelegenheiten, die sich boten, unternahm er nichts zur Rettung seiner Person. Es war aber denen, die Gabriel liebten, nur geringe Erleichterung ihrer Sorge um ihn, daß sie den moralischen Wert seiner Haltung rühmen hörten, und was alles der Gang eines solchen Mannes ins Gefängnis manifestiere und symbolisiere. »Kopf hoch, liebe Frau«, trösteten viele, »es geht um . . .« »Es geht um einen Menschen!« unterbrach sie heftig solche Troste (und worum sonst noch es ginge, wollte sie gar nicht wissen), »es geht um einen Menschen, der ein wertvolles Gehirn hat und ein nobles Herz und einen schwachen Magen. Es geht um *Gabriel*.«

Aber der Regen der Tränen regnet jeglichen Tag und allerorten. Es wird soviel gelitten ringsum, innerhalb und außerhalb der Mauern, daß das Leid des einzelnen von den anderen recht mitempfunden nur wird, solange es noch frisch ist und also schmackhaft für den Güte-Appetit des Nebenmenschen . . . Den meisten, die sich zu Gabriel bekannten, ging es bald wieder um anderes als um ihn.

Körperlich am ärgsten litt er im Kerker an Schlaf-losigkeit, weil ihm sein gewohntes, unentbehrliches Schlafmittel fehlte. Die Freunde, um zu helfen, setzten, wie man zu sagen pflegt, Himmel und Erde in Bewe-gung (aber der Himmel ist weit und die Erde zäh), und wahrlich, es ging um Wichtiges, das großen Opfers wert war, wenn es auch nicht um die Menschheit, das Vater-land, die Idee, die Partei oder die Ortsgruppe ging, son-dern nur um *Phanodorm-Pillen*.

Nämlich, mit den Problemen, die entstehen, wenn der Mensch eine Tat in die Welt wirft, verhält es sich umgekehrt wie mit den Wellenkreisen, hervorgerufen durch den ins Wasser geworfenen Stein: die Probleme fangen weit an und werden enger, immer enger und enger. Bis sie schließlich zur Tolstoi-Frage zusammen-schrumpfen: wieviel Erde braucht der Mensch?

DER DEBÜTANT

Der junge Mann war sehr aufgeregt. Morgen sollte, das heißt: mußte er es also versuchen. Er hatte rechte Angstgefühle, wie eben ein Debütant vor dem ersten öffentlichen Auftreten sie hat, und war seines Textes, obschon dieser nur aus wenigen Worten bestand, kaum sicher.

Der Mißerfolg blieb auch nicht aus.

Den alten erfahrenen Freund wunderte das keineswegs. »Gewiß«, sagte er, »du bist noch ungeschickt und ohne Routine. Aber dein Kardinalfehler liegt nicht im Technischen (das läßt sich erlernen), sondern tiefer, im Seelischen. Du mußt dich vorerst einmal innerlich entschieden umstellen. Das ist das Wichtigste. Noch immer, mein Sohn, glaubst du nicht recht an die Wirklichkeit und Gültigkeit deiner Lage, nimmst sie als vorübergehende Prüfung, als Episode, nicht als Schicksal, willst vor dir selber die Täuschung aufrecht halten, du spieltest eine Rolle, maskiertest dich also nur als das, was du doch bist. Aber so, mit der linken Hand gewissermaßen, mit halber Hingegebenheit und einer Menge innerer Vorbehalte kann man nicht betteln. Du mußt dich bis in den letzten Seelenwinkel durchtränken mit dem Bewußtsein des Niedrigen und Erbärmlichen deiner Sache: nur aus ihm kommt die gute Eingebung, das zweckgemäße Wort, die wirksame Gebärde. Der Situation, in der du dich befindest, wirst du nur gerecht, wenn du alle kindischen Versuche aufgibst, über ihr zu stehen.«

»Sollte ich nicht lieber etwas feilbieten, Zündhölzer, Schnürsenkel?«

»Nein, das ist schlecht. Wenn du andeutest, daß du noch irgend etwas hast oder tust, daß du etwas geben willst, um nehmen zu können, bleibst du im Kreis bürgerlicher Konvention und wirst als Nebenmensch behandelt. Was aber das bedeutet, weißt du. Du erregst, in so kläglicher kommerzieller Verkleidung, höchstens Mitleid, nicht Furcht. Hingegen als Geradezu-Bettler, wenn du in den bedrohlichen Farben des Nichts daherkommst, wirkst du nicht nur beklagenswert, sondern auch erschreckend; und solche Fledermaus der Wirt-

314

schaftsnacht zu verscheuchen, opfern die Menschen viel leichter einen Groschen. Der kleine, geheime Zusatz von Furcht, mein Freund, ist es, der das Mitgefühl produktiv macht und den Pfennig in der Tasche des Nächsten lockert. Also bettle nicht gar zu sanft und demütig. Es muß die Menschen aus deinem Blick und deiner Stimme nicht nur etwas Jammervolles, sondern auch etwas Unheimliches anfallen, etwas, zu dem man nicht gern mit dem Rücken steht. Deine Ohnmacht soll der, den du anbettelst, auch wie dunkle Kriegslist spüren, deine Klage wie Anklage, deine Geducktheit ein wenig wie Ansatz zum Sprung.

Noch ein paar Fingerzeige:

Übergehe Leute, die zufrieden scheinen, und mach' dich an jene heran, denen selbst die Sorge ins Gesicht geätzt ist. Von ihnen bekommst du eher etwas.«

»Weil sie mehr Verständnis für meine Not haben?«

»Nein, aber weil sie in dir das gespenstische Bild der Endphase sehen, zu der ihr eigenes Schicksal hintreibt. Sie empfinden ihre Gabe als eine Art Versicherungsprämie gegen dieses. Ein wunderlicher Trugschluß ... aber immerhin. Sie schenken etwas ihrem fernen Spiegelbild, wenn sie dir etwas schenken.

Hab' ein Auge auf Menschen, die aus dem Wirtshaus kommen. Ihr voller Magen wird zum Fürsprecher für deinen leeren. Herr mit Dame ist günstig: er geniert sich vor ihr, dir nichts zu geben. Ehepaare laß natürlich aus. Bettle lapidar. Aber deutlich, nicht vermurmelt. Denn das klingt schuldbewußt und erleichtert es dem Angesprochenen moralisch, dich zu übersehen. Den scheuen Blick, wie gesagt, mußt du dir abgewöhnen. Ich weiß, du hast Hemmungen, weil du jung bist. Früher hättest du ja auch riskiert, daß man dir sagte: ›Schämen Sie sich nicht? So ein junger, gesunder Mensch, und bettelt!‹ Heute bliebe solche pädagogische Wendung den Leuten im Schlunde stecken. Also leg dir ein großes, offenes, hartes Auge zurecht. Du sollst den Menschen, von dem du etwas herauskriegen willst, mit deinem Blick nicht anflehen, sondern anschießen, deine Pupille sei wie gespannter, auf ihn zielender Bogen. Aber den Kopf kannst du dabei trotz allem ein wenig senken. Schau von unten hinauf, aus dem Abgrund gleichsam, in den du gefallen bist. Kopf tiefer, junger Mann, es wird schon gehen! Labor vincit omnia. Zu deutsch: Arbeit überwindet alles.«

Indem er diese Sentenz aussprach, mußte der erfahrene Greis, von ihrer schamlosen Unzeitgemäßheit angerührt, lachen. Und der Debütant, obschon ihm gar nicht lustig zumute war, konnte nicht umhin, in das Gelächter einzustimmen.

DREHORGEL

Straßensänger gibt es jetzt viele, bemüht, durch den Zauber der Musik zu rühren der Menschen steinern Herz. Sie singen, einzeln oder im Verein, von Liebe, vollen Bechern, fröhlicher Wanderschaft und dergleichen Unaktualitäten mehr, haben auch Rührendes in ihrem Repertoire, aber rührender als die rührenden sind die muntern Lieder des Straßensängers, der das Leben hoch leben läßt, weil er anders nicht zu leben hat.

Trübseliger noch als fidele Straßensänger sind Drehorgeln, die es auch noch gibt oder schon wieder gibt.

Eine Drehorgel, heutzutage, unter demselben Himmel, zu dem der Tonfilm schreit! Eine Drehorgel im Zeitalter des Radio, wo jeder Bürger, und nicht nur sonntags, seinen Tauber im Topf hat!

Diese hier, auf die grau geregnete Vorstadtstraße hingestellt, macht einen ganz besonders kläglichen Eindruck. Wie hervorgekratzt aus langjährigem Grabe, und gezwungen, noch ein Restchen nachzuleben. Von Zeit zu Zeit, sie ist es eben nicht mehr gewöhnt, geht ihr die Luft aus, sie verschluckt ein paar Töne ganz, oder holt sie, nach der asthmatischen Pause, in übertriebenster Eile nach. Lärm der Autos und der Straßenbahnen deckt ihr Gewimmer zu. Ihr dürft sie Anachronismus nennen.

Trotzdem oder eben deshalb bleiben Vorübergehende stehen und gucken, ein bißchen schief, auf das Musikgespenst. Aus den Geschäftsläden ringsum, in die selten jemand hineinkommt, kommen die dort beschäftigten Nichtbeschäftigten heraus, dankbar für die Unterbrechung der Tagesmonotonie, und machen bekümmert-heitre Miene zum lächerlichen Spiel.

Der Mann, der die Kurbel dreht, ist so mager wie der Klang seines Instruments, mit dem er wahrscheinlich in langer Verbundenheit gealtert ist. Gleich ihm dem Leierkasten eng verbunden, aber durch effektives Kettchen, vollzieht ein Affe Luftsprünge. Ob aus Übermut oder aus getarnter Schwermut oder in Erfüllung einer unter Strafsanktion ihm auferlegten Pflicht, possierlich zu sein, oder weil ihn friert: wer blickt in die Tierseele? Möglich auch, daß der Affe, der noch dünner ist als sein Herr (man könnte ihn wie eine Boa um den Hals legen), daß er hüpft, weil er Hunger hat. Bewegung als Nahrungsersatz.

Das Geschäft scheint nicht gut zu gehen. Während der Minuten, in denen ich zusah, waren die Einnahmen gleich null. Ein Schelm, heißt es, der mehr gibt, als er hat. Was haben die Menschen heutzutage? Zeit. Davon gaben sie etwas dem Drehorgelmann. In einem Stockwerk des Hauses, vor dem er werkelte, öffnete sich ein Fenster, eine Frau sah heraus, der Mann zog bitt-grüßend die Kappe, die Frau verschwand vom Fenster und kam mit einem Kinde wieder, dem sie den Affen zeigte. Das Kind klatschte in die Hände. Also, wenn auch kein materieller, so doch zumindest ein kleiner moralischer Erfolg.

Was aber, Zeitgenosse, glaubst Du, spielte die Drehorgel? Was quäkte sie mit ihrer verwesten Greisenstimme? Die Melodie, zu welcher der Text lautet: »Ich bin ja heut so glücklich, so glücklich, so glücklich«, und dann weiter: »Ich möcht' vor Glück zerspringen, zerspringen, zerspringen.« Dieser Jubelsang jammerte aus dem Leierkasten.

Darüber fing es, begreiflicherweise, heftiger zu regnen an. Die Frau oben schloß das Fenster, die Passanten gingen weiter, die Geschäftsleute in ihre Läden zurück, der Affe steckte den Kopf zwischen die Hände, und der Geist der Zeit, welcher natürlich wie überall auch bei diesem geringen Vorfall zugegen war, stand da wie vom Schlager gerührt.

ERSTE LIEBE

Meine allererste Liebe – abgesehen von den durch die Seelen-Wissenschaft unweigerlich festgelegten erotischen Bindungen der Säuglingszeit – hieß Siegmund

und war ein älterer Schulkamerad, der bis sieben Uhr im Prater bleiben durfte, während ich schon um sechs Uhr zu Hause sein mußte. Diese eine Stunde Freizeit, die er voraus hatte, ließ ihn mir stark, kühn, groß erscheinen, ich war glücklich, daß er mich seines Umgangs würdigte, und stolz, ihm das Leder mit den Schulbüchern tragen zu dürfen. Siegmund nahm Verehrung und Dienstbarkeit als selbstverständlichen Tribut und quälte mich mit Geheimnissen, die er nicht hatte. Die Wendung »das verstehst du noch nicht«, süffisant hingelegt, kehrte immer wieder. Er konnte kunstpfeifen und auf den Händen gehen. Waren Mädchen mit im kindlichen Spiel, so behandelte er sie mit einem Hochmut, der ihnen Tränen in die Augen trieb. Mutter oder Kinderfräulein trösteten die Heulenden und nannten Siegmund einen Lausbuben, dessen Eltern zu bedauern seien. Dann sagte er »Das will ich hoffen!«, und alle braven Kinder schämten sich, erstens seinethalben, zweitens, weil sie so gewöhnliche brave Kinder waren. Und die beleidigten Mädchen sahen ihn mit noch nassen Blicken strahlend an.

Meine erste Liebe aber, an der jene allererste zerschellte, war Amélie, ein elfjähriger ekelhafter Fratz, der auf der Feuerwerkwiese im Prater, die es nicht mehr gibt, unter Obhut einer älteren Schwester eine Art Hoflager hielt, von den Kindern, die mit ihr spielten, als Primadonna des Kreises anerkannt. Ich, damals dreizehnjährig, liebte das unausstehliche, aber langbeinige Wesen mit einer Liebe, die alle Merkmale der großen Leidenschaft an sich trug: Eifersucht und Sehnsucht, Verklärungstendenz, schlaflose Nächte und Verschacherung der Schulbücher beim Antiquar, um der Geliebten Bonbons zu kaufen. Auch Siegmund brachte Begehrenswertes auf den Spielplatz mit, Datteln, schachtelweise (sein Vater war Südfrüchtehändler). Er verschenkte sie freigebig. Einmal, als Amélie fragte: »Hast du Datteln mit?«, sagte er scharf: »Nein.« Gleich darauf zog er welche aus der Tasche und fraß sie bis auf die letzte allein. Amélie errötete, und ich litt mit ihr an der absichtlichen Kränkung. »Warum warst du so gemein zu ihr?« Er lächelte undurchdringlich: »Das verstehst du noch nicht.« Ich verstand es nicht, aber ich verstand, daß meinethalben Amélie noch nie errötet war. Und deshalb verwandelte sich meine Zuneigung zu Siegmund in Haß.

Eines Nachmittags gingen wir statt in die Schule gleich auf die Feuerwerkwiese. Die Lehrbücher mitzuschleppen, war lästig. Wohin mit ihnen? Wo sind Gegenstände am sichersten aufgehoben? Bei der Polizei. Ich hinterlegte also die Bücher unter der Angabe, sie auf der Wiese gefunden zu haben, in der nahen Wachstube. Siegmund sollte sie später dort als Verlustträger reklamieren und abholen. Gegen sechs Uhr, der Stunde meines Nachhausemüssens, weigerte er sich, die Bücher zu holen. Er hätte ja noch Zeit. Es kam zu einer Prügelei zwischen uns, und Amélie, indem sie, obschon der Raufhandel durchaus unentschieden geendet hatte, Siegmund einen bewundernden Blick zuwarf, sagte, sie würde Anstalten treffen, daß so etwas nicht mehr in ihrer Gesellschaft vorkäme. Mein Freund-Feind erwiderte, auf Anstalten dürfe man nicht schießen, also könnten sie auch nicht getroffen werden. Dieser köstliche Witz erregte das Entzücken Amélies und meinen sinnlosen Neid über solche Schlagfertigkeit und ihre Wirkung auf Frauen. Ich schrieb der Geliebten einen von Vorwürfen und Drohungen strotzenden Brief, den Amélies Schwester meinen Eltern übersandte. Infolgedessen durfte ich nicht mehr auf die Feuerwerkwiese.

Selbst Siegmund empfand Mitleid mit der Herzensnot, die ich litt, und erklärte, »die Kleine« interessiere ihn gar nicht mehr, sie sei ihm noch zu kindisch. Überdies heiße Amélie eigentlich: Mali.

Dennoch wollte ich sterben.

Zum Glück wurde ich wegen schlechter Körperhaltung zu einer Gymnastiklehrerin geschickt, die noch viel längere Beine hatte als Amélie, nach Fichtennadel-Extrakt roch und mir die Arme so nach hinten bog, daß die Ellbogen zusammenstießen. An dieser hilflosen und ein wenig schmerzhaften Position, das süße Gesicht der Lehrerin über mir, empfand ich ein unbeschreibliches Vergnügen, in dem der Kummer um Mali sich sanft löste. Und Siegmund hielt sich ja Gottseidank so kerzengerade, daß keine Gefahr bestand, er könne in die Gymnastikschule geschickt werden.

Es waren glückliche Zeiten!

ALLES IN ORDNUNG

Auf rumänischer Bahnstrecke geschah nach offizieller Meldung folgendes: Der Schaffner eines Schnellzugs entdeckte, als er während der Fahrt die Billetts prüfte, einen Schwarzfahrer, einen Arbeitslosen, der keinen Cent in der Tasche hatte, also auch keine Karte bis zur nächsten Station lösen konnte. Mit diesem Mann nun machte der Schaffner, wie die Meldung sagt, »kurzen

Prozeß«: er warf ihn aus dem Zug. Der Hinausgeworfene blieb mit gebrochenen Gliedern liegen, und der zunächst daherkommende Train fuhr ihm Arme und Beine ab. Basta. Die Meldung fügt diesem Tatbestand nichts hinzu. Wir erfahren, was dem Schwarzfahrer, nicht, was dem Schaffner geschah. Handelte er nach seinem Dienstreglement? Möglich. Da der unbefugte Passagier nicht zahlen konnte, durfte er nicht mitreisen, den Zug aber anzuhalten, das wäre eine fahrplanwidrige Eigenmächtigkeit des Schaffners gewesen, die er, pflichtgetreu, sich nicht leisten durfte. So warf er also den Mann hinaus. Dessen Pech, daß nach einem erbarmungslosen physikalischen Gesetz in jedem, einen bewegten Gegenstand plötzlich verlassenden Stück Materie die Bewegung, an der es teilhatte, sich in Kraft umsetzt, und daß ein menschlicher Körper es nicht verträgt, mit der Kraft, die der Schnelligkeit eines fahrenden Eilzugs entspricht, auf den harten Erdboden geschleudert zu werden. Bleiben wir bei dieser teuflisch nüchternen Betrachtung des Falles, denn jede andere müßte zur völligen Verzweiflung an einer Welt führen, in der derlei geschieht, trocken berichtet, mit anderen Zeitungsnotizen im gleichen, keine Sekunde Halt machenden Augenflug gelesen und im nächsten Moment schon wieder vergessen wird. Wenn man will, hat die Sache einen Symbolwert. Setzt man nämlich statt des Schnellzugs den rasenden Zug des Lebens, statt des Schaffners das Gesetz »umsonst ist nichts« (der Arbeitslose kann auch im Symbol der Arbeitslose bleiben), so ergibt der Vorfall ein sehr signifikantes Bild vom Schicksal des armen Mannes, der ohne Geld mit will. Er fliegt hinaus, bricht die Glieder, wird überfahren und verwandelt sich hernach in eine Zeitungsnotiz, über welche irgendein sentimentaler Betrachter dann wieder etwas in der Zeitung schreibt.

TISCHNACHBARIN

Die Tischnachbarin als Problem kommt nur in feineren Häusern vor. Dort, wo gespeist, diniert, soupiert wird. Bei gewöhnlichen Leuten, dort wo man schlechtweg ißt, gibt es zwar auch die Erscheinung der Tischnachbarin, aber sie tritt in so anspruchsloser Form auf, daß sie der Forschung kaum Anlaß gibt, sich mit ihr zu beschäftigen.

In nobleren Häusern, wie gesagt, ist die Tischnachbarin ein Problem.

Vorerst für die Hausfrau. Eine Tischnachbarin muß richtig placiert werden, und das ist nun keineswegs so einfach, wie der schlichte Gast es sich vorstellt. Neben ihrem Mann darf sie nicht sitzen, das leuchtet ohne weiteres ein; wozu sonst denn ginge das Paar in Gesellschaft, als um zu vergessen, daß es ein Paar ist? Die Dame darf auch nicht neben ihren Freund gesetzt werden, weil solche Anordnung leicht als absichtlich erschiene, gleichsam: Ihr sollt wissen, daß wir wissen. Der Platz neben dem Herrn, der gern Freund der Dame würde, kommt auch nicht in Frage, denn das sähe aus wie taktlose Protektion, Vorschubleistung. Weiters ist – zumindest in Häusern, die auf vollendeten Geschmack auch in geringen Lebensfragen Wert legen – dafür zu sorgen, daß die Tischnachbarin einen Nachbarn bekommt, der zu ihrer Haarfarbe und politischen Gesinnung, zu ihrem geistigen Anspruch und ihrem Jahres-Budget paßt.

Viel schwieriger noch als für die Hausfrau stellt sich das Problem der Tischnachbarin für den Gast dar, dem sie widerfährt. Schon daß er, naturgemäß, zwei Nachbarinnen bei Tisch hat, eine rechts und eine links, also zu doppelseitigem liebenswürdigem Getue, zu ausdrucksvollem Grimassieren mit beiden Gesichtshälften genötigt ist, schafft ihm Pein. Was aber die eigentliche, ihm zugewiesene Tischnachbarin anlangt, so wird sie in jedem Fall ein Quell des Unbehagens für den Kavalier an ihrer Seite. Ist sie reizvoll, lenkt sie vom Essen ab. Ist sie es nicht, drückt sie auf den Appetit. Hat sie Geist, bringt sie den Nachbar in die peinliche und lächerliche Situation, auch zu tun, als hätte er welchen. Redet sie, muß er interessiert zuhören, schweigt sie, muß er reden, sonst entstehen schwere Pausen der Verlegenheit.

Besonders gefährlich ist jene Tischnachbarin, der man nie zuvor begegnet ist. Wie beginnt der Gentleman da die Unterhaltung? Der gesellschaftlich erfahrene Mann hat ja stets ein paar zuverlässige Wendungen vorrätig, um den ersten Kontakt mit der Tischnachbarin herzustellen, wie etwa: »Ist Ihnen die Gesellschaft auch so unerträglich wie mir?« oder: »Um wievieles lieber säße ich jetzt bei einem Glas Bier im Wirtshaus!« oder: »Nicht eine einzige hübsche Frau ist da!« oder: »Immer dieselben zuwideren Gesichter!« oder: »Wenn der Abend nur schon überstanden wäre!« . . . Aber viele Tischnachbarinnen ziehen doch eine vom Fleck weg sinnliche Unterhaltung vor und lenken deshalb das Gespräch sofort aufs Kino. Einfacher ist die Sache, wenn die Dame die Initiative ergreift und das erste Wort spricht: da sind doch gleich Tonart und Tempo der Konversation eindeutig bestimmt. So hatte ich einmal eine Tischnachbarin, deren erste Worte, nachdem ich ihr vorgestellt war, lauteten: »Komisch! Ich habe fest geglaubt, Sie sind schon tot.« Da war doch gleich ein gemütlicher Ton angeschlagen und das Gespräch gut in Schwung gebracht.

Die ideale Tischnachbarin ist jene, die dir deutlich zu verstehen gibt, daß sie dich von der Pflicht, sie zu unterhalten, enthebt. Aber für eine Frau von soviel Gutartigkeit, Geschmack und Feingefühl, für ein so unbelastendes, verständiges Geschöpf fühlst du augenblicks eine derart heftige Sympathie, daß es dich drängt, ihr diese zu beweisen. Und so ist wieder nichts mit der Ruhe.

Deshalb sagt auch schon Sophokles: »Me genesthai ariston!« Zu deutsch: gar nicht eingeladen werden ist das beste.

ABSCHIED

I.

Sie steht am offenen Coupéfenster, er unten auf dem Bahnsteig, knapp neben dem Geleise, den Gepäckträgern im Weg, deren »Achtung!« ihn immer wieder auszuweichen zwingt. Zuweilen dreht sie den Kopf nach hinten, guckt, ob Hutschachteln, Koffer, Tasche noch da sind. Alles Notwendige, das gesprochen werden mußte, ist schon gesprochen worden. Ja, sie hat nichts vergessen. Ja, sie hat ihr Billett, ihren Paß, ihren Gepäckschein, sie wird sofort nach Ankunft telegraphieren, sie wird gesund bleiben und an ihn denken, so wie er an sie denken und gesund bleiben wird. Aber es sind noch fünf

Minuten bis zur Abfahrt, und von solchen fünf Minuten dauert jede zumindest zwei.

Als wäre die Zeit selber unter die Zeitlupe genommen, so langsam kriecht sie hin. Der Mann auf dem Bahnsteig und die Frau im Coupéfenster blicken einander liebevoll an, aber ihr heimliches Ich, und, wenn's der Partner nicht merkt, auch das Auge schielt nach der großen Bahnhofsuhr. Beide suchen nach irgend etwas, an das, ja nicht zu vergessen, der andere vielleicht noch erinnert werden könnte. Nichts mehr fällt ihnen ein. Und wie einen flauen Geschmack im Munde spüren sie die Verlegenheit dieser letzten Abschiedsminuten, die schwerer mit Worten zu füllen sind als sonst Stunden und Tage des Beisammenseins.

Diese letzten Minuten, bevor der Zug sich in Bewegung setzt, haben ein Gift in sich, das auch die lebendigsten Interessen- und Gefühlsbeziehungen zwischen zwei Menschen (zwischen dem, der wegreist und dem anderen, der dableibt) in einer Art von Krampf erstarren läßt. Es treten Lähmungserscheinungen des Gehirns und der Zunge ein. Alle Quellen des Gesprächs scheinen wie festgefroren. Und in dem vielfältigen Geflecht von Drähten, die, Gedanken und Empfindungen hin und wider tragend, zwischen den zwei Lebewesen gespannt sind, ist der Strom ausgeschaltet.

In solchen endlosen Abschiedsminuten benimmt sich auch der Unbefangene gezwungen, hat selbst die Wahrheit etwas Unechtes, nämlich einen Beigeschmack von leerer Formalität. Er meint es, wie er es sagt: »laß es dir gut gehen, schreib' oft, gib acht auf dich!«, aber er sagt es nicht nur, weil er es so meint, er sagt es auch, um etwas zu sagen, um über das Peinliche der letzten Minuten ihr und sich hinüberzuhelfen. Es ist Herzensbedürfnis, zu fünfzig Prozent gemischt mit Zeremonie.

Endlich setzt sich der Zug doch in Bewegung . . . und im selben Augenblick ist die fatale Starre gelockert, treten tausend Dinge, an die noch hätte erinnert werden müssen, ins Gedächtnis, drängen tausend Worte, die noch zu sagen gewesen wären, auf die Lippen. Und das Gefühl der Erleichterung, daß der Abschied überstanden ist, wird sofort zugedeckt von dem Gefühl der Bangigkeit, die jeder Abschied von einem geliebten Menschen mit sich bringt. Warum sind diese letzten Minuten auf dem Bahnsteig so quälend und gequält? Weil wir uns ihres besonderen Anspruchs auf Gefühl und Gefühlsdauer bewußt werden . . . und beide glaubhaft doch nur aus dem Unbewußten zu produzieren vermögen.

II.

Regen ist eine Naturerscheinung, die, je nachdem, Behagen oder Mißmut erzeugt, diesen bis zu Selbstmordgedanken, jenes sogar bis zur Freude am Vorhandensein des Nebenmenschen steigern kann. Das hängt ganz vom Regen ab.

Es gibt nämlich vielerlei Regen. Guten, freundlichen Regen, der die Luft melodisch bewegt wie Insektensummen; schüchternen Regen, tonlos wie Bettlerlitanei, den man nicht beachten muß, wenn man nicht will; ordinären, groben Regen, der die Ohren mit Klatsch füllt von der Gemeinheit der Welt; grünen Regen, der gut riecht und das Herz befruchtet, grauen, der es mit melancholischem Flor zudeckt, ganz farblosen, lang und fade und wässerig wie ein kritischer Essay. »Alles ist ei-

tel«-Regen, »Schlaf, Kindchen, schlaf«-Regen, den über-
sinnlichen Regen, der jeglichen Tag regnet, ganz zu
schweigen von dem Regen, der, durch löcherige Schuh-
sohlen apperzipiert, die Natur als Feind der besitzlosen
Klasse erscheinen läßt. Es gibt unglaublich viele Arten
von Regen; kein Mensch lernt sie aus.

Dann ist auch ein großer Unterschied zwischen dem
Regen, der so herunterfällt, daß man deutlich fühlt: hier
wird ein bestimmtes Quantum Naß ausgeleert, und je-
nem, der etwas Grenzenloses hat (Grenzenloses im
Charakter), der herabströmt, als käme er aus einem
Loch in der Ewigkeit. Besonders dieser Regen wirkt ge-
sellschaftsbildend, fördert Liebe und Haß, das Bedürfnis
nach näherem Zusammenrücken wie das nach Alkohol.
Er verwandelt das Haus, das dir Obdach gibt, zum
Schiff, umrauscht von einem unendlichen vertikalen
Meer.

Sein ganz besonders Trauriges hat der Herbstregen.
Der Wind heult, die Bäume ringen ihre Äste, der Himmel weint, weil der Sommer Abschied nimmt. Und daß
es kalte Tränen sind, die da fließen, macht die Stimmung völlig trostlos. Das ist der rechte, »Laß fahren alle
Hoffnung!«-Regen.

TODDY UND DIE SCHWÄMME

Toddy, der Hund, gehörte zur Gattung der Rattler und
hatte auch noch andere schlechte Eigenschaften. Er war
gefräßig, trieb sich herum auf den Straßen, und der Herr
konnte ihn nicht leiden. Die Beziehung der Frau zu
Toddy war unbestimmt. Bestimmt war nur, daß sie's

nicht leiden konnte, daß der Herr den Hund nicht leiden konnte. Hierdurch versteifte sich die Abneigung des Herrn gegen Toddy zur Feindschaft.

Für den Abend jenes schicksalhaften Tages, an dem das politische Wetter sich fürchterlich über der Stadt entlud, so fürchterlich, daß sie in Schrecken erstarrte, und nichts, was sonst ihre Menschen bewegte, zur Geltung kommen konnte gegen das, was sie jetzt lähmte, für den Abend jenes Tages hatten der Herr und die Frau Gäste eingeladen. Sieben wurden erwartet, drei Damen, vier Herren. Es gab, vielmehr es hätte geben sollen, als Glanzstück der Mahlzeit: Schwämme auf Siebenbürgerart, ein schwer herzustellendes Gericht, dessen Rezept, vom Ahn vermacht, im Hause als Geheimnis gehütet wurde. Am Abend saßen der Herr und die Frau allein an dem für neun Personen gedeckten Tisch, alle sieben Gäste waren ohne Absage weggeblieben, aber die Absagen brachte schon das Maschinengewehr-Taktak draußen und der Lichtschalter drinnen, der, angedreht, die Glühbirnen kalt und dunkel ließ. Das Ehepaar aß, bei unheimlicher Kerzenbeleuchtung, Eier; die Schüssel mit den Schwämmen stand im Eisschrank, der aber, da der elektrische Strom nicht strömte, jetzt nur ein gewöhnlicher Schrank war, ohne Eis. Selbst Toddy ging an diesem Abend nicht auf die Straße, schon deshalb nicht, weil das Haustor fest verschlossen blieb, er kratzte sich am heimischen Herd und steigerte durch Kläffen die sehr berechtigte Nervosität des Herrn und der Frau.

Es wurde Morgen und wieder Abend, und während dreimal vierundzwanzig Stunden geschah Grausiges in der Stadt, die in ihrem inneren Bezirk das kalte, in ihren äußeren Bezirken das heiße Fieber schüttelte.

Viele Uhren standen still, weil man vergessen hatte, sie aufzuziehen, und manches Herz, weil es vergessen hatte, seinen Schlag vorsichtig zu dämpfen. Und es wurde abermals Morgen und Abend, geschehen war geschehen, hin hin, die elastischen Menschen kamen drüber hinweg, wie sie schließlich, außer über ihren eigenen Tod, über alles hinwegkommen, gehorsam flammten wiederum die Glühbirnen, das Haustor stand bis neun Uhr abends offen, Toddy trottete durch die Straßen, der Frigidaire buk kristallisch vollkommene Würfelchen aus Eis, und in seiner kühlen Hut harrten die Schwämme nach Siebenbürgerart des Augenblicks, wo sie doch noch zu Tische kämen.

Die Uhren gingen wieder, und auch das Leben, welches in Städten bekanntlich pulst, fand zurück in den Takt, aus dem es gekommen war. Deshalb erneuerten der Herr und die Frau ihre Einladung an die sieben Gäste: aufgeschoben war nicht aufgehoben. Fraglich erschien nur, ob das Schwämme-Gericht nach einer Woche, wenn es diese auch im Kühlkasten zugebracht hatte, noch auf die Tafel oder ohne diesen Umweg gleich ins Klosett kommen sollte. Der Herr hatte Zweifel. Deshalb gab er vorerst einmal Toddy eine Portion der köstlichen Speise zu fressen. Was riskierte der Herr schon dabei? Toddy schlang sich voll, und zeigte noch Stunden später keine Spur von Vergiftung. Satt und unternehmungslustig begab er sich auf die Straße. »Die Schwämme sind tadellos«, sagte der Herr.

Man hatte gespeist. Man saß beim Kaffee und plauderte über Theater, Politik, das Zubereitungsgeheimnis der Schwämme nach Siebenbürgerart, über das Kino im allgemeinen sowie über das Leben im besonderen. Ins

Zimmer aber kam Resi, die Köchin, auffallend blaß, und meldete, ein Mann warte draußen, der den Herrn zu sprechen wünsche.

Der Mann war ein Mann aus dem Volk. »Auf der Hundemarke steht Ihre Adresse«, sagte er im Ton des Beileids und wies auf Toddys Leichnam.

»Tot?!«

»Hin ist er, freilich.«

Nun geschah in raschem und dramatischem Ablauf folgendes: SOS-Ruf an den Arzt; nach Erscheinen des Doktors schonende Verständigung der Gäste, daß sie Gift im Leibe hätten; Panik; deren Bändigung durch den Arzt und den Hausherrn: Toddy hatte vor vier Stunden die Schwämme gefressen, die Gäste erst vor einer halben Stunde, also war noch Zeit zur Rettung. Im Badezimmer wurde allen Teilnehmern am Schmaus der Magen ausgepumpt, als letzter der Resi; soziale Abstufungen müssen sein.

»Ein Glück, ein wahres Glück, daß der Mann den toten Hund noch rechtzeitig gefunden und gleich hergebracht hat«, sagte der Doktor. »Und wohin darf ich die Rechnungen schicken?«

»An mich bitte«, antwortete groß der Hausherr, »die Herrschaften sind selbstverständlich meine Gäste.«

Man saß noch ein Weilchen verlegen und benommen beisammen, sprach aber nicht mehr über das Zubereitungsgeheimnis der Schwämme nach Siebenbürgerart, sondern nur über das Leben, beziehungsweise das Kino.

Bis wiederum die Resi erschien und meldete, der Mann warte noch immer draußen.

Der Hausherr, indem er etwas Münze aus der Tasche

nahm, begab sich zu dem des Dankes würdigen ehrlichen Finder.

»Ich wollte nur noch sagen«, sprach dieser, »daß ich
wirklich nichts dafür kann! Er ist mir direkt in den Wagen hineingelaufen. Seit zwanzig Jahren bin ich Taxi-
chauffeur, aber das ist der erste Hund, den ich überfahren habe.«

Der Herr steckte die Münzen wieder in die Tasche.
Sein Antlitz war von Schmerz verzerrt.

»Wie man so ein häßliches Vieh nur so liebhaben
kann«, dachte, nicht ohne Rührung, der Chauffeur.

Nachts ließ die Frau ihrem Kummer über des Rattlers
Hingang freien Lauf. Der Herr tröstete sie: »Sieh, die
Welt ist aus den Fugen, leider! Und unser armer Toddy
eben ein Opfer mehr der aufgeregten politischen Tage,
in denen wir leben.«

»Was hatte Toddy mit Politik zu tun? Ein Hund!«

»Immerhin war er Zeitgenosse. Und das rächt sich,
meine Liebe!«

EIN TAG

Zu bestimmtem Zweck aufgefordert, über den Ablauf
eines Tages, und zwar des 27. April 1936, genau Bericht
zu geben, achtete ich sorgfältig auf die Eindrücke, die
dieser Tag meinem Bewußtstein vermittelte. Es war ein
leerer Tag, ohne erhebliches Auf und Ab, er brachte
nichts, nahm nichts und verlor sich in die Zeit vor und
nach ihm wie ein Tropfen ins Meer.

Am 27. April 1936 ging zur festgesetzten Stunde die
Sonne auf, pünktlich wie sie erschien meine alte Wirt-

schafterin, putzte, bürstete, war mit Geräusch tätig und verlangte einen Vorschuß von zehn Schilling von dem Lohn, den sie erst vier Tage später zu bekommen hatte. Ich mußte ihr den Vorschuß verweigern, und wir waren beide traurig darüber. Ich fragte, während sie die Türklinke zum Glänzen brachte: »Der wievielte ist denn heute?« Darauf antwortete sie mürrisch: »Meinetwegen der letzte.« Ob sie das in Beziehung auf den verweigerten Vorschuß und die schon vor dem letzten Monatstag eingetretene Erschöpfung ihrer Mittel gemeint hat oder in einem weiteren, pathetischeren Sinn, weiß ich nicht. Ich sah dann in der Mittags-Zeitung nach und dort stand: 28. April. Dieses übernahm ich als ziemliche Gewißheit, denn von allem, was in der Zeitung steht, ist doch das Datum die glaubwürdigste Nachricht. Auch sie erwies sich als falsch: die Mittags-Zeitung, zu spät fiel mir das ein, vordatiert ihre Nummern. Und das war nicht die einzige Enttäuschung, die der Tag brachte. Mit der Post kamen von Briefen, die hätten kommen sollen, keine, und von solchen, die hätten kommen können, noch wenigere. Nicht das geringste Wunder ereignete sich an diesem 27. April, das Schicksal, meines zumindest, verschlief ihn, und ich unternahm nichts, es zu wecken, denn Erfahrung hat mich gelehrt, seiner Wachheit zu mißtrauen und seinen Schlummer ängstlich zu respektieren. Auf den Straßen der großen Stadt herrschte an diesem Tag, wie an allen andern auch, Leben und Treiben, insbesondere Treiben. Die Leute hasteten durcheinander und aneinander vorbei zu verschiedenen Zielen, teils solchen, die ihnen gesetzt waren, teils solchen, die sie selbst sich gesetzt hatten. Sie taten etwas, um zu leben, und lebten, um etwas zu tun. Mit Millionen Fäden verwoben sich Zwecke und Mittel zum Netz, in dem die Menschen zappelten, nicht, um aus dem Netz herauszukommen, sondern um in ihm bleiben zu dürfen.

Der Dienstmann an der Ecke hatte nichts zu besorgen; wer die Geduld hiezu aufbrachte, konnte ihm altern und abmagern zusehen. Ich erwähne den Dienstmann, weil ich ihn kannte, als er noch fett war und nach dem Mittagessen ein Stündchen im Volks-Kaffeehaus Karten spielte und seine rot-weiße Kappe wie ein Fliegenpilz weithin leuchtete. Jetzt ist sie die Karikatur einer Dienstmannkappe, der Dienstmann das Gespenst eines Dienstmanns. Und ich glaube, er steht nur noch deshalb an seiner Ecke, damit die Vorübergehenden von ihm das Elend der Zeit ablesen können wie die Temperatur von dem Thermometer an der Apotheken-Tür. Am 27. April 1936 zeigte der Dienstmann nur noch auf wenige Grade über Null. Und also festigte sich in mir der Entschluß, den Tag zu nützlicher Arbeit zu verwenden. Ich verwendete ihn dann doch größtenteils dazu, im Zimmer auf und ab zu gehen, überlegend, ob ich ihn nicht zu etwas Vernünftigerem verwenden solle. Darüber wurde es Nachmittag, und an diesem kam ein Brief der geliebten Frau, der mit den Worten schloß: »Ich denke an Dich in Sehnsucht, mein Herz ist voll von Dir etc.« Das »Etcetera« ist nicht etwa von mir, um das Zitat abzukürzen, hingesetzt, sondern es stand so in dem Brief. »Etcetera«!! Hat man schon erlebt, daß ein liebendes Herz die Bekundung seiner Liebesempfindungen mit einem »etc.« abschließt . . .? An Arbeit in den nächsten Stunden, die mein Geist im Dunkel der Frauenseele zubrachte, war nicht mehr zu denken.

Abends hatte ich ein flaues Gefühl, daß gerade der

Tag, über den ich doch nicht nur, wie über jeden, mir Rechenschaft, sondern auch andern Bericht zu geben hatte, so leer verlaufen solle. Wohin aber flieht der Mensch, wenn er sich selbst entfliehen will? Im kleinen Vorstadt-Kino wurde ein amerikanischer Film in deutscher Nachtönung gezeigt. Von englisch bewegten Lippen kamen Sätze, wie »O'ma, nu' mach' mal rasch ins Bette«, »Mensch, quaßl doch nich'!«, »Quatsch mit Soße«. Es war, als hätte ein boshafter Puck den Amerikanern eine grausige Berliner Schnauze angehext. Hernach aber kam ein gezeichneter Scherzfilm, in dem Oswald, der Hase, ein Feuer zu löschen hat. Welch' ein himmliches Feuer! Es hatte ein Flackergesicht, Flackerhände und -füße. Es züngelte mit einer richtigen Zunge das Haus entlang, es sprang über, es fraß gierig, was an Gegenständen ihm ins zuckende Maul kam, wehrte sich unter der ihm übergeworfenen Decke verzweifelt gegen das Ersticken. Der Schlauch, mit dem Oswald, der Hase, löschen wollte, entlief, bewegte sich selbsttätig wie eine Schlange vorwärts, soff Wasser und spie es gegen das Feuer, das sich zischend duckte, wie der Teufel vor dem Kreuzzeichen. Es war schön und erhebend und füllte die Seele mit wunderlicher Zuversicht. Ein Kinobesuch aber, selbst wenn der Film Linderndes ins Gemüt träufelt, kann nicht als Aktivum der sittlichen Tagesbilanz gebucht werden. Deshalb ging ich zu einem Freund, der ein Radio besitzt. Wir ließen in rascher Folge und vielem Durch- und Übereinander die Sendestationen Europas singen und sagen, was sie zu singen und sagen hatten, und bald erfüllte Schwermut, von Musik, Nachrichten und Hörspielen gespeist, das Herz bis zum Rande.

Nachts standen die Sterne in der gleichen Ordnung wie immer am Himmel. Ich kann nicht verhehlen, daß dieser kosmische Konservativismus sein Beruhigendes hatte und über das Unbehagen, am 27. April nichts Rechtes getan zu haben, hinweghalf. Vor dem Einschlafen las ich in einem französischen Buch und stieß dort auf den zwielichtigen Satz: »C'est un grand avantage de n'avoir rien fait, mais il ne faut pas en abuser.« Treffendes Motto für den zu Ende gehenden Tag! Einige Minuten vor Mitternacht erlosch, Kurzschluß, geisterhaft die Lampe. Es wurde tiefe Finsternis im Zimmer, und in ihr konnte ich, da nun schon einmal auf diesen Tag meine besondere Aufmerksamkeit gelenkt war, genau beobachten, wie Punkt vierundzwanzig Uhr der 27. April dem 28. April den Stab überreichte, damit der ewige Stafettenlauf ohne Ziel keine Unterbrechung erleide.

MANCHER LERNT ES NIE

In der tschechischen Strafanstalt Bory saß ein Mann wegen eines sexualpathologischen Verbrechens 22 Jahre. Nach diesen 22 Jahren wurde er entlassen, beging sofort wieder ein ähnlich geartetes Verbrechen und wanderte, jetzt zu lebenslänglichem Kerker verurteilt, nach kurzer Freiheit wieder ins Zuchthaus, wo er neuerdings 22 Jahre verbrachte. So wurde der Mann 74 Jahre alt und da, obschon nach menschlichem Ermessen doch seine lebenslange Haft nicht mehr gar zu lange dauern konnte, verlor er die Geduld. Er hängt sich auf. 44 Jahre Gefängnistraining vermochten nicht, ihn an die Existenz hinter Gittern zu gewöhnen. Von seinem 30. bis zu seinem 74. Jahr lernte er Zuchthaus und lernte es doch nicht, und in der Hoffnungslosigkeit, es jemals zu erlernen bei der geringen Zeit, die ihm zum Studium noch blieb, griff er zum strangulierenden Hosenträger. Trauriger und wunderlicher Protest gegen das Schicksal, dieser Selbstmord des greisen Zuchthausjubilars! Zu lebenslänglichem Kerker verurteilt, büßte der Mann seine Strafe eben dadurch bis aufs letzte ab, daß er sie radikal verkürzte.

KATASTROPHEN

Es sind fünfundzwanzig Jahre her, daß die, damals noch zivilisierte Welt durch eine Schreckensnachricht in Bestürzung und Trauer versetzt wurde. Das schönste und größte Schiff der White Star Line, die »Titanic«, war auf seiner Jungfernfahrt an einen Eisberg gestoßen und untergegangen. Sechzehnhundert Menschen fanden bei dieser Katastrophe den Tod. Ungeheure Werte wurden vernichtet: 20 Millionen Mark hatte der Bau der »Titanic« gekostet, an Bord trug sie 7 Millionen Briefe in 3500 Postsäcken, 29 Juwelensendungen, die allein bereits einen Wert von 7 Millionen Mark repräsentierten. Im Augenblick des Zusammenstoßes mit dem Eisberg herrschte auf Deck festliche Stimmung. Man tanzte . . . aber unten, bei den Kesseln, schufteten die Heizer, wirklich: »im Schweiße ihres Angesichts«, um das Letzte an Schnelligkeit aus dem Schiff herauszuholen. Denn mit der ersten Fahrt der »Titanic« wollte der Präsident der White Star Line das Blaue Band des Ozeans gewinnen. So kam es, daß der Dampfer mit höchster Kraft auf den Eisberg stieß und sein Riesenkörper, breitseits aufgeschlitzt, von den einströmenden Wassermassen in die Tiefe gerissen wurde. Es leben in unvergänglicher Erinnerung Heldentaten von Männern und Frauen, die beim Untergang der »Titanic« ihren Tod fanden. Der Funker, der in des Wortes Sinn: bis zum letzten Atemzug an seinem Gerät aushielt und Hilferufe in den Äther sandte, die Musiker der Bordkapelle, die, das Ende vor Augen, das »Näher, mein Gott, zu Dir« spielten, die Frauen, die sich weigerten, in die Rettungsboote zu gehen, bei ihren Männern bleiben und sterben wollten . . . Solange wahrer Mut und Opferfähigkeit noch als sittliche Werte gelten, ist diesen Tapferen das ehrerbietige Gedenken der Kulturmenschheit sicher.

Zweieinhalb Jahre später geschah auf Erden eine Katastrophe, die noch viel mehr Blut und Geld kostete als der Untergang der »Titanic«. 20 Millionen Menschen mußten auf Schlachtfeldern sterben oder fern vom Schuß elend zugrunde gehen, weil Politik, Diplomatie, Nationalprestige und dergleichen unheimliche Götter mehr es so forderten. Aber auch die Katastrophe des Weltkriegs mit ihren Riesenausmaßen hat die Katastrophe der »Titanic« nicht zu überschatten vermocht. Und indem wir uns ihrer erinnern, erkennen wir noch besser das ungeheuerliche Verbrechen gegen die Menschheit, als welches sich Krieg und der Wille zum Krieg darstellen. Denn im Falle der »Titanic« blies *Gott*, und das stolze Schiff versank (wir buchen so düsteres Geschehen in die Rubrik Verhängnis), im Falle des Krieges aber wurde des *Menschen* Wille sein Höllenreich. Gegen Elementarereignisse oder Katastrophen, wie sie die unerforschbare Macht, die wir Gott oder Schicksal oder Zufall nennen, herbeiführt, ist der Menschen Geist wehrlos. Gegen das Unheil des Krieges muß er es *nicht* sein. Der Friede ist in Gefahr. Lebte doch in den Männern, die am Steuer und in den Funktürmen der Staaten sitzen, etwas von dem Heldenmut, der Opferbereitschaft des altruistischen Rettungswillens, den die Männer der »Titanic« in der Stunde höchster Not bekundeten!

ILLUSIONEN

Den Balkon vor dem Fenster schmücken rechts und links je ein gewaltiger, von steinernen Früchten überquellender steinerner Obstkorb. Völlig zwecklose Attrappen. Wenn sie auf die Straße hinunterfielen, wäre das kein Schaden, außer wohl für den, der eben unten vorüberginge. An einem dieser Obstkörbe sah ich kürzlich einen Spatzen emsig bemüht, von dem Zeug zu naschen, etwas aus ihm mit seinem Schnabel herauszupicken. Da die Naturgeschichte nichts davon erzählt, daß Spatzen mit Vorliebe Granitstaub fressen, erlaubt der Vorfall nur die Deutung, daß das leichtgläubige Tier sich von dem fürchterlichen Kunstwerk hatte täuschen lassen, daß es die steinernen Wülste und Kugeln als Obst, das sie vorstellen sollen, ansah und aus ihm Nahrung zu gewinnen suchte.

Es gibt Leute, die, glaubend an so etwas wie ein Weltgewissen, wie ein Herz der Menschheit, wie ein unaustilgbares Rechtsgefühl (das doch nicht immerzu stumm bleiben könne, während hunderttausend schuldlose Mitmenschen, eines Machtkalküls wegen, systema-

tisch zu Tode gequält werden) auf die Empörung dieses
für existent erachteten Weltgewissens hoffen. Spatzen-
gehirne, offenbar.

DER KONGRESS TANZT

Während einer im Kongreß zu Washington stattgehab-
ten Steuerberatung spielten sich – nach dem Bericht einer Berliner Zeitung – »unbeschreibliche Szenen« ab. Es
erschien nämlich mit allen Zeichen höchster Erregung
ein Senator im Saal und verkündete den dort tagenden
Kollegen, was er eben durch das Radio gehört hatte.
Seine Mitteilung brachte den Kongreß außer Rand und
Band. Die »würdigen Senatoren«, sagt der Bericht,
»schlugen sich auf die Schultern und schüttelten sich die
Hände«, kein Mensch hörte mehr dem Redner zu, ver-
gebens »donnerte der Hammer des Präsidenten«, die
Ruhe herzustellen schien unmöglich, und die Sitzung
mußte unterbrochen werden. Was war das für eine Botschaft, welche die würdigen Senatoren ihrer Würde,
den Kongreß die Steuerberatung vergessen und sich
einem Taumel ungezügelter Freude hingeben ließ? War
der Weltfriede ausgebrochen? Die Weltkrise beseitigt?
Hatte ein Amerikaner das untrügliche Mittel gefunden,
das Leben ad libitum zu verlängern? Dies alles hätten die
Senatoren mit der Würde, die ihnen eigentümlich ist,
ohne Jubelexzeß hingenommen. Aber die Nachricht,
Schmeling habe den Neger Louis in der 12. Runde
knock out geschlagen – das war zuviel für ihre Nerven,
das warf sie um, da verloren sie alle Contenance, schlugen einander auf die Schultern, schüttelten sich die

340

Hände, der Präsident, der als einziger ein wenig Fassung bewahrte, und mit dem Hammer donnerte, war ohnmächtig, und die Sitzung mußte unterbrochen werden. Von einer Nachricht, die große Sensation hervorruft, gebraucht man gerne die Wendung: sie schlug ein wie eine Bombe. Es gab einmal eine Sitzung (des französischen Parlaments), wo wirklich etwas wie eine Bombe einschlug, nämlich die Bombe, die der Anarchist Henry von der Galerie in den Sitzungssaal schleuderte. Damals sprach der Präsident (ich glaube es war Deroulède) das historische Wort: »La séance continue!« Andere Zeiten, andere Sitten!

EN PASSANT

Deutsches Lustspiel. Der Humor trägt eine Tarnkappe; immerzu schreit er: »Ich bin da!«, und nie sieht man ihn.

Kommentar zur Dichtung? Geister werden nicht besser sichtbar, wenn man Licht macht.

ZU EINEM GEGENWARTS-THEMA

Es irren derzeit sehr viele Menschen, verzweifelt nach Obdach und Lebensmöglichkeit suchend, in der Welt herum. In diese Situation kamen sie nicht durch eigene Schuld, sondern durch fremden Willen. Aber das ändert wenig an ihrem Schicksal. Unglück stigmatisiert wie Aussatz. Eine Weile, eine kurze Weile weckt es Mitgefühl, bald Ungeduld, am Ende Ablehnung und Widerwillen. Die Menschen, geneigt, aus der eigenen Not eine Tugend, sind noch mehr geneigt, aus der fremden Not ein Verbrechen zu machen.

Wenn es heute einem Machthaber einfiele (aus irgendeinem Ressentiment, das er im Busen trägt), die Rothaarigen zu verfemen oder die Linkshänder oder alle, deren Namen mit einem bestimmten Buchstaben anfängt, sie mit jeder moralischen oder anderen Folter zu quälen, sie auszuplündern und in die Fremde zu jagen: von dem Unrecht und Unflat, ausgeschüttet über die verfolgte Menschengruppe, bliebe an dieser so etwas wie ein Makel haften. Die Wissenschaft, die der Macht Thesen und Hypothesen nach Bedarf liefert, würde jeden gewünschten Beweis beibringen, daß die Rothaarigen, die Linkshänder oder die, deren Name mit einem bestimmten Buchstaben anfängt, ein Übel auf Erden seien und den Nicht-Rothaarigen, den Rechtshändern oder denen, deren Name mit einer anderen als der fatalen Letter beginnt, ein berechtigtes Mißfallen. Und die andere, die zivilisierte Welt, nach rascher Überwindung ihres ersten Erstaunens und Bedauerns, würde sich bald gewöhnen, in den verfemten Individuen (gar, wenn sie bei der anderen, zivilisierten Welt Zuflucht suchten) nicht Menschen zu sehen, die rothaarig sind, sondern Rothaarige, die trotzdem die Vermessenheit haben, als Menschen gleich denen, deren Haar eine andere Farbe hat, betrachtet und behandelt zu werden.

Flüchtlinge in Menge, besonders wenn sie kein Geld haben, stellen ohne Zweifel die Länder, in denen sie

Zuflucht suchten, vor heikle materielle, soziale und moralische Probleme. Deshalb beschäftigen sich internationale Verhandlungen, einberufen, um die Frage zu erörtern: »Wie schützt man die Flüchtlinge?« vor allem mit der Frage: »Wie schützen wir uns vor ihnen?«

Oder, durch ein Gleichnis ausgedrückt: Ein Mensch wird hinterrücks gepackt und in den Strom geschmissen. Er droht zu ertrinken. Die Leute zu beiden Seiten des Stroms sehen mit Teilnahme und wachsender Beunruhigung den verzweifelten Schwimmversuchen des ins Wasser Geworfenen zu, denkend: wenn er sich nur nicht an *unser* Ufer rettet!

Abel, wenn er vor den Mordabsichten seines Bruders Kain geflohen wäre, hätte als Emigrant bittere Unannehmlichkeiten zu erdulden gehabt. Er wäre sein Leben lang in der Welt herumgelaufen mit dem Abel-Zeichen auf der Stirn.

DEUTSCHES GESCHICHTS-
SCHULBUCH 1939

Im vorigen Kapitel habt ihr gelesen von dem schrecklichen Reichstagsbrand, den im Jahre 1933 die englischen Kapitalisten durch ihre bezahlten Söldlinge ausführen ließen. Des Führers Herz krampfte sich in Weh angesichts solcher Tat, verübt an einem schwachen, wehrlosen Gebäude, das niemandem etwas zuleide getan hatte. Erst dem flehentlichen Zuspruch der Paladine und dem lindernden Zauber der Musik gelang es, das

Leid des Führers zu sänftigen. Aber hellauf loderten Zorn und Empörung Adolf Hitlers, als er erfuhr, welche Niedertracht das englische Verbrecherpack gar ausgeheckt hatte, um die Schuld von sich abzuwälzen. Sie bezichtigten, die Schamlosen, unsere braven kommunistischen Volksgenossen, den Brand gelegt zu haben; sie verleumdeten mit allen Mitteln die mannhafte Wirksamkeit der deutschen Getreuen Stalins, des großen Freundes Adolf Hitlers, und schmiedeten Mordpläne wider sie. Nun aber griff der Führer durch! Wie immer vor allem darauf bedacht, Blutvergießen zu vermeiden und Menschenleben zu schonen, befahl der Führer sogleich, die gefährdeten Kommunisten in Sicherheit zu bringen. Tag und Nacht schwärmten Polizei und die wackere SA, von Rettungseifer beseelt, durch Stadt und Land, um die Bedrohten einzuholen und an Orte zu geleiten, wo sie dem Zugriff fremder Mörderhände entzogen waren. Selbst lange nachher, als die Gefahr schon beseitigt war, beharrte der Führer darauf, daß die Kommunisten ihre wohlgesicherten Unterkünfte nicht verließen; ja sogar heute noch gibt es ihrer viele, die unbehütet einhergehen zu lassen sein väterliches Herz nicht über sich bringt.

Gleichzeitig mit den Schutzmaßregeln für die bedrohten Volksgenossen setzte das unerbittliche Verfahren wider ihre Gegner ein, wider Juden, Liberale, Sozialisten, Katholiken und sonstige Soldknechte der City, denen die Freundschaft der beiden großen Männer, Hitler und Stalin, ein Dorn im blutunterlaufenen Auge war. Es gelang unter anderem, zahllose antikommunistische Nester auszuheben, in denen – gegen das ausgesprochene klare Gebot Hitlers, die kommunistischen

Führer müßten richtig gehängt werden – die Bilder Stalins, Lenins oder Marx' lieblos in irgendeine dunkle Zimmerecke gehängt oder gar in Rumpelkammern beiseite geschafft waren. Unsere von dieser Pietätlosigkeit angewiderte SA zögerte nicht, dem Gesindel die von ihm also mißachteten Bilder tüchtig um die Ohren zu schlagen. Bei vielen der Elenden fand man bolschewistische Bücher – unaufgeschnitten! Oder gar keine!! Es ergab sich die Notwendigkeit, den Ehrlosen die Lehre, der sie sich tückisch verweigerten, mit Nachdruck in den Schädel zu hämmern. In diesem Zusammenhang sei auch der Versuch erwähnt, die alberne Lüge in Umlauf zu setzen, der große Marx sei ein Jude gewesen. Die plumpe Londoner Fälschung wurde nach Gebühr abgetan in dem vom Unterrichtsministerium herausgegebenen Standardwerk: »Das Weltall – deutsch«, in dem die germanische Herkunft sämtlicher bedeutender Menschen, die je gelebt haben, unwiderleglich festgestellt erscheint. Die verdienstvollen Gelehrten, die an der Abfassung des Werkes beteiligt waren, lieferten lückenlose Beweise dafür, daß Karl Marx ein Sproß aus dem Stamm der Markomannen ist, die von den Römern »Marxes« genannt wurden. Nebenbei bemerkt war es dieser Volksstamm, der unter Marbod um 8 vor Christus nach Böhmen kam, dort längere Zeit blieb und schon damals also eine unerschütterliche Rechtsgrundlage für den Anspruch des Dritten Reichs auf das Böhmerland schuf.

Der Reichstagsbrand fand seinen großartigen Epilog in dem Prozeß, der um ihn geführt wurde. Regierung und Gericht hatten alles aufgeboten, um unseren kommunistischen Brüdern Gelegenheit zu geben, vor weitester Öffentlichkeit ihre Unschuld an jener Brandstiftung zu erweisen. So wurde zum Beispiel Genosse Dimitrov einem umständlichen Kreuzverhör unterzogen, als wenn wirklich der Schatten eines Verdachts auf ihm gelastet hätte. Das Gericht, obschon den Angeklagten politisch, parteigemäß und menschlich aufs innigste verbunden, ließ in bewundernswerter Objektivität die verleumderischen Ankläger weitläufig zu Wort kommen, und kein Geringerer als General Göring war es, der mit beispielloser Selbstverleumdung die undankbare Rolle eines Gegenredners wider die Freunde auf der Anklagebank auf sich nahm, damit nur ja ihre Unschuld in hellstem Licht erstrahle. Es war erschütternd mit anzuhören, wie der General seine innere Rührung über die schmählich bezichtigten Genossen hinter einem polternd groben Ton zu verbergen suchte. Im Prozeß kam es an den Tag, daß der Reichstag von einem in der englischen Kolonie Holland zu diesem Dienst gepreßten, als Kommunist verkleideten Subjekt namens Lubbe angezündet worden war. Während der Verhandlungen spielte dieser Mensch, in dessen Taschen ganze Bündel von Tausend-Pfund-Noten gefunden worden waren, mit so raffiniertem Geschick den Schwachsinnigen, daß es ihm am Ende gelang, alle objektiven Merkmale völliger Verblödung aufzuweisen. Erst die noch zu Lebzeiten Lubbes an ihm vorgenommene Kopf-Amputation gestattete der medizinischen Fakultät die Feststellung, daß man es da mit einem ganz besonders charakter- und gewissenlosen Simulanten zu tun gehabt hatte.

Aus all diesen und den noch folgenden Prüfungen, die unsere deutschen Kommunisten, verfolgt von der Horde innerer Feinde, zu bestehen hatten, gingen sie so rein hervor, daß sich das Herz des Führers immer mehr diesen wertvollen Volksgenossen zuwendete; ihnen und dem Mann, dessen Stern, der Sowjetstern, neben dem Gestirn Adolf Hitlers ihren Pfad erhellt: Josef Stalin. Von ihm, von der Größe seiner Person und seines Werks werdet ihr bald gründliche Kunde erhalten durch das epochale Buch, mit dessen Abfassung der Führer – in den kargen Freistunden, die seine Arbeit, die Welt zu ordnen, ihm läßt – eben beschäftigt ist, und dessen Titel lauten wird: »Sein Kampf«.

DER HERRENREITER

In Ankara hat der Herrenreiter Papen versagt. Es scheint dort ein ehrliches, kein geschobenes Rennen gelaufen worden zu sein: also waren die Erfolgschancen Papens vom Fleck weg gering.

In Österreich seinerzeit kam er ans Ziel. Er hatte es da mit schwachen, ängstlichen, vertrauensseligen Leuten zu tun, die hineinzulegen dem Biedermann, dem nichts mehr am Herzen lag als Versöhnung, Ausgleich, friedlich-brüderliches Nebeneinanderleben, nicht schwerfiel. »Nun, Kinder, hab ich's gut gemacht?« rief er den weißbestrumpften Schlagetots zu, die, brüllend vor Vergnügen, endlich unbehindert massakrieren und räubern zu dürfen, durch die Wiener Straßen tobten.

Der Schreiber dieser Zeilen bewahrt die Erinnerung an eine Zufallsbegegnung mit Papen im Hotel einer kleinen steirischen Sommerfrische, August 1936. Unvergeßlich die Frau mit der Hakenkreuzbrosche am Busen und einem Baby ebendort, dessen Arm sie, als der illustre Gast erschien, zum Hitler-Gruß hochriß (»ein Anblick, gräßlich und gemein«), der dicke Wirt, wie er, Brust und Hintern kraftvoll hinausgedrückt, mit einem entschuldigenden, wehen Blick zu der gut österreichischen, auch jüdischen, Klientel im Speisesaal hinüber, Herrn von Papen zu Tisch geleitete, unvergeßlich vor allem die schmunzelnden Mienen, mit denen dieser politische Kavalier das »Heil Hitler«-Geschrei der in den Hotelgarten eingedrungenen und dort die Blumenbeete zertretenden Burschen entgegen- und die wider den Unfug protestierenden »Heil Österreich«-Rufe der Gäste zur Unkenntnis nahm. Ein paar Stunden später, als alles längst vorüber war, erschien zu Rad ein Gendarm, sagte kopfschüttelnd und betrübt: »So was is' a Schkandal«, und verriet in Andeutungen, er hätte nicht übel Lust, am nächsten Tag ein Protokoll über die Vorfälle des heutigen aufzunehmen. Vor seiner Abreise äußerte Papen sich dem Wirt gegenüber sehr lobend über das taktvolle Verhalten der Gendarmerie. O du mein Österreich!

Ein erstaunlicher Staatsmann, dieser treue Diener jedes Herrn, unerreicht im Apportieren angeschossener Jagdobjekte, Spezialist für Maulwurfsarbeit, schleichende Gefahr für jeden, den er Freund nennt, patenter Lieferer ans Messer. Von der Parteien Haß und Gunst durchaus unverwirrt, feststeht sein Charakterlosigkeitsbild in der Geschichte. Nach dem begeisterten Zustimmungstelegramm Hitlers an die Kameraden Mörder von Potempa verdammte Papen öffentlich – damals durfte er sich solchen moralischen Luxus noch leisten – den scheußlichen Mord und den, der ihn verherrlicht hatte. Ein paar Wochen später stand er devot neben dem

Führer und grüßte mit Hitler-Gruß die in den Reihen der SA »im gleichen Schritt und Tritt« vorbeimarschierenden Potempa-Mörder. Als er glauben konnte, das Nazi-Regime wanke und bedürfe nur noch eines kräftigen Stoßes, um zu fallen, hielt er jene berühmte Marburger Rede gegen die Versklavung und Verdummung des deutschen Volkes. Da die Sache schiefging, überließ er neidlos den Ruhm, die Rede verfaßt zu haben, sowie das Schicksal, hierfür abgekillt zu werden, seinem Freund und Sekretär Jung. In Österreich, wohin er entsandt wurde, um den braven Schuschnigg einzuspeicheln und das Land durch Unabhängigkeitszusicherungen und dergleichen sturmreif zu machen, kam ihm auch ein Sekretär, Herr von Ketteler, durch Nazimord abhanden. Das Risiko, seine nächsten Freunde und Mitarbeiter preisgeben zu müssen, hat Herr von Papen immer mit Entschlossenheit auf sich genommen. Fundamentalsatz seiner sämtlichen Gesinnungen ist: keine zu haben. Sein persönliches politisches Credo lautet: um jeden Preis oben bleiben. Sein Wahlspruch: ich dien' . . . egal wem. Er wird, falls er's erlebt, wie für Hitler für jeden wie immer gearteten Nachfolger Hitlers zu haben und zu brauchen sein. Es fehlt ihm nichts als die Persönlichkeit, das Format, das Geschick, die Klugheit und das Talent, um ein kleiner Fouché zu sein, an dessen Maske übrigens das schmale, nervös witternde Fuchsgesicht des Herrn von Papen ein wenig erinnert.

Zu Beginn des Hitler-Regimes, als die Ordre ausgegeben worden war, den Krieg zu rühmen, die Seligkeit, vor dem Feind erschlagen zu werden, hielt Papen sofort eine leidenschaftliche Rede für den Schlachten- und gegen den »Stroh-Tod«. Die gute Gelegenheit, die ihm

349

jetzt in Polen geboten war, einem solchen zuvorzu-
kommen, mußte er, Pech wie er hat, wegen dringender
politischer Abhaltungen leider versäumen. Und dabei
hätte, falls seinen Wunsch nach Heldentod keine polnische Kugel erfüllt hätte, der Chef gewiß gern mit einer
deutschen nachgeholfen. Der Chef ist, was derlei kleine
Gefälligkeiten anlangt, durchaus large; besonders wenn
er damit zugleich eine alte Dankesschuld erledigen
kann.

VON RIBBENTROP

Supponieren wir einen Radiohörer der letzten Ribben-
trop-Rede, der, nicht wissend, wen er da vernehme,
nach Gedanken- und Wort-Inhalt, Logik und Pointie-
rung der Rede, nach Manier, Stimme, Tonfall ihres
Sprechers sich ein Bild von diesem zu machen versucht
hätte. Das Bild würde beiläufig so aussehen:
– – »Kleinbürger von mäßiger, ungepflegter Intelligenz. Vermutliche Hauptquellen seiner Bildung: Zeitungen und die populären Schriften, mit denen der
Nationalsozialismus breitesten Volksschichten vernunft-
gerecht gemacht wird. Schule seiner politischen Beredsamkeit dürfte der Wirtshausstammtisch gewesen sein,
und dort mag er auch, vor Gevattern aus der Vorstadt,
Ansehen genießen und als politischer Kopf gelten. Umgang mit Menschen höheren Niveaus hat er kaum
gehabt, Minderwertigskeitsgefühle, die ihn zu plagen
scheinen, kompensiert er durch einen betonten Quasi-
Patriotismus für das geistige Tiefland, in dem er geboren
und zu Hause ist, ebenso wie er sich aus dem Mißbeha-

gen, höherem Anspruch an Verstand, Geschmack, Witz nicht genügen zu können, dadurch rettet, daß er solchen Anspruch, gleichsam aus weltanschaulichen, moralisch-programmatischen Gründen, an sich nicht stellt. Man hat es da, allem Anschein nach, mit einem bis in die Knochen kalten Burschen zu tun, dem nicht sein Temperament heftige Töne diktiert, sondern der sich heftiger Töne bedient, um Temperament vorzutäuschen; es könnte sein, daß er zu diesem Zweck in den – oft auffällig langen – Pausen seiner Rede einen tüchtigen Schluck Bier nimmt (was ja auch zu Schaum vor dem Mund verhilft). Seinen Lügen, mit Ersatz-Emphase vorgetragen, ist deutlich anzumerken, daß er selbst keine Sekunde an sie glaubt. Vom Verstand und von der Urteilskraft seiner Zuhörer hat er eine so schlechte Meinung, daß er auf jeden Versuch, sie durch Argumente zu überzeugen, verzichtet: als Beweis des Unbeweisbaren muß ihnen die Entrüstung dienen, mit der er es vorträgt; eine gespielte Entrüstung, die zu echter sich so verhält wie das, was heute in Deutschland Kaffee heißt, zu Kaffee. Zum Beispiel eine so krumme, mit jedem Wort über sich selber stolpernde Albernheit wie die, der Führer sei kein Wortbrecher, denn er sei identisch mit dem deutschen Volk und das deutsche Volk habe sein Wort nicht gebrochen, kommt aus dieses Sprechers Mund mit dem Applomb eines richtigen Schlagers; und mancher Hörer, der derlei Frechheit am Mikrophon (das doch alles Gesprochene an die Ohren auch von vielen vollsinnigen Menschen bringt) nicht für möglich hält, mag zweifeln, ob er scharf genug aufpaßt, ob er nicht irgendein logisches Zwischenglied des Satzes überhört habe. Sonderbar ist, daß es dem Mann bei aller Vulgarität seiner Sprache und also wohl auch seines Wesens doch niemals gelingt, einen halbwegs volkstümlichen Ton zu treffen. Seine Roheit hält nämlich entschieden auf Würde. Falls er, wie anzunehmen, daheim Weib und Kinder prügelt, macht er gewiß vorher die Fenster zu, damit die Nachbarn von dem Vorgang keine Kenntnis erhalten und die Sache in der Familie bleibt. Als Beruf des Redners käme etwa Weinreisender in Frage. Er hat vermutlich einen Specknacken und trägt über dem Bauch eine dicke silberne Uhrkette mit Münzen als Anhängsel.« – –

Wie wir wissen, entspricht dieses Bild, das sich der un-informierte Radiohörer von dem Danziger Radiosprecher machen konnte, durchaus nicht der Wirklichkeit. Der deutsche Außenminister hat keinen Specknacken, trägt keine dicke Uhrkette über einem Bauch, hat nicht an Vorstadt-Stammtischen seine Zunge und sein politisches Ingenium geübt, seine Bildung nicht nur aus Nazi-Lesebüchern geschöpft, und Weinreisender war er nur in einer bereits überholten Phase seiner Laufbahn. Er ist auch, zumindest der äußeren Erscheinung nach, kein Plebejer, sondern ein Kavalier, für dessen elegante Figur zu arbeiten jedem Maßschneider ein Vergnügen sein muß; und nicht minder gut, als der Frack ihm paßt, paßt seinem Namen das »von«, das er auf dem Felde der Adoption (durch eine Tante) erworben hat; ähnlich wie, ganz ohne Tante, ein Größerer als er das Eiserne Kreuz Erster Klasse. Ribbentrops Schritt ist elastisch und sein glattes Antlitz durchleuchtet von Selbstzufriedenheit und Süffisance, wie sie das Bewußtsein geschäftlichen und gesellschaftlichen Erfolgs in kleinen Menschen hochkommen läßt. Er spricht fremde Sprachen, hat sich in der Welt herumgetrieben, ist, wenn auch vielleicht kein Menschenkenner, doch ein Viele-Menschen-Kenner und hat eine Karriere zurückgelegt, die ihn mit Fug an sich und seinen Stern glauben läßt. Das ist die Fassade, die unser ahnungsloser Radiohörer anders dachte. Was aber hinter der Fassade steckt, entspricht in manchem der Vorstellung, die er sich von dem Sprecher am Danziger Mikrophon gebildet hat. Die Mischung aus Kavalier und Plebejer, roh und geschliffen, glatt und gewählt, fein und gemein, ist es wohl auch, die die Person des Herrn von Ribbentrop für Hitler so verführerisch machte und ihr die schenkenden Sympathien des größten Mannes aller Zeiten gewonnen hat. Da hatte der Führer einen Diener von Herrenformat gefunden, einen sozusagen zum Herrn Geborenen, der sich trotzdem eifervollst bemüht zeigte, dem zum Herrn Gewordenen abzugucken, wie er sich räuspert und vor allem, wie er spuckt. Man versteht, daß diese, filmisch gesprochen, übereinanderkopierten Qualitäten des Herrn Ribbentrop – Gleichgearteter und subalternst höher Gearteter – das Wohlgefallen des Führers wecken mußten.

Anzumerken wäre noch, daß auch jene, die von Geist, Charakter, Talent, Adel und Seelenadel des deutschen Außenministers eine recht genaue Vorstellung haben, die Armseligkeit seiner in Danzig laut gewordenen Rhetorik überraschte. Ribbentrop blieb da in jeder Beziehung unter dem Mindestmaß dessen, was irgendein Naziführer mittlerer Kapazität leistet, wenn er zur Herde der Gefolgschaft spricht. Er fand nicht eine Wendung, die als auf seinem Mist gewachsen hätte passieren können, kein Wort saß, keines traf, kein noch so kleines Fettauge schwamm auf der Suppe, die er austeilte. Wie konnte ein Mann, der doch einmal mit Champagner gehandelt hat, so schales Zeug verzapfen? Wie konnte er, geübt darin, Kundschaft herumzukriegen und auch Zögernden, Kaufunlustigen Ware anzudrehen, ein so fades Nichts an Überredung und Suggestionskraft offenbaren? Und also, obschon Herr von Ribbentrop deutlichst bemüht war, seiner Rede Hitlersche Akzente aufzusetzen, ihrem Ton die Schärfe des Meisters anzuschleifen, würde es Führer-Lästerung, das heißt Blasphemie, sein, zu sagen, es sei ihm auch nur so etwas wie eine schwache Kopie des großen Originals geglückt. Wenn Herr Ribbentrop als Diplomat in der Sektbranche so leistungsfähig sich zeigte wie er als Weinfälscher in der Politik sich zeigt, ist es gut zu verstehen, daß er aus jener ehrlichen Beschäftigung in die eines Nazi-Professionals hinübergewechselt hat: eine Beschäftigung, die ihn zu erstaunlichen, in zwiefachem Sinn schwindelnden Höhen hinanführte.

DER MANTEL

I.

Der Krieg dauerte nun schon länger als ein halbes Jahr, und die Pariser hatten sich an ihn gewöhnt. Die Maginot-Linie hielt fest, da niemand an ihr rüttelte, das Gesicht des obersten Armeechefs, des Generals Gamelin, zeigte auf allen Bildern so beruhigte wie beruhigende Züge, und die Gasmasken verschwanden aus dem Straßenbild; man sah sie nur noch, aus silberfarbener Pappe nachgebildet, als Bonbonnieren in den Schaufenstern der Konditoreien.

Der Dr. Marcel Monnier machte wie in Friedenszeiten Dienst im Hospital des 14. Arrondissements. An jedem Morgen um 9 Uhr folgte er mit zwei anderen Kollegen und Schwester Claire (von der Congregation des Heiligen Vincent) dem Chefarzt Professor Bosselier auf dessen Rundgang durch die Krankenzimmer. Hernach machte er sich bei Operationen und in der Ambulanz nützlich. Um 6 Uhr abends kam er nach Hause, zog seinen alten, gemütlichen blauen Rock mit den großen Löchern in beiden Ellbogen an und schrieb, zu seinem Privatvergnügen, Geschichten, in denen durch die Hand des Schicksals bösen Menschen die Bosheit aus der Seele entfernt wurde. Die Hand des Schicksals operierte hierbei so kunstgerecht wie die Hand des Professors Bosselier. Dr. Monnier war ein schüchterner, verträumter Mann. Er hielt Schlechtigkeit für eine Krankheit und hatte großes Mitleid mit den Helden seiner Geschichten.

Ein Zimmer des zweistöckigen, in der Ecke eines schmalen Sackgäßchens versteckten Hauses der Monniers war an Herrn Rudolf Swetz vermietet, einen Flüchtling aus der Tschechoslowakei. Das Haus gehörte Madame Amélie, der Frau des Dr. Monnier. In ihm waren ihre Ersparnisse investiert, gesammelt als Dame vom Ballett und als Freundin eines Kaufmanns aus der Türkei, der mit kandierten Früchten großhandelte. Durch zu reichlichen Konsum von kandierten Früchten nahm Amélie an Gewicht und Umfang ständig zu. Das gefiel dem Orientalen, machte aber ihrer Laufbahn als Tänzerin ein Ende. Und das wiederum mißfiel dem Türken, der aus Prestigegründen seinen Ehrgeiz darein setzte, eine Dame vom Ballett zur Freundin zu haben. Deshalb, als Amélie von diesem scheiden mußte, schied er von ihr. Die Menschen lachten über Amélies Mißgeschick in Kunst und Liebe, und sie vergalt ihnen dieses mit Haß. Sie brach alle Beziehungen ab zu der Welt der leichten Sitten und des leichten Sinns. Sie wurde einsam und ihr Herz sauer. Sie heiratete einen entfernten Verwandten, eben den Herrn Monnier, der sie unglücklich geliebt hatte, als sie noch im Tüllröckchen schwebte; und jetzt zufrieden war mit dem späten, nicht mehr allzu kostbaren Lohn seiner Liebe.

Die Ehe dauerte schon fünfzehn Jahre und war eine gute Ehe. Madame gebot, und Monsieur gehorchte. Sie mochte keinen Menschen leiden außer ihm. Sie sparte, wie nur eine französische Kleinbürgerin sparen kann, und immerzu gab es Krach mit Louise, dem Hausmädchen, die klagte, von dem bißchen Essen, das Madame ihr gäbe, könne sie nicht satt werden. Wurde Dr. Monnier Zeuge einer solchen Szene, dann machte er ein verängstigtes Gesicht, flatterte mit den Augendeckeln und sagte in bittendem Ton: »Ne t'échauffe pas, chérie!«

Die besondere Abneigung Amélies galt ihrem Mieter, Herrn Swetz. Herr Swetz war mit dem Zins stets im Rückstand, empfing verdächtig aussehende Besuche (er machte kein Hehl daraus, mit der Widerstandsbewegung in seiner Heimat in Verbindung zu stehen), steckte der hungernden Louise heimlich Eßsachen zu und besaß mehrere gute Anzüge, indes es mit Herrn Monniers Garderobe kläglich bestellt war. Madames Erbitterung wurde noch gesteigert durch die Sympathie, die Herr Monnier für den Mann empfand. Diese äußerte sich in Gesprächen der beiden bei nächtlichen Zusammentreffen im Luftschutzkeller.

Der Keller, angefüllt mit altem Hausrat, Koffern der Monniers, Gartenwerkzeugen in einer Mauernische, war ein lächerlicher Schutz gegen Bomben. Er lag in halber Höhe noch über dem Niveau der Straße, mit der er außerdem durch ein kleines Fenster kommunizierte. Es war bitter kalt nachts im Keller, und man saß schlecht auf der Kohlenkiste und dem alten zerbrochenen Divan: Herr Monnier mit einer Bettdecke um die Schultern, Herr Swetz eingewickelt in einen weichen, dicken Mantel.

Die zwei Herren äußerten sich skeptisch über die Entschlossenheit Frankreichs, den Krieg zu führen oder gar ihn zu gewinnen, und Madame Monnier ärgerte sich über das vertrauliche Gespräch der beiden. Ganz besonders aber ärgerte sie sich über den Mantel des Herrn Swetz.

»Schöner Mantel!« sagte sie giftig.

»Ich habe ihn wenden lassen«, entschuldigte Herr Swetz seinen Mantel, gleichsam auf Milderungsgründe für ihn plädierend, »und jetzt sieht er wieder wie neu aus . . . Schade«, fügte er hinzu, »daß man das nicht auch mit Menschen so machen kann.«

Dr. Monnier bemerkte: »Wenn Sie die Seele meinen . . . bei der ist es möglich, denke ich.«

Draußen kratzte etwas ans Kellerfenster. Madame Monnier öffnete es, ließ die Katze herein. Herr Swetz meinte, das Fenster gehöre eigentlich zugemauert. Madame geriet in Empörung. »Und wer soll das bezahlen? Ich vielleicht?« Dr. Monnier flatterte mit den Augendeckeln: »Ne t'échauffe pas, chérie!«

In der ersten Hälfte des Juni marschierten einige hunderttausend Paar deutsche Stiefel über französische Erde und französische Leichen. Und in diesen Tagen fuhr oder lief aus Paris davon, was fahren und laufen konnte. Aus der Stadt, als wäre sie leck geworden, rannen Ströme von Menschen aus, südwärts.

Madame Monnier verwarf die Idee, Haus und Besitz im Stich zu lassen. Sie blieb mit Mann und Louise in der rue du Commandant Marchand No 31. Herr Swetz jedoch packte. Freunde hatten zur Flucht einen ausrangierten Milchwagen erstanden, da konnte er mit. Nachmittags 5 Uhr wollten sie ihn holen. Herr Swetz stopfte Kleider und Wäsche in seinen großen Schrankkoffer, Bücher und Schriften in ein paar andere kleinere Koffer. Um drei Uhr schon statt um fünf hielt der Wagen vor dem Tor, vollbeladen mit Menschen und Sachen. Er hatte noch Leute aus anderen Stadtbezirken mitzunehmen, mußte augenblicklich weiter, und es war kein Platz mehr auch nur für geringstes Gepäck. Nur rasch einsteigen und fort! Madame Monnier und Louise standen vor dem Tor, als Herr Swetz sich in den Wagen zwängte. Die Menschen darin hatten verschwitzte, verstörte Gesichter, Passanten blieben stehen, sahen böse und neidisch auf die Glücklichen da, die fort konnten, und die Katze lief über den Weg. Es war ein elender Augenblick. »Gute Reise!« sagte Madame Monnier kühl. »Adieu, hoffentlich bin ich bald wieder da«, rief er zurück. Louise, Nasses in den Augen, winkte mit dem Staubtuch Abschied.

Madame Monnier und das Mädchen gingen in das verlassene Zimmer des Herrn Swetz. Dort standen seine Koffer mit den Schlüsseln daran, der große Kleiderkoffer noch nicht fertig gepackt, offen. Und da hing auch der weiche, dicke Mantel. Madame Monnier nahm ihn vom Haken, ging ans Fenster, besah das schöne Stück genau. »Der arme Herr Swetz, wenn ihm nur nichts passiert!« sagte Louise. Eben kam Herr Monnier die Straße herauf, um den Arm gehängt sein dünnes, abgetragenes Mäntelchen. Madame Monnier legte Herrn Swetz' Mantel beiseite, schloß den Koffer. »Das Gepäck kommt in den Keller«, ordnete sie an.

Zwei Tage später zogen Hitlers Maschinen in Paris ein, die aus Eisen und die aus Menschenfleisch.

Am äußeren Leben des Ehepaars Monnier änderte die Okkupation nicht viel. Der Doktor ging weiter in das Hospital. Bei kühlem Wetter trug er den Mantel des Herrn Swetz. Höchst widerwillig nur. Er hatte sich lange hartnäckig geweigert, es zu tun, aber eines Tages war sein alter geflickter Mantel, der einzige, den er besaß, fort. Madame Monnier hatte ein Quantum Kohle gegen ihn eingetauscht.

Von Herrn Swetz hörte man nichts.

Einmal fragte ein Beamter der französischen Polizei nach ihm. »Er ist schon Anfang Juni fort«, erklärte Madame Monnier, »mit seinem ganzen Gepäck.« »Wenn Sie etwas von ihm hören, verständigen Sie uns sofort«, schärfte der Polizist ihr ein. Kam zwischen ihr und dem Doktor das Gespräch auf Swetz, sagte sie, gleichsam ihrem Mann zum Trost: »Der ist längst in Amerika oder sonstwo weit weg.« Und mit jedem Tag fiel es ihr leichter, sich zu überreden, sie brauche kein schlechtes Gewissen zu haben, wenn sie des Mieters zurückgelassenes Zeug, das nun doch herrenloses Gut sei, in Besitz nehme.

Herr Swetz aber war nicht in Amerika, noch sonstwo weit weg. Er war in Paris.

II.

Ein paar Meilen hinter der Porte d'Orléans krachte der Milchwagen in einen Graben, Herr Swetz schlug sich dabei ein tiefes Loch in den Schädel, und seine linke Kniescheibe ging in Splitter. Die andern schafften ihn auf ein Feld neben der Landstraße, setzten zu Fuß ihren tristen Weg fort, der kein Ziel hatte, nur eine Richtung. Der Verletzte schleppte sich zur nächsten Häuserreihe. Sie gehörte zu einem Vorort am äußersten Südostrand von Paris, wo die Stadt schon langsam in freies Feld vertropft. Kleine Leute wohnten da, Leute, die nicht ans Weglaufen dachten vor der Not, die ihnen vertraut war, in eine, die sie nicht kannten, Leute, die auf die Barrikaden gegangen wären, wenn Paris welche gebaut hätte. Herr Ambroise Lecand, Flickschuster von Beruf und Protestler gegen die Weltordnung aus innerstem Bedürfnis, gab dem gestrandeten Flüchtling Quartier, fragte nicht viel nach Woher und Warum. Als Herr Swetz wieder humpeln konnte, wehte vom Eiffelturm das Kreuz mit Haken daran.

Er blieb die nächsten Monate bei dem Schuster versteckt, wagte sich nicht in die Nähe der rue du Commandant Marchand. Eines Tages las er in der Zeitung von Emigranten-Razzien, von Konfiskation der Wohnungen und des Eigentums derer, die geflohen waren. Er wußte, daß in seinem kleinen gelben Koffer eine Liste war von Namen und Adressen, die, fiel sie den Deutschen in die Hände, für Freunde in der Heimat sicheren Tod bedeutete. In der Hast seiner Abfahrt hatte er versäumt, das Papier an sich zu nehmen. Aber vielleicht war noch keine Gestapo im Hause Monnier erschienen, vielleicht konnte er noch heran an sein

Gepäck. Er mußte es versuchen, auf jede Gefahr hin. Erwägungen, von einem Bezirk jenseits der Logik kommend, festigten seinen Entschluß: War es nicht klar, daß das Schicksal den Unfall im Straßengraben nur arrangiert hatte, um Herrn Swetz zu zwingen, in Paris zu bleiben und ihm so die Möglichkeit zu geben, die Gefahr von seinen Freunden abzuwenden?

Er machte sich auf den Weg in die rue du Commandant Marchand No 31.

Louise stand vor dem Tor, fegte die Straße vom Herbstlaub rein.

»Herr Swetz, um Gottes willen . . .«

Er ließ sie nicht weiter reden, fragte hastig: »Haben die Deutschen mich schon gesucht?«

Sie schüttelte den Kopf.

»Ist mein Gepäck noch da?«

Sie nickte »Ja.«

»Wo?«

»Im Keller.«

Er lief zur Kellertür, besann sich, daß er die Schlüssel zu seinen Koffern nicht hatte.

»Die Kofferschlüssel?«

»Madame hat sie.«

»Ist sie zu Hause?«

»Ja.«

Er war voll Mißtrauen gegen Madame Monnier, kannte auch ihre Abneigung gegen ihn. Aber einfach den Koffer mit sich zu nehmen, wagte er nicht; im Paris jener Tage war ein Mann mit einem Koffer auf den Schultern gewiß, angehalten zu werden.

Er hatte keine Zeit zu Bedenken und Überlegungen.

»Louise, ich muß etwas aus meinem Gepäck haben.

Rasch! Die Schlüssel! Sagen Sie Madame, ich bin da! Ich flehe sie an um die Schlüssel!«

Louise wußte, daß Madame Monnier die Sachen des Herrn Swetz bereits als ihr Eigentum betrachtete. Sie wußte auch, daß der Polizist gesagt hatte: »Wenn Sie von ihm etwas hören, verständigen Sie uns sofort.«

Madame Monnier saß am Schreibtisch, prüfte, Verdruß in den Mienen, Rechnungen. Der Augenblick war entschieden ungünstig für Louises Mission.

»Was wollen Sie?« fragte Madame.

»Ich muß die leeren Flaschen zurück tragen.«

»Aber bleiben Sie nicht wieder stundenlang weg.«

Die Flaschen waren in der Küche, der Weg zur Küche führte durch das Schlafzimmer der Monniers. Und auf dem Toilettetisch dort stand der Strohkorb mit Madames Schlüsseln, darunter drei flache Kofferschlüssel, von einem Lederbändchen zusammengehalten.

Sie verschwanden in Louises Schürzentasche, und eine Minute später waren sie in der Hand des Herrn Swetz.

Er lief die Kellerstufen hinunter. Sein Herz segnete die brave Madame Monnier.

Aus dem kleinen gelben Koffer nahm er das schicksalhafte Papier, steckte es in die Tasche, lief zur Kellertür.

Im Hausflur wurden Männerstimmen laut, dazwischen die Stimme Louises, die sagte: »Im zweiten Stock.«

Herr Swetz stolperte in den Keller zurück, stand still. Der Klang harter Schritte wurde vernehmbar, im Gleichtakt die Treppe hinauf. Schritte auch auf der Straße, die näher kamen, sich entfernten, wieder näher kamen. Durch das Kellerfensterchen konnte Herr Swetz den Menschen sehen, der draußen auf und ab ging. Ja, das war einer von ihnen! Die Visage mit dem hineingekniffenen stupiden Ausdruck von Überlegenheit, der Fischaugen-Blick, immerzu auf »durchbohrend« eingestellt, die starre, wie gepanzerte Fresse – unverkennbar: Herrenrasse.

Vielleicht suchten sie nicht ihn, vielleicht galt ihr Erscheinen andren Zwecken, Einquartierung oder etwas dergleichen, und sie zogen wieder ab. Herr Swetz wartete, horchte.

In der Wohnung der Monniers oben wollten die Gestapoleute von Madame allerlei über Herrn Swetz wissen. Sie fragten auch: »Hat er Gepäck zurückgelassen?« Die Courage zu lügen, die sie dem französischen Polizeimenschen gegenüber bewiesen hatte, verließ sie. So antwortete sie, Wut im Herzen: »Ja.«

»Wo ist es?«

»Im Keller.«

Herr Swetz hörte Männerschritte die Stiege heruntertrappen und mit ihnen die Stimme der Madame Monnier, die irgend etwas aufgeregt beteuerte.

Sie waren im Hausflur angelangt. »Rechts«, sagte Madame Monnier, »rechts ist der Keller.«

Herr Swetz erkannte, daß seine schwarze Stunde geschlagen hatte. Aber noch ergab er sich nicht darein. Schräg vor der Mauernische, in der die Gartenwerkzeuge lagen, stand sein großer Kleiderkoffer. Er zwängte sich hinter den Koffer, in die Nische.

Die Kellertür wurde geöffnet, die paar Stufen hinunter kamen die Gestapoleute und Madame Monnier.

Sie deutete auf eine Kiste, die Herrn Swetz gehörte.

363

»Das da.« Einer der Männer machte ein Kreidezeichen auf die Kiste, und ebenso ging es mit Swetz' kleinen Koffern und der großen Pappschachtel.

Sie standen vor dem Schrankkoffer, der vollgepackt war mit Herrn Swetz' kostbarer Garderobe: »Und der da?«

»Der da?« wiederholte Madame Monnier, um noch eine Sekunde Zeit zu gewinnen für ihre Antwort. Wütender Ärger, preisgeben zu sollen, was sie schon als eigensten Besitz anzusehen sich gewöhnt hatte, schnürte ihr das Herz zu, erstickte die Furcht, die darin saß.

»Der gehört meinem Mann!« sagte Madame Monnier.

Der Blick der zwei Gestapler ließ den Koffer, heftete sich an die Frau. Unmäßig lächerlich sah sie aus, wie sie dastand, den großblumigen Kattun-Schlafrock, dem die Schnur fehlte, um die Wölbung des Bauchs krampfhaft zusammenhaltend, ein kariertes Küchentuch, das ihr den Hinterkopf hinabgerutscht war, um die wirren grauen Haarsträhnen gewickelt, Mund und Wangen zu einer süß-bitteren Grimasse verzerrt. Sie sah aus wie der Wolf als Rotkäppchens Großmutter.

Die zwei Kerle lachten. Sie schleppten die Sachen mit dem Kreidezeichen aus dem Keller. Den großen Koffer ließen sie da.

Madame Monnier schlotterten die Knie. Auf einer Stufe der Kellerstiege setzte sie sich nieder. Das Geräusch des davonfahrenden Wagens mit den Gestapomännern und Herrn Swetz' Gepäck verklang in der rue du Commandant Marchand.

Sie wollte nach Louise rufen, aber vor Entsetzen blieb ihr der Ruf im Halse stecken; aus der Mauernische hinter dem Schrankkoffer kam Herr Swetz hervor, wankte zu Madame Monnier hin, fiel in den Kohlenstaub auf die Knie, faßte und küßte ihre Hand und stammelte Worte des Danks. Madame erfuhr von ihm, daß sie Heldenmut und Seelenadel ohnegleichen bewiesen, daß sie nicht nur Herrn Swetz, sondern auch eine Reihe von Patrioten in seiner Heimat davor bewahrt hatte, in die Hände des Henkers zu fallen.

»Ich verstand augenblicklich«, sagte Herr Swetz, »Sie wußten, ich bin noch im Keller . . . Ach, Madame, bis zu meinem letzten Atemzug werde ich den Ton nicht vergessen, in dem Sie sagten: Der gehört meinem Mann.«

Madame brachte noch die Kraft auf, »Louise« zu rufen.

Es war höchste Zeit für Herrn Swetz, fortzukommen, wollte er vor der Polizeistunde zu Hause sein. Noch einmal küßte er ihre Hand, murmelte »Danke, danke«.

Beim Tor stand Louise: »Madame ruft nach Ihnen«, sagte Herr Swetz. »Louise, Madame ist eine Heilige!«

Louise dachte: Er hat vor Schreck den Verstand verloren.

III.

Madame saß wieder am Schreibtisch, und Louise erzählte, was sie zu erzählen wußte, angefangen vom plötzlichen Erscheinen der Deutschen im Haus. Sie berichtete auch die Sache mit den Schlüsseln, bereit, den Sturm des Zorns über sich ergehen zu lassen. Aber der Sturm brach nicht los. Madame nickte nur ein paar Mal mit dem Kopf, als wollte sie anmerken: »Allerdings, allerdings«, guckte Louise von der Seite an, sagte schließlich: »Schon gut« und . . . nein, Louise irrte sich nicht . . . und lächelte!

»Jetzt gehe ich also die Flaschen zurück tragen.«

»Gehen Sie, liebes Kind.«

Liebes Kind? Die ist auch verrückt geworden, dachte Louise.

Madame Monnier nahm ihre Rechnungen wieder zur Hand . . . aber sie sah, über die Ziffern weg, durch das Fenster zu den Wolken hinauf, die in vielerlei gelb-rosa-blau Farben leuchteten, so feinen durchsichtigen Pastellfarben, wie sie kein anderer Herbstabend als ein Pariser Herbstabend an den Himmel malt. Madame Monnier hatte dieselbe Beleuchtung schon hundertmal gesehen, aber so hübsch wie heute nicht mehr seit den Tagen des Balletts. Das Geräusch der Straße, seit Monaten nur noch ein trübselig gedämpftes, wie mit Trauerflor umwickeltes Geräusch, drang in die Stube. Madame Monnier hatte Lust zu weinen; nicht nur als nervöse Reaktion auf die Spannung der letzten halben Stunde, sondern sozusagen überhaupt. Ein Gefühl des Mitleids überkam sie, Mitleid mit Paris, mit ihrem guten Marcel, mit den Leuten auf der Straße unten, mit sich selbst, mit Herrn Swetz. Welche Todesangst der Mensch hinter seinem Koffer ausgestanden haben mußte! Und sie hatte ihm das Leben gerettet, und mit ihm anderen braven Menschen auch. Ihr Puls ging rasch, aber das Tempo war nicht unangenehm. Sie wiederholte in der Erinnerung die Szene im Keller mit jeder winzigsten Einzelheit. »Der gehört meinem Mann«, sagte sie laut. Und wie sie diesen Augenblick und die Gefahr, mit der er bis an den Rand geladen war, wieder erlebte, löste sich in Madame Monniers Bewußtsein ihre Tat von dem niedrigen Motiv, aus dem sie sie begangen hatte. Ein Verlangen, der Mensch zu sein, dem solche Tat gemäß wäre, griff ihr ans Herz; und weckte dort das Spielwerk der Güte aus dem Schlaf.

Am Abend erzählte sie ihrem Mann, daß die Deutschen dagewesen waren und Gepäck des ehemaligen Mieters mitgenommen hatten. Das Erscheinen des Herrn Swetz verschwieg sie, verbot auch Louise, davon zu sprechen.

Der Doktor meinte: »Ein Glück, daß Herr Swetz rechtzeitig aus Paris geflohen ist. Wenn sie ihn erwischt hätten, mein Gott! . . .«

»Das sind ja so dumme Bestien«, sagte Madame Monnier voll Verachtung.

Am anderen Morgen, als der Doktor nach Hut und Mantel griff, um in sein Hospital zu gehen, sagte sie: »Der Mantel ist dir viel zu weit.«

Herr Monnier war aufs äußerste überrascht. »Nicht wahr?!« rief er.

»Ich muß mich nach einem anderen für dich umsehen.« Ihre Stimme klang wie immer, keinen Widerspruch duldend.

»Das hat Zeit, das hat Zeit, ne t'échauffe pas, chérie! Die Tage sind jetzt so mild, vorderhand brauche ich gar keinen Überrock.«

Sie ließ ihn fortgehen ohne Mantel.

Nachmittags schlug das Wetter um. Wind und Regen. Vom Hospital in die rue du Commandant Marchand aber ging man dreiviertel Stunden, und Fahrgelegenheit gab es keine. Abends kam der Doktor nach Hause, klappernd vor Nässe und Kälte. Madame steckte ihn gleich ins Bett. Sie machte sich Vorwürfe, sentimentalisch-moralischen Regungen, Herrn Swetz' Mantel betreffend, nachgegeben zu haben.

Am nächsten Tag stellte Professor Bosselier Lungenentzündung fest.

Madame Monnier haderte mit Gott: das war nun der Lohn ihrer guten Tat!

Der Professor kam jeden Abend, auch nachdem Dr. Monnier bereits außer Gefahr war. Plötzlich, ohne daß er es vorher angekündigt hatte, stellte er seine Besuche ein.

Am Sonntag aber kam Schwester Claire. Dr. Monnier schlief. »Wecken Sie ihn nicht«, sagte Schwester Claire, »er erfährt es noch früh genug!«

Donnerstag, erzählte sie der Madame Monnier, während Professor Bosselier mit seiner kleinen Suite von Ärzten – in der auch bis zu seiner Erkrankung Dr. Monnier nie gefehlt hatte – den gewohnten morgendlichen Rundgang durch den großen Krankenhaussaal machte, erschienen dort Leute von der deutschen Militärpolizei und wollten einen Patienten aus dem Bett weg verhaften. An dem Mann war tags zuvor ein schwerer operativer Eingriff vorgenommen worden. Er war unfähig, aus dem Bett aufzustehen. So zerrten die Polizisten ihn hoch.

Lange Streifen seiner Verbände, losgelöst, schleiften auf dem Boden. Sie schleppten ihn in der Richtung zur Tür. Aus den Betten kamen »Pfui«-Rufe. »Lassen Sie uns den Verband erneuern«, bat Professor Bosselier, »das ist in ein paar Minuten geschehen.«

»Vorwärts!« sagte der Unteroffizier.

Ein paar Kranke schrien hysterisch. Und plötzlich flog ein Glas durch die Luft, Spuckschalen, Wasserflaschen, Aschenbecher folgten. »Den einen der Polizisten«, erzählte Schwester Claire, »traf eine Wasserflasche so unglücklich an der Schläfe, daß er zusammenfiel.«

»So unglücklich?« rief Madame Monnier, »so glücklich! . . . Warum sehen Sie mich an . . .?«

Schwester Claire überhörte die Frage, fuhr fort in ihrem Bericht. »Sie verhafteten Professor Bosselier und die zwei Ärzte, die mit ihm waren. Binnen 48 Stunden sollte der, der den fatalen Wurf getan, den Deutschen ausgeliefert sein, sonst . . . Ein unmögliches Verlangen, denn das Gläserbombardement kam von vielen Seiten, und nicht einmal der Täter selbst hätte mit Sicherheit sagen können, er sei's gewesen.« Schwester Claire, die Hände im Schoß gefaltet, neigte den Kopf, schwieg eine Weile. Dann sagte sie: »Heute früh hat man sie erschossen. Draußen in Vincennes. Professor Bosselier, Dr. Pinloche, Dr. Rabault.«

IV.

Madame Monnier begleitete den Besuch ins Vorzimmer. Am Rechen dort hing der Mantel des Herrn Swetz. Sie starrte auf den Mantel. »Danken Sie Gott«, sagte Schwester Claire, »daß Ihr Mann krank wurde und nicht dabei war Donnerstag im Hospital . . . und heute morgen in Vincennes.«

Madame Monnier ging mit ihr die Treppe hinunter bis vor das Tor. Es war schon Abend. Die Straßenlaternen brannten nicht, und aus den vorschriftsmäßig verhängten Häuserfronten kam kein Lichtschein.

»Seien Sie nur vorsichtig, Schwester, auf dem Nachhausewege. Es ist schon fast ganz dunkel.«

»Man gewöhnt sich an die Finsternis«, sagte Schwester Claire mit einem Versuch zu lächeln.

Langsam ging sie die Straße hinab. Die Flügel ihrer Nonnenhaube schwebten wie zwei kleine weiße Segel durch die Dämmerung.

EN PASSANT

Eine Hand ohne Revolver, aber zum Schuß entschlossen, ist eine bessere Waffe als ein Revolver in zögernder Hand.

WIEN I, STALLBURGGASSE 2

Die Stallburggasse, im Zentrum der Stadt Wien, hieß so, weil sie in der Nähe der Burg lag, wo der Kaiser wohnte, und in Nähe der Hofstallungen, wo die edlen Pferde der spanischen Hofreitschule ihr Quartier hatten. Die Hofstallungen überdauerten den Hof. Die Republik Österreich hielt pietätvoll den Betrieb der weltberühmten Universität für Pferde aufrecht; nach wie vor lernten dort vierbeinige Abiturienten die schwierigen Pas und Techniken der hohen Schule. Indessen lernten die zweibeinigen Österreicher in der hohen Schule der Arbeitslosigkeit die Techniken des verschleierten Bürgerkriegs. Kanzler Dollfuß riß den Schleier von ihm weg. Im Februar 1934 brach er mit Kanonen, Kerkern und Galgen den Widerstand der österreichischen Arbeiter, beseitigte so das wirksamste Antitoxin gegen das Nazi-Gift, von dem sein unbegreiflicher, »christlich-deutscher Bundesstaat auf kooperativer Basis« damals schon kräftig infiziert war. Fünf Monate später, am 25. Juli

1934, ließ Hitler, undankbar wie er war, den kleinen Mann totschießen.

Stallburggasse 2 war, sozusagen, ein interessantes Haus. Nicht nur, weil ich dort wohnte. Es wohnten dort u. a. auch der Dichter Hugo von Hofmannsthal, der Dramatiker Sil-Vara (sein Stück »Die Frau von 40 Jahren« erwarb europäischen Ruhm), die Operndiva Maria Jeritza; und, im zweiten Stock, der Doktor Dollfuß.

Zwischen Februar und Juli 1934 kamen die Hitler-Ratten in Wien ziemlich ungeniert an die Oberfläche. An den Hausmauern erschienen immer häufiger Spuren geistigen Nazi-Exkrements (mit österreichischem flavour). In Amtsgebäuden und Bahnhöfen explodierten Sprengkörper, in jüdischen Geschäften der Vorstadt splitterten die Schaufenster, zuweilen auch die Schädeldecken der Besitzer, und in unheimlichen Geschichten aus dem Wienerwald hörte man von nächtlichen Exerzitien dort zur Erlernung des neuen deutschen Mord-Reglements. Ein schöner Frühling kam, aber seine Gerüche deckten nicht den Blutgestank, der, aus dem Reich herübergeweht, in der Wiener Luft hängenblieb. Das Gespenst der Verschwörung ging um, auch in den Kasernen der Polizei, die offiziell scharf hinter den Unruhstiftern her war. Wie scharf, das konnte ich einmal mitansehen, vom Fenster meiner Mansarde in der Stallburggasse 2. Vom nahen »Graben«, wo es Nazi-Demonstrationen gab, flüchtete ein Mann, »Juda, verrecke« schreiend, in die Seitengasse, ein Polizist mit geschwungenem Säbel rannte hinter ihm her. In der Mitte der Gasse blieb der Mann stehen, der Polizist blieb auch stehen, steckte seinen Säbel ein, der Demonstrant eine Zigarette in den Mund, und der Polizist gab ihm Feuer. Hernach tauschten die beiden ein paar, merkbar scherzhafte, Worte, und dann gingen sie friedlich auseinander.

Am 1. Juli setzte Dollfuß seine neue Verfassung in Kraft. Kein Mensch verstand sie; das war das Feine an ihr. In seinem Kommentar zu dem dunklen Werk drückte der Kanzler Befriedigung darüber aus, »daß wir den Sozialismus in diesem Lande ausgeschaltet haben«. Am 8. Juli forderte er, im Wallfahrtsort Mariazell, die Österreicher dringend auf, »mehr wallfahrten zu gehen«. Der Minister für Sicherheit aber, Major Fey, stellte fest: »Die öffentliche Sicherheit in Österreich ist gewährleistet.« Infolgedessen brachte Frau Dollfuß ihre zwei kleinen Kinder schleunigst nach Riccione, zum guten Onkel Mussolini, dessen cäsarisches Auge damals noch mit Wohlgefallen ruhte auf dem braven faschistischen Zögling Österreich und Verachtung blitzte für den lächerlichen Kopisten in Berlin.

Über Stallburggasse 2 aber wurde eine Art Belagerungszustand verhängt. In heimlicher Nachtarbeit senkten sie ein Kabel in die Erde, das direkte Verbindung herstellte zwischen der Dollfuß-Wohnung und der nächsten Polizeistation. Vor dem Haus und auf dem Bürgersteig gegenüber patrouillierten auffällig unauffällig Geheimpolizisten, und ihre Kameraden machten im Innern des Hauses, im Flur und auf dem Gang vor des Kanzlers Tür, Permanenzdienst. Der Portier, Herr Büff, hatte die große Zeit seines Lebens. Er mußte den Detektiven genau erzählen, was er von den Parteien der Stallburggasse 2, von der Führung ihres Lebens und Liebeslebens wußte, und hatte die Leute zu legitimieren, die regelmäßig ins Haus kamen. Stallburggasse 2 lernte kennen, was ein Wiener Hausmeister imstande ist, wenn er zum Bewußtsein seiner Bedeutung kommt; zumal in politischen Krisenzeiten.

Die Detektive waren freundliche Leute. Das Mißtrauen in ihren Blicken flößte Vertrauen ein. Sie sagten, ohne zwingenden Grund, »Herr Redakteur« zu mir, manchmal, wenn sie in Geberlaune waren, auch »Herr Chefredakteur«. Für den Mann, der Nachtdienst hatte im zweiten Stock vor des Kanzlers Wohnungstür, wurden abends Tisch und Stuhl und Lampe auf den Gang gestellt. Dort saß der Detektiv wie Hagen in der Götterdämmerung (»hier sitz' ich, hüte das Haus«) und las Detektivgeschichten. Wenn ich frühmorgens, auf dem Weg zu meinem sechsten Stockwerk hinauf, an ihm vorbeikam, plauderten wir ein bißchen miteinander. Es war ein ziemlich stereotyper Dialog. Ich grüßte: »Guten Abend«, und er, scherzhaft vorwurfsvoll korrigierend: »Guten Morgen, Herr Redakteur.« – »Wie geht's dem Kanzler?« fragte ich. »Die Nazis geben halt keine Ruhe nicht«, sagte er. Und fügte dann zuversichtlich hinzu: »Hier wird ihm nichts geschehen« (»hier«, das hieß: in der Stallburggasse 2).

Am Vormittag des 25. Juli 1934 aber verließ Dollfuß die schützende Stallburggasse 2. Frau Büff, die eben den Flur scheuerte, erzählte er, er hätte ihr besonders nervös geschienen. Doch das empfand sie, stets zur Legendenbildung geneigt, wohl erst hinterher so. Beglaubigt ist, von den Detektiven, daß der Kanzler an diesem Tag, ohne nach rechts oder links zu schauen, rasch in das Auto stieg, das ihn zur Schlachtbank führte. Zur gleichen Stunde und zum gleichen Ziel startete von einer Turnhalle des siebenten Wiener Bezirks der Wagen mit den Schlächtern. In Berlin wartete der Führer ungeduldig auf das Resultat der Begegnung.

Am Abend des 25. Juli blieben die Wiener, obschon es ein sehr heißer Sommerabend war, zu Hause und die Kaffeehäuser sperrten zu: im seinerzeitigen Wien ein stärkstes Zeichen allgemeiner Bestürzung. In der Nacht patrouillierten vor dem Tor Stallburggasse 2 Polizisten, den Karabiner umgehängt, und lugten scharf in die menschenleere Straße, obschon das Haus jetzt nur noch Anziehungskraft hatte für Reporter und keine mehr für politische Mörder. Flur und Treppen, sonst finster, waren beleuchtet. Als wollten sie sagen: das Heimlichtun hat keinen Sinn mehr. Die Detektive standen noch alle auf ihren Posten im Innern von Stallburggasse 2. Es war wie Medizinflaschen an einem Totenbett. Der gleiche Mann wie sonst hielt Wache vor des Kanzlers Wohnungstür. Er grüßte in dieser Nacht nicht mit »Guten Morgen«, sondern nur mit einer stummen entschuldigenden Geste, zu der der Text etwa gelautet hätte: »Ich kann nichts dafür.« Wortlos begleitete er mich ein Stückchen die Treppe hinauf. Der Hahn, den Herr Büff nebst zwei Kaninchen in der Bodenkammer des sechsten Stockwerks hielt, wurde wach und krähte.

Höhnisch, wie mir schien.

DER ÖSTERREICHER

Ein Nachruf

Friedrich von Schiller, Deutscher durch Zufall der Geburt, Weltbürger aus Überzeugung, dichtete:

Der Österreicher hat ein Vaterland
Und liebt's und hat auch Ursach', es zu lieben.

In der Tat, der Österreicher hat Gründe, sein Vaterland
zu lieben – abgesehen von dem subjektiven Grund, daß
es eben sein Vaterland ist. Natur hat schöne Kulissen gestellt für die österreichische Szene, Teile der österreichischen Landschaft sind einzigartig in ihrer Mischung von
lieblichen und großartigen Aspekten. Das Bauwerk der
österreichischen Städte zeugt für den Formensinn, die
Schönheitsfreude der Leute dort. Die Saat der Kultur
schlug immer leicht Wurzel auf Österreichs Erde, in seinem geistigen Klima behagte es Künsten und Wissen-
schaften, fühlte Musik sich recht wie zu Hause.

Der Mehrheit österreichischer Menschen eigentümlich – ihr »größtes gemeinschaftliches Maß« – war die
Begabung, dem Dasein die hellen Seiten abzugewin-
nen, die Neigung, auch das Schwere leicht zu nehmen.
Nicht zu leugnen, daß diese angenehmen Qualitäten
sich zuweilen unangenehm manifestierten: als Bereit-
willigkeit, die Dinge laufen zu lassen, wie sie laufen; als
bewußtes Verkennen einer Gefahr, um nicht von dem
Problem, wie sie abwenden, belästigt zu werden; als
Trägheit des Herzens, versteckt hinter liebenswürdiger
Wurschtigkeit.

In Österreich, ehe es im großdeutschen Wolfsrachen
verschwand, galt der Grundsatz: »Leben und leben lassen.« Die Erziehung zur preußischen Maxime: »Sterben
und sterben lassen«, machte dort erst gute Fortschritte,
als das Land, durch die Impotenz seiner bürgerlichen
Politiker dem Verhungern und Verfaulen ausgeliefert,
dem Tod keinen Lebenswillen mehr entgegenzusetzen

hatte. Vom Himmel und den irdischen Mächten, Groß-
mächten, verlassen, schloß es Kompromisse mit dem
Teufel und wurde am Ende von ihm geholt. Vermutlich
allerdings wäre das auch geschehen, selbst wenn die gutgesinnten Österreicher sich gegen ihn so heroisch zur
Wehr gesetzt hätten wie 1934 die bewundernswerten
Wiener Arbeiter gegen den Miniaturdiktator im eigenen Land. Was der Höllenfahrt Österreichs ihre besonders grausige Note gab, war, daß sie von vielen so jubi-
lant angetreten wurde, als ginge es schnurstracks ins
Paradies. Ein Schauspiel, noch trister dadurch, daß die
Kirche ihm ihren Segen gab. Der Sub-Stellvertreter
Gottes auf österreichischer Erde, Kardinal Innitzer,
zeichnete am 13. März 1938 seine Proklamation an das
österreichische Volk mit der Schlußwendung: »Heil
Hitler!« 48 Stunden früher hätte es noch geheißen
»apage Satanas«.

Der Österreicher, wie er vor seinem temporären Untergang war, hatte Widerwillen gegen Automatisierung
und Uniformierung des Daseins. Der »tierische Ernst«,
den der echte deutsche Mann auch in der Behandlung
und Erledigung von Kleinkramproblemen zeigt, war
ihm wesensfremd. Er hatte Witterung für das Komische
im Pathetischen, das Lächerliche im allzu Selbstbewuß-
ten. Er hatte Sinn und Sympathie für alles, was mit dem
Zeichen »Grazie« geprägt erscheint. Das Ungezwun-
gene sagte ihm mehr zu als das Steife, Formale.

Die Methoden des Österreichers, sich mit dem Leben
und seinen Zumutungen abzufinden, wurden mitbe-
stimmt von einer instinkthaften Ahnung des Komödi-
schen in diesem. Darüber, daß »das Leben ein Theater«
sei, waren gebildete und ungebildete Österreicher einig.

Man hat ihnen deshalb zu Zeiten, in Umkehrung des Tatbestandes, nachgesagt, das Theater sei ihr Leben. In Österreich ließen sich die Leute Zeit, auch wenn sie keine hatten. Sie unterbrachen gern den Stromkreis der Arbeit, des Geschäfts, in den sie eingeschaltet waren, um zwischendurch ein wenig Privatleben zu führen. Hieraus zum Teil erklärte sich die österreichische Gemütlichkeit, die nicht nur, wie Mißgünstige meinen, als ein Produkt langer Aufzucht durch Mehlspeisen, heurigen Wein und adäquate Literatur anzusehen war.

Der Österreicher, wenn er betrunken war, wollte die ganze Welt umarmen; der germanische Bruder, im gleichen Fall, sie kurz und klein schlagen. Im März 1938 allerdings und in den Jahren der Vorbereitung zu diesem tragischen Wendepunkt ihres Schicksals haben Österreicher eindruckvollst bewiesen, daß sie Bestien sein können. Zu ihren Schändlichkeiten, an den Juden verübt, mußten die österreichischen Nazis nicht erst kommandiert werden; sie begingen sie aus blankem Spaß an der Sache, mit einer Art von sportlichem Ehrgeiz, in ihr Originelles zu leisten, und zeigten schöpferische Phantasie in der Verschmelzung von Brutalität und Gemütlichkeit. Sie waren keine finsteren Quäler, mißhandelten ihre Opfer nicht mit dem vorerwähnten tierischen Ernst, sondern mit jener Spielart einheimischen Humors, die »Hamur« ausgesprochen wird und so grausig ist wie ihr Name.

Kasernenluft war dem Österreicher niemals, wie der Herrenrasse, Ozon, das das Atmen erst zu einem rechten Vergnügen machte. Freude am Krieg oder gar Idolisierung des Krieges waren strikt wider seine Natur. Seinem Patriotismus fehlte die aggressive Komponente, die die deutsche Vaterlandsliebe so lebensgefährlich macht. Der Österreicher wollte, dies vor allem, »seine Ruhe haben« und ließ deshalb in logischer Ergänzung auch die anderen gern in Ruhe. Eine Folge dieser quietistischen Haltung war es, daß er das Ungewohnte mit Mißtrauen betrachtete und daß ihn das Neue zum Widerstand reizte, auch wenn es das Bessere war. Im Jahre 1809 kämpften die Tiroler heroisch gegen die napoleonische Invasion; wie das vaterländische Geschichtsbuch lehrte: aus Treue zum geliebten, angestammten Herrscherhaus; wie Heinrich Heine meinte: »Weil sie gehört hatten, daß statt eines Herrn im weißen Rock mit roten Hosen sie jetzt einer in rotem Rock mit weißen Hosen beherrschen solle.« 1914 gingen die Österreicher mit kaum größerer Begeisterung in das Schlacht-Geschäft als die gleich ihnen in das Puzzle-Spiel der Monarchie eingeschachtelten Tschechen, Polen, Italiener, Südslawen. Und ihr Schmerz hernach, daß sie den Krieg verloren, wurde so ziemlich kompensiert damit, daß sie eben hierdurch die Republik gewonnen hatten. Denn Untertan zu sein, war dem Österreicher nicht, wie den Angehörigen des Reiches, Herzenswunsch und innerstes Bedürfnis. Seine sentimentalische Beziehung zu dem »alten Herrn in Schönbrunn« galt weit weniger der Figur (und dem, was sie vorstellte) als deren Patina. Das Barometer der Loyalität fiel auch sofort um viele Grade, als ein Jüngerer an die Reihe kam, den Monarchen von Gottes Gnaden zu mimen.

Der Österreicher ist so deutsch, wie seine Donau blau ist. Dies ist sie bekanntlich, obschon das Walzerlied es obstinat behauptet, keineswegs. Sie war es vielleicht einmal . . . in der Idee. Aber nach einer langen Karriere als Strom sieht sie so aus, als hätte der liebe Gott alle Pinsel, mit denen er das Land ringsum bunt bemalt hat, in ihren Wassern abgewaschen.

SONNTAG ABEND

Nach dem Abendessen erzählte Professor Stefan Norman (Hauptwerk: »Österreichisches Patentrecht«) einen Traum.

Ihm hatte vergangene Nacht geträumt, er wäre auf Besuch in der Heimat gewesen, ein paar Privatsachen zu erledigen.

Wien, wie es ihm im Traum erschienen war, hatte unheimlich ausgesehen. Das Gespenst einer Stadt.

»Gibt es noch unsere Straße?« fragte Frau Hildebrand. Die Hildebrands, zu Gast bei Normans am Sonntagabend, waren deren Landsleute und in Wien ihre Nachbarn gewesen.

»Ja. Mein erster Weg war dorthin, das können Sie sich denken.«

»Hat der ›Tortenkönig‹ noch die Filiale an der Ecke?« Die große Konditorei hatte Frau Hildebrand gehört. Jetzt buk sie zu Hause Nuß- und Mohnkuchen für Feinschmecker-Emigranten. Nuß war mehr verlangt.

»Ich weiß nicht, ob die Filiale noch dort ist. Darum habe ich mich nicht gekümmert.«

Frau Hildebrand schien ein wenig gekränkt.

»Wenn Sie wieder träumen, daß Sie in Wien sind, kümmern Sie sich darum«, sagte ihr Mann, »meiner Frau zuliebe.«

Der Professor erzählte weiter von seiner Traumwanderung. Manchmal hatte er geglaubt, einen Freund zu sehen oder einen alten Bekannten. Aber wie er näher kam, zerrannen sie in Luft, und er wußte, daß es Gestalten aus dem Schattenreich waren, die ihm da begegneten. Von den Lebenden kannte er keinen. Erst als er vor sein Haus kam mit dem steinernen Delphin überm Tor und dem fünfhundertjährigen Ahornbaum im Hof, traf er ein ihm wohlbekanntes Lebewesen, Herrn Burger, den alten Portier von Nummer sieben. »Er hatte die Mütze mit der verschlissenen Goldborte auf seinem Kürbiskopf und trug den blauen Anzug von mir und über dem Bauch die Kette, die wir ihm samt der Uhr zu Weihnachten geschenkt hatten.«

»Wir fütterten ihn mit Trinkgeldern und Geschenken«, warf Frau Marie Norman ein. »Am selben Tag, als die Deutschen kamen, hat er uns angezeigt, daß wir über die Nazis schimpfen.«

Der Professor winkte ihr ab, fuhr in seiner Erzählung fort. »Als er mich sah, wurde er weiß wie . . . wie das Zeug da« – er wies auf den Haufen Leinenstreifen, aus denen Frau Norman Kragen nähte für Armstrongs Hemdenreparatur. »Ich zog meinen Revolver. Burger fiel auf die Knie und winselte um Erbarmen. Von fern klangen Schritte und das Singen marschierender Soldaten herüber. Das rettete ihn. Mir wurde wohl zumute bei dem Gedanken, daß der Krieg aus ist und von den Jungens, die da marschierten und sangen, alle heil nach Hause kommen werden. Also, ich verlor die Lust, das Schwein niederzuknallen. Ich steckte den Revolver ein, trat einen Schritt näher an ihn heran. Seine Kugelaugen schielten verzweifelt nach rechts und links, als wollten sie davonlaufen aus der Visage, und wußten nur nicht, in welche Richtung. Er hob ängstlich den Arm vors Gesicht. Ich hieb ihm den Arm herunter.«

Frau Norman fragte: »Hast du dir dabei nicht selbst weh getan?«

»Nein.« Er strich mit der einen Hand über die Fläche der andern. »In der Fabrik ist die Haut hart geworden.« Professor Norman hatte, als es mit den Augen noch besser ging, Leder sortiert bei Mixwell, Lederabfälleverwertung.

Durch die Dritte Avenue ratterte die Hochbahn, die Kaffeetassen auf dem Tisch klirrten, und Herrn Hildebrands Gesicht verzog sich zu einer Grimasse. »Man gewöhnt sich an den Lärm«, sagte die Hausfrau. In Wien hatte sie Paraffinkügelchen in die Ohren gesteckt, wenn die Spatzen im Ahornbaum vor dem Fenster zu lebhaft zwitscherten.

Der Professor nahm seine Erzählung wieder auf. »Wohnt der Herr Neubacher noch in unserer Wohnung? fragte ich den Burger. Ja? Schön. Also du gehst jetzt in die Bodenkammer und hängst dich selbst auf, eh's die anderen tun. Verstanden? Ich gab ihm einen Tritt. Es tut unheimlich wohl, phantastisch wohl. Sieben Jahre ist der Tritt für Burger in meinem Fuß gesessen wie ein chronischer Schmerz. Jetzt ging der Schmerz weg. Ich gab ihm noch mehrere Tritte.«

Ungläubig schüttelte Frau Hildebrand den Kopf. »So etwas sind Sie ja gar nicht imstande, Professor. Nicht einmal im Traum.«

»Hoho, meine Liebe!« Der Zweifel an seiner Brutalität ärgerte ihn. »Ich bin noch ganz andere Dinge imstande. Nicht nur meine Hände sind hart geworden . . .

Wo bin ich stehengeblieben? Ja, also dann sah ich mich in unserer Wohnung. Herr Neubacher war gerade beim Mittagessen, sein kleiner Junge neben ihm.«

»Der berüchtigte Neubacher?« fragte Herr Hildebrand.

»Der Zigarren-Neubacher, ja. So hieß er, weil er den Gefangenen nach dem Verhör seine brennende Zigarre auf die Stirn drückte. Damit er weiß, wer schon dran war.« Der Erzähler machte eine Pause. »Unsern Peter hat er auch verhört.«

Frau Norman schnitt mit der Schere in die Luft, als hinge dort der Lebensfaden des Herrn Neubacher. »Gleich nachdem sie uns verhaftet hatten«, sagte sie, »hat sich das Untier in unsere Wohnung gesetzt und erklärt, das gehört jetzt alles ihm.«

»Die zwei saßen an unserem Tisch«, fuhr der Professor fort, »auf unseren Stühlen, futterten mit unseren Messern und Gabeln aus unseren Tellern. Die mit den Kakadus.«

»Papageien«, korrigierte Frau Norman.

»Kakadus.« Seit vierzig Jahren konnten sie über diesen Punkt nicht einig werden.

»Was immer es für Vögel waren, sie sind fortgeflogen«, sagte Hildebrand. »Was geschah dann, Professor?«

»Sie sahen mich nicht. Neubacher nahm die Serviette aus seinem Halskragen – eine aus der Garnitur, Marie, die uns deine Schwester zur silbernen Hochzeit geschenkt hat –, stand auf, ging ins Zimmer nebenan. Die Bücher waren noch dort, aber mir schien es, als wären sie keine richtigen Bücher mehr, sondern Attrappen, wie man sie auf der Bühne verwendet. Neubacher lümmelte sich in den Lehnstuhl. Er steckte eine Zigarre zwischen die Zähne, zündete sie an. Ich starrte auf ihre glühende Spitze, unser Peter fiel mir ein, ich streckte die Hand aus nach der Zigarre. Er grinste nur. ›Revanche? Machen Sie sich nicht lächerlich!‹ Wie in schöne Erinnerungen versunken, betrachtete er wohlgefällig den glimmenden Zigarrenkopf. ›Spaß an so etwas hat man doch nur‹, sagte er, ›wenn man's zum Vergnügen tut wie wir.‹ Mit Behagen blies er den Rauch aus der Nase.«

»Hat es im Zimmer nicht nach Pech und Schwefel gestunken?« fragte Herr Hildebrand.

»Das ist ja das Teuflische«, erwiderte der Professor, »daß so ein Neubacher nicht der Teufel ist, sondern ein Geschöpf wie Sie und ich, mit einem Herzen, das schlägt, und einem Hirn, das denkt. Ich vertrug den Anblick des Mensch-Teufels nicht. Ich schloß die Augen. Als ich sie wieder öffnete . . ., war er fort.«

Frau Hildebrand fragte: »Das Kind auch?«

»Nein«, sagte Norman, unwillig über die Störung. »Ja, also, er war fort und mit ihm alle äußeren Spuren seiner Existenz in unserer Wohnung. Alles zwischen und an den Wänden war wieder, wie es vor sieben Jahren gewesen, und auf dem Messingschildchen draußen an der Tür stand wieder ›Stefan Norman‹. Aber alles – wie soll ich's erklären? –, alles, selbst die Erinnerungen, die im Raum geisterten, alles war . . . verdorben. Wie eine Speise verdorben ist. Als ob etwas Widriges sich ins Innere der Dinge eingefressen hätte. Mich packte der Ekel, und ich lief davon. Doch überall in der Stadt war's wie in der Wohnung. Straßen und Plätze wie verwunschen. In den Toren der Häuser lauerte Böses, die Regenpfützen im Pflaster schimmerten verdächtig rot, und wenn eine Turmuhr schlug, schnitt jeder Schlag ins

Herz. Weiß Gott, ich war froh, als ich aus dem Traum erwachte.«

Hildebrand nickte. »Ja, ja. Sieben Jahre Nazis – das geht Menschen und Dingen unter die Haut.« Seine Frau fragte: »Was geschah mit dem kleinen Jungen des Neubacher?«

Der Professor, als spräche er nicht gern davon, sah zur Seite, rieb sich verlegen das Kinn. »Ich schoß ihn tot!«

»Nein! Das Kind?«

Der Professor zuckte die Achseln. »Es sah seinem Vater abscheulich ähnlich . . .«

Frau Norman starrte auf ihren Mann.

Als die Gäste gegangen waren, machte sie die Betten. Der Professor las Zeitung. Er griff nach einer Zigarette. »Hör auf mit dem Rauchen«, sagte Frau Norman böse, »die wievielte ist es heute schon?« Sie klopfte überenergisch die Kissen zurecht, und er schob die Zigarette wieder in das Päckchen. Hinter seinem zeitungspapiernen Schild versteckt, schielte er nach ihr hin. »Marie«, sagte er kleinlaut.

»Was willst du?«

»Ich wollte dir nur sagen, ich hab den Jungen nicht erschossen. Das hab ich nur erfunden . . . wegen der Hildebrands. Die halten mich für einen Schwächling.«

Frau Norman hörte auf, die Kissen zu prügeln. »Du bist ein eitler alter Narr«, sagte sie.

»Vielleicht hätt' ich ihn aber erschießen sollen.«

»Ich bin froh, daß du's nicht getan hast.«

»Wird nicht leicht sein, zu entscheiden«, sagte der Professor, »welche von den Kanaillen man umbringen muß. Und was mit der Brut geschehen soll.«

»Gott sei Dank, Stefan, daß nicht wir das zu entschei-

den haben.« Sie räumte ihr Leinenzeug in den Arbeits-
korb, seufzte: »Morgen ist Montag . . .«

Vergangenheit und Zukunft wichen in den Schatten
zurück, aus dem Herrn Normans Erzählung sie heran-
geholt hatte. Die Gegenwart, ein Weilchen in den Hintergrund gedrängt, kam breit wieder nach vorn, allein
die Szene füllend. Die Gegenwart, das war: die enge
Stube, die stickige Luft draußen und drinnen, von der
New Yorker Augustsonne durch und durch gekocht,
das erbarmungslose Geratter der Züge, der Spengler, auf
den das verstopfte Waschbecken schon drei Tage wartete, die Leinenstreifen, die Kragen werden mußten, die
notwendige neue Brille, der Schwarm kleiner Probleme, verdeckend die großen.

Frau Norman stellte den Wecker auf sechs Uhr
dreißig. »Träum nicht wieder solches Zeug.«

»Von der Heimat, meinst du? Hoffentlich nicht.« Er
wischte sich das Feuchte von Stirn und Wangen. »Sogar
aus den Augen schwitzt man.« Das eiserne Rasseln der
Hochbahn dröhnte ins Zimmer. Der Professor hielt sich
die Ohren zu. »Gut, wieder zu Hause zu sein«, sagte er.

EIN JAHR IM STUDIO

Vor etlicher Zeit nahm ein hilfsbereites Film-Studio in
Hollywood ein paar europäische Schriftsteller (ich gehörte zu ihnen) in seine Dienste. Ein durchaus selbstlo-
ser Akt des Studios, denn es brauchte uns in keiner
Weise und wußte, als wir ihm gehörten, mit diesem
seinem Besitz nichts anzufangen. Doch ließ man uns
noblerweise nicht fühlen, wie unnütz wir waren,

machte uns die Stellung als quantités négligeables leicht. So verbrachten wir, von niemand gekränkt, ein Jahr auf dem gastfreundlichen »lot«, zwar nicht beschäftigt, jedoch hierfür bezahlt. Kein idealer Zustand; aber weit besser, als wenn es umgekehrt gewesen wäre.

»Mach' dich so wenig wie möglich bemerkbar!« so lautete der Rat in Studio-Dingen erfahrener Freunde. Und das war auch der Wunsch der Studio-Herren. Sie äußerten ihn nicht in klaren Worten, aber er war ihnen von den Augen abzulesen bei den spärlich gebotenen Gelegenheiten zu solcher Lektüre. Ich darf mir das Zeugnis ausstellen, daß ich redlich bemüht war, der Aufgabe, mich nicht bemerkbar zu machen, nachzukommen. Kein Verdienst, denn sie harmonierte aufs beste mit meinen persönlichen Anlagen und Neigungen.

So wäre das Jahr in ungetrübtem Frieden verlaufen, ohne das Zwischenspiel mit Mr. Bogojan.

Mr. Bogojan, balkanischer Herkunft, hatte in Europa mit dem Verleih von Filmen zu tun gehabt, nichts mit deren Produktion. In Hollywood fand er bei der Firma, für die er im alten Erdteil kommerziell tätig gewesen war, Unterkunft. Aber keine Beschäftigung. Ganz unser Fall also. Das Studio wußte mit Bogojan nichts anzufangen, wie es mit uns nichts anzufangen wußte. Was lag da näher als der Gedanke, diese zerstreut herumliegenden Non-Valeurs zusammenzutun? Das Studio entsann sich des Satzes, daß zwei Verneinungen eine Bejahung ergeben – »Litotes« nennen das die Grammatiker –, und unterstellte unsere Kompagnie der Führung des Mr. Bogojan.

Er war ein guter Mann, ohne sichtbare Flecke an seinem Charakter. Nur hatte er eine lästige Leidenschaft, nämlich: Leidenschaft. Dauernd befand er sich, grundlos, in feurigem Zustand. Wenn er das Gleichgültigste sagte, funkelte doch sein Auge, hatte seine Stimme den Tonfall stürmischer Bewegtheit. Und wenn er schwieg, schwieg er temperamentvoll. Er war wie ein stets straff gespannter Bogen. Ohne Pfeil. Den Filmen, die er uns, zur Einführung in die Kunst der Story-Ersinnung, vorführen ließ, saß er, obschon im Umgang mit pictures alt und grau geworden, in kindlicher Unblasiertheit gegenüber, schluchzend bei den traurigen, von Lachen geschüttelt bei den heiteren Szenen. Und es bedurfte wirklich voller Konzentration auf den vorgeführten Film, um von Gram und Freude, zu denen er unseren Mentor hinriß, nicht angesteckt zu werden. Es war nicht seine Schuld, daß die Inspirationen, die er uns aus eigenen geistigen Beständen zuteil werden ließ, auf unfruchtbaren Boden fielen. »Ein Mann trifft eine Frau« – so beiläufig skizzierte er, flammend, was ihm als dankbarer Film-Stoff vorschwebte – »eine Frau, ein Weib, ein solches Weib« (er ballte die Fäuste) – – – – »und er muß sie haben und – – Sie verstehen – sie ist verrückt nach ihm, aber eben deshalb – – – Sie wissen, was ich meine. – Und da ist eine andere Frau, und – – – also mehr brauche ich Ihnen doch nicht zu sagen – und da folgt dann eine spannende Szene auf die andere – und zum Schluß nimmt das Ganze eine Wendung – – – – eine Wendung . . .« (er knirschte mit den Zähnen) »– – Sie wissen, was ich meine?«

Bogojan erlebte Enttäuschung über Enttäuschung an seinen hoffnungslosen Zöglingen. Die Gefühle, mit denen er uns schließlich von der Lohnliste scheiden sah, mögen wie die eines Feldherrn gewesen sein, dessen hohe strategische Pläne nur an der elenden Truppe gescheitert sind.

Ich hatte die Chance, noch anderen interessanten Figuren des Studios zu begegnen.

Da war z. B. der freundliche Mann, der am Nebeneingang, durch den ich das Studio betreten und verlassen mußte, Wache saß. Sein Gruß hatte gleich am Tag meines ersten Erscheinens einen solchen Beiklang wissenden Mitgefühls, als sähe er schon den meines letzten herandämmern. Und als dieser letzte Tag gekommen war, wußte er's. Sein Herz mag es ihm zugeflüstert haben; oder vielleicht das für Torwache-Angelegenheiten zuständige Department. Ich will lieber an die rührende Version glauben, daß es sein Herz gewesen war. An diesem Tag zum erstenmal sagte er nicht: »nice day« oder »nasty day«, wie sonst jeden Tag, zur Begrüßung, sondern er sagte gar nichts. Wie taktvoll! Denn »nice day« hätte wie Ironie geklungen, und »nasty day« wie peinliche Anspielung.

Und da war der bezaubernde Negerknabe, der immer um 12 Uhr mittags, nach Schluß der Filmkinderschule, an meinem Fenster vorbeikam, und zwar fast jeden Tag mit einem anderen Hut auf dem Kopf. Er besaß – keiner, der meine Aufzeichnungen darüber, ein Jahr hindurch geführt, einsieht, wird das bestreiten wollen – die größte Anzahl von Hüten, die je ein Negerkind in den Vereinigten Staaten besessen haben mag. Hüte von verwirrender Vielfalt der Form, Farbe und des Materials. Der graue, hohe aus Filz mit dem schottischen Band wurde mein erklärter Liebling.

Dann die Stars. Sie sind, anders als die ebenso genannten Himmelskörper, auch bei Tageslicht deutlich sichtbar. Und unterscheiden sich von jenen noch dadurch, daß man sie nicht nur entdecken, sondern auch erfinden kann. Stars leiden sehr an ihrer Popularität. Das Interesse, das ihnen gilt, würde sie zur Verzweiflung treiben, wäre nicht ihre beständige, tiefe Angst, es könnte aufhören.

Die Gelegenheit sei nicht versäumt, der vielbemühten Spezies der Studiosekretärinnen Anerkennung zu erweisen. Es sind ungemein liebenswerte, gefällige und geduldige Geschöpfe, wunderbar immun gegen Stories und Screenplays, deren Verblödungs-Giften ihr Verstand zumindest vierzig Stunden in der Woche ausgesetzt ist. Geistige Samen der Studio-Dichter und -Denker aufnehmend und weitertragend, erfüllen sie im Bezirk der Filmschöpfung eine ähnlich verdienstvolle Funktion wie im Pflanzenreich die Schmetterlinge und Bienen, die sich dort als Pollensammler und -übertrager nützlich machen.

Als exemplarische Studio-Figur bewahre ich in Erinnerung den begabten und erfolgreichen Kollegen, der, obschon bei den obersten Lenkern der Filmplantage bestens angeschrieben, um seinen Job zitterte. Das taten und tun, mit höchstem Recht, alle anderen auch. Aber das Tremolo des Kollegen war pausenlos. Es hielt die Luft um ihn, als wäre sie erwärmt, in beständiger leiser Schwingung, die, nach den Gesetzen der Wellenbewegung sich fortpflanzend, auch das Nervensystem der in der Nähe Befindlichen zum Vibrieren brachte. Er verhielt sich zu den Schicksal-bestimmenden Personen des Studios wie ein kluger Atheist zu Göttern, von deren Gottheit er nicht überzeugt ist, denen er aber, aus Vorsicht, jedenfalls opfert. Er befruchtete den Produzenten, für den er arbeitete, ihn hierbei in der Täuschung lassend, daß er seinerseits von ihm befruchtet werde. Er praktizierte ihm die Einfälle, die er selbst hatte, listig in die Tasche und empfing sie von dort als Originaleinfälle des Vorgesetzten dankbar wieder.

Der Produzent mochte ihn gut leiden.

Es geschah einmal, daß der Oberste des Studios in der Tür zum Speisesaal erschien. Auf den Kollegen wirkte die Erscheinung zugleich elektrisierend und lähmend. Ein Ausdruck gehemmter Ehrerbietung trat in seine Züge, er pflanzte Messer und Gabel senkrecht auf den Tisch hin wie »Habt Acht« stehende Schildwachen und saß stramm. Was anders konnte er unter den gegebenen Umständen für den Chef tun?

Gewiß, überall in heutiger Zeit und Welt, wo Arbeit ein Glücksfall ist und kein selbstverständlicher Anspruch, wird um den Job gezittert. Aber nirgendwo so heftig wie in Hollywood. Daher kommt es wohl, daß in dieser Gegend, in der Erdbeben nichts Seltenes sind, sensitive Leute oft ein solches verspürt haben wollen, auch wenn keines stattgefunden hat.

Hollywood ist ein Paradies, über dessen Tor geschrieben steht: »Laß, der Du eintrittst, alle Hoffnung fahren.« Das ist aber in Kalifornien nicht so einfach. Der Pessimismus braucht dort eine Weile, um sich gegen den Optimismus durchzusetzen, zu dem Klima und eine von Schaffenslust überquellende Natur verleiten. In Kalifornien blüht der Rosenstrauch viele Male im Jahr. Hollywoodisch gesprochen: wenn eine Story, die er produziert hat, ungepflückt verdorrt ist, beginnt er sogleich an einer neuen zu arbeiten.

MÜNCHNER PROZESSE

I. Mathilde Ludendorff

Die Szene ist ein mittelgroßes, zweifensteriges Zimmer. Hinter Tischen mit Stößen von Büchern und Schriften: das zur Durchführung eines Gerichtsverfahrens nötige Personal. Mehrere Reihen von Stühlen, auf ihnen Herren von der Presse und Publikum. Durch den Raum, in dem mehr Menschen sind, als er faßt, vermögen trotzdem Photographen mit ihren Apparaten sich durchzuschlängeln, koboldhaft bald hier, bald dort, hic et ubique. Die Fenster sind geschlossen. Ein eisernes Öfchen, Kohle-überfüttert, speit Glut. Alles schwitzt. Vor dem Richtertisch ein einzelner Lehnstuhl. In ihm sitzt die Hauptperson des Schauspiels: Dr. med. *Mathilde Frieda Karoline Ludendorff*, Witwe Erich Ludendorffs, deutschen Feldherrn im Ersten Weltkrieg und als dessen Verlierer anerkannt.

Frau Ludendorff, Philosophin und Forscherin, muß sich hier, vor einer sogenannten »Spruchkammer«, gegen die Anschuldigung verteidigen, zur Verdummung und Verrohung ihrer Landsleute (im Sinne des nationalistischen Programms) Wesentliches beigetragen zu haben. Ort der Handlung: München. Zeit: heute.

Die Angeklagte ist zweiundsiebzig, entsprechend grau, bebrillt. Besondere physiognomische Merkmale: keine. Versuche, selbst gehässige, etwas nur diesem Gesicht Eigentümliches aus ihm heraus oder in es hinein zu lesen, scheitern. Mit einem Paß-Photo der Mathilde Ludendorff könnte jede Frau oder jedes Weib ihrer Altersklasse reisen. Militantes ist nichts in der Erscheinung der Generalin, es sei denn der schwarze Hut mit breiter, flacher Krempe, der aussieht wie ein Soldatenhelm aus

Tuch. Zuweilen schiebt ihn Frau Ludendorff aus der Stirn ins Genick. »Offenes Visier«, sozusagen. Der Vorsitzende, wenn er von der Angeklagten in der dritten Person redet, gebraucht den unpersönlichen, distanzierenden Ausdruck: »die Betroffene«.

Als Betroffene im anderen Sinne des Wortes, d. h.: als Bestürzte, Perplexe, zeigt sich Frau Ludendorff in keinem Augenblick. Eingesponnen in das dickfädige Gewirr ihrer Lehren und Erkenntnisse, bleibt sie Einwänden gegen diese unzugänglich. Ihr Sprachorgan ist kräftig, hält die stundenlange, pausenlose Tätigkeit, die seine Besitzerin ihm abnötigt, besser durch, als die Zuhörer, und ist noch keineswegs fertig, wenn diese schon längst es sind. Zuweilen spricht sie mit etwas Tremolo der Rührung (über sich selbst) in der Kehle, doch sonst ganz unbefangen, ohne Störung und Hemmung vor dem Absurden, durch das ihr Gedankengang (wenn man das so nennen darf) führt.

Sie bedient sich des Vokabulars der Gebildeten. Aber Vortrag und Tonfall sind die einer Kartenaufschlägerin. Einer Wahrsagerin vom Rummelplatz. Man merkt, Frau Ludendorff ist an Kundschaft gewöhnt, die es nicht so genau nimmt mit Sinn oder Unsinn, und deren Verstand prädisponiert ist für die Nahrung, die sie ihm zuträgt. Es ist die gleiche geistige Nahrung, durch deren methodische Verabreichung dem Nationalsozialismus in großem Stil das Experiment geglückt ist, Menschen in Raubtiere zu verwandeln.

Unter den Erkenntnissen, die Frau Ludendorff, Wahrheits- und Gottsucherin, ihrem Volk verkündete (zum Teil auch der Münchner Spruchkammer vortrug), sind die folgenden:

Jüdische Bankiers in Amerika waren es, die Hitler mit Hunderten von Millionen Dollars unterstützten, damit er zur Macht kommen und Frankreich zerschlagen könne, zum Nutzen der satanischen Finanzpläne jener Bankiers.

Die Juden haben deutsche Studenten das Saufen gelehrt, um so Kraft und Gesundheit der germanischen Jugend zu zerstören; und die Klöster haben dabei mitgeholfen durch Gründung von Schnapsfabriken und Brauereien.

Konkurrieren mit diesen Erkenntnissen der Betroffenen kann die eines ihrer juristischen Ratgeber, welche lautet:

»Wir wissen heute, daß der Ausbruch des Weltkrieges im Jahre 1914 bereits 1889 von einem Kongreß von Juden und Freimaurern beschlossen wurde, weil das Jahr 1914 durch seinen kabbalistischen Zahlenwert für die Begründung der Weltherrschaft der Juden besonders geeignet war.«

Es gibt manche, die glauben, Frau Ludendorff glaubt, was sie schreibt und sagt, und daß man also auf das Vorhandensein weicher Stellen in ihrem Gehirn schließen darf. Andere meinen, die Betroffene sei schlechthin eine bösartige Kreatur, besessen von Geltungsgier und einem Haß, der sie erfinderisch macht.

Eine mittlere Linie zwischen diesen beiden Ansichten dürfte das Richtige treffen. Immerhin, das Buch der Mathilde Ludendorff »Vom heiligen Quell deutscher Kraft« (10 Bände) erreichte eine Auflagenhöhe von 80 000 – nur Papiermangel verhinderte eine weitere Steigerung –, und die Zahl der Anhänger ihrer »völkischen Idee« ging, und geht wohl auch heute, in die vielen Hunderttausende. All diese guten Deutschen schluckten den Trank aus Spülwasser und Gift, den Frau Ludendorff braute, und gerieten durch sie in Stimmung: In die rechte Stimmung zur Verübung, Förderung oder zumindest herzhaften Billigung der schandhistorisch gewordenen Taten, die den deutschen Namen vor Gott und Menschen widerwärtig machten.

Während meiner paar Stunden als Zuhörer im Ludendorff-Prozeß wurde ich ein Gefühl der Beklemmung nicht los, das durch das höllisch überheizte Öfchen allein nur teilweise zu erklären war. Später erst, draußen, in der kühlen trockenen Luft dieses gnadenreichen Herbstes, kam ich jener Beklemmung auf den Grund. Nämlich was sich in dem kleinen Münchner Zimmer abspielt, ist ein *Hexenprozeß*. Ein Hexenprozeß, heißt das, *mit vertauschten Vorzeichen.*

Hier ist es das Tribunal, das an den Teufel nicht glaubt, und die Angeklagte ist es, die auf ihm besteht, wie darauf, daß sie eingeweiht ist in seine sinistren Geheimnisse. Hier weiß das Gericht nichts von höllischen Praktiken zur Zerstörung von Geist und Körper der Christenmenschen, indes die Angeklagte über solche Praktiken eine ganze Menge weiß, vertraut mit ihnen wie der Fromme mit dem Katechismus. Hier beweist die Angeklagte zweifelnden Richtern, daß sie Umgang (wenn auch feindlichen) mit Dämonen und bösen Geistern hat – nur erscheinen ihr diese unter dem Pseudonym »überstaatliche Mächte«. Dies alles heute im Zeitalter der unaufhaltsamen Eroberungszüge des Denkens und Wissens tief hinein ins Feindesland der Ignoranz und Dummheit.

Was für ein Schauspiel, dieser Ludendorff-Prozeß. Ein Stück Finsternis am hellen Tag. Es roch nach Scheiterhaufen und Inquisition. Der Inquisitor allerdings, durch ein Versehen vielleicht, saß nicht im Richterstuhl, sondern auf dem Platz des Angeklagten. Im Verhandlungszimmer aber und ebenso draußen, überall rundum, war: 1949 nach Christi. Reiten die Hexen heutzutage noch auf Besen? Und wenn, auf Besen mit Raketenantrieb?

II. Leni Riefenstahl

Am gleichen Tag wie der im vorigen Artikel geschilderte Prozeß Ludendorff wurde in einem anderen, richtigen, Münchner Gerichtssaal verhandelt über eine Klage der Frau Leni Riefenstahl. Durch einen Zeitungsartikel, der ihr galt, fühlte sich die Filmstütze des Dritten Reichs, diesem auf Gedeih (wenn auch nicht auf Verderb) treulichinnigst verbunden, in ihrer Ehre gekränkt. Bei der Riefenstahl-Verhandlung ging es viel gemütlicher zu, als in der gespenstigen Atmosphäre des anderen Prozesses. Als ich hinkam, stand gerade zur Debatte, ob – wie der Zeitungsartikel behauptete – Leni Riefenstahl die Konzentrationslager-Häftlinge, die in ihrem Film »Tiefland« statieren mußten, selbst ausgesucht oder ob ein anderer dieses Geschäft für sie besorgt hatte. Die Meinungen darüber gingen auseinander. Aber allseits unbestritten blieb, daß jene Statisten, Frauen und Kinder unter ihnen, nicht lange nachdem sie noch die Freude gehabt hatten, der Riefenstahlschen Filmkunst dienen zu dürfen, in den Gasofen verfrachtet wurden.

Die Erwähnung dieses für den Prozeß freilich bedeutungslosen Details störte nicht die gute Stimmung im Saal, das Thema: »Konzentrationslager-Häftlinge als

Filmstatisten« bot gewisse heitere Aspekte, Aussagen von Zeugen, die sich schlecht erinnerten, führten zu manchem komischen quiproquo, alles lächelte, auch Leni Riefenstahl, deren Vogel-Profil hierbei etwas von seiner Schärfe verlor.

Aber selbst in diesen beschwingten Minuten wich die Kälte nicht aus Blick und Mienen der Frau Riefenstahl. Sie hatte früher viel mit Gletscherfilmen zu tun gehabt, und von dorther mag das Frostige in ihrem Antlitz geblieben sein.

Hernach kam zur Sprache, daß der Film »Tiefland« $4^{1}/_{3}$ Millionen Reichsgelder verbraucht hat. Einiges, was zu diesem Thema gesagt wurde, veranlaßte Frau Riefenstahl, für Augenblicke eine trotzige Haltung einzunehmen. Aber wirklich, sie hatte keinen Grund zum Schmollen, denn alle waren charmant zur ihr, auch der Gegner, auch der Richter. Und mit Teilnahme lauschte der ganze Saal ihrer Erklärung, wie nur am Führer die Goebbelsschen Intrigen gegen sie scheiterten. Der Führer hielt große Stücke auf Leni Riefenstahl, und Leni Riefenstahl große Stücke auf den Führer. Sie ging (diesen Eindruck vermittelten ihre Darstellungen) ein und aus bei Hitlern, er brauchte ihre Talente, und war da, wenn sie ihn brauchte. Nennt sie seinen Namen – und sie nannte ihn sehr oft während der Verhandlung –, ist es, als zerginge etwas Süßes in ihrem Mund. Von Goebbels hingegen redet sie mit Bitterkeit. Die Schulter, die er ihr zeigte, war kalt. Unbegreiflich – aber er schien ihr nicht gewogen. Warum eigentlich nicht, und warum unter allen Damen seines Film-Reviers gerade ihr nicht? Darüber schwieg die Künstlerin leider. Und so dürfte die wunderliche Caprice des Propagandaministers unaufgeklärt bleiben, bis vielleicht (für später wohl zu erhoffende) Memoiren der Frau Riefenstahl sie enträtseln werden.

Der Prozeß endete mit der Verurteilung des angeklagten Journalisten Dr. Kindler zu 600 DM Geldstrafe. Er hatte für zwei Pünktchen seines punktereichen Artikels keinen strikten Wahrheitsbeweis erbringen können.

Um das weitere Schicksal der Riefenstahl braucht niemand bange zu sein: Ihre Taschen, so erzählte sie im Gerichtssaal, sind voll von Filmverträgen mit dem Ausland. Mit Argentinien, zum Beispiel. Oder mit Spanien. Und Sympathie, Beschäftigung, Geltung, Erfolg im Deutschland von heute verbürgt ihr die Aura des Deutschland von gestern, die um ihr Haupt ist.

Die vortrefflichen Beziehungen, in denen sie zu den Nazis stand, sichern ihr ebensolche Beziehungen zu deren Nachfolgern. Und die Sache vereinfacht sich noch dadurch, daß ja zumeist diese Nachfolger mit jenen Vorgängern identisch sind. Viele nämlich, die unter dem Regime des Hakenkreuzes auf einflußreichen Posten saßen, sind von ihren Stühlen nur aufgestanden, um sich selbst Platz zu machen. Über diese deutsche Zeiterscheinung (die sehr komisch wäre, wäre sie nicht sehr unheimlich) hat der pedantisch gewissenhafte, zuverlässige Drew Middleton, Korrespondent der »New York Times«, diese seine höchst lesenswerten, mit genauesten statistischen Daten unterlegten Berichte publiziert. In ihnen spiegelt sich die Stellung des *gegenwärtigen* Deutschland zu dem jüngst vergangenen deutlich wider. Fast so deutlich wie in dem Ausruf des klägerischen Anwalts im Prozeß gegen Herrn Dr. Kindler: »Die Nation kann stolz sein auf Leni Riefenstahl!«

CORA

Ende August 1940 kamen die vier Freunde in das Hafenstädtchen Cerbères an der Südostspitze Frankreichs. Dort empfing sie schlimme Neuigkeit: Spanien hatte seine Grenzen gesperrt. Peter Szyk, ehemals Offizier der polnischen Armee und von den drei anderen wegen seiner Energie als Kommandant ihres Fluchtunternehmens anerkannt, entschied: »Wir warten hier, bis die Grenze wieder offen ist.«

»Mein Gott, wann wird das sein?« stöhnte Doktor Lamberti, Arzt aus Wien, und schluckte eine der kalmierenden Pillen, die er lose in der Tasche trug. »Inzwischen laufen unsere Visa ab!«

Szyk nahm seine Badehose aus dem Rucksack: »Vorerst einmal gehe ich schwimmen. Ihr sucht inzwischen Quartier.« Die Badehose war rot, und zum Strand hinuntersteigend, schwenkte er sie überm Kopf wie eine Fahne. Helene, die Frau des Arztes, wünschte sich Szyks Nerven.

»Was Sie seine Nerven nennen«, sagte Prosper, »dankt er der Kurzsichtigkeit seiner Phantasie, die ihn alle Gefahren nur wie im Nebel sehen läßt, als Phantome von Gefahren.« Leo Prosper, Soziologe von Beruf, ältester der vier, über fünfzig und dicklich von Statur, liebte, obschon knapp an Atem, auch im Gespräch weitläufige Sätze.

Die Freunde fanden Unterkunft bei einem Weinbauern hügeloben. Die Trauben dort hingen schon in Riesenbüscheln, à discretion für Vögel und Menschen. Sogar für Emigranten. In der Bucht ruhte das Wasser, blau wie Quints Füllfedertinte, von den Strapazen als offenes Meer. Der Schatten einer Felswand fiel in die Bucht und fiel in die Gemüter der Flüchtlinge. Über diese hohe Mauer, hinter der Spanien war, mußten sie, stand die Grenze wieder offen. Frau Lamberti blieb trotzdem nicht unangerührt vom Zauber der Landschaft und von deren großartigem Abschluß durch die Bergwand. In ihren drei Fluchtkameraden allerdings war im Sommer 1940 die Empfänglichkeit für Naturschönheiten herabgesetzt. Das Auge nahm sie auf, aber die Leitung von dort weiter ins respondierende Gefühl schien gestört.

Eine Woche dauerte es, ehe die Spanier ihre Grenzsperre aufhoben. Szyk nützte die Tage zu Verhandlungen mit wegkundigen Cerbèresen. Dem Doktor Lamberti halfen seine Pillen über die quälende Spannung der Wartezeit hinüber. Frau Lamberti hatte die Natur. Und Prosper »Cora«.

»Cora oder die Freiheit« war das Manuskript einer soziologischen Studie, zweihundertsiebenunddreißig Schreibmaschinenseiten, in grüne Pappe geheftet. Auf mehreren abenteuerlichen Grenzübergängen und durch halb Frankreich schon hatten sie ihren Verfasser begleitet, an seiner Brust geborgen zwischen Haut und Hemd. Mit der Zeit war so eine Bindung an das Heft im grünen Umschlag eine noch innigere geworden als die übliche des Autors an sein Werk. Sie nahm abergläubischen Charakter an. Prosper kam zu der Überzeugung, daß nicht er sein Manuskript durch so viele Gefahren gebracht habe, sondern das Manuskript ihn. In Cerbères trennte er sich selten von dem Heft. Wenn er nicht in ihm blätterte, hielt er es unter den Arm geklemmt oder saß auf ihm. Nachts schlief Cora an seiner Seite.

Der Mann, der es unternahm, die Freunde durch die französische Kontrolle zu lotsen, Monsier Roupignolles, war ein ehemaliger Polizeibeamter des Hafenstädtchens, eine populäre Figur dort. »Le bandit« war sein Spitzname. Den Flüchtlingen gegenüber zeigte er sich aber als korrekter Räuber; er nahm von ihnen nicht mehr Geld, als sie hatten. Kommissar Marcel von der Berggrenzwache (so instruierte er sie) wird die Pässe prüfen und das Fehlen des Ausreisevisums übersehen. Marcel, ein gutes Omen, ist auf einem Auge blind, über ihm trägt er eine schwarze Binde. Nächsten Mittwoch, um acht Uhr abends pünktlich, erwartet er Roupignolles' Schützlinge. Zu dieser Stunde hat nämlich der andere Paßbeamte der Bergstation seine Belottepartie mit dem Gendarmeriekapitän und ist froh, wenn man ihn hierbei nicht stört. Wer das Gepäck untersuchen würde, konnte le bandit nicht sagen. Jedenfalls riet er eindringlich, nichts mitzunehmen, was zu Debatten mit dem Gepäckprüfer, also zu längerem Aufenthalt an der Grenze führen könnte. Vor allem nichts in fremder Sprache Gedrucktes oder Geschriebenes, Briefe, Schriften, Dokumente oder dergleichen.

Lamberti zerriß sein Doktordiplom der Universität Wien und das um vieles Geld erworbene Falsifikat der Einwanderungserlaubnis in den Belgischen Kongo, das er gern als Kuriosität bewahrt hätte. Szyk vernichtete sein polnisches Offizierspatent. Blatt für Blatt löste Frau Lamberti die beschriebenen Seiten aus ihrem Tagebuch, ballte sie zu einem Knäuel und warf ihn in die tintenblaue Bucht. Prosper, »Cora« im Schoß, sah verstört drein.

»Lieber Freund«, sagte der Doktor, »wir alle haben

uns von vielem trennen müssen, woran unser Herz hing . . . Und übrigens, wenn wir drüben sind, schreibst du dein Buch einfach noch einmal. Du kennst es ja Wort für Wort auswendig.«

Doch Prosper lehnte ab, sich von »Cora« zu trennen. »Mensch«, rief Szyk, »es muß sein. Du hast den Banditen ja selber gehört!«

»Ich bin mit meinem Manuskript noch über jede Grenze gekommen.«

»Da stand nur dein eigener Kopf auf dem Spiel. Wir denken nicht daran, alles zu riskieren wegen . . .« In seiner Erregung beendete er den Satz polnisch.

Frau Lamberti machte einen Vermittlungsvorschlag. Sie riet, das Manuskript, entsprechend gegen Feuchtigkeit geschützt, unter dem schönen Eukalyptusbaum hinterm Haus in die Erde von Cerbères zu senken. Dort sollte es friedlichere Zeiten und Prospers Wiederkunft abwarten. Sie stellte eine Holzschachtel, in der früher Toilettenseifen gewesen waren, zur Verfügung. Nach langem Widerstand akzeptierte Prosper Vorschlag und Schachtel. Nur wollte er das grüne Heft nicht im Ort vergraben, sondern auf dem Berg oben, neben der Felsennische mit dem Bild der heiligen Genoveva. Die Nische war ein Merkzeichen, leicht wiederzufinden, und die heilige Genoveva eine verläßliche Schutzpatronin. Schon einmal, im fünften Jahrhundert, hatte sie die Hunnen verjagt, aus Paris, wo sie jetzt wieder saßen.

Spätnachmittags an dem von Roupignolles und Marcel festgesetzten Datum traten die vier ihren Schicksalsweg zur Grenze an. Bei der Felsennische machten sie halt. Von hier hatten sie weiten, für ihre Zukunftsmöglichkeiten symbolischen Ausblick: fern oben die Fahne wehte über dem Haus der französischen Grenzwache; das weiß ummauerte Quadrat am linken Hang war der Friedhof von Cerbères; rechts unten aber, die gedrängte Schar staubgrauer Steinwürfelchen mit Fenstern, das war schon Port Bou. Spanien. Dahinter sahen die Freunde, wenn auch nicht mit dem körperlichen Auge, Portugal, und noch ein paar tausend Meilen weiter hinten: Amerika.

Langsam zog die Sonne das Ende ihrer Lichtschleppe vom Gipfel. »Hier oben«, sagte Frau Lamberti, »hat der Untergang der Sonne nichts Schwermütiges.« Der Doktor schluckte eine Pille: »Sie hat es leicht, nicht schwermütig zu sein! Geht über die Grenze, wie sie will.« »Und nimmt ihr Licht mit sich«, murmelte Prosper.

Er setzte den Rucksack und die Schachtel, in der das grüne Heft war, nieder. Mit der eisernen Spitze seines Stocks tastete er die Erde ab nach einer Stelle, wo sich's leicht graben ließe. Aber so weit und so gründlich, anscheinend gründlich zumindest, er suchte, überall war der Boden unnachgiebig steinern. Keine Höhlung ließ sich aus ihm schaufeln, tief genug für die Schachtel.

Ratlos blickte er auf die Freunde. In den Gesichtern des Ehepaars verschwanden die Zeichen der Teilnahme hinter denen der Unruhe und Nervosität. Szyks Mienen waren hart wie die Felsblöcke von Cerbères. »Mach Schluß! Höchste Zeit, daß wir gehen!«

»Wo soll ich es jetzt hintun?«

»Leg es zwischen die Steine dort! . . . Oder in den Graben!«

Prosper sah auf die Steine, in den Graben, und schüttelte den Kopf.

Im Tal wurde es schon dunkel. »Er bringt es nicht übers Herz«, flüsterte Frau Lamberti.

»Aber ich«, sagte Szyk, griff die Schachtel mit »Cora« und schleuderte sie in weitem Schwung über den Abhang. Sie verschwand nach kurzem Gepolter tief unten in Buschwerk und Finsternis.

Frau Lamberti stieß einen kleinen Schrei aus, als Prosper zum Wegrand stürzte und abwärts zu klettern begann. Er stolperte, ruschte eine Strecke, blieb liegen. Szyk und der Doktor halfen ihm auf die Beine und langsam den Hang hinauf. Er hinkte.

Vom Hafen her kam, melancholisch gedämpft, das Läuten der Kirchturmglocke. Acht Uhr. Um diese Stunde hätten sie bei der Grenzstation sein sollen.

Sie gingen jetzt im Eilmarsch. Schweigend. Prosper, trotz seinem verletzten Knie, hielt das Tempo.

Ein Auto, die schmale Serpentine hinabkommend, zwang sie an den Rand des Wegs. Im Fond des offenen Wagens saß, die Füße auf dem Rücksitz gegenüber, ein Mann in Ziviltracht, Zigarre zwischen den Zähnen. Auf dem anderen Rücksitz balancierte einer in französischer Uniform, schief vorgebeugt. Mit der hohlen Hand schützte er das brennende Streichholz, das seine andere vor die Zigarre des Zivilisten hielt.

Ein paar starre Sekunden folgten die Blicke der Wanderer dem Auto. Lamberti tupfte die plötzliche Nässe von seiner Stirn: »Das war ein Deutscher!«

»Stimmt«, sagte Szyk. »Der Mensch kommt gewiß von Spanien herüber.«

»Warum glaubst du, daß es ein Deutscher war?« fragte Frau Lamberti.

»Hast du nicht gesehen, wie der Franzose dagesessen ist?«

Es war schon Nacht, als sie zu der kleinen Kaserne kamen, von der die Fahne der Pétain-Miliz wehte. Ihr Tuch knatterte mißtönend im Abendwind. Der Soldat, der die Grenzschranke bediente, nahm den vieren, völlig uninteressiert an Sache und Personen, die Pässe ab und ging damit ins Haus.

Der sie ihnen wiederbrachte, trug eine Binde überm rechten Auge.

Doktor Lamberti, Sprecher der vier, bat um Entschuldigung, daß sie später erschienen seien, als mit Monsieur Roupignolles verabredet war: »Der Kamerad hier hatte das Pech, auf dem Weg zu stürzen, und wir mußten . . .«

»Pech?« Des Kommissars freies Auge blinzelte vergnügt. »Wenn ihr früher gekommen wärt, hättet ihr die Inspektion getroffen. Kaum eine halbe Stunde, daß die Herren weg sind.«

»Das Auto . . .? Mit dem Deutschen . . .?«

»Ces sales bêtes!« sagte der Kommissar. »Ces canailles répugnantes!« und klatschte eine Stechmücke von seiner Stirn weg. »Wenn man nicht raucht, fressen sie einen auf.« Die Freunde gaben ihm ihre Päckchen »Gauloises bleues«, ein Schatz in Cerbères, September 1940. Die Fahne auf dem Grenzhaus knatterte melodisch im Abendwind.

Ein paar Minuten weiter bergauf war die Erde, über die sie gingen, nicht mehr französische Erde. Die Steine, nicht weniger scharfkantig als die Steine drüben, machten dennoch dem Fuß weniger Beschwerden. Das gleiche Kräuterwerk wie jenseits der Grenze wuchs zwi-

404

schen ihnen, aber jetzt zum erstenmal erinnerte sein Geruch Frau Lamberti an österreichische Alpenwiesen.

»Phantastisches Glück!« sagte der Arzt, »daß wir so spät hinaufgekommen sind . . . Dank ›Cora‹!«

Szyk schimpfte, weil sie dem Kommissar alle ihre »Gauloises bleues« gegeben hatten: »Ohne etwas zum Rauchen ist die Freiheit kein reines Vergnügen.« Solche Bemerkung, selbst im Rausch dieser glückhaften Stunde geäußert, fand Frau Lamberti zynisch und lästerlich. »Nach allem, was wir erlebt haben!«

Seit dem Vorfall bei der Nische hatte Prosper kein Wort mehr gesprochen. Jetzt, gleichsam zur Verteidigung Szyks, sagte er: »Mit der Freiheit ist es sonderbar. Was man an ihr hat, weiß man erst, wenn man sie nicht hat. Hat man sie, scheint die Freiheit sofort eine solche Selbstverständlichkeit wie Atemluft.« Das war ein Zitat aus »Cora«.

Den Verlust seines Manuskripts nahm er mit überraschender Fassung hin. Zu dieser trug gewiß bei, daß er noch vor dem Krieg, aus Paris, eine Kopie von »Cora« an einen Freund nach London geschickt hatte. Und zwei nach New York, an die literarische Agentur »Focus«.

DER EGOIST AN DER GRENZE

quasi eine Legende

Die Beziehungen des Doktor Michael Lambert, Buchhändler, zur Religion hatten keine klare Linie. Er war zu schwach, um zu glauben, und zu feige, um zu zweifeln. Als der Buchhändler von hoffnungsloser Krankheit befallen wurde, bemühte sich sein alter Freund, der Pastor John McPratt, ihn aus jener seelischen Zwickmühle heraus- und in fromme Zuversicht hineinzumanövrieren. Der Pastor verschied, ehe er das zuwege gebracht hatte. Immerhin, seit Michael wußte, daß es mit ihm selbst zu Ende gehe, spielten krause Vorstellungen, was nachher kommen möge, eine Rolle in seinen Fieberphantasien.

In den letzten, die ihn heimsuchten, sah er sich als schon Gestorbenen ziellos wandernd durch die vertraute Stadt, auch an der Buchhandlung vorbei, in deren Schaufenster sein Bild hing, mit einem Florband über dem Rahmen. Das Florband stimmte ihn traurig. Vor den Menschen, geschäftig straßauf, straßab, ängstigte er sich, wie er sich bei Lebzeiten vor Toten geängstigt hatte. Deren begegnete er manchen, lichtdurchlässige Schatten wie er selbst, von einer hauchdünnen milbenfarbigen Kontur umrandet. Michaels Einbildungskraft war nie besonders schöpferisch gewesen; so schuf jetzt seine Imagination die Abgeschiedenen nach dem Muster der Geistererscheinungen, die er aus Filmen erinnerte.

»Seit wann, Michael?« sprach ihn ein Verstorbener an, profiliert wie der alte Freund McPratt.

»Es kann nicht lange her sein«, erwiderte der Buchhändler. »Jedenfalls fühle ich mich noch völlig fremd in meinem jetzigen Zustand . . . Bleiben wir bei den Lebenden?«

»So lange, bis sie uns vergessen haben«, sagte der Pastor, während der Schatten eines Lächelns über den Schatten seiner Miene glitt, »also nicht allzu lange. Aber wer ihren Anblick schlecht verträgt, kann auch schon früher sein Glück an der Grenze versuchen.«

»Was für eine Grenze?«

»Es liegt noch eine zwischen hier und drüben. Hinter ihr beginnt die Herrlichkeit.«

Michael war immer ein großer Egoist gewesen, den Menschen ein harter Nebenmensch. Er hatte anderen das Leben schwer gemacht, um es sich selbst leicht zu machen. Er ahnte Grenzschwierigkeiten.

»Warum bist du nicht schon drüben?« fragte er. »*Du* brauchst doch keine Bange haben.«

»Ich kann's erwarten«, sagte der Pastor. »Das Endgültige hat doch in jedem Fall etwas Beklemmendes.«

Michael wollte nur rasch hinüber. »Wo geht der Weg?«

»Wo du willst. In süd-west-ost-nördlicher Richtung. Nicht zu verfehlen.«

Der Buchhändler, wie schon erwähnt, hatte keinerlei produktive Einbildungskraft. Also dachte er sich die Grenze natürlich als Fluß. Und sogleich schnappte auch die Vorstellung eines solchen in seinem Hirn ein, mit Kahn und dem greisen Ruderer, der die Abgeschiedenen ans andere Ufer hinübersetzt.

»Chaire!« grüßte er, in dessen Gymnasialzeit die alten Sprachen noch obligatorisch gewesen waren.

»Bin ich hier richtig?«

»Das wird sich zeigen.«

»Bist du Charon? Ist dies dein Kahn?«

»Nachen, lieber Herr, Nachen, nicht Kahn. Und seit ich in eine andere Mythologie hinübergewechselt habe, heiße ich nicht mehr Charon.«

»Wie immer du heißt . . . können wir starten?«

»Einen Augenblick. Die Überfahrt ist nicht umsonst.«

»Ach ja, der Obolus! Wieviel ist das in heutigem Geld?«

»Lassen wir die scherzhaften Präliminarien«, sagte der Greis. »Michael Lambert! Hier wird in einer ganz besonderen Währung gezahlt. Der Fahrlohn besteht in einer Beisteuer zu unserem Flüßchen. Tauch deinen Finger in die Strömung und koste.«

Michael tat so: »Salzig! Meerwasser?«

»Was deinen Finger genetzt hat, sind Tränen, geweint um die Abgeschiedenen.«

»Mein Gott, das muß ein tiefer Fluß sein!«

»Nicht gar so arg. Beachte das Gewölk über ihm.«

Er deutete auf die Nebelmassen, die die Sicht zum anderen Ufer sperrten. »Dunst! Man möchte es nicht glauben, wie rasch Tränen verdunsten. Und deshalb müssen, damit der Fluß nicht versiege, alle, die über ihn wollen, etwas beitragen zu seiner Substanz. Kannst du das? Beweint jemand deinen Tod?«

»Meine Frau, nehme ich an. Auch Pearl, meine Tochter. Ferner«, nach einigem Zögern, »Evelyn, eine Freundin. Dann gewiß Tommy, mein Bürodiener.«

»Wir wollen sehen.« Und der Flußwart, wie das zu seinen Befugnissen gehörte, tat einen Blick in die Herzen der Personen, die Michael genannt hatte. Das Resultat schien ihn nicht zu befriedigen. »Deine Frau«, sagte er, »weint um dich, obschon du ein schlechter Ehemann warst. Aber solange du lebtest, gehörte sie doch zu jemand. Auch hielt sie deine Sachen in Ordnung, und das war immerhin so etwas wie eine Aufgabe. Jetzt ist die alte Frau allein. Niemand mehr braucht sie ... Pearl, obschon du ein schlechter Vater warst, beweint deinen Hingang, denn jetzt muß sie die Mutter zu sich nehmen, und das bedeutet Verdruß mit ihrem Mann, und daß das Baby kein eigenes Zimmer mehr haben wird . . . Evelyn ist untröstlich über deinen Tod, obschon du dich nie sehr nobel zu ihr benommen hast. Aber in den Spielereien des körperlichen Nahbeieinanderseins warst du erfindungsreich und ausdauernd . . . Dein Bürodiener hat feuchte Augen, wenn er von dir spricht, obschon du ihn saugrob behandelt hast, aber die Zigarrenschachtel auf deinem Schreibtisch stand immer offen, und das vermißt er sehr bei deinem Nachfolger.«

Der Greis machte eine Geste des Bedauerns. »Tut mir leid, aber all das sind Tränen, die hier nicht zählen und zahlen. Hier gelten nur jene, die für einen Toten aus Liebe zu ihm vergossen werden und aus gar keinem anderen Grund sonst . . . Fällt dir vielleicht noch jemand ein?«

Michael kramte in seinem Gedächtnis. Ja, da war noch ein trauernder Hinterbliebener: »Pityu, mein Spaniel.«

Pityu lag auf seiner Matte, dem Verenden nahe. Seit Tagen hatte er kein Futter mehr angerührt. Die Katze beobachtete ihn mit kalter, sachlicher Aufmerksamkeit: »Mir unbegreiflich, wie man sich so an Menschen attachieren kann! Man nützt sie aus, versteht sich, soweit man sie brauchen kann, aber man investiert doch kein wirkliches Gefühl in die Beziehung.« – »Sein Geruch«, murmelte der Hund, »sein warmer, guter Geruch! So zuwider mir der Mensch war mit seiner ewigen Erzieherei und Herumbefehlerei . . . seit ich seine Ausdünstung nicht mehr rieche, bin ich gemütskrank.«

Der alte Mann hob wieder die Arme hoch zur bedauernden Geste. »Pityu ist wie die anderen«, entschied er. »Er trauert um sich, nicht um dich.«

Hier erwachte Michael aus der Fieberhypnose. Er war bei klarem Verstand, und dieser sagte ihm, daß sein Leben zu Ende sei. Kummer überwältigte den Buchhändler. Nasses rieselte über seine Wangen in die weißen Bartstoppeln hinab, und er schloß die Augen, zum letztenmal.

Da stand er wieder am Grenzfluß.

»Komm«, sagte der Alte. »Deine Überfahrt ist bezahlt.«

»Womit?«

»Mit Tränen, die um dich geweint wurden.«

»Welche waren das?«

»Deine eigenen, mein Sohn, deine eigenen! Echte, ehrliche Tränen der Trauer. Die wurden nicht im Lidspalt geboren. Die hat dir dein bekümmertes Herz, von Liebe zu dir gefüllt bis an den Rand, in die Augen gepumpt. Steig ein.«

Die Michael auf dem Sterbebett gesehen haben, erzählen, das Antlitz des alten Egoisten habe einen nicht zu mißdeutenden Ausdruck der Genugtuung gezeigt.

EIN UNHEIMLICHER MENSCH

Mein Nachbar in der Liegestuhlreihe des C-Decks war ein älterer Herr mit großen, runden Augen über kurzer Nase. Sein Gesicht erinnerte an das einer Eule. Zumeist las er in »Who's who«, wo die namhaften Personen Amerikas verzeichnet sind, und während der Lektüre zog er öfters ein Notizbuch hervor und kritzelte etwas hinein. Mit den Berühmtheiten an Bord war er auf Hello! und Hello!, und er verstand etwas von Schach.

»Die großen Meister zwingen ihren Gegner, den falschen Zug zu tun«, behauptete er. Ich meinte, das wäre wahrscheinlich ebenso im Krieg, im Streitgespräch, beim Boxen, beim Fechten, bei jedem Kampf überhaupt . . .

». . . in der Ehe«, setzte er zustimmend fort, »in der Politik.« Von da kam das Gespräch auf einen Kandidaten in der Präsidentenwahl der US. Mein Liegestuhl-Nachbar gab ihm keine Erfolgs-Chancen: »Seine Reden sind zu wässerig.«

»Aber es stecken ein paar verführerische Gedanken dahinter.«

»Das wird ihm nicht viel helfen. Auch die besten Gedanken bleiben wirkungslos, wenn sie nicht ins richtige Wort gefaßt sind. Erst dann bekommen sie Magie.«

Übers Deck kam die berühmte Pianistin, und er stand auf, sie zu begrüßen. Das rechte Bein schleppte er nach. »Nette Frau«, sagte er, wieder im Liegestuhl, blätterte in »Who's who« und notierte etwas in sein Taschenbuch. »Auch schon bald sechzig! Erstaunlich, wie die durchschnittliche Lebensdauer gestiegen ist. Nach Wahrscheinlichkeit hat unsere Tastenmeisterin da noch Anspruch auf gute zehn Jahre. Aber auf Wahrscheinlichkeiten soll man sich nicht verlassen. Über jedem hängt der Himmel voll von Damoklesschwertern.«

Ich ertappte mich dabei, daß ich zum Himmel hinaufblickte. Er war fleckenlos blau. Die Pianistin schlenderte wieder vorbei, und er winkte ihr freundlich zu. »In diesem Alter hat allerdings schon jeder seinen Knacks weg«, sagte die Eule. Ihr Unken fing an, mich nervös zu machen.

411

»Sieht aber kerngesund aus, die Dame«, bemerkte ich mit einiger Erbitterung.

»Hoffentlich ist sie's. Aber was kann nicht alles passieren! Ein plötzliches, zu heftiges Rumpeln in der Herzgegend. Ein Hühnerknochen, zu rasch geschluckt, zu lange in der Kehle – und sie ist in meiner Gasse.«

Ich verstand nicht, was er mit seiner Gasse meinte. Im Verlauf unserer Unterhaltung kam es heraus. Der Reisegefährte war Zeitungsmann im Dienst eines großen Blattes der Vereinigten Staaten, für das er die »Obituary«-Spalten redigierte, wo die Toten des Tages verzeichnet werden. Den Namhaften unter ihnen schrieb er Nachrufe. Mir wurde klar, was es mit seiner Lektüre von »Who's who« für eine Bewandtnis hatte: er bereitete sich vor für Zeitgenossen, die bald fällig werden oder, wie er das ausdrückte, in seine Gasse kommen könnten. »Während des Krieges müssen Sie viel zu tun gehabt haben«, sagte ich.

»Nicht so arg. Für Leute von öffentlichem Interesse liegen ja die Dinger zu neun Zehnteln fertig in unserem Archiv. Man muß sie nur zuweilen herausnehmen, entstauben und up to date herrichten. Die Gräber sind sozusagen geschaufelt, breitere und schmälere, je nach Maß der Persönlichkeiten, für die sie bestimmt sind.«

Ich fand, Nekrologe schreiben wäre ein ziemlich trauriges Metier.

»Aber es hat seine aufregenden Seiten.« Er wickelte sich fester in seine Decken, als ob ihn fröstelte. »Es gibt einem eine gewisse Macht. Bei mir wenigstens ist das der Fall, glaube ich – oder richtiger: fürchte ich.«

»Macht? Worüber?«

»Über die Menschen, denen ich, wenn man so sagen darf, die letzte journalistische Ehre zu erweisen habe.«

»Sie meinen, daß Sie Ihre Nekrologe färben können? Je nach Ihren Sympathien oder . . .«

Die Frage ärgerte ihn. »Was denken Sie von mir? Ich schreibe die Wahrheit, nur die Wahrheit. Und überdies halte ich mich, soweit irgend möglich, an die Mahnung: De mortuis etc.«

»Wie meinen Sie das dann mit Ihrer Macht über die Verstorbenen?«

»Was denn, was denn! Von Macht über die Verstorbenen war mit keinem Wort die Rede.«

Der Steward brachte die Blättchen mit den Funkmeldungen, und darin stand, daß sich der Zustand des Senators Soundso verschlimmert hätte. Mein Nachbar schälte sich aus seinen Decken. »Ich werde jedenfalls noch ein paar Schlußsätze nach Hause telegraphieren«, sagte er und hinkte davon. Mich intrigierte das mit seiner sonderbaren Macht, und als wir wieder nebeneinander saßen, brachte ich das Gespräch nochmals darauf. Er schien nicht abgeneigt, sein Geheimnis auszukramen. Und Schiffahrt bringt ja Menschen leicht einander nahe. Weil sie mit beruhigender Sicherheit wissen, daß nach ein paar Tagen die Nähe wieder Ferne wird.

»Sie sind Schriftsteller?« fragte er.

Ich mußte es zugeben.

»Dann werden Sie mich verstehen.« Und nach einem tiefen Atemzug, als wollte er besonders viel Luftvorrat in seine Lungen pumpen, erzählte er: »Früher schrieb ich auch Gesellschaftsklatsch und derlei nebst meinen Nachrufen. Zwei sehr verschiedene Ressorts scheinbar, aber sie schneiden einander. Wie Leben und Tod. Ja, also, vor ein paar Jahren kam ein damals berühmtes italienisches Ballett in unsere Stadt, und ich hatte den Star zu interviewen. Ich konnte den Menschen sofort nicht leiden. Vielleicht war ich neidisch. Ich habe ein verkürztes Bein, und er schwebte, auch wenn er nur so die Straße daherging, wie auf Sprungfedern. Leider gefiel ihm mein Interview so gut, daß er mir eine Dankvisite machte. Und dann kam er noch öfters und – ja, Sie raten schon richtig – er und meine Frau verliebten sich ineinander. Sie ging, nebenbei erwähnt, später fort von mir. Nicht mit ihm. Das wäre auch nicht mehr möglich gewesen, denn inzwischen hatte ich ihn umgebracht. Sie brauchen nicht zu erschrecken. Es war kein Mord im Sinne des Gesetzbuchs. Als ich von seiner Liebschaft mit meiner Frau erfuhr – wie, tut nichts zur Sache –, wünschte ich seinen Tod. Ohne Resultat, natürlich. Aber der Gedanke, daß er sterben solle, hatte sich so fest in mein Hirn gekrallt, daß ich wahrhaftig nichts anderes mehr denken konnte. Vorgestern, wenn Sie sich erinnern, sprachen wir davon, daß Gedanken erst Magie bekommen, wenn sie ins rechte Wort gefaßt sind. Nun . . . da fing ich also an, Nekrologe über ihn vorzubereiten. Viele Nekrologe. Alle wirkungslos. Einer endlich, der achtzehnte, schien mir das Zwingende, Unentrinnbare zu haben, das er haben sollte. Besonders für die Schlußformel galt das. Nichts Besonderes, die Formel, aber . . . Wollen Sie sie hören?«

Natürlich wollte ich.

»Möge ihm die Erde so leicht werden, wie er ihr war«, zitierte er im Tonfall echter Rührung.

»Für einen Tänzer – nicht schlecht«, sagte ich.

»Schlecht oder nicht schlecht – im Augenblick, wo

die Worte auf dem Papier getippt standen, wußte ich: der Satz hat Saug-Kraft. Der macht ihn ins Grab stolpern. Und er, der arme Kerl, muß es auch gespürt haben, daß ihn etwas hinunterzog. Er wurde schrecklich nervös. Er lief zu Ärzten, ohne daß ihm etwas fehlte. Er wehrte sich, aber er wußte nicht, wogegen. Und schließlich taumelte er seinem Nachruf ins Netz – ein Opfer der Worte, die seinen Tod brauchten, um ins Leben treten zu können, schwarz auf weiß.«

»Er starb?«

Der Zeitungsmann nickte.

»Woran?«

Mit der Spitze eines Mittelfingers tupfte er Feuchtes aus dem Augenwinkel. »Ein Hühnerknochen, zu rasch geschluckt, zu lang in der Kehle.«

Nach diesem Gespräch, ziemlich überzeugt davon, daß ich es mit einem Verrückten zu tun hätte, übersiedelte ich in einen anderen Liegestuhl, auf einem anderen Teil des Decks. Das muß der unheimliche Mensch mir übelgenommen haben, denn als wir einander im Speisesaal begegneten und ich ihn grüßte, dankte er nicht. Bei der Paßkontrolle in New York war sein Platz ein paar Schritte hinter mir in der Reihe. Ich fühlte seinen Blick im Rücken und wandte mich um. Seine Vogelaugen waren starr auf mich gerichtet, in der Hand hielt er Notizbuch und Bleistift. Es war unangenehm. Aber mich beruhigte der Gedanke, daß ich viel zu unberühmt bin für einen Nachruf in der amerikanischen Presse.

ZEITTAFEL

1873   17. Oktober: Alfred Polgar wird als drittes Kind
des »Claviermeisters« (späteren Klavierschulinha-
bers) Josef Polak und seiner Frau Henriette, geb.
Steiner, in Wien Leopoldstadt (II. Bezirk) geboren.

1879–1883 Volksschule in Wien Leopoldstadt, Holz-
hausergasse.

1884–1888 Unterstufe des Leopoldstädter Communal-
Real- und Obergymnasiums, Wien II, Kleine
Sperlgasse, repetiert die 4. Klasse.

1889   Handelsschule Karl Porges in Wien.

1895   Eintritt in die Redaktion der »Wiener Allgemeinen Zeitung«, arbeitet im Feuilleton, Theater-
und gelegentlicher Musikreferent. Patient bei
Dr. Arthur Schnitzler, der ihn später als einen
seiner kritischen Hauptfeinde betrachten wird.
2. August: In der »Zukunft – Organ der unab-
hängigen Socialisten« erscheint unter Pseudonym
(Alfred von der Waz) Polgars erstes Original-
feuilleton: die Skizze »Hunger«.

1896   7. Mai: Zum k. k. Landwehr Inftr. Reg. Wien
No. 1 assentiert, gehört zum Kreis der Peter-Al-
tenberg-Jünger.

416

1897 1. Mai–15. Juni: Ausbildung im Sanitätsdienst. Theaterkritische Tätigkeit, schließt sich in der Folge an Emma Rudolf (»Ea«) an, die von zahlreichen Literaten wie Altenberg, Friedell und später vor allem Hermann Broch umschwärmt wird.

1902 Beginn der Mitarbeit am »Simplicissimus« (München). Die erste Skizze, »Charles und Dorothy«, erscheint in Nr. 34. Polgar übernimmt, anfangs unter dem Pseudonym seines Vorgängers Robert Hirschfeld (L. A. Terne), die Burgtheater-Berichterstattung für die »Wiener Sonn- und Montagszeitung«.

1903 3. Juli: Durch positive Zitierung seiner »Erdgeist«-Kritik in der »Fackel« wird Polgar von Karl Kraus »in die Literatur eingereicht«.

1905 Beginn der Zusammenarbeit mit Siegfried Jacobsohns »Die Schaubühne«.
21. Dezember: Polgars erster Beitrag, »Oscar Wildes Lustspiele«, erscheint.

1908 Bei Albert Langen (München) erste Buchpublikation: »Der Quell des Übels – und andere Geschichten«. Zusammenarbeit mit Egon Friedell für das Kabarett »Fledermaus«, die Szene »Goethe« und die »Musteroperette in vier Bildern«: »Der Petroleumkönig oder Donauzauber« werden gedruckt.

1909   Polgars Novellen- und Skizzenband »Bewegung ist alles« wird bei Rütten und Loening (Frankfurt) veröffentlicht.

1910   Im Januar erscheint auf Anregung Siegfried Jacobsohns Polgars Kritikenserie über exemplarische Ibsen-Aufführungen unter Otto Brahm: »Brahms Ibsen« als eigenes Bändchen im Erich Reiß Verlag (Berlin). Polgars und Friedells »zensurgerechtes Militärstück, in das jede Offizierstochter ihren Vater ohne Bedenken führen kann«: »Soldatenleben im Frieden« wird in der »Fledermaus« gespielt und im Verlag von Hugo Heller (Wien) gedruckt.

1911   Bearbeitung von Nestroys Posse »Kampl« für die Berliner Freie Volksbühne.

1912   Polgars und Armin Friedmanns Einakter »Talmas Tod« wird im Dezember in Altona mit mäßigem Erfolg aufgeführt. Polgars deutsche Fassung von Franz Molnárs dramatischer Vorstadtlegende »Liliom« leitet mit der Erstaufführung im Berliner Lessingtheater den Welterfolg des Stückes ein. Bei Albert Langen (München) erscheint der Novellenband »Hiob«.

1914   Polgar zieht in eine Mansardenwohnung im »Bräunerhof«, Wien 1, Stallburggasse 2.
        23. September: Legalisierung des Pseudonyms, offizielle Namensänderung Polak – Polgar.

418

1915 13. April: Infolge »allgemeiner Mobilisierung« eingezogen.

1. Mai: Der »literarischen Gruppe« des Kriegsarchivs in Wien zugeteilt (gemeinsam mit Stefan Zweig, Franz Theodor Csokor und anderen), dort am 20. September zum Feldwebel befördert.

1917 10. April: Polgar wird zu seinem »Standeskörper« befohlen.

1. August: Als Parlamentsberichterstatter der »Wiener Allgemeinen Zeitung« »auf unbestimmte Zeit« vom Dienst enthoben.

1918 Seit Jahresbeginn Mitarbeit an der pazifistischen Zeitschrift »Der Friede« (Wien 1918/19), für deren literarischen Teil Polgar verantwortlich ist.

1919 Im März erscheint bei Fritz Gurlitt (Berlin) der Prosaband »Kleine Zeit« mit pazifistischen und sozialkritischen Texten, die u. a. in der »Schaubühne« (ab April 1918 »Die Weltbühne«) und im »Prager Tagblatt« publiziert wurden.

Polgar verläßt die Redaktion der »Wiener Allgemeinen Zeitung«, leitet den Literaturteil der aus dem »Frieden« hervorgegangenen Tageszeitung »Der Neue Tag«, an der Joseph Roth als Polgars »Schüler« mitarbeitet.

1920 Beginn der Mitarbeit am eben gegründeten »Tage-Buch«, das von Polgars Jugendfreund Stefan Großmann herausgegeben wird.

1921 Der Erich Reiß Verlag bringt Polgars Monographie »Max Pallenberg« heraus.

29. Januar: Die erste der insgesamt fünf Zeitungsparodien Polgars und Friedells, »Böses Buben Journal«, erscheint in Wien (1922: »Böse Buben Presse«; 1923: »Böse Buben Reichspost«; 1924: »Die böse Buben Stunde«; 1925: »Die aufrichtige Zeitung der bösen Buben«).

Im Winter Abschluß der Editionsarbeit an Peter Altenbergs Nachlaß.

1922 Im Frühjahr erscheint bei Kaemmerer (Dresden) der Skizzenband »Gestern und heute«. Polgar wird vom »Tag«, der besten liberalen Wiener Tageszeitung, als Theaterkritiker engagiert, in der Folge auch Mitarbeit am Montagsblatt »Der Morgen«.

1. August: Premiere von »Talmas Tod« in den Berliner Kammerspielen. Regie: Bernhard Reich, Bühnenbild: John Heartfield.

1923 Für Max Reinhardt und die Salzburger Festspiele bearbeitet Polgar Karl Vollmoellers »Turandot«.

1925 Polgar verlegt seinen Arbeitsschwerpunkt nach Berlin, bereits vorher verstärkte Mitarbeit am »Berliner Tageblatt«. Da sich Polgar um zwei Jahre jünger macht, wird im Oktober sein »50.« Geburtstag von der Presse gefeiert.

1926 Die ersten beiden Rowohlt-Bände, »An den Rand geschrieben« und »Orchester von oben«, erschei-

420

nen, ebenso die ersten drei Bände gesammelter Theaterkritiken, »Ja und Nein«: »Kritisches Lesebuch«, »Stücke und Spieler« und »Noch allerlei Theater«.

Robert Musil schreibt für die »Literarische Welt« sein »Interview mit Alfred Polgar«.

1927 Neben Band IV der »Schriften des Kritikers«, »Stichproben«, erscheint das Skizzenbuch »Ich bin Zeuge«. Polgar unterzeichnet, gemeinsam mit Sigmund Freud, Robert Musil, Alfred Adler, Franz Werfel und anderen, eine »Kundgebung des geistigen Wien« zugunsten der Sozialdemokratie, diese wird am 20. April in der »Arbeiter-Zeitung« veröffentlicht.

1928 »Schwarz auf Weiß« erscheint bei Rowohlt (Berlin); unter dem Titel »Das Gedächtnis zu stärken« enthält diese Auswahl Antikriegstexte.

1929 »Hinterland«, Polgars pazifistische Sammlung, die viel aus »Kleine Zeit« (1919) übernimmt, erscheint bei Rowohlt.
23. Oktober: Heirat mit Elise Loewy, geb. Müller, in Wien. Polgar wird in den Vorstand des »Schutzverbands deutscher Schriftsteller in Österreich« (S. d. S. Oe.) gewählt.

1930 Mit Franz Theodor Csokor Arbeit an der Dramatisierung von Valentin Katajews Roman »Die Defraudanten«. Bei Rowohlt erscheinen die Sammlung »Bei dieser Gelegenheit« und ein

»Auswahlband. Aus neun Bänden erzählender und kritischer Schriften«.

1931 Uraufführung der »Defraudanten« an der Berliner Volksbühne, bei Rowohlt erscheint die Komödie als Buch, es entsteht eine umgearbeitete Filmfassung (Drehbuch: Alfred Polgar und Fritz Kortner): »Der brave Sünder« (Regie: Fritz Kortner, Hauptdarsteller: Max Pallenberg und Heinz Rühmann).
Polgar beteiligt sich an einer Solidaritätsaktion gegen den geplanten Ausschluß der Linksopposition aus dem »Schutzverband deutscher Schriftsteller« (Mitunterzeichner u. a.: Leonhard Frank, George Grosz, Erich Kästner, Walter Mehring und Ernst Toller).

1933 Der letzte Rowohlt-Sammelband der Weimarer Republik, »Ansichten«, erscheint. Unmittelbar nach dem Reichstagsbrand verläßt Polgar mit seiner Frau Berlin Richtung Prag. Bis 1938 Hauptwohnsitz Wien. Häufige Reisen nach Zürich und Paris. Hilfsaktionen des Zürcher Literaten Carl Seelig für Polgar. Sehr eingeschränkte Publikationsmöglichkeiten – Veröffentlichungen fast nur im »Prager Tagblatt« und in Exilzeitschriften wie Leopold Schwarzschilds »Neuem Tage-Buch« (Paris), dort unter dem Pseudonym Archibald Douglas.
Im Winter: Mit Friedrich Kohner Drehbucharbeit für die Verfilmung von Knut Hamsuns »Victoria«. In dem 1935 fertiggestellten Film mit

Luise Ullrich und Mathias Wiemann werden die Drehbuchautoren nicht genannt.

1934 Arbeit an einem Homer-Roman, von dem nur das Anfangskapitel erhalten ist.

1935 Im Frühjahr erscheint bei Allert de Lange (Amsterdam) Polgars Skizzenband »In der Zwischenzeit«.
16. Oktober: Anläßlich von Polgars »60.« Geburtstag erscheint in der »National-Zeitung«, Basel, »Dank an Alfred Polgar« mit Glückwünschen von Thomas und Heinrich Mann. Joseph Roth, Albert Bassermann und Paula Wessely. Beginn der regelmäßigen Mitarbeit an der in Bern herausgegebenen antifaschistischen Wochenschrift »Die Nation« (eigene Rubrik: »Streiflichter«).

1936 März: Paris-Reise in Filmsachen.
Arbeit an einem Filmexposé »Es war einmal . . .« (über ein altösterreichisches Thema, die Affäre Alexander Girardi – Helene Odilon).

1937 Januar: »Sekundenzeiger«, Skizzenband mit zahlreichen politischen Glossen, wird im Humanitas Verlag (Zürich) veröffentlicht. Mit Hilfe Carl Seeligs Planung weiterer zwei Bände (Theaterkritiken und Skizzen; geplanter Titel für das Skizzenbuch: »Taschenspiegel«). Im Herbst in Paris: Verhandlungen mit Marlene Dietrich über ihre von Polgar zu verfassende Biographie.

1938 Arbeit am Dietrich-Buch, Polgars »Handbuch des Kritikers« erscheint im Oprecht Verlag (Zürich).

11. März: »Anschluß« Österreichs ans Deutsche Reich, Polgar ist durch Zufall bereits in Zürich, seine Frau kommt nach – Beginn der Flüchtlingsexistenz, Verweigerung der Aufenthaltsbewilligung in der Schweiz.

April: Weiterfahrt nach Paris, dort Arbeit u. a. als Inserattexter für eine Schweizer Zigarettenfabrik.

1939 Im Beirat der »Zentralvereinigung österreichischer Emigranten« (mit Sigmund Freud, Franz Werfel und Berta Zuckerkandl).

11. Mai: Aberkennung der deutschen Staatsbürgerschaft.

1940 Mitte Juni: Lisl und Alfred Polgar fliehen vor den einmarschierenden deutschen Truppen aus Paris nach Süden. Manuskripte und Bücher bleiben in der Wohnung am Bois de Boulogne zurück.

Juli: Das Ehepaar Polgar sitzt mit zahllosen Flüchtlingen in Montauban fest.

August: Polgar erhält in Marseille Vertrag als Drehbuchautor bei Metro-Goldwyn-Mayer.

Ende August: Illegaler Grenzübertritt, zu Fuß über die Pyrenäen, nach Spanien.

Ca. 10. September: Ankunft in Lissabon.

4. Oktober: Einschiffung auf der »Nea Hellas« Richtung New York (auf dem Schiff außerdem Heinrich und Golo Mann, Alma und Franz Werfel).

13. Oktober: Ankunft in New York, nach einwöchigem Aufenthalt Weiterreise nach Hollywood.
Anfang November: Beginn der Arbeit im Studio (mit Polgar zusammen sind Alfred Döblin und Walter Mehring).

1941 Anfang Februar: Herzattacke. Der auslaufende Filmvertrag wird u. a. auf Intervention Thomas Manns verlängert. Beginn der Mitarbeit am »Aufbau« (New York).

1943 Betreut von Carl Seelig, erscheint bei Oprecht (Zürich) der noch von Polgar in Paris vorbereitete Auswahlband »Geschichten ohne Moral«. Übersiedlung nach New York, Plan der Gründung einer Zeitschrift für ein befreites Österreich: »Der Friede«, Polgar arbeitet ein Grundsatzprogramm aus.

1944 Auf Vermittlung Willi Schlamms Mitarbeit am Projekt einer deutschen Ausgabe von »Time« (u. a. mit Friedrich Torberg und Leopold Schwarzschild).

1945 Das deutsche »Time«-Projekt wird nach der Null-Nummer fallengelassen. Polgar wird Bürger der Vereinigten Staaten.

1946 Polgar übersetzt amerikanische Theaterstücke ins Deutsche.

1947 Zusammengestellt von Heinrich Maria Ledig-Rowohlt erscheint der Polgar-Auswahlband (»aus zehn Bänden erzählender und kritischer Schriften«): »Im Vorübergehen«.

1948 Der Querido Verlag (Amsterdam) bringt Polgars Band »Anderseits« heraus, der auch eine Glossenreihe »Der Emigrant und die Heimat« enthält.

1949 Mai: Erste Europa-Reise seit der Emigration: Paris–Zürich.
30. Juni: Eintreffen in Wien, nach kurzem Aufenthalt Sommerfrische in Salzburg.
Oktober: Erster Deutschland-Besuch: München. Berichtet für den »Aufbau«: »Notizbuch von einer Europa-Reise«.

1950 18. Oktober: Rückfahrt nach New York.

1951 Mai: Neuerlicher Europa-Aufenthalt. Zuerkennung des erstmals verliehenen Preises der Stadt Wien für Publizistik.
Ende Oktober: In Berlin zur Präsentation seines Bandes »Begegnung im Zwielicht«, der bei Lothar Blanvalet verlegt wird. In Berlin zahlreiche Ehrungen durch Presse und Öffentlichkeit.

1952 Aufenthalt in Zürich, wo Polgar immer im Hotel Urban wohnt. Im Sommer in Tirol Arbeit an einer gekürzten Fassung des »Schwejk«.
Dezember: Auf Einladung von Lili Darvas Flug nach New York.

1953   30. Januar: Rückflug nach Europa. Im Rowohlt
       Verlag (Hamburg) erscheint »Standpunkte«.

1954   Im April erscheint bei Rowohlt Polgars erstes
       Taschenbuch: »Im Lauf der Zeit«.
       Mai: Romreise des Ehepaars Polgar mit Lili Dar-
       vas. Reiseleben zwischen Österreich, Deutsch-
       land und der Schweiz, Premierenbesuche, Thea-
       terkritiken.
       August: Polgar wird zum literarischen Beirat des
       Theaters in der Josefstadt bestellt.

1955   Vorbereitung eines Bandes von Theaterkritiken.
       23. April: Fertigstellung der Kritik »Drei Thea-
       terabende in Deutschland« für Friedrich Tor-
       bergs »FORVM«.
       24. April: Alfred Polgar stirbt in seinem Zürcher
       Hotelzimmer.

In Vorbereitung:
Ein zweiter Band mit Polgars Kritiken

Der große Erzähler Alfred Polgar war ein ebenso bekannter wie virtuoser Kritiker – immer wieder hat er sich zur Literatur geäußert, zu Büchern und Autoren, zu Problemen des Schreibens und Lesens; immer wieder waren von ihm grundsätzliche Erkenntnisse über Stumm- und Tonfilm, gescheite Analysen einzelner Filme und Theaterstücke, Würdigungen bedeutender Film- und Theaterkünstler, Satiren und Geschichten aus dem Literaten-, Theater- und Filmmilieu zu lesen – unverkennbar Polgar: kurz und pointiert, mit Witz und Kunstverstand, mit undogmatischer Klugheit, Skepsis und spielerischem Ernst. Eine Auswahl der besten Kritiken, zusammengestellt von Harry Rowohlt.

ALFRED POLGAR
Die Kritiken
Herausgegeben von Harry Rowohlt
Gebunden, ca. 400 Seiten
Format 11,7 x 18,5 cm
Erscheint im Herbst 2004
Kein & Aber

DOROTHY PARKER
New Yorker Geschichten
Mit einem Vorwort
von Elke Heidenreich
gebunden, 416 Seiten
Format 11,7 x 18,5 cm
ISBN 3-0369-5113-X

*Auch als CD, gelesen von
Elke Heidenreich, erhältlich!*
2 CDs, ISBN 3-0369-1129-4

Kein & Aber

»Dorothy Parkers Gesellschaftsanalysen sind heute noch so aktuell wie damals. Jeder findet in diesen Erzählungen eigene verheimlichte und verschämte Gedanken wieder. (...) Wer sich in diesen Erzählungen nicht trifft, hat sich noch niemals selbst gesehen, sich niemals beim Selbstbetrug ertappt.« *Süddeutsche Zeitung*

»Kurzgeschichten, die zum Feinsten und Intimsten gehören, was im Amerika der zwanziger und dreißiger Jahre geschrieben worden ist.« *Neue Zürcher Zeitung*

DOROTHY PARKER
New Yorker Geschichten
Mit einem Vorwort
von Elke Heidenreich
gebunden, 416 Seiten
Format 11,7 x 18,5 cm
ISBN 3-0369-5113-X

Auch als CD, gelesen von
Elke Heidenreich, erhältlich!
2 CDs, ISBN 3-0369-1129-4

Kein & Aber

»Dorothy Parkers Gesellschaftsanalysen sind heute noch so aktuell wie damals. Jeder findet in diesen Erzählungen eigene verheimlichte und verschämte Gedanken wieder. (...) Wer sich in diesen Erzählungen nicht trifft, hat sich noch niemals selbst gesehen, sich niemals beim Selbstbetrug ertappt.« *Süddeutsche Zeitung*

»Kurzgeschichten, die zum Feinsten und Intimsten gehören, was im Amerika der zwanziger und dreißiger Jahre geschrieben worden ist.« *Neue Zürcher Zeitung*